कबीर की सौन्दर्य-भावना

कबीर की सौन्दर्य-भावना

डॉ. ब्रजभूषण शर्मा

वाणी प्रकाशन
21-ए, दरियागंज, नयी दिल्ली-110002
फोन : 011-23273167, 23275710
फैक्स : 011-23275710
e-mail : vaniprakashan@gmail.com
website : www.vaniprakashan.com

वाणी प्रकाशन का लोगो
विख्यात चित्रकार मक़बूल फ़िदा हुसेन
की कूची से

ISBN : 978-81-8143-696-2

वाणी प्रकाशन
21-ए, दरियागंज, नयी दिल्ली-110002
द्वारा प्रकाशित
संस्करण : 2008

आवरण : वाणी चित्रांकन
नागरी प्रिंटर्स, शाहदरा, दिल्ली-110032
द्वारा मुद्रित

मूल्य : 295.00

KABEER KISAUNDARYA-BHAWANA
by : Dr. Brijbhushan Sharma

भूमिका

कबीर के काव्य का सौन्दर्यपरक मूल्यांकन प्रस्तुत कार्य की मूलभावना है, जो कबीर-काव्य अथवा ज्ञानाश्रयी शाखा के क्षेत्र में एक सर्वथा नवीन तथा मौलिक प्रयास है, जिसमें कबीर जैसे सन्त कवि को शुष्क और नीरस कहने वाले विद्वानों और धारणा से असहमति व्यक्त करते हुए उनकी बानी की सौन्दर्याभिव्यंजना के अध्ययन की विनम्र प्रस्तुति की गई है।

कबीर ने अपने दुर्धर्षतापूर्ण युग में, असीम विरोधों, कट्टर मतवाद से संघर्ष और द्वन्द्व करते हुए, उनसे तीव्र वेग से टकराते हुए सर्वत्र एक चित्तसत्ता के सौन्दर्य का अनुभव किया था। उनका सौन्दर्यबोध लोकमात्र को, एक नवीन माधुर्यपूर्ण सौन्दर्य द्वारा चित्त-प्रसादन और अनिर्वचनीय आनन्द प्रदान करता है, जिसमें उन्होंने वैयक्तिकता के साथ-साथ, निजीपन को बनाए रखते हुए, समाज के साथ, जीवन की सम्पूर्णता से जुड़कर उसे रमणीयता प्रदान की है। सौन्दर्य भारमुक्ति है, अखंड प्रकाश भंगिमा है, दैवी प्रकाश का प्रसार है, हृदय का मुक्त आनन्द है, उल्लास और आनन्द की आत्मवैभव सम्पन्न भावदशा है, जो उस युग के वेदना, पीड़ा, कल्मषता, आत्मविषाद और निराशा में डूबे हुए तत्कालीन समाज के लिए ही नहीं, आगामी मानव-समाज के मार्ग को चैतन्य के आलोक से मंडित करती रही है।

इस अध्ययन प्रयास में सर्वप्रथम कबीर की सौन्दर्य प्रेरणा पर विचार किया गया है। कबीर उस युग में एक क्रान्तदर्शी, सांस्कृतिक बोध के पुरोधा थे, प्रज्ञानन्द से परिपूर्ण होकर वह सर्वत्र परमसत्ता के दिव्य प्रकाश का दर्शन कर रहे थे, कण-कण में परमविभु का प्रकाश अनुभव कर रहे थे तथा उसके सौन्दर्य का साक्षात्कार कर रहे थे। अपने युग के जीवन तथा समाज में फैले हुए विघटन को दूर करने के लिए कबीर ने उस सर्वव्याप्त सत्ता द्वारा एकता, अभिन्नता, अखंडता को स्थापित करने की प्रेरणा ली; जिससे सौन्दर्य की घनीभूत आनन्दानुभूति कबीर की सर्वात्मवादी विचारधारा का आधार बन गई। उनके गुरु रामानन्द की वैष्णवभावना सम्पन्न भक्ति और आत्मज्ञान, उनकी प्रेरणा के मूल स्रोत थे जिसने

उन्हें धर्म-दर्शन, वर्ग-वर्ण, ऊँच-नीच, जात-पाँत, हिन्दू-मुस्लिम, भेदभाव की विषम परिस्थिति के अनेकविध फैले जंजाल में नितान्त अलग भाव-चेतना, आत्म-दृष्टि से नए ढंग से सोचने-समझने के लिए प्रेरित किया। जीवन में पनप रहे अलगाव, पृथकता, टूटन, कुंठा, वैमनस्य, शोषण वृत्ति, लोलुपता ने कबीर जैसे निष्काम, निर्वैरी साधु को जिस लोक-मंगल की भावना की ओर अग्रसर किया था, वही उनकी सौन्दर्य-दृष्टि, सौन्दर्य-चेतना का साधन बन गई। आपा और पर को समं चीन्हने की दृष्टि कितनी गहरी और मधुर होती है, वह कैसे विचित्र सौन्दर्यभाव से सम्पन्न होती है, यह कबीर जैसा दृढ़व्रती आत्मदर्शी ही जानता था। यह आत्म-दर्शन का आध्यात्मिक आह्लाद और आनन्द अनन्त आयामों में प्रसूत होता हुआ उनका प्रेरणा-स्रोत बन गया।

द्वितीय अध्याय में सौन्दर्य की सैद्धान्तिक और व्यावहारिक विवेचना करते हुए, उसका सौन्दर्यशास्त्रीय दृष्टि से मूल्यांकन किया गया है तथा सौन्दर्य विषयक मतों और स्थापनाओं को पाश्चात्य तथा भारतीय दृष्टि से विश्लेषित किया गया है, मानव की सौन्दर्य प्रिय, आकर्षण और आनन्द भावना की आदिम प्रवृत्ति का वास्तविक रूप क्या है, उसका विकास किन-किन दिशाओं और विभिन्न आयामों में हुआ है।

तृतीय अध्याय में प्रस्तुत कार्य की मूलभावना सौन्दर्यानुभूति का विश्लेषण करते हुए इसका सौन्दर्य-बोध, सौन्दर्य-भावना, सौन्दर्य-दृष्टि से अन्तर स्पष्ट किया गया है तथा इसके महत्त्व और साध्यता पर प्रकाश डाला गया है। रुचि, अनुकूलता, संवेद्यता, संस्कारिता, औदात्य, रमणीयता, वैचित्र्य-भावना, चमत्कृति, उल्लास, आनन्द, रसमयता आदि की दृष्टि से भी इस पर विचार किया गया है। आत्मलाभ, आत्मतृप्ति, आनन्दानुभूति, सहजानुभूति के पक्ष भी इस सन्दर्भ में प्रस्तुत किए गए हैं। कलात्मक आनन्द और आत्मिक आनन्द प्रदत्त सौन्दर्यानुभूति का भी उल्लेख किया गया है। सौन्दर्यानुभूति अखंड और पूर्ण होती है, वह चित्स्फूर्ति होती है इस मान्यता पर विचार किया गया है।

चतुर्थ अध्याय में कबीर की ब्रह्म-विषयक सौन्दर्यानुभूति का वर्णन किया गया है। सौन्दर्यानुभूति की दृष्टि से कबीर का यह सर्वाधिक महत्त्वपूर्ण पक्ष है, इसी भाव-दृष्टि से कबीर की सौन्दर्य-दृष्टि के विभिन्न आयामों का विकास हुआ है। ब्रह्म अगम, अगोचर, अवर्णनीय, अनिर्वचनीय, इन्द्रियातीत है और सौन्दर्य भी मानव जीवन की स्थूल, नश्वर, अस्थायी, अपूर्ण सीमाओं से परे की वस्तु है। ससीम में असीम का, सूक्ष्म में विराट का दर्शन, निर्गुण में सगुण की व्याख्या, माधुर्य में निष्काम-भावना, वैयक्तिकता में समष्टि का व्याख्यान प्रस्तुत करना कबीर की सौन्दर्य-भावना का चरम गुण है, जो भौतिक रमणीयता से दूर हटकर नूर के महल का दर्शन कराता है, घर में ही बाग-बगीचे, सिरजनहार के चिद्-विलास का

साक्षात्कार कराता है। खंड को अखंड, भिन्न को अभिन्न, धूमिल को प्रकाशमय बना देना कबीर के सौन्दर्य-बोध का अतुलनीय कौशल है। उनके हृदय की 'दैवी-रति' अपने अवगुंठन को मुकुलित कर अन्तस्तल में व्याप्त किस अनिंद्य सौन्दर्य का दर्शन कराती है, दुष्प्राप्य कैसे सहज रामरस बन जाता है, यह कबीर की आध्यात्मिक सौन्दर्य-दृष्टि की अनुपम विशेषता है। निश्छल, निष्काम, निस्पृह आत्मा दिव्य रूप की उज्ज्वलता से अभिभूत होकर अनन्त सौन्दर्यलोक में विचरण करने लगती है, ब्रह्म का सर्वातीत भव्यरूप उनके सामने आलोकित हो उठता है। वास्तव में ऐसी इन्द्रियातीत सौन्दर्य-दृष्टि कबीर के युग की अपरिहार्य आवश्यकता थी, उन्होंने इसी सौन्दर्य-बोध का उपदेश देकर सामाजिक एकता, मानवीय समानता का समाजवादी सौन्दर्य-दर्शन उस युग को प्रदान किया था, कबीर ने सामाजिक क्षेत्र में सौन्दर्यबोध की अनेक सम्भावनाओं की ओर संकेत किया था, यह मानवतावादी सौन्दर्य-भावना थी। वास्तव में कबीर की दृष्टि सभी क्षेत्रों में व्यावहारिक थी, उनकी सौन्दर्य-चेतना आत्मानुभव पर आधारित थी। इसीलिए वह रागात्मक भावना से पूरित है। परोक्ष को प्रत्यक्ष के साथ जोड़ने, अगम अगोचर को अभिव्यक्त करने की अद्वितीय निपुणता कबीर में ही है, जो सौन्दर्य-दृष्टि में कोमलता, मधुरता का उन्मेष करती है, जिज्ञासा और आकर्षण का समन्वय उसको अलौकिक और रमणीय बना देता है। सहज-साधना, सहज-धर्म, सहज का अनुभव ही उनकी सौन्दर्यानुभूति का स्रोत था। ब्रह्म-वर्णन में कबीर की यह सहजता दर्शनीय है। इस दृष्टि का आदिकारण, नामहीन, रूपहीन, अव्यक्त है। उपनिषद् का यह तत्त्व दर्शन, उनकी अनुभूति को नितनूतनता, कल्पना के लिए प्रेरित करता रहता है। नव-सृष्टि, नव-सृजन, नवोन्मेष उनके भावप्रवाह को अगम लोकों में पहुँचा देता है, कबीर उस परमसत्ता की महिमा का साक्षात्कार करके मूक रह जाते हैं, यह मौनास्वाद ही उनकी सौन्दर्यानुभूति को, मानस-व्यापार को, वीक्षावृत्ति को, अन्वीक्षा की प्रवृत्ति को अन्तः प्रकाश से अलोकित कर देता है। 'वस्तु ज्ञान और प्राकृतिक सत्ता के सहयोग से सौन्दर्यानुभूति जाग्रत होती है', कबीर के ब्रह्म-वर्णन में यह तथ्य स्पष्ट करने का प्रयत्न किया गया है।

पंचम अध्याय में रहस्यवादी सौन्दर्य-दृष्टि से कबीर की सौन्दर्य-भावना का विश्लेषण किया गया है। कबीर एक अनुपम सौन्दर्य से समस्त सृष्टि को मुखरित और आलोकित देखते हैं। विकसन और आलोक, संगति और वर्ण-प्रदीप्ति बाह्य सौन्दर्य-विधान के प्रमुख तत्त्व हैं। परम सत्ता का ऐश्वर्य, शक्ति और वैभव रहस्यमय सौन्दर्य का संवर्द्धन करता है। रहस्यवादी वर्णन में विविधता तथा वैचित्र्य की सौन्दर्यानुभूति केवल अनुकूलता ही नहीं विरोध के आधार पर भी होती है, ब्रह्म भावना का विराट, उदात्त रूप यहाँ पर असंगति और विरोधाभास, विभावना, अप्रस्तुत-विधान, बिम्ब-विधान के द्वारा हृदयाकर्षक बन गया है, जिसमें मानव

हृदय की, साधक की सहज भावुकता की रागात्मक मधुरता उसे और अधिक संयम और तीव्रता प्रदान करती है, सौन्दर्यानुभूति निर्वाक् हो जाती है। सत्य होते हुए भी उसकी सत्यता में सन्देह और भ्रान्ति रहती है। इसी भावदशा में कबीर की सौन्दर्यानुभूति का परिष्कार होता है, वह निखर उठती है, आत्म के नेत्र उज्ज्वलता से भर उठते हैं, तब बहिर्वस्तु से हमारे चित्प्राणों का तादात्म्य ही सौन्दर्य का उद्घाटन करता है। पाश्चात्य सौन्दर्यशास्त्र की शुभ, शिव, निर्वैयक्तिकता, निरपेक्षता तथा भारतीय वैदिक तथा औपनिषदिक ऋषियों के आत्म-दर्शन की स्थिति यहाँ स्पष्ट हो जाती है। सूफियों की माधुर्य-भावना की दृष्टि से यह समस्त प्रकृति उस परमसुन्दर की ज्योति का ही प्रतिबिम्ब है। यह रहस्यवाद सौन्दर्य की भाँति परमदिव्य से एकत्व की अन्तर्दिशा है। यद्यपि पश्चिम के कुछ प्रभुख सौन्दर्यशास्त्री आध्यात्मिकता, रहस्यवादिता, नैतिकता और तत्त्व ज्ञान के विरोधी हैं किन्तु कुछ इन पर बल भी देते हैं जो भारतीय दृष्टिकोण के बहुत निकट है, जहाँ अप्रत्यक्ष के वर्ण, रूप, आकार का अनुभव प्रकृति के उपकरणों सूर्य, चन्द्र, तारागण, सागर, पर्वत आदि में होने लगता है। जड़ चेतन में परिवर्तित हो जाता है, मौन मुखरित हो उठता है, अपूर्व स्निग्धता का आभास सर्वत्र होने लगता है। कबीर ने सूफियों की माधुर्य भावना, विरह, प्रेम सम्बन्ध द्वारा भी सौन्दर्य का भावन किया है। मिथ्याभेद का ज्ञान कबीर को जड़ता का अतिक्रमण कर अपनी एकान्त ससीमता से मुक्त होने के लिए विवश कर देता है, सौन्दर्य निर्बाध रूप में विकसित होने लगता है। पाश्चात्य सौन्दर्यशास्त्रियों की प्रत्यय भावना, अनन्त सत्ता के रूप में अभिव्यक्त होने लगती है। कबीर निर्गुण साधक होकर भी उस परमसत्ता को अपना प्रियतम मानकर उससे दाम्पत्य सम्बन्ध स्थापित कर लेते हैं जो उनकी सौन्दर्यानुभूति को सहजतीव्रता प्रदान करता है।

कबीर अपने काव्य-सृजन में स्वतन्त्र थे, शास्त्र-ग्रन्थ, वेद, कितेब, परम्परा रूढ़ि से मुक्ति का वह बार-बार उल्लेख करते हैं, उन्होंने नियम, सिद्धान्त, सम्प्रदायगत मत को कोई महत्त्व नहीं दिया। अतः सौन्दर्यानुभूति या सौन्दर्य-भावना में उन पर सौन्दर्यशास्त्रियों सिद्धान्तों और मान्यताओं को आरोपित नहीं किया जा सकता, वह नितान्त स्वतन्त्र और आत्मानुभूति की अभिव्यक्ति है, काव्यशास्त्रीय नियमों के सीमित आयामों से वह सर्वथा मुक्त है। इस तथ्य को कबीर के सौन्दर्य-विषयक इस अध्ययन में ध्यान में रखा गया है। उनका अपना उदात्त व्यक्तित्त्व और विराट समाज, बस यही सामग्री और आधार उनके लिए पर्याप्त था। कबीर ने उस निर्बाध और अनन्त सौन्दर्य की अभिव्यंजना की है जिस आध्यात्मिक निराकार और असीम सौन्दर्य का वह रसपान कर रहे थे, उसी सौन्दर्य-सुधा का आस्वादन सभी को करा देना कबीर का अभीप्सित था। आवेगों से उनके सौन्दर्य-बोध का जन्म हुआ है, आत्मसंवेदना समस्त सृष्टि से जुड़कर

उसको निखार देती है, यही उनकी कला थी, उनका साधक मन सौन्दर्यद्रष्टा बनकर सहज समाधि में लीन हो जाता है, अन्तः जगत में विचरण का आनन्द, सौन्दर्य बनकर अभिव्यक्त होता था। इस सौन्दर्यानुभूति में कबीर के अव्यक्त-संस्कार, अनुभूति, सांकेतिकता उनके सहायक हुए हैं, जिसमें उनके संवेदना-संकुल सरल हृदय में अक्षय सौन्दर्य का सागर ठाठे मारता दृष्टिगोचर होता है।

छठे अध्याय में उपसंहार है, जिसमें प्रस्तुत कार्य की मूलभावना और उद्देश्य को स्पष्ट किया गया है। कबीर ने अपने काव्य सृजन द्वारा नया संस्कार बोध, नवोन्मेषपूर्ण दृष्टि, आत्मरंजन का आनन्द अपने युग और समाज को प्रदान किया है। स्वस्थ और मंगलकारी युग धरातल की कल्पना उनकी सौन्दर्यानुभूति को अनन्त विस्तार प्रदान करती है। कबीर के, जीवन में संशयग्रस्त अवरुद्ध चेतना के प्रति गहरा असन्तोष था। अतः वह आत्मा के लालित्य द्वारा उसे सौन्दर्य के मधुररस से ओत-प्रोत कर देना चाहते थे। वास्तव में 'सौन्दर्य जीवन से सम्बन्धित होने के साथ-साथ बड़ी हद तक एक वस्तुगत मामला है', कबीर ने इस सत्य को अपनी सौन्दर्यानुभूति द्वारा स्पष्ट किया है। सौन्दर्य की क्षमता और सीमा विभिन्न परिस्थितियों में विभिन्न होती है। ब्रह्म की विराटता, असीमता, कबीर की सौन्दर्यानुभूति का सर्वश्रेष्ठ गुण बनकर हमारे सामने स्पष्ट होती है। रहस्यमयता की रागात्मकता, माधुर्य-भावना, जिज्ञासा वृत्ति, आकर्षण, गुह्यता, सामीप्य की लालसा ने इनकी सौन्दर्यानुभूति को चमत्कृति और वैचित्र्य, वर्ण-दीप्ति, प्रकाश-भंगिमा प्रदान की है। 'स्वयं सौन्दर्य की सृष्टि करके, स्वयं उसमें लीन होना, कितनी विचित्र अनुभूति होती है', यही कबीर का आत्मास्वाद और चित्तप्रसादन था।

कबीर के व्यक्तित्त्व, उनकी आत्मदृष्टि, संस्कार, परिवेश, जीवन-दर्शन को ध्यान में रखकर ही मैंने यह कार्य किया है, उनके मस्त-मौला व्यक्तित्त्व और उद्दाम चेतना शक्ति और उन्मुक्त भावना को भी मैंने दृष्टि में रखा है। कबीर के महान कृतित्त्व के अनेक आयाम में से यह भी एक आयाम है। भाषा को भी कबीर की अभिव्यंजना की दृष्टि से सहज, सरल रखने का प्रयास किया है, इसीलिए शास्त्रीय और पारिभाषिक शब्दावली से इसे मुक्त रखा गया है, मेरे विचार से भाषा की सहजता कबीर की विचार अनुरूपता को बनाए रखने में सहायक होगी।

इस कार्य से मैं पूर्ण तुष्ट न होकर भी सन्तुष्ट हूँ जो कहना चाहता था, वह कह पाया या नहीं, कुछ कहा नहीं जा सकता। इस कार्य में यद्यपि मेरी अपनी स्वतन्त्र दृष्टि रही है किन्तु डॉ. सुरेन्द्रनाथ दास गुप्त के ग्रन्थ 'सौन्दर्य-तत्त्व', डॉ. निर्मला जैन के ग्रन्थ 'रसशास्त्र और सौन्दर्यशास्त्र' ने सौन्दर्यानुभूति विषय को समझने में मेरा मार्ग-दर्शन ही नहीं किया, मेरी अभिरुचि को भी बनाए रखा। आचार्य हजारी प्रसाद द्विवेदी की पुस्तक 'कबीर' तथा डॉक्टर रामजी लाल सहायक

के शोध प्रबन्ध कबीर-दर्शन ने कबीर की मूलभावना को समझने, उनके दृष्टिकोण के स्पष्टीकरण में मेरी सहायता की है। लेकिन वास्तव में कबीर की वाणी ही मेरा मूल प्रेरणास्रोत रही है।

विद्वत्‌जन द्वारा मार्गदर्शन तथा गुरुजन के आशीर्वाद की कामना सदा मेरे हृदय में रही है, यही विनम्र आभार है।

बागों में ना जा रे ना जा, तेरी काया में गुलजार।
सहस कंवल पर बैठ के तू देखे रूप अपार ॥

विनय सहित,

—ब्रजभूषण शर्मा

1660, सोहन गंज
सब्जी मंडी, दिल्ली-110007

विषय-सूची

भूमिका 5

प्रथम अध्याय–कबीर की सौन्दर्य प्रेरणा 15.36

तत्त्व दर्शन में परोक्षानुभूति के प्रति जिज्ञासा • अनुभूति ही प्रमाण • आध्यात्मशास्त्र स्वसंवेद्य • इन्द्रियातीत चिन्तन • लौकिक भावनाओं का परिष्कार, आदर्श की स्थापना • तर्क के स्थान पर अन्तः ज्ञान, आन्तरिक मूल्यों की खोज, सूक्ष्म भाव जगत की सृष्टि, अर्न्तजगत का उदात्त रूप, वेगवान अन्तःप्रज्ञा, असीम के प्रति रुचि तथा जिज्ञासा • मनुष्य की स्वतन्त्र चेतना का प्रसार, मानस की स्वतः प्रेरित क्रिया चित्स्फूर्ति, आत्मलाभ, सामान्य मनुष्य की अपेक्षा अधिक जीवन्त संवेदनशीलता, पारलौकिक मूल्यों की खोज • अजर-अमर सौन्दर्य-दर्शन का लक्ष्य, सम्पूर्ण सृष्टि में पूर्ण चित्ति की व्याप्ति • लोकोत्तर विलक्षण आनन्द का आस्वादन • अनुसन्धानात्मक अन्तर्दृष्टि, परम सुन्दर के साक्षात्कार की लालसा नितनूतन का आनन्द-प्रीति-गुण-चमत्कार, वैचित्र्य का अनुभव • चरम दर्शन परम दर्शन, मुक्त-सौन्दर्य का उल्लास, सौन्दर्य आत्मा की निर्मल वृत्ति • अन्तः प्रज्ञा दिव्य-जीवन का सहज-तत्त्व • भौतिक धरातल से ऊपर उठकर अनुभव • समरसता की स्थिति • निजबद्धता से मुक्त भाव-स्थिति • आह्लादकारी चेतना • आत्मदर्शन की लालसा • अन्तःस्फूर्त सौन्दर्य का प्रसार • कलाकार की जीवन्तता, आत्माभिव्यक्ति का आनन्द • क्रान्तदर्शी अन्तर्दृष्टि की सृष्टि, लोकसंग्रह का सौन्दर्य।

द्वितीय अध्याय : सौन्दर्य 37-64

सौन्दर्य का महत्त्व, शाश्वतता • व्युत्पत्ति-परिभाषा • पाश्चात्य मत-भारतीय मत • सौन्दर्यशास्त्र की परिभाषा, महत्त्व • पाश्चात्य असाधारणता, भारतीय

लोकाक्रान्तगोचरता • वस्तु, व्यक्ति का समन्वय • सौन्दर्य विषयक मतों, मान्यताओं, सिद्धान्तों की स्थापना • सौन्दर्य और मूल्य • भाववादी-व्यक्तिवादी वस्तुपरक • अध्यात्मपरक दृष्टिकोण • रुचि, अनुकूलता, निर्वैयक्तिकता • कल्पना, दिव्यता, मानसिक धरातल • अनुभवगम्यता, आनन्दपरकता भावावेग • नैतिकता, रहस्यात्मकता • लोकोत्तर भावना • समाजबद्धता।

तृतीय अध्याय, सौन्दर्यानुभूति 65-85

काव्य का महत्त्व, चित्त प्रसादन • सौन्दर्यानुभूति क्या है? • महत्त्व, गुण • सौन्दर्यानुभूति और सुखानुभव • भक्ति, आनन्द और सौन्दर्यानुभूति • चित्तवृत्तियों का समीकरण • चित्त वैशिष्ट्य, सहृदयता समाधि अवस्था • दिव्यता तथा शान्ति, निष्काम-वृत्ति, इन्द्रियातीत स्थिति • सौन्दर्य-सृष्टि, सौन्दर्य-दृष्टि • सौन्दर्य-बोध, रहस्यात्मकता • आध्यात्मिक अथवा भौतिक • नैतिक दृष्टिकोण, धार्मिक दृष्टिकोण, मनोवैज्ञानिक दृष्टिकोण • प्रकृति और सौन्दर्य, निर्वैयक्तिकता की भावदशा, सौन्दर्यानुभूति के पक्ष।

चतुर्थ अध्याय : कबीर के काव्य में ब्रह्म और सौन्दर्यानुभूति 86-167

ब्रह्म वर्णन, अनुभव, कबीर का प्रतिपाद्य • आत्मदर्शन की लालसा • निर्गुण ब्रह्म के प्रति अभिरुचि • अनुकूल संवेदनीयता • निर्गुण ब्रह्म, अध्यात्म का महत्त्व • मूलसत्ता ही परम सौन्दर्य, ब्रह्म का विवेचन, पूर्णता, विलक्षणता, शांति, स्फूर्ति, तादात्म्यता का गुण, आत्मविस्मृति, लयगत • ब्रह्मांड का सौन्दर्य, भव्यता, विराटता, महानता, उदात्तता, रहस्यत्व, रागात्मकता, प्रीतिकर • आत्मा का ऐश्वर्य • निखिलातीत सौन्दर्य, शोभना स्तुति • परमानन्द का स्रोत • आध्यात्मिक साधना का पूर्ण आनन्द • पारमार्थिक सत्य की अनुभूति • विवर्त्तवाद से मुक्ति • अद्वैतवादी-दृष्टि • मूलसत्ता का परिचय • महती भावस्थिति, आत्मावेग, संवेग, औदात्य की अभिव्यक्ति • निर्गुण की सगुण प्रतीति, निरीन्द्रिय तथा ऐन्द्रिय अनुभव, प्रत्यक्षानुभव, धारणात्मक, मानसिक साक्षात्कार का आनन्द • अगोचर सौन्दर्य का अनुसन्धान, प्रकाश-भंगिमा, नूर, ज्योति-दर्शन, अनहद श्रवण • निःसंग आनन्द • रमणीयता • कोमल और शक्तिशाली सौन्दर्य, चिदावरण भंग • राग-द्वेष से मुक्ति • नवोन्मेषकारी दृष्टि • दिव्य-चेतना का आभास • पूर्णता • भक्ति का प्रभाव • सामरस्य • सौन्दर्य वर्णन तथा अनुभूति में विरोधाभास की स्थिति दुविधामय भावस्थिति, अमूर्त्त की ग्राह्यता का प्रयास, चेतना का उल्लास, अतीन्द्रिय प्रस्फूर्ति, गुह्यता, अस्पष्टता, अनिर्वचनीयता

• धार्मिक अनुभूति, आत्म-साधन सार • अनुभवातीत भावदशा • विराट रूप, सौन्दर्य की साकारता, प्रभासन, दीप्ति • ब्रह्म की संवेद्यता • निर्विकल्प स्थिति • संस्कारिता • प्रेमतत्त्व, ज्ञानात्मक भावदशा • असीम का अनुभव, अनन्तता का विकास, आत्मोन्नयन • आनन्दमयता, पूर्णता, सत्यान्वेषण • अमूर्त्त विलक्षण भावजगत की अभिव्यक्ति का आनन्द • आध्यात्मिक संवेदन • सत्यबोध, अखंड, पूर्ण सौन्दर्य • परोक्ष का उन्मीलन • स्थूल ऐन्द्रिय जगत से भिन्नता, मानवेतर अनुभव • दैवी-स्फुरण • अन्तःप्रज्ञा की अभिव्यक्ति, कल्पनातिरेक का आनन्द, सम्यक् द्रष्टा की उल्लासमय स्थिति • अक्षय, शून्य पुरुष में सौन्दर्यानुसन्धान-स्वानुभूति, सौन्दर्य की अभिव्यक्ति।

पंचम अध्याय : रहस्यवादी सौन्दर्य-चेतना **168-269**

रहस्यमय, गुह्य-तत्त्व के प्रति आकर्षण • प्रच्छन्न सौन्दर्य के दर्शन की लालसा • हिन्दू, ईसाई, सूफी दृष्टिकोण • मन की मधुर-दशा, रहस्यवादी दृष्टिकोण • मधुरानुभूति • अन्तहीन विराट के प्रति प्रणयानुभूति का चित्रण • रहस्यवादी भावना का आरम्भ, विकास, व्युत्पत्ति, परिभाषा • साधनामूलक, योगमूलक, आध्यात्मिक, भावमूलक, प्रेममूलक, प्रकृतिमूलक रहस्यवाद • रहस्यमय सत्ता का उन्मीलन • रहस्यवादी साधना के विभिन्न सोपान, भेदातीत सत्ता का परिचय • सूफियों का प्रभाव, धार्मिक साधना का रूप, असीम की खोज • प्रकृति में विराट सत्ता का आभास, प्रतिबिम्ब, अन्तर्दृष्टि की एकतानता का आनन्द, आत्मातिक्रमण, चेतन, अवचेतन प्रतीतियाँ, द्वैतभाव की अनुभूति, प्रेम, विरह, मिलन • वेदान्त का प्रभाव, रागात्मक वृत्ति का उदात्त, शुद्ध-चैतन्य रूप • सर्वव्यापकता, सर्वात्मवाद का वर्णन • अद्वैतवाद, एकेश्वरवाद का समन्वित रूप, अनुभव-सिद्ध निरपेक्ष सत्य • प्रेम का उत्कृष्ट रूप, सर्वात्मवाद की भावपूर्ण स्थिति, चित्त की निर्मलता, स्निग्धता, आत्मविमुग्ध भावदशा, सौन्दर्यराशि की असीमता की मधुर अनुभूति, आश्चर्य आनन्द, आह्लाद का समन्वित रूप, हर्षातिरेक, प्रेमोल्लास की दशा, भगवत्सत्ता से एकता • सुख का मौन उपभोग • अन्तःप्रकाश का आनन्द, नूर, ज्योति, प्रकाश, जगतप्रतिबिम्ब रूप • ईसाई धर्म में सौन्दर्य और माधुर्य • कौतूहल, नवोन्मेष, निम्न वृत्तियों का परिष्कार तथा उन्नयन, रोमांच प्रहर्ष, धीर-पुरुष का अन्तःसंसार में रमण, दैवी प्रकाश का प्रसार • सौन्दर्य के मूलस्रोत के प्रति जिज्ञासा, अद्वयात्मक स्थिति, भाव-सृष्टि का विकास, प्रियतम से साक्षात्कार, विकल्पवृत्ति,

बुद्धिवृत्ति का सामंजस्य • सहजानुभूति का आनन्द, आत्मिक जागृति, तमोनिवृत्ति, चित्रकार का सौन्दर्य, अखंड तत्त्व के प्रकाश की मादकता, अतीन्द्रिय अनुभव की लोकव्यापी भावसृष्टि, विषयीगत सौन्दर्य • अस्पष्टता, प्रणयोन्माद, दाम्पत्य भाव • नूतन की सृष्टि, अन्तर्जगत का सुन्दर वर्णन, समाधि की स्थिति, मानसी-कल्पना का आनन्द • वेदान्त का प्रभाव, प्रातिभासिक सत्ता तथा पारमार्थिक सत्ता का ज्ञान, लीलारूप, परमविभु का रहस्य • तत्त्व रूप का अनुराग, इन्द्रियों का एकीकरण, नेत्र और श्रवण इन्द्रियों का महत्त्व • प्रज्ञा का आत्यन्तिक सौन्दर्य, प्रमाता एवं प्रमेय, आत्मा और विश्व की एकता • सान्त में असीम का अनुभव • चित्त वैशिट्य, ईश्वरीय गुणों का प्रभाव • रहस्यगीतों का मूलाधार • आत्मानुभूत अखंड चेतना • निरंजन तत्त्व • विरोधाभासपूर्ण अभिव्यक्ति चित्स्फूर्ति का सौन्दर्य जागरण, परिष्करण, अंशानुभूति, मिलन • पूर्णतादात्म्य।

षष्ठ अध्याय : उपसंहार 270-280

ग्रन्थ सूची 281-286

प्रथम अध्याय

कबीर की सौन्दर्य-प्रेरणा

कबीर मध्यकालीन भक्ति काव्य के महामानव हुए हैं जिन्होंने ब्रह्म रस और उसके सौन्दर्य का भरपूर आनन्द स्वयं तो लिया है, उदारमना होकर सर्वत्र उसे प्रदान भी किया है। ये तो हमें पहले ही स्पष्ट कर लेना चाहिए कि कबीर के समस्त मूल्य और मान्यताएँ स्वनिर्मित और स्वानुभूत थे। उन्होंने किसी भी पूर्वकथित और शास्त्र-सम्मत मान्यता को स्वीकार नहीं किया। कबीर शुद्ध आध्यात्मिक पुरुष थे और आत्म-अनुभूति को ही ब्रह्मज्ञान का एकमात्र प्रमाण मानते थे।

अध्यात्मशास्त्र का विषय स्वसंवेद्य है, हम केवल आधिभौतिक युक्तियों से उसका निर्णय नहीं कर सकते। आधिभौतिकशास्त्र में प्रायः प्रत्यक्ष अनुभव ही प्रामाणिक माने जाते हैं जबकि इसके विपरीत अध्यात्मशास्त्र में बाह्य युक्तियों की प्रतिष्ठा नहीं होती। इसलिए अध्यात्म जगत् में स्वानुभव अर्थात् आत्मप्रतीति को ही महत्त्व दिया जाता है। कबीर शंकराचार्य से बहुत प्रभावित थे, तथा उनका चिन्तन, मनन, दर्शन, भावानुभूति, प्रतिपाद्य सभी, उनके वेदान्त दर्शन अथवा अद्वैतवाद से काफी सीमा तक प्रभावित हैं। वेदान्त-सूत्र के भाष्य में स्वयं शंकराचार्य ने एक स्थल पर लिखा है, 'जो पदार्थ इन्द्रियातीत है और इसीलिए जिनका चिन्तन नहीं किया जा सकता, उनका निर्णय केवल तर्क या अनुमान से नहीं करना चाहिए। सारी प्रकृति के जो भी पदार्थ हैं वह अचिंत्य हैं।'[1]

मुंडकोपनिषद और कठोपनिषद में भी इस कथन की पुष्टि की है, कि आत्मज्ञान केवल तर्क से ही प्राप्त नहीं हो सकता है।[2] इस कथन का समर्थन मेकेंजी, डॉ. राधाकृष्णन, देकार्त लाकी और कांट ने भी किया है।

संसार के कण-कण में एक अलौकिक सत्ता विद्यमान है, उसी की अनुभूति का नाम ब्रह्मज्ञान है, यह ब्रह्मज्ञान ही, इसकी अनुभूति ही, कबीर की सौन्दर्य-भावना है। कबीरदास ने अपने अव्यक्त सगुण भगवान को आनन्द रूप बताया है तथा उन्होंने अपने निर्गुण ब्रह्म को ही रामरसायन रूप कहकर उसकी रसरूपता या आनन्दमयी विशिष्टता प्रकट की है।

कबीर के रहस्यवाद में इस रसात्मकता का वर्णन मिलता है, इसलिए कबीर ने 'आनन्दोब्रह्मोति'?[3] 'रसो वैसः'[4] इन आधार को अपनी ब्रह्म-विषयक सौन्दर्य-भावना में स्वीकार किया है। ब्रह्म ही सत्य, ज्ञान और अनन्त है।[5] ब्रह्म की यह अनन्तता ही उसकी अद्वैतता है और इस अद्वैतता का आनन्द, उसकी अनुभूति ही सौन्दर्य है। इस प्रकार कबीर ने सौन्दर्यानुभूति द्वारा उस परम सत्ता का दैवीकरण किया है। आध्यात्मिक भावना में न तो दृष्टि बाह्यात्मक ही रहती है और न ही बाह्य सत्ता का दैवीकरण होता है।

वास्तव में कबीर की सौन्दर्य-भावना अन्तर्जगत की बहिर्जगत का मानस-प्रत्यक्ष मानती है, वस्तुजगत के जीवन-प्रवाह से कटा रचनाकार ऐसी हालत में या तो रूपवादी हो जाता है या आत्मकेन्द्रित। उसकी कला में गहराई तभी आती है जब वह वस्तुजगत की व्यापकता में विचरण करता है। वस्तुजगत से उसके सम्पर्क का संकोच शनैः-शनैः उसे असामाजिक और समाज-विरोधी भी बना देता है। जीवन के रस-स्रोत से वंचित उसकी कला रुग्ण हो उठती है। वह अपनी सामाजिक अर्थवत्ता खो देती है। वह भावों और विचारों से एकदम दरिद्र हो उठती है।[6]

कबीर जनता के और लोक-मानस के कवि थे, उन्होंने उसी में व्याप्त ब्रह्म के, अनुपम तत्त्व के सौन्दर्य का अनुभव किया। कबीर परम्परा, अन्धानुकरण, ग्रन्थकथित तथ्यों को स्वीकार नहीं करते थे, वे सामन्तवादी व्यवस्था के सभी मूल्यों के विरोधी थे। कबीर ने सामाजिकता, उसके अस्तित्त्व, अन्तर्जगत के सौन्दर्य, सभी को बहुत महत्त्व दिया, वे मूर्त और यथार्थ को मानते थे, इसलिए उन्होंने ऐसी रचना का अपने काव्य में विरोध किया है, जो विशुद्ध सौन्दर्य-शास्त्र के आग्रह पर कविता या कला को अमूर्त से अमूर्त बनाती चली जाती है, उसे उसके उत्स, उसके जीवन-स्रोत और उसके सामाजिक चरित्र से उसे विच्छिन्न कर देती है। वे रचना को बाहर से देखने वाली दृष्टि के विरोधी थे, इसलिए उन्होंने जो जानना चाहा, अनुभव करना चाहा उसके अन्तरतम में, अन्तर्जगत में झाँक कर देखा है।

अपने अगम, अगोचर, अव्यक्त ब्रह्म को उन्होंने अन्तर्जगत में ही देखा है, उसका आनन्द लिया है, किन्तु वह गूँगे का गुड़ ही रहा है। उन्होंने अपने काव्य में ब्रह्म का सौन्दर्य ही अपनी सौन्दर्य-भावना माना है, उसकी अभिव्यक्ति के लिए उन्होंने विभिन्न माध्यम अपनाए हैं। उनका लक्ष्य था इस विराट सृष्टि को ब्रह्ममय देखना। सर्वव्यापकता की इस भावना को कबीर का दर्शन माना गया है, यही उसका ब्रह्मविवेचन है, और यह ब्रह्मविवेचन ही परम सुन्दर का वर्णन है, किन्तु दर्शन होकर भी, वह भावजगत की वस्तु है।

सामान्यतः दर्शन दो प्रकार का होता है, एक तो वह जो किसी भी मानव समूह के सम्पूर्ण रूप से एक सुनिश्चित जीवन-व्यवस्था के आदर्श रूप में स्थापित

हो जाने से पूर्व एक राष्ट्रीय संस्कृति के आरम्भ में उदय हो जाता है, दूसरा उसका एक अव्यवस्थित रूप होता है, जिसमें तर्क के स्थान पर आन्तरिक ज्ञान का अधिक प्रभाव होता है, जिसमें समस्याओं का समाधान प्रस्तुत करने की अपेक्षा प्रश्न और जिज्ञासाएँ होती हैं, यह अलौकिक दर्शन होता है।[7]

कबीर में यह दोनों ही रूप मिलते हैं। कबीर एक प्रगतिशील और बुद्धिवादी विचारक होने के साथ-साथ एक संवेदनशील तथा भावुक कवि भी थे, इसलिए उनमें कहीं-कहीं तो तानाशाही का स्वर और फकीरों की फक्कड़ मस्ती मिलती है और कहीं वही समर्पणमयी विनम्रता झलकती है, इनका ब्रह्म आलोक कहीं तो आँखों को चौंधिया देता है, कहीं वह हमें सहज स्निग्धता से रसमय कर देता है। कबीर ने अपने सामने समस्त मानव जाति के लिए एक आदर्श राष्ट्रीय-व्यवस्था के लक्ष्य को रखा था और इसी प्रकार से आन्तरिक अनुभूति के आधार पर अलौकिक ज्ञान की प्राप्ति का मार्ग भी प्रशस्त करने का प्रयत्न किया था। उसने एक ऐसे दर्शन को प्रस्तुत किया जिसमें जीवन की व्यवस्था सम्बन्धी समस्याओं का निरन्तर प्रवाह था और पूर्वस्थापित अनेक मान्यताओं के प्रति शंका उठाकर उनको निरन्तर कसौटी पर कसकर ख़रा सिद्ध करने का प्रयत्न था। कबीर के सम्मुख प्लेटो की भाँति एक चिन्तन-परम्परा का मानसिक विकास का इतिहास था जो शंकाओं और सन्देहों से युक्त था। उसने समस्याओं के भ्रान्तिजनक रूपों, उनके समाधान का अत्यन्त स्पष्टता और तीव्र प्रखरता से सामना किया और उनका समुचित निराकरण करने के लिए वह निरन्तर संघर्षरत रहे।

कबीर का चिन्तन प्लेटो की भाँति एक गतिशील अवलोकन था, जो किसी एक निश्चित विचार या चिन्तन पर समाप्त नहीं होता और न ही रुकता है। इसका अर्थ यह नहीं कि उनका चिन्तन या विचार असम्बद्ध अथवा असंगत है, इसके विपरीत उनमें एक प्रविधि तथा एकता है। एक ऐसी एकता और गरिमा जो एक विकासशील बुद्धिजीवी व्यक्तित्त्व की है, जिसमें समस्याओं के समाधान के प्रति एक दृढ़-आग्रह है, जिसमें अपनी निश्चित मान्यताओं के प्रति आस्था और विश्वास के प्रति निष्ठा है, तथा जिनको विभिन्न कसौटियों के आधार पर प्रयोग करके, उनको परख कर देखा जा सकता है, उन्होंने स्वयं यह प्रयोग करके देख लिया था। इसीलिए कबीर तत्कालीन मूल्यों की ह्रासोन्मुखी धारा को रोकने के लिए प्रयत्नशील थे।

प्रायः विद्वानों ने इस प्रश्न को उठाया है कि कबीर एक सन्त थे अथवा एक कवि, उनका कौन-सा रूप अधिक ग्राह्य है। वास्तव में साहित्य यां कला की महानता का आधार अन्तर्जगत तथा बहिर्जगत की एकता में निहित है अथवा इन दोनों संसारों को पृथकता से समझा जा सकता है।[8] इस सन्दर्भ में कबीर ने अलग-अलग मूल्य स्थापित किए थे। यह सत्य है कि कबीर ने जिस ह्रासोन्मुखी

गति को रोकने की चेष्टा की वह रुकी नहीं किन्तु उन्होंने जनता और संसार के लिए चिन्तन और जीवन का एक आदर्श निर्मित कर दिया था। कबीर की सौन्दर्य-भावना इस आदर्श से प्रभावित थी, उन्होंने ब्रह्म के सौन्दर्य के साथ-साथ जीवन के सौन्दर्य को भी देखा, इसीलिए उन्होंने बार-बार माया का वर्णन करते हुए उसकी आलोचना की है। उन्होंने काव्य-मूल्यों को नहीं माना, वे जीवन-मूल्यों को मानते थे, वे जीवन-मूल्य, जो अन्तर्जगत के हैं, आध्यात्मिकता के हैं, यही उनकी सौन्दर्य की परिकल्पना थी।

वास्तव में हम मूल्य या सत्य की सृष्टि नहीं करते हैं, अपितु उनकी खोज करते हैं। ऐसे मूल्य या सत्य देश-काल, जाति, राष्ट्र, सम्प्रदाय के कारण परिवर्तित नहीं होते हैं। इस प्रकार स्पष्टतः दो प्रकार का जगत होता है, एक तो परम सौन्दर्य का जगत होता है और दूसरा परम्पराओं, भ्रान्तियों और मतवादों का जगत होता है। कबीर ने तानाशाही, निरंकुशता का विरोध इसलिए किया क्योंकि वह न्याय पर नहीं, अपितु पाश्विक शक्ति पर आधारित होती है। उन्होंने इसका विकल्प, तर्क और औचित्य द्वारा नियन्त्रित-संयमित जीवन दिया जो उनके परमसत्य के परिवेश का प्रत्यक्ष ज्ञान है।

कबीर के काव्य के अध्ययन के सन्दर्भ में एक प्रश्न बड़ा सार्थक है, क्या सौन्दर्य-शास्त्र महज कला निर्मित या कलास्वाद का ही शास्त्र है, अथवा वह आधारतः एक मूल्यशास्त्र है। इसी सौन्दर्य-भावना की दृष्टि से एक और प्रश्न हमारे सामने आता है कि, 'मनुष्य की चेतना, उसके अस्तित्त्व का निर्धारण नहीं करती, बल्कि उसका सामाजिक अस्तित्त्व ही उसकी चेतना का निर्धारण करता है।' समस्त सौन्दर्य का मूल्यांकन मानव-मूल्यों द्वारा ही होता है, मानव की आन्तरिक शक्ति और विवेकबल अपरिमित है। वह अपनी भाव कल्पना और बुद्धि से प्रत्येक वस्तु का मूल्यांकन करता है, समस्त परिवेश और व्यक्तिगत सन्दर्भ में सौन्दर्यात्मकता का निर्णय करता है। उसकी मूल्य स्थापना अनुभवसिद्ध होती है। मानव का आन्तरिक जगत विभिन्न प्रकार से अभिव्यक्त और रूपायित होता है, वह अस्त-व्यस्त, ऊबड़-खाबड़, प्रकृति के रूप को, मानव की कुरूपता को एक विशेष भाव स्थिति द्वारा परम-सुन्दर रूप दे देता है। वह दानवत्व में देवत्व की स्थापना कर देता है। परिवर्तन और सृजन की यह प्रक्रिया स्वाभाविक रूप से विकसित होती रहती है, किन्तु भावजगत में ही इसका सर्वाधिक विस्तार होता है और यथार्थ जगत में उसकी सार्थकता फलीभूत होती है। कवि-चिन्तन इससे भिन्न कोटि का नहीं है। अज्ञेय मानवीय अनुभूति के इस सम्प्रेषण के सम्बन्ध में कहते हैं, 'जो व्यक्ति का अनुभूत है, उसे समष्टि तक कैसे उसकी सम्पूर्णता में पहुँचाया जाए।'[9]

कबीर में सम्प्रेषण का तत्त्व अत्यन्त प्रबल है, इसलिए वह समष्टि तक अपनी सम्पूर्णता में पहुँच सका है। मध्ययुगीन भक्ति-काल में इनका व्यक्तित्त्व

अत्यन्त प्रभावशाली रहा है। वे क्रान्तिकारी, प्रचंड, उत्कट और व्यापक व्यक्तित्त्व के स्वामी थे। कबीर ने जिन मूल्यों का अन्वेषण साहित्य, मानव, समाज के समन्वय और उसे सुन्दरतम रूप में देखने के लिए किया था, उनका उनके युग और परवर्ती युग पर भी उन मूल्यों का जीवन और कला के मानदंडों पर अमिट प्रभाव पड़ा। कबीर ने उपलब्ध सत्य, मूल्य के प्रति आग्रह नहीं दिखाया और न ही उस बर्बर बीभत्स अशान्तिपूर्ण जीवन की परिस्थितियों से जो भौतिकता में लिप्त हो रही थीं, वे सन्तुष्ट थे। तत्कालीन जीवन, गुण, सौन्दर्य, संवेदना और सृजनात्मकता विहित ही नहीं था, वह दिग्भ्रान्ति था, अपूर्ण और आडम्बरमय था, जिसमें अन्तर्दृष्टि का सर्वथा अभाव था, उन्होंने इस परिवेश को परिवर्तित करने का प्रयत्न किया। अपने युग को मानव के अन्तःजगत को उदात्ततम बनाने उसे नवीन दृष्टि का उद्‌बोधन देना ही उनका उद्देश्य था। वास्तव में आन्तरिक विकारयुक्त, म्लानतापूर्ण इस युग में अम्लान का उद्‌घाटन ही उनका लक्ष्य था। कबीर में सच्चे पारदर्शी कलाकार की जीवन्तता, अनुभवात्मकता के गुण थे। लोक-कल्याण, मानवतावादी दृष्टि से परिपूर्ण उनकी आध्यात्मिक सौन्दर्य-भावना एक ऐसा महत्त्वपूर्ण पक्ष है जिसके बिना उनके आन्तरिक सौन्दर्य को अनावृत्त करने की आकांक्षा अपूर्ण ही रह जाती है। कबीर का मार्ग अन्य कलाकारों से अलग था, क्योंकि उनकी अन्तःप्रज्ञा इतनी वेगवान थी, जिसके आलोक का अनुमान लगाना सहज नहीं है।

कबीर एक ऐसे आध्यात्मिक पुरुष थे जिन्होंने मानव में निहित आन्तरिक आत्मिक सौन्दर्य का सर्वांगीण उद्‌घाटन करने का सफल प्रयास किया है। यद्यपि उसे वह अनिर्वचनीय ही कहते रहे। इस सौन्दर्य को जानने के लिए उन्होंने प्रज्ञा, अन्तःप्रज्ञा के द्वारा ही प्रयास किया, इसलिए जीवन के दो पक्षों ज्ञान एवं अज्ञान में से उन्होंने ज्ञान को ही अपना मार्गदर्शक बनाया एवं अज्ञान के कारण और परिणाम का विशद् विवेचन करते हुए ज्ञान का प्रतिपादन किया। जहाँ उन्होंने भक्ति को महत्त्व दिया, वहाँ उन्होंने ध्यान-साधना के मार्ग को भी अपनाया, क्योंकि सम्भवतः जिस आन्तरिक अनुभूति के आनन्द को वह प्राप्त करना चाहते थे, भक्ति उसके बाह्य विधान तक ही पहुँचाती है। इसी प्रकार कबीर ने चार पुरुषार्थों में से केवल मोक्ष में ही सौन्दर्य और आनन्द देखा, और उसे ही अपना लक्ष्य बनाया।

ज्ञान परमतत्त्व से तादात्म्य का साधन है, परमतत्त्व सुन्दर है, सत्य है, अविकारी, शुद्ध, बुद्ध, निर्मल, विमल, शाश्वत, सनातन, चिरन्तन, परम आह्लादकारी है। सन्त का लक्ष्य इसी की प्राप्ति है, वह सत् को प्राप्त करना चाहता है, वह शून्य और अनन्तता में विकसित होता जाता है वह शान्त, सीमित, रूप-स्पर्श, गन्ध, घ्राण, त्वचा से परे है, अनुभवातीत, अगम-अगोचर, अजर-अमर है, क्योंकि

वह स्वतः पूर्ण है। स्वाभाविक रूप से सौन्दर्य के प्रति हमारी निरन्तर जिज्ञासा रहती है, परमतत्त्व, उस सुन्दर तत्त्व ज्योति रूप, के प्रति भी साधक में ऐसी ही तीव्र व्यग्रता बनी रहती है। इस सौन्दर्यानुभूति तीव्र व्यग्रता के कारण ही कबीर के काव्य में गहन रहस्यवादी भावावेश मिलता है जिसमें उनकी स्वानुभूति अनुभूति की अप्रतिम तीव्रता की झलक मिलती है। कभी-कभी उनमें यह भाव अत्यन्त सहज, सरल और स्निग्ध हो उठता है, उसका भेदभरा, रहस्यपूरित आवरण हट जाता है।

कबीर के काव्य में सापेक्ष और निरपेक्ष सौन्दर्य के अनेक प्रमाण एवं वर्णन मिलते हैं। पारब्रह्म की सौन्दर्याभिव्यक्ति उसकी इच्छापूर्ति का उदात्तीकरण है। यह सुरुचिपूर्ण सौन्दर्य-अपरिवर्तित है, अविकारी है, वह रसो वैसः है। 'नेति-नेति' है, एक में अनेक और अनेक में एक है। वह निर्गुण सगुण से परे है, अनुभवातीत भी है, अनुभवगम्य भी है। वह शून्य भी है, पूर्ण भी है। लौकिक, अलौकिक, अभिव्यक्ति से परे की वस्तु है। वह देश कालातीत है, वह व्यष्टि-समष्टि की सीमा से बाहर है। उस परम तत्त्व में ही, ब्रह्म में ही चाक्षुष अनुभूति और चाक्षुष स्मृति का सौन्दर्य देखने को मिलता है। कबीर के सामने ब्रह्म-सौन्दर्य के अस्तित्त्व को स्पष्ट करने की समस्या निरन्तर आती रही है, किन्तु उन्होंने सौन्दर्य का उद्गम-स्रोत ही परमब्रह्म को माना है। इस वर्णन में उन्होंने बुद्धि, भावना और तर्क द्वारा अनुभूत सत्य का सन्तुलन, सहज बोधगम्यता को बनाए रखने का निरन्तर प्रयत्न किया है, कबीर दुरूहता, दुर्गमता के विरोधी थे, हाँ, साधना की कष्ट साध्यता को वह अनिवार्य मानते हैं। वे मानते थे कि उस सौन्दर्य तक पहुँचना बहुत कठिन है, कोई विरला ही गुरु की कृपा से वहाँ पहुँच सकता है।

कबीर की जटिल रहस्यात्मकता, इसी सहज बोधगम्यता के कारण निखर उठी है। उसकी प्रेषणीयता बढ़ गई है। साधक उस सौन्दर्य से अभिभूत हो उठता है। वह सामान्य भाव स्तर से बहुत ऊपर उठ जाता है और आनन्द के सत्वोद्रेक से स्वयं में रसमय हो उठता है। प्रत्येक अणु-परमाणु देदीप्यमान, आलोकित हो उठते हैं। वहाँ सूर्य-चन्द्र, तारों सभी की आभा मन्द पड़ जाती है। अपना आलोकित प्रतिबिम्ब, स्वयं को ही प्रभामय कर देता है। साधक मूक और मूढ़ हो जाता है इसलिए ब्रह्म का वर्णन करते हुए बीच-बीच में आश्चर्य-तत्त्व का अस्तित्त्व स्वयमेव ही झलकने लगता है। कबीर इसलिए सहज-बुद्धि की दुविधा को मिटाकर मानव मस्तिष्क और हृदय को परिशुद्ध और आत्म-चेतना पूर्ण कर देना चाहते हैं। सौन्दर्य की दीप्ति और आन्तरिक समन्वय दोनों ही सहज मुखरित हो उठते हैं। आत्मा-कमल उस आलोक से प्रस्फुटित होने लगता है। कबीर ने ब्रह्म तथा आध्यात्मिक वर्णन में सौन्दर्य को साधक का साधन न बनाकर स्वयं साध्य बनाया है। कहीं-कहीं वह उनके मानव-जीवन की सौन्दर्य-कल्पना तथा लोक कल्याण की भावना में उजागर हो उठा है। कबीर ने रस कौ अंग, परचा कौ अंग, विरह कौ

अंग, सुन्दरि कौ अंग, गुणा कौ अंग में इस भावानुभूति का वर्णन किया है।

यह सर्वमान्य है कि साहित्य या काव्य विशिष्ट मानव उपलब्धि है, क्या उसकी सार्थकता किसी अव्यक्त सत्ता का प्रकाश, सहृदय को अतीन्द्रिय और लोकोत्तर आनन्द प्रदान करने तक ही सीमित है अथवा उससे आगे बढ़कर मनुष्य को कर्ममय जीवन की सक्रिय प्रेरणा देने में है। ये समस्त प्रश्न सौन्दर्य-भावना से ही सम्बन्धित हैं। कबीर की सौन्दर्य-भावना शुद्ध सौन्दर्य-शास्त्रियों, कलावादियों की या सामन्तवादी नहीं है। सौन्दर्य की भावना को सौन्दर्यात्मक मनोविज्ञान तक ही सीमित रखना उचित नहीं है। वास्तव में सौन्दर्य शास्त्रीय कला-दृष्टि, मूल्यों को सामाजिक सन्दर्भ में देखने पर ही सफल होती है। वहाँ यथार्थ स्पष्ट होकर आएगा और सामाजिक सन्दर्भ में सौन्दर्य-दृष्टि को भी जीवन का विकृत रूप भी दिखाई पड़ेगा। कविता, कला, काव्य-मूल्य, सौन्दर्य-मूल्य, समाज और जीवन से निरपेक्ष नहीं होने चाहिए। कबीर मानते थे कि उसमें समाज और जीवन का उदार योगदान होना चाहिए। कुछ लोग कविता तथा कला को सामाजिक जीवन की उपज तथा उसी की देन मानते हैं, उन्हें वस्तुगत यथार्थ का कलात्मक पुनः सर्जन मानते हैं तथा शुद्ध मानव जीवन तथा सामाजिक यथार्थ के बीच उनका महत्त्व स्थापित कर देना चाहते हैं। वे काव्य-मूल्यों, सौन्दर्य-मूल्यों तथा जीवन-मूल्यों के बीच कोई विभाजक रेखा नहीं खींचना चाहते। ये कविता तथा सौन्दर्य की स्वायत्तता का आदर करते हुए भी उनका समाज और जीवन निरपेक्ष कोई स्वायत्त संसार नहीं मानते, ऐसे लोग सौन्दर्य-मूल्यों को नहीं जानते। ऐसे लोगों को समाज तथा जीवन में पैठकर देखना चाहिए कि सौन्दर्यशास्त्र एक मूल्यशास्त्र है। कॉडवेल ने कहा है कि 'काव्य रचना और काव्यस्वाद के दायरे तक कोई भले ही विशुद्ध सौन्दर्यशास्त्र के क्षेत्र में रह ले, किन्तु उसके आगे समीक्षा के क्षेत्र में प्रवेश करने पर उसे काव्य या कला को उसके बाहर से ही देखना होगा और जाहिर है कि कला के बाहर उसे देखने का अर्थ समाज के भीतर रहकर ही उसे देखना है।'[10]

कबीर ने अपने प्रतिपाद्य में सौन्दर्य का अन्वेषण निरपेक्ष मूल्य के रूप में किया है। उन्होंने साध कौ अंग, निहकर्मी पतिव्रता कौ अंग में इस भाव को स्पष्ट किया है। जैसा कि किसी भी कलाकृति में सौन्दर्य का मुख्य आधार उसके द्वारा मानव अनुभवों के भार को सहन करने की शक्ति में होता है इसी प्रकार कबीर ने अपने काव्य में यथार्थ और स्वयं अनुभूत पर बल दिया है। वे कागद की लेखी नहीं, आँखों की देखी पर ही विश्वास कर सकते हैं। उन्होंने उस परम सौन्दर्य का अनुभव करने के लिए मानव को प्रेरित किया है।

सौन्दर्य में जो मानवतावादी दृष्टि होनी चाहिए वह कबीर में भरपूर है। मानव जीवन की क्षणभंगुरता को दूर करके उसे शाश्वत सत्य से एकमएक कर देना उनका लक्ष्य था। इसके लिए जिस प्रचंड व्यक्तित्त्व की आवश्यकता थी, वह

फक्कड़ और मस्त कबीर में था। इसीलिए उनका उत्कट और व्यापक प्रभाव समाज पर पड़ा था। अन्य सन्त भक्तों में तुलसी ही कबीर की टक्कर में आते हैं। तुलसी ने सगुणोपासना द्वारा मानव जीवन को आदर्श का आत्मबल प्रदान किया। राम के भव्य और शक्तिशाली चरित्र द्वारा सत्य, शील, सुन्दर का प्रस्तुतिकरण किया। जीवन के पक्षों का सर्वांगीण वर्णन करके ही तुलसी लोकनायक और कबीर लोकद्रष्टा कहलाए।

कबीर ने समाज और मानव को जीवन की कुरूपता और पतन से बचाकर के ही उसे सुन्दर रूप देने का प्रयत्न किया था। आध्यात्मिकता के अतिरिक्त आचार-विचार और नैतिक पक्ष कबीर की सौन्दर्य-भावना के महत्त्वपूर्ण पक्ष हैं। कबीर ने प्रचलित बाह्य अनुरोधों और आग्रहों को यथावत् स्वीकार न करके उनका परिष्कृत रूप ही समाज को प्रदान किया।

उन्होंने मानव को प्रभावकारी गुण-सम्पन्न किया जिससे कथनी-करनी में एकरूपता हो। सौन्दर्य की दृष्टि नवीन होती है, नूतन होती है। कबीर ने भी नवजीवन की अभिराम दृष्टि द्वारा उस अन्धकार और पतन के युग में एक नई जीवन-दृष्टि की खोज की और प्राप्त सत्यों को परिमार्जित किया। यहीं उनके सौन्दर्यवादी दर्शन और आत्मस्थ कलाकार की जीवन्त संवेदनशीलता, अन्तः बाह्य तत्त्वों का आकलन, ग्रहण तथा सम्पादन, संशोधन मिलता है। कबीर ने संवेदनात्मक अनुभवों में व्यापक जीवन-दृष्टि की खोज की जो उनकी सौन्दर्यभावना के रूप में अभिव्यक्त हुई।

इसी सन्दर्भ में अनेक विद्वानों ने कबीर के काव्य में उपलब्ध सौन्दर्यानुभूति अथवा मधुरानुभूति का प्रश्न उठाया है। स्पष्ट है कि वे निर्गुणोपासक थे, जिसमें गुण और आकार ही नहीं होता, तो उसमें गुण का आरोपण कैसे हो सकता है और आकार के अभाव में वह इन्द्रियों का विषय कैसे हो सकता है। वह इन्द्रियातीत है तो उसमें मन रमने का प्रश्न ही नहीं उठता। मन तो सौन्दर्य में रमता है। चाहे वह शरीर का हो, चाहे वह गुण का हो। निर्गुण में उसका अधिष्ठान नहीं रह जाता। वास्तव में कबीर स्वयं उसे इन्द्रिय साध्य नहीं बताते, इसलिए ऐसे तत्त्व की अनुभूति का साधन कोई इन्द्रिय विशेष नहीं हो सकती।

कबीर के समस्त दर्शन का सारतत्त्व एक तर्क संगत जीवन है। हमारी इन्द्रियाँ केवल भावों और ठोस तत्त्वों को ही ग्रहण कर पाती हैं? सिद्धान्तों तथा मापदंडों का अनुभव केवल तर्कसंगत सत्य के आलोक द्वारा ही प्राप्त हो सकता है। तर्क ज्ञान प्राप्ति का मार्ग भी है और साथ ही आचार-संहिता का पथ-प्रदर्शक भी है। तर्क वास्तविक शक्ति है। ज्ञान-प्राप्ति ही कर्म है। वही श्रेय है, वह सुन्दर की प्राप्ति का साधन है। गुण ही ज्ञान है अतः एक उत्तम और श्रेष्ठ जीवन, एक तर्कसंगत जीवन है। अज्ञान ही सबसे बड़ा पाप है, क्योंकि वह अहंकार परिवेष्टित

है। वास्तव में मनुष्य सत्य को नहीं जानता उसे ज्ञान नहीं होता, किन्तु वह इस भ्रम में रहता है कि वह जानता है, इसीलिए वह सुन्दर से जो अन्तरतम की वस्तु है, वंचित रहता है। ज्ञान प्राप्ति का प्रथम सोपान कबीर अहंकार का विनाश मानते हैं। तभी परमतत्त्व के, परम सुन्दर के, अविकारी तत्त्व के दर्शन होंगे। आत्मज्ञानी इसीलिए विशिष्ट व्यक्ति है क्योंकि उसका अन्तर्जगत, जो वास्तव में उसकी आत्मा है, तर्कनियन्त्रित है। ज्ञान की भाँति सौन्दर्य एक व्यक्तिगत अनुभव है, आत्मानुभव है, यही मोक्ष का मार्ग है। सौन्दर्य और ज्ञान, ग्रन्थों तथा वाणी द्वारा सम्प्रेषित नहीं हो सकते। सहज चेतना द्वारा वह स्वयमेव ही एक स्फुलिंग की भाँति, एक चिनगारी की तरह अकस्मात् ही आत्मा में उत्पन्न हो जाते हैं तथा उसमें व्याप्त हो जाते हैं।

प्लेटो सौन्दर्य में नैतिकता, आध्यात्मिकता को आवश्यक मानता था, इसी प्रकार अरस्तू के लिए कला केवल एक सौन्दर्यात्मक आनन्द नहीं था, अपितु करुणा और त्रास द्वारा आत्मा का विरेचन था। प्लेटो मस्तिष्क के विकारों को साफ करने के लिए कहता है जो आत्मा को अहंकार मुक्त करने का साधन है। जिस प्रकार एक कुशल चिकित्सक का यह विश्वास होता है कि जब तक रोगी के अन्दर के दोषों को दूर नहीं किया जाएगा, तब तक किसी भी प्रकार के भोजन से उसे लाभ नहीं होगा। इसी प्रकार आत्मा की शुद्धि करने वाला इस तथ्य को जानता है कि उसका जिज्ञासु को ज्ञान प्रदान करने का तब तक कोई लाभ नहीं होगा जब तक कि उसको विकार रहित नहीं किया जाता। सौन्दर्यानुभव की भी यही स्थिति है। जब तक हम निर्मल और सहृदय होकर नहीं देखेंगे, वह अनन्त सौन्दर्य हमें दिखाई नहीं देगा। वास्तव में जो चरम दर्शन है तथा जो परम दर्शन है वह हमारे अन्तर में ही है। इस आँख से जो कुछ हम देख सकते हैं उसे अभी भी नहीं देख पाए। हमारे सामने, हमारे चारों ओर जो कुछ है, उसको भी हम देख नहीं पाते। इन्हीं समस्त संस्कारों से दबी हुई होने से हमारी दृष्टि निर्मल, विनिर्मुक्त भाव से जगत् का संस्रवलाभ नहीं कर पाती।[11]

मनुष्य की वृत्ति और दृष्टि उल्लास और आनन्द मूलक रही है। उपनिषद के ऋषियों ने जिस प्रकार सम्पूर्ण सृष्टि को आनन्दजन्य माना है उसी प्रकार आधुनिक मानव-विज्ञानी प्रारम्भिक काल के आदिमानव की रूप कल्पना को भी आनन्दजन्य मानता है। सारी सृष्टि को देखकर उल्लासमुखर ऋषि ने कहा था, "आनन्दाद्ध्येवखल्विमानी भूतानि जायन्ते।"[12] "आनन्द से ही भूतमात्र पैदा होते हैं", इस प्रकार मनुष्य की वृत्ति ने कितने संस्कार एकत्रित किए हैं वह किसको शरीर कहता है और किसको आत्मा, किसको हेय कहता है, किसको श्रेय, यह सब असीमित है। चारों ओर रूप-ही-रूप, सौन्दर्य-ही-सौन्दर्य फैला है और यह सब केवल एक रूप में से दूसरे रूप की लीला है, जिसका कहीं कोई अन्त नहीं है, जो

देखने से भी नहीं मिलता और विचार करने से भी नहीं मिलता। कबीर इस रूप को देखने को, उसका अनुभव करने को लालायित थे।[13] वे जानते थे कि उस अद्भुत अनन्त रूप को देखने पर ही हमारा देखना सार्थक होगा। वास्तव में मनुष्य के सम्मुख जो उसका अमृत रूप है उसके दर्शन अभी उसने नहीं किए। 'आनन्दरूपममृतं' इसको देखने पर ही परम सुन्दर का दर्शन होगा। वह कण-कण में व्याप्त सत्ता हमारे सम्मुख आलोकित हो उठेगी, 'यो विश्वंभुवनया विवेश, य औषधीषुयोवनस्पतिषु तस्मै देवाय नमो नमः' जो विश्व में, भुवन में, औषधि तथा वनस्पति में व्याप्त है, उस विश्व देव को बारम्बार नमस्कार।

कबीर ब्रह्म को सत्य तथा जगत् को मिथ्या मानते हैं। ब्रह्म आनन्दरूप और अमृतरूप है। यहाँ आनन्द कहाँ दिखाई देता है। वह तो स्वयं में अवस्थित है, आनन्द तो स्वभावतः मुक्त है। वह स्वार्थ और भेदभाव को शिथिल कर देता है और एक ऐसा मुक्त वातावरण बन जाता है जहाँ आनन्द का प्रकाश अधिक होता है, वह प्रत्येक दिशा में विकसित होता चला जाता है। इस विश्वप्रकृति में सत्य का रूप नियम में और आनन्द की साकारता सौन्दर्य में दिखाई देती है। कबीर ने अनुभव किया था कि जल, थल, आकाश ने हमें नाना बन्धनों से आबद्ध किया हुआ है, किन्तु जल, थल और आकाश में विकीर्ण विभिन्न वर्णों में गन्ध गीत और सौन्दर्य में जो विपुल वैचित्र्य दृष्टिगोचर होता है, वह हमें बन्धन में न बाँधकर मुक्तावस्था प्रदान करता है।

कबीर का जगत इसलिए मिथ्या है कि वह हमें बन्धन युक्त करता है। हम सत्य को अखण्णीय युक्ति द्वारा प्रभावित करते हैं किन्तु सौन्दर्य को, स्वाधीन आनन्द को प्रमाणित करने के लिए किसी युक्ति की आवश्यकता नहीं है। ईश्वर का, ब्रह्म का परमविचित्र रहस्यमय सौन्दर्य हमारी स्वाधीन इच्छा चाहता है, यह बन्धन रहित है। यही मोक्ष की प्राप्ति है। हमारी अन्तरात्मा के, अलौकिक जगत् में एक आनन्दमय व्यापार चलता रहता है। उसका ही नियमन, निदर्शन इस संसार में दिखाई देता है। कहीं वह आकाश की नीलिमा में है, कहीं वन की शस्य श्यामलता में, फूल की सुगन्ध में, जल की तरंगों में, वायु की सिहरन में, इसलिए कबीर मानते थे कि मानव जन्म तो आनन्द का जन्म है। हमारे अन्तरतम में सूर्य, चन्द्र का प्रकाश नहीं पहुँचता, किन्तु वहाँ परमतत्त्व विराजमान है जिसका आलोक हमें सर्वांग परिवेष्टित किए हुए है, यही जगत-व्याप्त सौन्दर्य है।

कबीर ने जगत में उसी परमतत्त्व की इच्छा का निदर्शन सौन्दर्य में पाया है, इसलिए वहाँ इच्छा का इच्छा के साथ तथा आनन्द का आनन्द के साथ मिलन होता है। इस विश्व में आलोक है, इसलिए हमारे पास चक्षु हैं, सत्य है। इसलिए हमारे पास चैतन्य है और ज्ञान है, इसीलिए बुद्धि है। उस परमतत्त्व का प्रतिस्वरूप हमारा हृदय है, वही रस है, आनन्द है। सौन्दर्य में शक्ति और युक्ति दोनों के

लिए स्थान नहीं है। हम किसी वस्तु को बलपूर्वक सुन्दर नहीं बना सकते और न ही युक्ति द्वारा हम उसका आरोपण कर सकते हैं। सौन्दर्य के साथ तो एकान्त आन्तरिक सम्बन्ध होता है, इच्छा का आनन्द और सौन्दर्य दोनों ही अनन्त और निर्बाध हैं, इसलिए उपनिषद में कहा गया है 'को ह्येवान्यात् कः प्राणयात यदेषं आकाश आनन्दो न स्यात् एषः ह्येवानन्दयति' कौन शरीर की चेष्टा करता है और कौन जी सकता था, यदि आकाश में वह आनन्द न होता, वे ही आनन्ददाता हैं। सौन्दर्यशास्त्र की दृष्टि से प्रतिभा नवनवोन्मेषशालिनी मानी जाती है। जीवन और चिन्तन के क्षेत्र में नई उद्भावना प्रतिभामिश्रित होती है, यह सहज, होती है सप्रयास नहीं। चेतना के विकास से अहं का उदय होता है, यही मानव में स्वतन्त्र संकल्पशक्ति की प्रतिष्ठा करता है। मानव समाज का विकास उसकी आत्म चेतना से दीप्त है। यही अहं नरत्व से नारायणत्व तक पहुँच कर, 'अहंस्मि' (मैं हूँ) का सत्य स्थापित करता है, यही सोऽमस्मि का भाव है। कबीर में ज्ञान की नई भावना है जो बिम्ब से प्रत्यय मूर्त से अमूर्त विशिष्ट से सामान्य बनता है, यही प्रातिभ अवबोध का आरम्भ है।

सौन्दर्य-स्रष्टा मरजीवा होता है। वह सृष्टि के सागर में लुप्त अनन्त वास्तविक सौन्दर्य को खोज लेता है। कबीर ने भी मरजीवा बनकर, सच्चा साधक बनकर, परमतत्त्व रूपी अमूल्य नाम रत्न धन को खोज निकाला। सीपी की भाँति रामरस स्वाती नक्षत्र की बूँद का ही आस्वादन करके वह आत्मतृप्त हो सके। कबीर सांसारिकता का दमन करके आध्यात्मिक जगत में प्रविष्ट हुए। सौन्दर्य आत्मा की स्वच्छतम वृत्ति है, यही मनोयोगपूर्ण सौन्दर्य है, कबीर में इस भाव स्थिति का यथोचित वर्णन मिलता है। रामरस और सौन्दर्य की छाक से उनका मन भरता नहीं है। इस संयम और शमन द्वारा मनोयोग की आत्मविभोर स्थिति होने पर साधक इन्द्रियों को उलटकर ऊर्ध्वमुखी बनाता है, तथा समाधि की दशा को प्राप्त करता है, यही सत्, चित्त, आनन्द और पूर्णता है।

ॐ पूर्णमदः पूर्णमिदं पूर्णात् पूर्णमुदच्यते।
पूर्णस्य पूर्णमादाय पूर्णमेवाव शिष्यते॥

—ईश. शान्ति पाठ वृहदा 1।5।1-1।

कबीरदास ने ब्रह्म महारस का पान कर लिया था। आचार्य हजारी प्रसाद द्विवेदी ने इस ओर संकेत करते हुए लिखा है, "कबीरदास इसलिए नहीं रुके कि उन्हें छन्द और अलंकार पढ़ लेने चाहिए। उन्होंने उस महारस का पान कर लिया था। उनका अन्तर उससे परिपूर्ण हो गया था। समूचे काल को निचोड़कर उसकी छाक पी ली थी। वे कहने को व्याकुल थे, इसलिए कह गए। जिस शैली में कह गए, जिस भाषा में कह गए, वह सब नई है। साहित्य का आलोचक मूँड मारकर

उसका हिसाब-किताब सँभालता रहे, कहने वाले को उसकी परवाह नहीं है। जो मस्ताना आठों पहर की छाक पीकर, समूचे काल का रस निचोड़कर कुछ बना गया था, वह कहाँ तक इन बातों की चिन्ता करता।"[14]

आठहूँ पहर मस्ताना आता रहे,
आठहूँ पहर की छाक पीवै।
कहै कबीर कोई सन्तजन सूरमा
लाली निच्चोडि के अमृत पीवै ॥[15]

यही आत्मक्रीड़ा का भाव है। यही उत्तिष्ठत् जाग्रत है। अपने में से बाहर निकलकर अपने में ही लीन हो जाना, कितना आह्लादकारी और विचित्र अनुभव है। सौन्दर्य के निःशब्द ज्योतिष्क लोक में रमण करना, जहाँ अस्फुट चेतना का आलोक फैल जाता है। जीव चैतन्य हो जाता है। विश्व चैतन्य हो जाता है। सम्पूर्ण का संस्पर्श लाभ होता है। मनुष्य की उदासीनता और अकर्मण्यता तिरोहित हो जाती है। हम आत्मा द्वारा आत्मा को पाते हैं–

'आत्मक्रीड़ा आत्मरति, क्रियावान एवं ब्रह्मविदावरिष्ठ', आत्मलीन व्यक्ति ही वरिष्ठ ब्रह्मज्ञानी है, सौन्दर्य का आनन्द लेनेवाला है।

'प्राणोह्येष यः सर्वभूतैर्विभाति विजानन् विद्वान भवतेनातिवादी' कबीर तो सर्वत्र सर्वभूतों में एक ही परमतत्त्व के सौन्दर्य का अनुभव करते थे, वह अनन्त में छिपे रहस्य को जान गए थे। यही उनका अनिर्वचनीय आनन्द था। उनकी समस्त सत्ता आनन्द से परिपूर्ण हो गई थी। उन्होंने आत्मा द्वारा विश्व आत्मा में प्रवेश किया था। अहंता का दुर्भेद्य आवरण धीरे-धीरे क्षीण होने लगा था। भूमा का प्रकाश अव्याहत होता जा रहा था। निखिल की स्निग्धता, निर्मलता, पवित्रता, समस्त सौन्दर्य-सुगन्ध ने उन्हें विभोर कर दिया था। कबीर में यही वह सामंजस्य है जहाँ समस्त द्वैत और द्वन्द्व लुप्त हो जाता है। समस्त सृष्टि प्रेम और माधुर्य से आप्लावित हो उठती है।

सहज होते हुए भी कबीर ने अकथनीय विषयों को प्रतीकों द्वारा अभिव्यक्त करने का प्रयास किया है। इसी से सूक्ष्म सौन्दर्य की अभिव्यक्ति सम्भव हो सकी है। आत्मा की विचारात्मक स्थिति का वर्णन हो सका है। गगनगुफा में रस भरने का भाव कबीर की सौन्दर्य-भावना का अप्रतिम उदाहरण है। यही प्रकाश और आनन्द स्वप्रकाशात्मक है। कबीर की ब्रह्म और आत्मा की यह सौन्दर्यानुभूति एक अखंड और अविभाज्य परमसत्ता है।

प्रतीक अमूर्त्त विचारों के प्रतिनिधि होते हैं और इनकी सहायता से ही अप्रस्तुत, आध्यात्मिक अर्थ स्पष्ट हो सकते हैं। अतंप्रज्ञा दिव्य जीवन की सहजवस्तु है। ब्रह्म अमूर्त है, प्रत्यय है। कबीर ने उसका दर्शन इसी विश्व हृदय में

किया है। यही सामरस्य का सिद्धान्त है। रहस्यवादी चिन्तन धारा है। इसी से व्यक्ति की चेतना विश्वव्यापी सार्वभौमिक विस्तार कर लेती है। प्रमाता की चेतना अनन्त सार्वभौमिकता का स्पर्श कर लेती है। कबीर की सौन्दय-भावना का यह महत्त्वपूर्ण पक्ष है। रमणीयता और सुन्दरता ही लोकोत्तर आनन्द उत्पन्न करती है। यही अज्ञान से ज्ञान की ओर, अन्धकार से ज्योति की ओर ले जाती है। यही निष्काम अवस्था है जिसकी कबीर अपने सौन्दर्य को अभिव्यक्त करने के लिए कल्पना की है। यहीं इच्छा क्रिया, ज्ञान का समन्वय होता है। वह अहं मुक्त होकर परमसुन्दर बन जाता है। यह सौन्दर्य इन्द्रिय ग्राह्य नहीं है। यही अद्वैत का आत्यान्तिक सौन्दर्य है। यह भाव-अभाव, उदय-अस्त से मुक्त होकर सदैव एक ही रूप रहता है। कबीर ने स्वयं ईश्वर को ही सौन्दर्य माना है। इसके अतिरिक्त और कोई वस्तु है भी नहीं। इसके प्रतिबिम्ब स्वरूप ही जगत के सारे सौन्दर्य विद्यमान हैं।[16]

काव्य हमें आनन्द प्रदान करता है, सत्य, सौन्दर्य और आनन्द की गहन अनुभूति, काव्यानुशीलन से ही प्राप्त की जा सकती है। सत्य, पुरुषस्वरूप है। वह शाश्वत है, अनन्त है, अतः वह व्यक्ति है। नारी, सौन्दर्य की अपृथक प्रतीक है। उसमें जगत को सम्मोहित कर देने की अपूर्व क्षमता है। अतः वह अभिव्यक्ति है। तिरोभूत आनन्द तत्त्व की उद्‌भावना, व्यक्ति और अभिव्यक्ति अर्थात् प्रकृति, पुरुष की सृजनात्मक शक्ति के फलस्वरूप होती है। काव्य स्वतः अनन्त, अखंड और चिन्मय है। एकान्त, निग्रह और गम्भीर मनन चिन्तन के द्वारा ही उसके तत्त्वत्रयी, सत्य, सौन्दर्य और आनन्द से साक्षात्कार किया जा सकता है। उसके लिए आत्मविभोर और तन्मय हो जाने की आवश्यकता है।[17]

प्रमाता काव्य से भाव का रस ग्रहण करके परितृप्त होता है। इस रस की सम्पूर्णता के तीन आश्रय हैं—एक, काव्य का कलेवर, छन्द, भाषा विन्यास, नैपुण्य। इसमें तनिक भी व्याघात व्यतिक्रम नहीं होना चाहिए। ऐसा न होने पर भाव के प्रकाशन में बाधा पड़ेगी। दूसरा आश्रय ज्ञान का है। एक श्रेष्ठ काव्य में ऐसा होना चाहिए, जिससे हमारा ज्ञान तृप्त होता है। हमारी मनन प्रवृत्ति उद्‌बोधित होती है। यह स्थायी भाव से गम्भीर, भाव से आनन्द देती है। तीसरा, आश्रय-भाव आश्रय है। इस भाव संस्पर्श से हमारा हृदय पुलकित होता है। इस प्रकार काव्य से बुद्धि और हृदय तृप्त होते हैं। इसी से सहज भाव सक्रिय होता है। ऐसे कवि की दृष्टि जाग्रत और उन्मुक्त होती है। यही सौन्दर्य की आनन्दमयता होगी। हम ज्ञान के आलोक और रस के आनन्द में विभोर हो जाते हैं।

कबीर एक सजग और सचेत कवि थे। वे अपने युग की स्थिति और समस्या को समझते थे। उन्होंने अन्तःज्ञान को प्राप्त किया। किन्तु विरक्त होकर समाज की अवहेलना नहीं की। सामाजिक संस्पर्श उनके काव्य में सर्वत्र झलकता है। उनका काव्य ज्ञानोदय और विकसित विवेक की क्रियाशीलता को बनाए रखना

चाहता है। उसमें आत्मस्फूर्ति का तत्त्व होने से उनका विवेक संवेदनात्मक अनुभवों का अंग बन गया है। कबीर में संवेदनात्मक ज्ञान और ज्ञानात्मक संवेदना का विचित्र सम्मिश्रण दृष्टिगोचर होता है। उनकी सौन्दर्य-भावना केवल कल्पना मूलक वर्णन में नहीं है। उनकी दृष्टि और विचारणा समाजशास्त्रीय भी थी। वे मानते थे कि हमें काव्य को केवल आस्वाद उपभोग या मनोरंजन की वस्तु न मानकर, जिसमें केवल अस्थायी मूल्य हों, उसका सामाजिक और सांस्कृतिक महत्त्व भी ध्यान में रखना चाहिए। साहित्य एक सामाजिक कर्म होने के नाते सामाजिक जीवन की आधारभूत शक्तियों से प्रभावित होकर उस समाज के जीवन में संक्रान्ति उत्पन्न करता हुआ अपने कर्त्तव्य का पालन करता है। काडवेल ने साहित्य के सामाजिक कार्य के जिस सिद्धान्त का प्रतिपादन किया है, उसके अनुसार साहित्य की क्रियात्मकता का उद्देश्य मनुष्य की स्वतन्त्रता का विस्तार है। जिस साहित्य का कार्य उचित है, वह मनुष्य और समाज की स्वतन्त्रता का विस्तार करता है। जो साहित्य स्वतन्त्रता का विस्तार नहीं करता उसका कार्य उचित नहीं है या फिर ऐसा साहित्य अधम है।[18]

क़बीर साहित्य और समाज दोनों की कलुषता और विकृति को धो देना चाहते थे। वे मुक्तात्मा का प्रसार करना चाहते थे। आत्मा में सौन्दर्य का प्रबोधन देना चाहते थे। पराधीनता और विवशता के जीवन को बन्धन मुक्त कर देना चाहते थे। उन्होंने ब्रह्म सौन्दर्य और समाज सौन्दर्य दोनों का समान रूप से चिन्तन किया है। कबीर में जहाँ ब्रह्म-ज्ञान के लिए इच्छा और जिज्ञासा है, वहाँ उनमें एक विरह-तप्त आत्मा के अतिरिक्त एक तड़पन, बेचैनी, व्यग्रता, व्याकुलता, उत्पीड़ित समाज के प्रति दर्द और सहानुभूति, अन्याय, अत्याचार के प्रति आक्रोश, आन्तरिक जीवन में व्याप्त अन्तःविरोधों का ज्ञान, मूल्यवान अनुभव और सत्य भी उपलब्ध होते हैं। उनकी सौन्दर्य दृष्टि, भावात्मक ही नहीं, व्यावहारिक और व्यापक तथा समग्रतापूर्ण थी। व्यापक जीवन दृष्टि के विचार से 'मुक्तिबोध' ने कहा है, "जो लोग साहित्य में केवल सौन्दर्यात्मक मनोवैज्ञानिक पक्ष को चरम मानकर चलते हैं वे समूची मानव सत्ता के प्रति दिलचस्पी रख सकने के अपराधी तो हैं ही, साहित्य के मूलभूत तत्त्व, उसके मानवीय अभिप्राय तथा मानवीय विकास में, उसके ऐतिहासिक योगदान, अर्थात् दूसरे शब्दों में साहित्य के स्वरूप विश्लेषण तथा मूल्यांकन न कर पाने के अपराधी हैं।"[19]

कबीर ने इन सभी रचना प्रसूत-तत्त्वों को मानवीय और सामाजिक सौन्दर्य का रूप दिया है। इसलिए उनमें कलात्मक रचना का मनोविज्ञान मिलता है। इनका काव्य स्वयं ही अपने अन्तःतत्त्वों की व्यवस्था करता है। कभी-कभी वे अपने भाव की अभिव्यक्ति नहीं कर सके, अतः चुप हो जाते हैं। यह मरमी हृदय की पहचान है। वे सच्चे प्रेमी और ज्ञानी हैं। कबीर ने इस उद्देश्य की पूर्ति के लिए

दृढ़ आस्था और कर्मशील जीवन पर बल दिया।

कबीर ने अध्यात्म के अन्तः है बाह्य पक्षों में सुन्दर का ही अवलोकन किया। वह सुन्दर क्या है, कबीर की सौन्दर्य कल्पना, उनकी भावना कैसी है, जो अवर्णनीय, वर्णातीत है। उनके सौन्दर्य भाव का स्रोत क्या है? उसके क्या तत्त्व थे? क्या मूल्य थे? सृष्टि में सौन्दर्य चेतना, परमशक्ति का आभास रसात्मकता, स्वयं प्रकाश्यज्ञान, अनेकत्व में एकत्व, समन्वयात्मकता, मुक्तावस्था, सिद्धावस्था, ज्ञेय और ज्ञाता, निर्गुण के साथ तद्नुकूलता, संवेदना की जागृति उन्मनी अवस्था, उलटी-ताड़ी, समाधि का वर्णन उनके काव्य की सौन्दर्य-भावना को प्रस्तुत करने वाले महत्त्वपूर्ण पक्ष हैं। क्या वह सौन्दर्य-भावना शास्त्रसम्मत, परम्परागत है या स्वतन्त्र भाव और मूल्य स्थापित करने वाली है और निजीपन लिए हुए है। यहीं पर कबीर की नवोन्मेषनी प्रतिभा और सृजनात्मकता का पता चलता है।

कबीर का सौन्दर्य भाव वस्तुनिष्ठ नहीं था, वह विषयगत था। वह मानस और अखंड अनुभूति का सौन्दर्य है। वह आत्म-साक्षात्कार और आत्मप्रकाशपूर्ण है। उसमें लोकमंगल का प्रसार और आत्मा का विशुद्धिकरण मिलता है। यह सौन्दर्य-भावना उनके तत्त्व ज्ञान प्राप्ति का साधन है, जो चित्त विशुद्धि द्वारा मनुष्य को दिव्य दृष्टि पूर्ण कर देती है। प्रत्येक कण और दिशा में वही शोभा व्याप्त दिखाई देती है। सत्यं, शिवं, सुन्दरम् का अखंड और अभिन्न रूप उसमें झलकता है। परमशक्ति शिव रूप है। यही आत्यान्तिक सौन्दर्य है : वही परम सुन्दर है। समस्त सौन्दर्य का मूल है। वह स्वतः प्रकाशमान होने के साथ ही प्रकाशक और सन्निविष्ट सत्ता है।

ईश्वरीय शक्ति का भौतिक प्रसार और उस अदृश्य शक्ति की अभिव्यक्ति ही सौन्दर्य की मूल चेतना में निहित है। मानव व्यवहार के क्षेत्र में उसको देखने का प्रयत्न कबीर ने किया है। कबीर की यही दृष्टि ही मानवात्मा की स्वतन्त्रता प्राप्ति में सहायक थी। भौतिक सौन्दर्य को आध्यात्मिक सौन्दर्य में परिवर्तित करना कबीर के काव्य का उद्देश्य था। यह सामंजस्य-बोध जनित आनन्द ही सौन्दर्य-बोध जनित आनन्द है। स्रष्टा और सृष्टि में अज्ञात सामंजस्य द्वारा फलीभूत वेदना ही सौन्दर्य-भावना है। यह भाव संवेगात्मकता है। सौन्दर्य की संवेदना में ही मूल शक्ति रूपी कलाकार का व्यक्तिगत और निजीरूप, उसकी प्रतिभा और अन्तरतम की चेतना देखने को मिलती है।

कवि अथवा कलाकार के व्यक्तिगत निर्माण की एक पृष्ठभूमि, उसका एक इतिहास होता है। उससे उसका स्वभाव, कला-भावना, कल्पना और प्रज्ञा का निर्माण होता है। आकार की दृष्टि से जीव, जगत की तुलना में कलाकार का अन्तर छोटा होते हुए भी उसमें निहित सौन्दर्य का विस्तार करता है। वह निरन्तर विकसित होकर मुखरित होता जाता है। कलाकार में जीवन्तता होती है, जो उसकी

अन्तश्चेतना को निरन्तर स्फूर्त करती रहती है। अनेक भाव और दृश्य उसके उपचेतन में लुप्त हो जाते हैं। वह सृष्टि में व्याप्त बिम्बों, प्रेरणापूर्ण दृश्यों, भाव विचारधाराओं के सारसत्यों को आत्मसात करता रहता है और उचित भावावेश की मनोदशा में उसकी अभिव्यक्ति करता है। कबीर का काव्य इस प्रकार की सौन्दर्य-भावना से भरपूर है। कबीर को जहाँ भी सुन्दर सत्यांश दृष्टिगोचर हुआ वह उसे ग्रहण कर लेते हैं, अपने को उसमें रमा लेता है। उसे आत्मसात करते रहते हैं। यह सभी भाव और दृश्य उनके संवेदनशील अन्तर्जीवन में मिल जाते हैं एक भावाकार बनते जाते हैं। साधक को साधना से, अभ्यास से सफलता मिलती है और कवि अथवा कलाकार को अभिव्यक्ति से। श्रेष्ठ कलाकार अभिव्यक्ति का अभ्यास करता है। वह अपने अन्तश्चेतन में निहित सुन्दर को एक कुशल शिल्पी की भाँति गढ़-गढ़कर प्रस्तुत करता जाता है। कबीर ने भी अपने भावजगत में अवस्थित सौन्दर्य को सुन्दरतर बनाकर अभिव्यक्त किया है। कबीर में सौन्दर्य के प्रति दृढ़ आस्था और अभिव्यक्ति के प्रति एक गहन विश्वास मिलता है।

कबीर में सहज अन्तःप्रेरणा की अभिव्यक्ति मिलती है। वह स्वतःस्फूर्त है, इसलिए उसमें बाह्य सौन्दर्य के स्थान पर आन्तरिक सौन्दर्य की स्निग्धता और रसात्मकता मिलती है। उन्होंने अपने काव्य में भव्य और आडम्बरपूर्ण अलंकार योजना की अपेक्षा अपनी सौन्दर्य-भावना को अभिव्यक्त करने के लिए स्वाभाविकता की सहायता ली है। उनका भावविलास, चित्त-आह्लाद पूर्णतः मुक्त है। वह सीमाबद्ध नहीं है। बन्धन रहित है, इसलिए कहीं-कहीं वह शब्दों में नहीं बाँधा जा सका है। कबीर की सौन्दर्य कल्पना शक्ति मनोलोक को बुद्धिलोक से जोड़ती हुई अनन्त में विचरण करने के लिए छटपटाती है। अधिभूत मानस और अध्यात्म एक ही मूल शक्ति अद्वयतत्त्व के विकसित रूप हैं। अधिभूत से अधिमानस सूक्ष्म है और अधिमानस से आध्यात्म सूक्ष्म है। एक ही ईश्वरीय प्रतिभा, परमशक्ति इन तीनों में क्रमशः विकसित हुई है। अव्यक्त से निःसृत होने वाला, विकसित होनेवाला यह समस्त व्यक्त विकास क्रम उतना ही सत्य है जितनी कि अव्यक्त सत्ता।

कबीर का अनुमान ही व्यक्ति विवेक है। वह अन्तःस्फुरित है, वह सहज ज्ञान है। वे मानते थे कि इस जीवन और जगत का मूल तत्त्व ब्रह्म है। वह चित्तशक्ति सर्वत्र व्याप्त है। वह स्वयं में विमर्श स्वरूप है, वह स्वयं से उद्भूत होकर स्वयं में लीन होता है। विश्व में व्याप्त प्रकाश उसकी अन्तर्निहित शक्ति का ही प्रकाश है, अतः विश्व रूप में प्रसृत इसका साक्षात्कार ही जीवन का परम पुरुषार्थ है। वह सुन्दर की प्राप्ति है। इस अनुभव का प्रयोजन लोक मंगल की साधना है, अन्यथा वह निरर्थक है, निष्प्रयोजन है। कबीर ने उस परमसत्ता का लास्य जीवन सृजन और विध्वंस में अभिव्यक्त होता हुआ देखा। उन्होंने माना कि

मनुष्य में अहं चेतना के विकास का साफल्य ब्रह्मानुभूति द्वारा ही है।

ज्ञान चित्ति और मोक्ष प्राप्ति का साधन है और यही वह आनन्द है, जिसका कारण सौन्दर्य है। अज्ञानी व्यक्ति की आत्मचेतना सुषुप्त और अविकसित रहती है। इसलिए वह आनन्दवंचित होने से मोक्ष प्राप्त नहीं कर सकता। कर्म की गति गहन है। मनुष्य उसे भोगता रहता है। इस भोग से वह मुक्ति प्राप्त करना चाहता है। यहीं से उसके अन्तःप्रज्ञात्मक ज्ञान की सत्ता का आत्मज्ञान प्राप्ति का आरम्भ होता है, जो प्रज्ञात्मक ज्ञान की अपेक्षा श्रेष्ठ और स्वतन्त्र होता है। इसी स्थिति से कबीर की दार्शनिक युक्तियों का आरम्भ होता है।

कबीर का ब्रह्म स्वतन्त्र अन्तःप्रज्ञा द्वारा अभिव्यक्त होता है। तुलसी के राम और वाल्मीकि के इतिहास पुरुष राम में अन्तर है। तुलसी के राम मानस प्रत्यक्ष हैं और वाल्मीकि के चक्षु-प्रत्यक्ष हैं। प्रकाशोन्वेषी राष्ट्र की अन्तःप्रज्ञा ही मानों तुलसी की अन्तःप्रज्ञा बन गई है। कबीर का ज्ञानोन्वेषण सत्य का प्रत्यक्षीकरण करने की लालसा ही उनका संकल्प था। उनका काव्य अपनी ब्रह्मनुस्यूत सौन्दर्य-भावना के कारण देश-काल भेद रहित है। यही उनकी स्वतन्त्र अन्तःप्रज्ञा है। कबीर ने पंच तन्मात्राओं की संवेदना के अतिरिक्त एक और अलग संवेदना को उभारने का प्रयत्न किया है। संवेदनाओं में प्रिय-अप्रिय दोनों प्रकार की संवेदनाएँ होती हैं। कबीर ने इन दोनों प्रकार की संवेदनाओं का अनुभूतिपरक चित्रण करके प्रमाता को सूक्ष्म जगत का मानस प्रत्यक्ष कराया है। यह सौन्दर्य ऐन्द्रियबोधजन्य सौन्दर्य से अलग है।

रसशास्त्र का विभावन व्यापार ही संवेदनाओं का रूपायण है। स्थूल ऐन्द्रिय सुख के आधार पर आध्यात्मिक सौन्दर्य का वर्णन नहीं किया जा सकता। कबीर में अपना एक असीम संसार झाँकता है। वह उसे स्थूल तथ्य के रूप में नहीं देखता और उस पर पड़े आवरण को हटाना चाहता है। कबीर की अनुभूति और चिन्तन शक्ति बड़ी व्यापक थी। इसलिए उनका काव्य भी उतना ही श्रेष्ठ और प्रभावशाली है। चिन्तनशील व्यक्ति भावों, प्रभावों, संवेदनाओं से सर्वथा मुक्त नहीं हो सकता। उसकी संवेदना ही उसके विचार की सामग्री प्रस्तुत करती है। चिन्तन को अभिव्यक्त करने के लिए जिस वाणी और भाषा की आवश्यकता थी वह कबीर के पास थी। इसलिए कबीर की अन्तर्जगत में समाविष्ट गम्भीर गहन अनुभूतियाँ फूल की पँखुड़ियों की भाँति, खिलते कमल के समान प्रस्फुटित हो उठी हैं। इसलिए इनके काव्य में प्रयुक्त प्रतीकों को हम अन्तःप्रज्ञा से अलग करके नहीं देख सकते। सहज विकसित होता कमल और 'झीनी-झीनी बीनी रे चदरिया' दोनों की सौन्दर्य मूलक एकरूपता कितनी सार्थक प्रतीत होती है। अप्रस्तुत आध्यात्मिक अर्थव्यंजना में कितनी समानता है। दोनों में निहित पवित्रता, शुद्ध-बुद्ध आत्मचैतन्य का भाव आभासित होता है। इसी प्रकार की सहज मृदुलता परमसत्ता

के प्रति समर्पण और एकाधिकार की भावना में मिलती है।

ब्रह्म के प्रति सहज जिज्ञासा पाठक को आत्मतन्मयता के अनिर्वचनीय रस में निमग्न कर देती है। कबीर के लिए दिव्यता सहज जीवन की वस्तु है। इसी सहजानुभूति के प्रभाव के कारण सौन्दर्यशास्त्र, तर्कशास्त्र से अलग हो जाता है। तर्कशास्त्र चिन्तन की वस्तु है और सौन्दर्यशास्त्र भावुकता और कल्पना की वस्तु है। चिन्तन की अन्तःप्रज्ञा मूलक प्रणाली सौन्दर्यशास्त्र का विवेच्य है और प्रज्ञा मूलक तर्क प्रणाली तर्क शास्त्र विवेच्य है। कलाकार की सारी प्रतिभा उसकी अनुभूति की तलस्पर्शिता में निहित होती है। इसीलिए कबीर जैसे फक्कड़ कवि में प्रेम भावना उनके पदों में संगीत तत्त्व के लयविधान में, राग-रागिनियों की असंख्य तरंगों में समाहित होकर अतल सौन्दर्यबोध में निमज्जित हो जाती है। यही कलात्मक सौन्दर्य है जिसका मूल्यांकन व्यावहारिक अर्थों में अपरिभाषीय अर्थात् अनिर्वचनीय है।

इसी सन्दर्भ में एक प्रश्न सहज ही उत्पन्न होता है कि क्या कबीर ने स्वान्तः सुखाय के लिए लिखा था अथवा पर सुखाय के लिए काव्य रचना की थी। वास्तव में आत्माभिव्यक्ति का आनन्द ही उनका एकमात्र प्रयोजन था। प्रभाव और संवेदना की समानता उनमें सर्वत्र मिलती है। सच्चे कलाकार की आत्माभिव्यक्ति मुक्त प्रेरणा होती है। सर्जना के क्षणों में कलाकार अपनी अन्तःवस्तु में इस प्रकार तल्लीन हो जाता है कि उसे अन्य और कोई इच्छा ही नहीं रहती। कबीर के स्वर में तुलसी, सूर, मीरा नहीं गा सके, मुक्तिबोध ने लिखा है कि 'साहित्य विवेक मूलतः जीवन विवेक है।...मनुष्य के हृदय में जो तथाकथित सूक्ष्म है उसके तो अनेक रूप हो सकते हैं, अच्छे, और बुरे दोनों। एक कबीर के हृदय का सूक्ष्म है तो दूसरे पद्माकर के कामुक हृदय का।'[20]

कबीर स्वतन्त्र चेतना के आत्मचेता कलाकार थे, बन्धनों को तोड़ने के लिए व्यग्र, सृजनशीलता के लिए प्रयत्नरत, आशामय जीवन के लिए संघर्षरत और सौन्दर्य-सृष्टि के लिए आत्म विस्तारपूर्ण, इसलिए उन्होंने शैली पर ध्यान नहीं दिया। ऐसा होने पर वह आत्मानुरूप सौन्दर्य सृष्टि नहीं कर सकते थे। वे आस्थाजीवी कलाकार थे। उनमें एकनिष्ठता थी। वे बेबाक, मस्त, आत्मलीन और बेलौस व्यक्ति थे। निस्पृह, निष्काम, निरपेक्षभाव युक्त थे। यही निस्पृहता उनकी सौन्दर्यानुभूति का मूलाधार है। इसी कारण कबीर ब्रह्म के अतिरिक्त और किसी वस्तु के विषय में सोच नहीं सकते थे। इसी प्रकार तुलसी राम के, सूर और मीरा कृष्ण के विषय में सोचते थे। कबीर जानते थे कि वह परमतत्त्व ही अपने सर्वव्यापक रूप में निखिल सृष्टि में व्याप्त है और अपने अतिक्रान्त रूप में दिग्कालादि सीमाओं का अतिक्रमण कर जाता है, यही आनन्दशक्ति है।

मूल चैतन्यपूर्ण सत्ता का नित्यत्व, व्यापकत्व, पूर्णत्व, सर्वज्ञत्व एवं सर्व

कर्तृत्व सृष्टि में व्याप्त है। इसका कलात्मक आनन्द ही सत्वोद्रेक का परिणाम होता है। कलात्मक आनन्द की चेतना समस्त बाह्य सन्दर्भों से स्वतन्त्र होती है और उसकी उपलब्धि कलाकार की स्वानुभूति में सार्वभौम तत्त्व (शुद्ध चैतन्य) की पूर्ण विश्रान्ति के रूप में होती है। कबीर ने इसी मूल चैतन्य की सत्ता, स्वतन्त्रता और स्फूर्तता का वर्णन किया है। काव्य साधना निर्गुण सन्तों की चित्तशुद्धि का साधन बनी है। उन्होंने चैतन्य को सर्वत्र अविभाज्य देखा है। आनन्द सर्वत्र एक रस और अभेद्य है–भेद है तो केवल स्तर का। मूल सत्ता चैतन्य रस में स्वतःस्फूर्त हुई, जिससे सृष्टि का उन्मेष हुआ। सन्तों की नैतिकता का सारतत्त्व यह है कि जीवात्मा इसके द्वारा अपने उस सच्चे स्वतन्त्र एवं सार्वभौम रूप को ही प्राप्त करने की कामना करती है, जो सीमित अनुभवों में आबद्ध हो गया है। सन्त कबीर अन्तर्जगत की अभिव्यक्ति करने वाले कवि हुए हैं। 'सन्त कवियों में ऐसे बहुत ही कम हुए हैं जिन्होंने अपनी रचनाओं की बाहरी सजावट की ओर ध्यान देना आवश्यक समझा। वे अधिकतर इसी यत्न में लगे रहे कि किस प्रकार अपने भीतर के गूढ़ रहस्यों को यथावत् प्रगट करने में समर्थ हो सकें। उनका ध्यान जितना भीतर की ओर केन्द्रित रहा उतना न तो बाहरी रूपादि की ओर कभी आकृष्ट हो पाया, न कभी उन्होंने इस बात की चिन्ता की कि अपने पाठकों व श्रोताओं को हम अपनी स्वीकृत विचार पद्धति से किसी भिन्न मार्ग के ग्रहण करने में प्रोत्साहन ही दें।'[21]

कबीर की मान्यता थी कि आत्मा का सौन्दर्य मूलक तत्त्व ही वस्तुतः सर्वाधिक स्वतन्त्र तत्त्व है, इसका अन्तःप्रज्ञा मूलक रूप ही शुद्ध-बुद्ध और आकर्षक है। भौतिक प्रतिभा अथवा लिप्सा को संसार कल्याण के किसी तर्क संगत आधार पर प्रतिष्ठित नहीं किया जा सकता।

सौन्दर्यानुभूति का वास्तविक आनन्द वही प्राप्त कर सकता है जो समस्त भावों से अप्रभावित है। वह अनन्त हो जाता है। इसी सन्दर्भ में प्रश्न उठता है कि 'आनन्द किसको मिलता है? वह क्या है? जिसके द्वारा वह आनन्द प्राप्त करता है? उस आनन्द प्राप्ति का केन्द्र कहाँ है? कौन दर्शक है? और कौन उसका दृश्य है? वास्तविक रूप में एक ही वह परमतत्त्व है। हम और वह एक ही हैं। हम ही दृश्य हैं और हम ही दर्शक हैं।' सत्य का दर्शन ही धर्म है। कबीर मानते हैं कि, 'सत्य ब्रह्म जगनूमिथ्या', कबीर की यह मान्यता ही उन्हें उपयोगितावादी सौन्दर्यशास्त्र से अलग करती है। इसी मान्यता के द्वारा ही विशुद्ध सौन्दर्य की समस्या हमारे सामने आती है।

प्रायः विशुद्ध सौन्दर्य से तात्पर्य किसी ऐसी क्रान्तदर्शी रहस्यात्मक अनुभूति से लिया जाता है जिसका वर्णन नहीं किया जा सकता, जिसकी अनुभूति संसार का साधारण प्राणी नहीं कर सकता। उसके लिए हमें एक अन्तर्दृष्टि का निर्माण

करना पड़ता है। वास्तव में सौन्दर्य आनन्द की स्थिति एक ऐसे आध्यात्मिक आनन्द और उल्लास की स्थिति है जो स्थूल अभिव्यक्ति से परे की वस्तु है। कबीर ने ब्रह्म के सौन्दर्य की अनुभूति होने पर ऐसे ही उल्लास का वर्णन किया है। उन्होंने अपने इस अनुभव को एक सुन्दर कलात्मक अभिव्यक्ति देने का प्रयत्न किया है। हमारी मानवीय चेतना, आधि-व्याधि, जरा-मरण, से मुक्त एक ऐसी स्थिति में पहुँचना चाहती है, जहाँ उसे अमृत आनन्द की अनुभूति हो सके। कबीर जैसे हमें क्षण-भर के लिए उस परमोल्लास की स्थिति की अनुभूति करा देते हैं। इसका कारण यही है कि स्वयं उन्होंने उस स्थिति का अनुभव किया है। इसी प्रकार तुलसी ने जिस अन्तः प्राज्ञिक स्तर पर पहुँचकर मानस का प्रत्यक्ष किया है, उसी स्तर पर पहुँचने का प्रयत्न करके हम उसके मानस सौन्दर्य का कुछ-कुछ आनन्द उठा सकते हैं। भारतीय चिन्तन परम्परा में आनन्द को ही सर्वोपरि स्वीकार किया गया है। कर्म के भी दो कारण हैं, प्रयोजन तथा आनन्द। प्रयोजन से किया गया कर्म बन्धन है और आनन्द से किया गया कर्म मुक्ति है। आनन्द का स्वभाव ही क्रिया है, वह स्वतः ही विचित्र प्रकाश और मुक्ति प्रदान करता है। इसलिए अनन्त आनन्द का अनन्त प्रकाश है। ब्रह्म आनन्द स्वरूप है। इसका प्रमाण इसी अनिःशेष प्रकाश धर्म द्वारा मिल रहा है। इस प्रकार कर्म की मुक्ति आनन्द में और आनन्द की मुक्ति कर्म में है। यही गीता का कर्मयोग है। आनन्द ही सौन्दर्य है।

सौन्दर्य का विवेचन दो प्रकार से हुआ है। दार्शनिक पद्धति से, वैज्ञानिक पद्धति से। दार्शनिक विवेचन करने वालों को तत्त्वद्रष्टा कहा गया है। तत्त्वद्रष्टा की दृष्टि विशेष होती है, 'तत्त्वज्ञान के द्रष्टा के लिए सम्यक् दृष्टि आवश्यक होती है, जिसका मस्तिष्क विकृत हो। चित्त ममता और अहंकार से ग्रस्त हो, वह सम्यक् दृष्टिवाला नहीं हो सकता। इसलिए सही देखने वाला वह है जिसका अन्तर-बाहर निर्मल हो। जो राग और द्वेष से मुक्त हो। जो भय और भ्रान्ति का शिकार न हो। जिसका मन योग से शुद्ध हो। ऐसा मनुष्य जो देखता है, वह ठीक देखता है। भारतीय परम्परा में पुराण-ऋषियों को ऐसा ही माना गया है। वे सच्चे द्रष्टा थे।'[22] तत्त्वद्रष्टा की इस कसौटी पर कबीर पूरे उतरते हैं। उनकी दृष्टि सम्यक् थी। उनमें सम्यक् ज्ञान था। कबीर की तत्त्वद्रष्टा की दृष्टि थी। इसमें उच्च नैतिक, धार्मिक आध्यात्मिक सौन्दर्यपरक प्रतिमानों को स्वीकार किया जाता है। कबीर प्राणमय कोष की ऐषणाओं और प्रेरणाओं मात्र से सन्तुष्ट नहीं थे। वे व्यक्ति और समाज को किसी उच्चतर सोपान की ओर ले जाना चाहते थे।

सौन्दर्य में आनन्द होता है, भय नहीं होता, 'आनन्द ब्रह्मणोविद्वान न विभोति कदाचनं।' ब्रह्म का आनन्द होने पर भय नहीं रहता। कबीर मानव को इस भय से मुक्त करना चाहते थे। सर्वत्र ब्रह्म का दर्शन करने से ही समरसता आती है, इसलिए 'परमे ब्रह्माणी योजित चितः नन्दति-नन्दति नन्दत्यैव', जिन्होंने

मुक्त होकर देखा है, वही आनन्द प्राप्त कर सकते हैं। जब आसक्ति का बन्धन छिन्न हो जाता है, उस स्थिति में जल, स्थल, आकाश, जड़, जन्तु, मनुष्य समस्त आनन्द अमृत से परिपूर्ण हो जाता है। आत्मा को परमात्मा में लय करना ही जीवन का चरम लक्ष्य है। यही स्थिति परमसौन्दर्य की है। कबीर मानते थे वह ज्योतिर्मय ही हमारे चिदाकाश में, 'ज्योतिषां ज्योति' है। वह ज्योति जो अनन्त आकाश के कोटि सूर्यलोकों में नहीं समाती, उसी ज्योति से मेरी अन्तरात्मा का चैतन्य उद्भासित है। कबीर की कामना थी कि वह ज्योतिर्मय बन जाए, जिससे अन्य समस्त बन्धनों, परिवेष्टनों को सम्पूर्णतः भुलाकर वह शुभ्र, शुद्ध, अपापबिद्ध हो जाए।

इस प्रकार कबीर के काव्य में आध्यात्मिक सौन्दर्य समरसता, रहस्यवादी तत्त्व, मनोवैज्ञानिक विश्लेषण, नैतिकता, आचार-विचार की शुद्धता, सामाजिक सचेतनता, धार्मिक जागरण और सुधार, सांस्कृतिक मूल्यों का युगानुरूप परिवर्तन, मानव जीवन के अन्तः बाह्य विभिन्न पक्षों का वर्णन किया गया है। कला के आधार पर इन सबका परीक्षण आवश्यक है। निर्गुण सन्तों की भावाभिव्यक्ति होने से उसमें रसात्मकता है या नहीं। उसमें कलात्मक काव्य कौशल की अपेक्षा भावतत्त्व की प्रधानता जैसे प्रश्न ही उनके काव्य के वास्तविक सौन्दर्यतत्त्व का उद्घाटन करने में सहायक हो सकते हैं।

सौन्दर्य के प्रभावशाली और चिरस्थायित्व के गुण कबीर के काव्य में किस सीमा तक उपलब्ध होते हैं, उनकी शक्ति और क्षमता कितनी है। सौन्दर्य के परिप्रेक्ष्य में परम्परागत शास्त्रीय अध्यात्मतत्त्व के वर्णन और कबीर के अध्यात्मतत्त्व के वर्णन में क्या अन्तर है। सिद्ध पुरुष की दृष्टि से चित्त की अवस्था का आनन्द और गम्भीर सम्प्रेषण उनके काव्य की महत्त्वपूर्ण विशेषता है।

कबीर ने सीधे सामाजिक स्थिति से संघर्ष करते हुए तनाव और उत्पीड़न के बीच से गुजरते हुए, उसे मानवीयता के परमसार्थक लक्ष्य की ओर ले जाते हुए ही अपने काव्य का सर्जन किया है। इन समस्त आयामों का स्पर्श करते हुए भौतिक सौन्दर्य, परम चेतना के सौन्दर्य, नैतिक सौन्दर्य, शुद्ध-बुद्ध सौन्दर्य या प्रज्ञात्मक सौन्दर्य, आत्मा के प्रकाश, आत्म चैतन्य की भावस्थिति, आह्लाद, कल्पनातत्त्व, अनुभव, उदात्तता पर विचार करना कबीर के काव्य में निहित सौन्दर्य-भावना के अध्ययन की दृष्टि से अत्यावश्यक है।

संदर्भ

1. वेदान्तसूत्र भाष्य–2/1/27।
2. मुंडकोपनिषद–3/2/3।
3. तैत्तिरियोपनिषद–3/6।

4. वही–2/7।
5. वही–2/11।
6. डॉ. शिवकुमार मिश्र–साहित्य का सामाजिक सन्दर्भ, पृ. 33।
7. Plato Dialogues, Introduction, p.V. II.
8. डॉ. शिवकुमार मिश्र–साहित्य का सामाजिक सन्दर्भ, पृ. 29।
9. अज्ञेय–तार सप्तक वक्तव्य–पृ. 75।
10. डॉ. शिवकुमार मिश्र–साहित्य का सामाजिक सन्दर्भ, पृ. 16-17।
11. रवीन्द्रनाथ टैगोर–शान्ति निकेतन।
12. आनन्दो ब्रह्मेति व्याजानात्। आनन्दा द्वयेवखल्विमानि भूतानि जायन्ते। आनन्देन जातानि जीवन्ति। आनन्दं प्रयन्त्यभिसंविशन्तीति ॥ तैत्ति. 3।6।
13. हजारी प्रसाद द्विवेदी–ग्रन्थावली, भाग-7, पृ. 26।
14. हजारी प्रसाद द्विवेदी–ग्रन्थावली, भाग-7, पृ. 155।
15. हजारी प्रसाद द्विवेदी–ग्रन्थावली, भाग-7, पृ. 155।
16. श्री शंकर शुक्ल–क्रोचे का कला दर्शन, पृ. 63।
17. अवन्तिका, जनवरी 1954, पृ. 18 (अलंकार शास्त्र में सम्प्रदायचिन्तन श्री वाचस्पति शास्त्री)।
18. डॉ. शिवकुमार मिश्र–साहित्य का सामाजिक सन्दर्भ, पृ. 23।
19. गजानन माधव मुक्तिबोध–'नए साहित्य का सौन्दर्यशास्त्र', पृ. 112।
20. गजानन माधव मुक्तिबोध–'नए साहित्य का सौन्दर्यशास्त्र', पृ. 140।
21. आचार्य परशुराम चतुर्वेदी–सन्त साहित्य की परख–पृ. 137।
22. आचार्य हजारी प्रसाद द्विवेदी–ग्रन्थावली, भाग-1, पृ. 19।

द्वितीय अध्याय

सौन्दर्य

मानव अन्तश्चेतना की सर्वाधिक रुचिकर वृत्ति सुन्दर है जिसमें वह आत्मविमुग्धता का अनुभव करता है। उसकी समस्त चित्तवृत्तियाँ एकभाव विशेष में केन्द्रित हो जाती हैं। तब वह उस स्थिति विशेष में एक आनन्द और भारमुक्ति का, चित्त के स्वतन्त्र आयामों और चेतना-स्फीति का अनुभव करता है। अमूर्त्त-मूर्त्त में रूपायित होने लगता है। भावनाएँ सृजनात्मकता ग्रहण करने लगती हैं। वह लालित्य में लीन हो जाता है। उसकी आन्तरिक चेतना सुरुचिपूर्ण लालित्य में परिणत हो जाती है। मानव की मधुरतम परिकल्पना का चेतन रूप ही सौन्दर्य है जिसकी पूर्ति के लिए वह सभी बन्धनों से मुक्ति का अनुभव करता हुआ दिव्य तथा अलौकिक की खोज करता रहा है। हमारी अनेक चित्तवृत्तियाँ तथा मानसिक परिवेश हैं, उनमें निरन्तर परिवर्तन होता रहता है, संघर्ष तथा द्वन्द्व चलता रहता है। जब यह उद्वेलन शान्त हो जाता है, हम एकान्तता का अनुभव करते हैं। तब हम अपनी इच्छित भावना से तादात्म्य करने में सफल होते हैं और इस अनुकूलता की दशा में सुन्दर का दर्शन होता है। वह पूर्णता, साम्य, एकाग्रता, एकतानता और आनन्दमयता की दशा होती है।

सौन्दर्य मानव के अन्तर्मन में निहित होता है, जो अस्पष्टता, अज्ञान, भ्रम से आवृत्त होने पर भी आत्म प्रसादन की स्थिति में उद्घाटित होता है। वह निर्विकार, निश्छल, निष्काम और शुभ्र होकर हमें आह्लादित करता है। वह हमें निरन्तर आकृष्ट करता रहता है। अन्य सभी भावदशाओं से हमारा चित्त असंपृक्त हो जाता है। यह भावस्थिति आत्मरमण की होती है, वस्तु, भाव, विषय, विषयी सब का भेद विलुप्त होकर, एक समग्रता में हम लीन हो जाते हैं।

मूल प्रत्यय का पुनः सृजन सौन्दर्य का आधार है। इसमें अनुभूति और रूप का समन्वित योग रहता है। सौन्दर्य के ग्रहण में अन्तःकरण का योग आवश्यक है। जब हमारी चित्तवृत्तियाँ विकीर्ण, विछिन्न होती हैं हमें अन्यमनस्कता, उदासीनता, विरक्ति, उकताहट, विस्मृति भटकाती रहती है तब हम कहीं भी

आकृष्ट न होने पर सौन्दर्य की प्राप्ति नहीं कर सकते। अप्राप्त की प्राप्ति सौन्दर्य का एक अनिवार्य आधार है। जैसे अमूर्त्त को मूर्त्तता प्रदान करना। सौन्दर्य को निरीन्द्रिय तथा ऐन्द्रिय दोनों ही माना गया है। यह सौन्दर्य के आलम्बन पर निर्भर करता है। वह हमें कैसे मुग्ध करता है या प्रभावित करता है। एक तत्त्व विशेष में ही हमारी समस्त चित्तवृत्तियाँ सन्निहित होने पर ही सौन्दर्य उत्पन्न होता है। हमारी सभी इन्द्रियाँ एक अनुकूलता को ग्रहण कर लेती हैं। इस प्रकार सौन्दर्य एक सहज प्रक्रिया है जो हमें सहज ही आकर्षित कर लेती है। उसमें अनुभूति के साथ-साथ रूपाश्रितता, गोचरता और वस्तुनिष्ठता के गुण आ जाते हैं। रूप में सौष्ठव और सुषमा के गुण होते हैं, 'सुशोमन सम सर्व्व यथा सुषमा' श्री, शोभा व्यक्त रूप की संस्कारिता तथा नैसर्गिकता को प्रकट करते हैं जबकि लालित्य, सौकुमार्य, कोमलता अमूर्त्त होकर भी मूर्त्त से सम्बद्ध हैं।

सुरुचिपूर्ण लालित्य भाव मानव की आन्तरिक चेतना की परिणति है, उसी से उसकी भाव-निष्पत्ति और जिज्ञासात्मक लालित्य की सन्तुष्टि होती है। सामान्य रूप से भी मानव रागात्मकता और अनुरूपता की वही स्थिति सुखदायक होती है जो अपने भाव-स्तरों पर आनन्द, उल्लास, रोमांच, एकाग्रता, वैशिष्ट्य, सत्वोद्रेक, विराटता, आत्मस्फीति, सान्निध्य, स्निग्धता, आकर्षण सामीप्य तथा अभिलषित की पूर्ति और तृप्ति को प्रदान करता है। नैसर्गिक दृष्टि से मानव के सभी प्रकार के भावों में सौन्दर्य तत्त्व सन्निहित होता है। जब भाव-चेतना की स्फूर्ति का उन्मेष होता है, तब उसकी समस्त मनोचेतना का झुकाव कल्पना को साकार बनाने की ओर होता है और अपनी अनुभूति को अभिव्यक्ति देने का प्रयास करता है। कलाकार की मानसिक दशा के ये आदर्श (Patterns), उसकी सौन्दर्य-भावना का आदर्श होते हैं। सौन्दर्य में कलात्मक दृष्टि से जहाँ परिमार्जित सुष्ठुता मिलती है, वहीं उसमें भावात्मक दृष्टि से अनुभूति की गहनता, कोमलता, मसृणता, स्निग्धता, लावण्य, लास्य भी मिलते हैं। इसीलिए महिमभट्ट ने कहा है–

'विशिष्टमस्य यद्रूप तत् प्रत्यक्षस्य गोचरम्।
स एव सत्कविगिरा गोचरः प्रतिभा भुवां ॥'[1]

मानस प्रत्यक्ष को गोचर-प्रत्यक्ष बनाने वाली प्रतिभा की रूप-कल्पना में ही साहित्य का सौन्दर्य है।

सौन्दर्य एक अनन्त प्रकाश है जिससे सभी कुछ प्रकाशित होता है; 'तस्य भासा सर्वमिदं विभाति।'

इसी से कला, काव्य, साहित्य, रचना, कृति, सर्जन में नवोन्मेष होता है। आचार्य हजारी प्रसाद द्विवेदी ने सौन्दर्य-भावना को नवोन्मेषशालिनी प्रतिभा कहा है। भट्टतोत के अनुसार, 'नवनवोन्मेषशालिनी प्रतिभा प्रज्ञा मता', प्रतिभा प्रज्ञा का

एक भेद है जो नव-नव रूपों की सृष्टि करती है। आचार्य आनन्दवर्धन का भी ऐसा ही मत है। प्रतिभा के द्वारा ही रूप का नवीन उन्मीलन होता है। वास्तव में उन्मीलन की प्रक्रिया ही रूपा चरण है–

'यदुन्मीलन शक्त्यैव विश्व मुन्यीलयति क्षणात्।
स्वात्मयतन विश्रांता वन्दे प्रतिभा शिवाम् ॥'[2]

सौन्दर्य नित नूतन होता है, 'सौन्दर्यवादी कला दर्शन एवं काव्य-सिद्धान्त में मुख्य रूपेण प्रभाव ग्रहण की प्रक्रिया का ही विवेचन हुआ है। सहृदय का संवेदनशील मन सौन्दर्य के प्रभाव को किस प्रकार प्रतिक्षण अंगीकार करता है तथा उससे आनन्द और आह्लाद की सृष्टि कैसे होती है, यही कलावादियों का विवेच्य विषय है। जब हम भारतीय साहित्य दर्शन पर दृष्टिपात करते हैं, तब पता चलता है कि यूरोप की भाँति यहाँ भी साहित्य के दो प्रमुख प्रयोजन माने गए हैं। उपदेश एवं आनन्द, यद्यपि अनेक आचार्यों ने काव्य से धर्म, अर्थ, काम, मोक्ष की प्राप्ति को सम्भव माना है।'[3]

इस प्रकार प्रत्येक काव्य-रचना के पीछे प्रतिभामय प्रेरणा और उद्देश्य होता है, प्रत्येक कवि में एक सौन्दर्य-भावना होती है। सौन्दर्य में तीन तत्त्व प्रमुख रूप से होते हैं–अनुभूति, संवेदन, आनन्द। इस कारण सौन्दर्य के अनेक पर्याय उपलब्ध होते हैं–सुकुमार, ललित, रुचिर, सुषम, चारु, शोभन, कान्त, रुच्य, मंजु, मँजुल, मनोहर, मनोज्ञ, मनोरम, मनोहारी, रमणीय, रामणियक, बंधुर, पेशल, नन्दित, बल्गु, सुरूप, अभिराम, दिव्य, शुभ्र, भर्द्र, लावण्य,[4] इसके अतिरिक्त इसे विच्छिति कान्ति, चमत्कार, वैचित्र्य, वक्रता आदि से वर्णित किया गया है।

सौन्दर्य शब्द की व्युत्पत्ति को विद्वानों ने अनेक प्रकार से प्रस्तुत किया है। वैसे यह सुन्दर की भाव वाचक संज्ञा है। 'सु' उपसर्ग पूर्वक 'उन्द' धातु में 'अरन्' प्रत्यय जोड़कर 'सुन्दर' प्रयोग किया गया है, जिसका अर्थ है अच्छी तरह से आर्द्र करने वाला,[5] यह इसका व्याकरण सम्मत रूप है। 'नन्द' धातु से भी 'सुन्दर' की व्युत्पत्ति मानी गई है–सु+नन्द। अर्थात् जो भली प्रकार प्रसन्न करे। इन व्युत्पत्तियों से यह भाव गृहीत होता है, सुन्दर वह है जो नयनों को सिक्त करने वाला, या सुख देने वाला हो। सुन्दर के पर्यायों से दो अर्थ प्राप्त होते हैं। वस्तुपरक सौन्दर्य, आत्मपरक सौन्दर्य। डॉ. नगेन्द्र ने सौन्दर्य सम्बन्धी महत्त्वपूर्ण अवधारणाओं का संकेत किया है–

1. सौन्दर्य एक गोचर तत्त्व है : 'सुन्दर' में 'सुदर्शन' या 'नयनाभिराम' का भाव निहित है, 'शोभन' में गोचर आभा का आकर्षण प्रमुख है।
2. सौन्दर्य वस्तु या आलम्बन का गुण है, किन्तु वह प्रतीयमान गुण है, अर्थात्

उसकी सत्ता सर्वथा निरपेक्ष न होकर प्रमातृ-सापेक्ष है : 'रुचिर' और 'चारु' में प्रमाता की चेतना का प्रसादन व्यंजित है।

3. सौन्दर्य के मूल में प्रेम की भावना अथवा कामना प्रत्यक्ष या परोक्ष रूप से रहती है : 'मनोज्ञ', 'मनोरम' और 'कान्त', 'काम्यं', 'कमनीय' आदि पर्याय इस तथ्य की ओर संकेत करते हैं।
4. सौन्दर्य में अंग-साम्य अथवा सामंजस्य की धारणा निहित है–'सुष्ठु' शब्द इसका प्रमाण है।
5. सौन्दर्य का शृंगार के साथ भी सम्बन्ध है। इसका संकेत 'ललित' शब्द में मिलता है।
6. 'लावण्य' में सौन्दर्य के प्रतीयमान स्वरूप पर अधिक बल है।[6]

हिन्दी के सौन्दर्य शब्द का अँग्रेजी वाचक शब्द ब्यूटी (Beauty) है। यह शब्द (Beau + ty) से बना है। 'बी' का अर्थ है प्रिय अथवा रसिक का भाव, रसिकता अथवा शृंगारी पुरुष का गुण। इसका कोशगत अर्थ है, वह गुण या गुणों का संश्लेष जो इन्द्रियों को तीव्र आनन्द प्रदान करता है। प्रधानतः चाक्षुष आनन्द अथवा जो बौद्धिक या नैतिक शक्तियों को मोहित करता है।[7]

पश्चिम में सौन्दर्य का अध्ययन सौन्दर्यशास्त्र के अन्तर्गत किया गया। सौन्दर्यशास्त्रीय दृष्टि से सौन्दर्य (Beauty) का अर्थ इस प्रकार दिया गया है–ऐन्द्रिय क्रम में तथा विस्तृत रूप में आध्यात्मिक क्रम में वह पूर्णता जो स्वयं अपने लिए अपनी उपयोगिता के लिए नहीं, आनन्द या परिशंसा प्रोत्तेजित करती है : वह गुण या गुणों का संश्लेष जो अपने-आपमें पूर्ण होता है, यह त्वरित या निस्संग आनन्द उत्पन्न करता है। अतः वह सौन्दर्य जो सुन्दर है, उसका गुण है, प्रत्यय है या आदर्श है : कलाकृतियों के लिए विशेषतः प्रयुक्त होता है।[8]

हिन्दी में प्रयुक्त होने वाला शब्द सौन्दर्यशास्त्र अँग्रेजी के ऐस्थेटिक्स (Aesthetics) का पर्याय माना जाता है। यह शब्द ग्रीक भाषा के (Aesthesis) एस्थेसिस से व्युत्पन्न हुआ है, जो इन्द्रिय बोध, प्रत्यक्ष ज्ञान या अनुभव का बोधक है।[9] यह इन्द्रियातीत जगत का ऐन्द्रिय ज्ञान है।[10] वास्तव में यह ग्रीक शब्द का परिमार्जित रूप है जो उन वस्तुओं के ऐन्द्रिय अनुभव के लिए प्रयुक्त हुआ जो केवल विचारणीय अथवा अस्तित्त्व रहित थी।[11] जर्मन विद्वान बाउमगार्तेन ने सर्वप्रथम इसका नवीन प्रयोग करते हुए, इसे नवीन अर्थ दिया, इससे पूर्व यह दर्शनशास्त्र की एक शाखा के रूप में स्वीकार किया जाता था। बाउमगार्तेन ने सौन्दर्यशास्त्र के अन्तर्गत सौन्दर्य को कला सिद्धान्त के अन्तर्गत रखकर एक माना, किन्तु बाद में विद्वानों ने दोनों को अलग-अलग माना और यह द्वैतभाव तभी एकरूपता प्राप्त कर सकता है जब कि कला को इस रूप में परिभाषित किया जा सके कि वह मानव-सर्जना का वह प्रकार है जिसका लक्ष्य सौन्दर्य को रूपायित करना है।[12]

यूनानी दार्शनिक प्लेटो ने यद्यपि सौन्दर्य का स्वतन्त्र विवेचन नहीं किया, किन्तु प्रकारान्तर से अपने ग्रन्थों में इसका विवेचन करते हुए इसे मूल और द्रष्ट का सम्बन्ध बताया है, क्योंकि अनुकरण का वर्णन करते हुए उन्होंने कहा है कि मूल और द्रष्ट का रूपान्तर ही सृजन है।[13] सोफोक्लीज ने स्पष्ट किया कि कलाकार यह इसलिए करता है कि वह उन कल्पनाओं का सर्जन करता है जो सुन्दर लगे। सौन्दर्यशास्त्र की मीमांसा करने वाला प्राचीन ग्रन्थ प्लेटो का हिप्पअस मेजर (Hippias Major) है, जिसमें सुन्दर क्या है? का उत्तर दिया गया है। इनके ग्रन्थ फिलिबस (Philibus) के अन्तिम अंश में भी सौन्दर्य का विवेचन हुआ है, जहाँ इस पर चिन्तन हुआ है कि आनन्द (Pleasure) अथवा ज्ञान (Knowledge) ही मनुष्य का प्राप्तव्य हैं। सुकरात ने शुद्ध और अशुद्ध आनन्द का अन्तर स्पष्ट करते हुए शुद्ध आनन्द में ही आन्तरिक सौन्दर्य माना है। इनका यह दृष्टिकोण आध्यात्मिक प्रभाव लिए हुए है। प्लेटो ने कहा कि सौन्दर्य को परिभाषित नहीं किया जा सकता। ग्रीक परम्परा के अनुसार प्लेटो ने सुन्दर को श्रेष्ठ, पूर्ण तथा तुष्टिकर माना है।[14]

हीगेल ने सौन्दर्यशास्त्र को ललितकलाओं के दर्शन के रूप में प्रतिष्ठित किया। इसीलिए बोसाँका ने कहा कि सौन्दर्यशास्त्र सुन्दर का दर्शन है और ललितकलाएँ सौन्दर्यात्मक चेतना है, जिनका मूल उद्देश्य सौन्दर्य का मूल्यांकन होता है। प्रसिद्ध मनोवैज्ञानिक जेम्स सली (James Sully) ने कहा कि सौन्दर्यशास्त्र सुन्दर, मधुर और ललितकला के अध्ययन के दर्शन अथवा विज्ञान की एक शाखा है।[15] इस प्रकार सौन्दर्यशास्त्र कला तथा प्रकृति के परिप्रेक्ष्य में सुन्दर का दार्शनिक अध्ययन है।[16] लेविस ने मनोविज्ञान के आधार पर इसे संवेदनशीलता का अमूर्त्त विज्ञान माना है। उन्होंने सौन्दर्यशास्त्र को तथ्य तथा आवेग के बीच का विरोध कहा है तथा भौतिकशास्त्र और सौन्दर्यानुभव को विरोधी माना है।[17] इसी प्रकार रस्किन ने भी सौन्दर्यशास्त्र को शरीर के बाह्य गुणों तथा प्रभावों की ऐन्द्रिय अनुभूति माना है। अमूर्त्त संवेदनशीलता सौन्दर्यशास्त्र का प्रमुख आधार है। सुन्दर तथा असुन्दर के वैज्ञानिक तथा दार्शनिक अध्ययन को सौन्दर्यशास्त्र के नाम से अभिहित किया गया।[18] क्रोचे ने सौन्दर्यशास्त्र को अभिव्यक्ति का दर्शन कहा है।[19] बोसाँका ने इसका क्षेत्र अधिक व्यापक रूप में प्रस्तुत करते हुए कहा है कि सौन्दर्यशास्त्र का विषय जीवन में सौन्दर्य-वृत्ति की मीमांसा है। उन्होंने स्पष्ट किया कि यह सौन्दर्यानुभव जीवन में होनेवाले अन्य भौतिक अनुभवों से नितान्त भिन्न है। इसलिए इसका हमारे जीवन में उनसे अधिक महत्त्व है।[20] सूजन लैंगर ने पूर्णतया मौलिक विचार प्रस्तुत करते हुए कहा कि सौन्दर्यशास्त्र ललितकलाओं के दार्शनिक विकल्पों और समस्याओं का सैद्धान्तिक निरूपण है।[21] अर्ल आफ लिस्टोवेल ने इस तथ्य को और अधिक स्पष्ट

करते हुए लिखा है कि हम सौन्दर्यशास्त्र को केवल रूपाकार का विज्ञान ही नहीं मान सकते, क्योंकि सौन्दर्यानुभव का क्षेत्र कल्पित सृजन, सम्मात्रा के रसास्वादन तथा समानुपातिकता से कहीं अधिक असीम, विस्तृत और गहन है।[22] इसमें सन्देह नहीं कि यूनानी विचार के अनुसार सौन्दर्यशास्त्र मूलरूप में अन्तःअनुभूति के रूप में माना गया और 18वीं शती के पश्चात् सुन्दर के अनुभव के रूप में प्रचलित हुआ। मार्क्सवादी दृष्टिकोण ने सौन्दर्यशास्त्र को नया आधार और मूल्य तथा दृष्टि दी, उसके अनुसार सौन्दर्यशास्त्र एक वैज्ञानिक सिद्धान्त है जो मनुष्य के यथार्थ जीवन के साथ उसके सौन्दर्यानुभव के सम्बन्धों के विकास की खोज करता है और विशेष रूप से कला का सामाजिक चेतना के रूप में एक विशेष विधा के रूप में अध्ययन करता है। यह मनुष्य का यथार्थ के साथ समान सौन्दर्य सम्बन्धों का तथा कला की श्रेष्ठ विधा के रूप में अध्ययन करता है।[23]

जेम्स सली ने सौन्दर्यशास्त्र के प्रयोजन को और अधिक स्पष्ट रूप में प्रस्तुत करते हुए कहा है कि 'सौन्दर्यानन्द का सबसे महत्त्वपूर्ण अंग ध्यानमग्नता है, जिससे वह हमारी उन सामान्य अनुभूतियों से सर्वथा भिन्न हो जाता है जो हमारे व्यक्तिगत तथा व्यावहारिक स्वार्थों से प्रभावित हैं। इसकी अन्य गौण विशेषताएँ गरिमा, शुद्धता, विस्तारशीलता, अनुभव क्षमता की व्यापकता, सम्मभंगिता है जो एक मुख्य सामाजिक गुण है, क्योंकि एक ही प्रयोजन की उत्तेजना अनेक व्यक्तियों को प्रभावित करती है।[24] वास्तव में सौन्दर्यानन्द की रसात्मकता हमारी आदर्श समता भावना का स्वभाव है। सांख्य, पातंजल, महायान, हीनयान पद्धति, तन्त्र तथा भगवद्गीता में भी इसका वर्णन है।[25] सौन्दर्यशास्त्र को संवेदनशील ऐन्द्रिय बोध का विज्ञान माना गया है। एक ऐसा विज्ञान जिसका सम्बन्ध ऐसे गुह्य अनुभव से है जिसे शब्दों में अभिव्यक्त नहीं किया जा सकता।'[26] इस प्रकार सौन्दर्यशास्त्र में आध्यात्मिकता, नैतिकता, शुभ, आदर्श, गुह्यज्ञान, रहस्यवाद, ध्यानस्थत्ता के तत्त्वों का समावेश होकर, जीवन से सम्बन्ध तथा यथार्थ अनुभव की विशेषताएँ भी उपलब्ध होती हैं।

सौन्दर्यशास्त्र के विषय में भारतीय विद्वानों के स्वतन्त्र विचार और मत नहीं हैं। प्रायः वे पाश्चात्य विचारकों से प्रभावित हैं। डॉ. हरद्वारीलाल ने सौन्दर्यशास्त्र को सौन्दर्य को शास्त्रीय विवेचना बताया है।[27] श्री के. एस. रामास्वामी शास्त्री ने इसे कला में व्यक्त सौन्दर्य का विज्ञान कहा है।[28] डॉ. के. सी. पांडेय के मतानुसार, 'लोक-प्रचलित रूप में इस शब्द का अर्थ सामान्य रूप से सौन्दर्यविषयक मत है—चाहे वह सौन्दर्य कलागत हो, चाहे प्रकृतिगत हो,... भारतीय मत के अनुसार एस्थिटिक्स का अर्थ स्वतन्त्र कलाओं का दर्शन और विज्ञान मात्र है।'[29] इस सम्बन्ध में वे आगे लिखते हैं, 'वर्तमान सन्दर्भ में एस्थिटिक्स शब्द का निम्नलिखित अर्थ अधिक सुष्ठु और विषयानुकूल मालूम

पड़ता है—वह विज्ञान एवं दर्शन जिसका प्रतिपाद्य विषय 'कला कृतिगत' और 'प्रकृतिगत सौन्दर्य' तथा भव्यता है।'[30] श्री पंचपगेश शास्त्री के अनुसार, 'सौन्दर्यशास्त्र रसानुभूति से प्राप्त आनन्द का दार्शनिक विवेचन है।'[31] डॉ. कुमार विमल के अनुसार इसका अर्थ है—'ललितकलाओं के तत्त्वों का सैद्धान्तिक निरूपण और उसके आधार पर कलाकृतियों का मूल्यांकन।'[32] डॉ. रामविलास शर्मा के अनुसार 'सौन्दर्यशास्त्र, सौन्दर्य तथा उसकी अनुभूति की व्याख्या करता है।'[33] डॉ. रमेश कुन्तल मेघ ने सौन्दर्यशास्त्र की परिभाषा करते हुए कला पर बल दिया है और उससे सम्बन्धित सभी तत्त्वों का समन्वित रूप प्रस्तुत किया है, 'कला, कला-रचना और कलाकृति का दर्शन, मीमांसा-इतिहास और आशंसा को संयोजित करने वाली विधा और विज्ञान को सौन्दर्यबोध-शास्त्र (एस्थेटिक्स) कहा जा सकता है।'[34]

आचार्य हजारी प्रसाद द्विवेदी ने सौन्दर्य और सौन्दर्यशास्त्र की सैद्धान्तिक मीमांसा करते हुए लिखा है, 'भारतवर्ष में सौन्दर्यशास्त्र जैसे किसी अलग शास्त्र की कल्पना नहीं की गई जैसा कि पश्चिमी देशों में हुआ है, किन्तु काव्य, शिल्प चित्र, मूर्ति, संगीत, नाटक के माध्यम से 'चरम सुन्दर तत्त्व' का वर्णन पर्याप्त मिलता है।'[35] अतः इनके विचार ललितकला के व्यक्त सौन्दर्य के निकट आते हैं। 'लालित्य' शब्द के अर्थ को व्यंजित करते हुए द्विवेदी जी ने लिखा है, 'मनुष्य की इच्छाशक्ति जब सर्जनात्मक रूप ग्रहण करती है तो भारतीय शास्त्रों में उसे विश्वव्यापनी सर्जनात्मक शक्ति 'ललिता' का व्यष्टिगत रूप कहा जाता है।'[36]

द्विवेदी जी तथा अन्य कुछ विद्वानों ने सौन्दर्यशास्त्र को कला के अधिक निकट माना है, इस धारणा को लेकर डॉ. शिवकुमार मिश्र ने प्रश्न किया है, 'क्या सौन्दर्यशास्त्र महज कला निर्मित या कला स्वाद का ही शास्त्र है, अथवा वह आधारतः एक मूल्यशास्त्र है।'[37] इनके विचारानुसार सौन्दर्यात्मक मनोवैज्ञानिक पक्ष तक ही सौन्दर्यशास्त्र को सीमित रखना उचित नहीं है।[38] मुक्तिबोध ने इस धारणा में किंचित संशोधन करते हुए कहा है, 'आवश्यकता तो इस बात की है कि आलोचना में ऐतिहासिक समाजशास्त्रीय तथा मनोवैज्ञानिक सौन्दर्यात्मक विवेचन की सम्पूर्ण एकात्मकता हो। मेरे मत में किसी भी सौन्दर्यशास्त्र की नींव इस सम्बन्ध में स्वरूप विश्लेषण पर आधारित है।''[39]

मुक्तिबोध कला तक ही सौन्दर्य तत्त्व को सीमित नहीं रखना चाहते, वे उसे जीवन के निकट लाना चाहते हैं, 'अतएव, महत्त्वपूर्ण बात यह है कि सौन्दर्यात्मक मनोवैज्ञानिक पक्ष की सम्यक् समीक्षा के लिए ऐतिहासिक समाजशास्त्रीय पक्ष पहले आवश्यक है। इसका दूसरा पहलू यह है कि मानव-सम्बन्ध विश्वदृष्टि तथा जीवन-मूल्य बदलते ही सौन्दर्य के मान भी बदल जाते हैं।''[40]

मुक्तिबोध के विचारानुसार सौन्दर्यशास्त्र में जिस सिद्धान्तवादिता की अपेक्षा है उसका नितान्त अभाव है, 'यूरोप में काव्य-सौन्दर्य का ऊहापोह करने वाले

सिद्धान्तों का एक जंगल खड़ा हुआ है। ध्यान में रखने की मुख्य बात यह है कि न केवल यह सिद्धान्त परस्पर भिन्न होते हैं, वे सिद्धान्त रूप में भी अस्थायी होते हैं।'[41] सौन्दर्यशास्त्र में मूल्य और प्रयोजन निरन्तर परिवर्तित होते रहे हैं, कला, मनोविज्ञान, समाज इन दृष्टियों से उसमें परिवर्तन होता रहा है। युग परिवर्तन के साथ एक नए सौन्दर्यशास्त्र की आवश्यकता उत्पन्न हो गई है। डॉ. शिवकुमार मिश्र इस विषय में लिखते हैं, 'जीवन्त रचनाशीलता के सही-निर्देशन के लिए सौन्दर्यशास्त्र की आवश्यकता निर्विवाद है।'[42]

डॉ. नगेन्द्र के मतानुसार, 'सौन्दर्यशास्त्र ललितकलाओं के रूप में अभिव्यक्त सौन्दर्य से सम्बद्ध मौलिक प्रश्नों के तात्विक विवेचन और उसके परिणामी सिद्धान्तों की संहिता का नाम है।'[43]

रूसी विद्वान यूरी बोरेव के मतानुसार, 'सौन्दर्यशास्त्र एक सार्वभौमिक मानव-मूल्य है।'[44]

सौन्दर्यशास्त्र का क्षेत्र अत्यन्त व्यापक है। यह प्रमुख रूप से 1. कला-कृतियों, 2. कला की प्रेरणा और प्रक्रिया, 3. मानव और समाज के जीवन के सौन्दर्य, का अध्ययन करता है। इन पक्षों को स्पष्ट करते हुए डॉ. रामविलास शर्मा लिखते हैं, 'प्रकृति और मानव जीवन के सौन्दर्य की व्याख्या किए बिना कलात्मक सौन्दर्य की विवेचना करना सम्भव नहीं है। इसलिए वस्तुतः सौन्दर्यशास्त्र का विषय उस व्यापक सौन्दर्य की व्याख्या है, जो प्रकृति, मानव-जीवन तथा कलाओं में विद्यमान है।'[45]

डॉ. नगेन्द्र ने सौन्दर्यशास्त्र के सीमावर्ती अनुशासन में प्रमुख स्थान काव्यशास्त्र को दिया है तथा तत्त्वमीमांसा और मनोविज्ञान को भी स्वीकार किया है।[46]

निष्कर्ष रूप में सौन्दर्यशास्त्र अब एक स्वतन्त्र शास्त्र के रूप में स्थापित हो चुका है, यद्यपि इसकी वैज्ञानिकता के विषय में सन्देह किया जाता रहा है। सौन्दर्यशास्त्र में अब कलाकृति, सौन्दर्यानुभूति, रचना-प्रक्रिया, कलात्मक अनुभूति का अध्ययन होता है। इसमें कला की सीमा से बाहर पड़ने वाली वस्तुओं का भी सौन्दर्यमूलक दृष्टिकोण से अध्ययन किया जाता है। अब तक दार्शनिक सौन्दर्यशास्त्र भावात्मक अवधारणाओं की व्याख्या करते हुए, अनुभव एवं प्रयोग से दूर रहा, जिसके कारण सौन्दर्यशास्त्र के विकास में गतिरोध आ गया था। अब इसमें वर्णनात्मक और तथ्यात्मक दृष्टिकोण को महत्त्व दिया जाने लगा है। अतः सौन्दर्यशास्त्र को मानव-जीवन और अनुभूतियों को विभिन्न आयामों से, लालित्य और यथार्थ जीवन की दृष्टि से अध्ययन करने वाला दर्शन का विज्ञान कहा जा सकता है।

सौन्दर्यशास्त्र का चिन्तन एवं विवेचन अनेकविध दृष्टिकोण से हुआ, जिसका प्रभाव सौन्दर्य धारणा पर पड़ना स्वाभाविक था। सौन्दर्यशास्त्र को विद्वानों ने आध्यात्मिक, नैतिक, बुद्धिवादी, मनोवैज्ञानिक, प्रयोगवादी, प्रगतिवादी, यथार्थवादी,

भौतिकतावादी, वैज्ञानिक मापदंडों पर प्रस्तुत किया है। परम्परागत प्रत्ययवाद, भाववाद, तत्त्ववाद की दृष्टि से भी पर्याप्त विचार हो चुका था। आलोचना और मूल्यों, कला शिल्प और रूप की दृष्टि से भी इसे देखा गया। धर्म, दर्शन, समाजशास्त्र भी इसके चिन्तन के आधार बने, प्रकृतवाद का भी गहरा प्रभाव पड़ा। पश्चिम में सौन्दर्यशास्त्र को सैद्धान्तिक स्तर पर समृद्ध करने का प्रयास किया जाता रहा, जो तर्क-सम्मत, अनुभवपरक और सृजनात्मक था। पाश्चात्य विद्वानों ने सौन्दर्यशास्त्र के विकास में उस आधार पर द्वन्द्व का समाहार करने का प्रयास किया, जो कभी रूप और वस्तु, कभी बुद्धि और भाव के रूप में उत्पन्न हुआ। इन सभी धारणाओं का प्रभाव उनकी सौन्दर्यविषयक धारणा पर पड़ा, इसलिए सौन्दर्य की परिभाषा करना, उसके विषय में एकमत होना बहुत ही कठिन हो गया। हम कुछ परिभाषाओं को प्रस्तुत करते हुए, सौन्दर्य के कुछ मुख्य तत्त्वों पर विचार करेंगे।

पश्चिम में सौन्दर्य-चिन्तन का आरम्भ और विकास यूनान से ही माना जाता है। प्राचीन यूनानी लोग छन्द-सामंजस्य और अवयव-संगठन जनित सुषमा को ही सुन्दर मानते थे।[47] इस सम्बन्ध में प्लेटो के ग्रन्थ 'हिप्पिअस मेजर' में सुकरात तथा हिप्पिअस के संवाद द्वारा विस्तृत वर्णन उपलब्ध होता है। सुकरात उपयोगी को ही सुन्दर मानते हैं। सुकरात ने सौन्दर्य के विषय में तीन विकल्प प्रस्तुत किए हैं–(1) सौन्दर्य का अर्थ है कृतित्त्व की सफलता, (2) सौन्दर्य श्रेयस का पर्याय है, (3) सौन्दर्य का लक्षण है प्रीति (आह्लाद) जो नेत्र और श्रवण के माध्यम से प्रीतिकर हो, वही सुन्दर है।[48] वास्तव में सुकरात ने सत्य और शिव का सौन्दर्य से गहरा सम्बन्ध सर्वप्रथम बताया है।

इससे पूर्व पाइथागोरस ने सौन्दर्य को गणितशास्त्रीय दृष्टि से देखा था।[49] वे विश्व तथा इसके सौन्दर्य को वास्तविक और सत्य मानते थे। प्रकृतिवादी चिन्तक सौन्दर्य और ब्रह्मांड को एक ही स्वीकार करते थे। हेराक्लिट्स ने सौन्दर्य के मूल में अग्निस्फुलिंग को माना।[50] प्रथम यूनानी भौतिकतावादी विचारक एम्पेडोकल्स (Empedocles) ने संसार की सृष्टिचार तत्त्वों अग्नि, वायु, पृथ्वी, तथा जल से मानते हुए कहा कि ये परस्पर प्रेम द्वारा अनुस्यूत हैं जो सामंजस्य तथा सौन्दर्य को उत्पन्न करता है, ये कुरूपता तथा विरोध से खंडित होते हैं किन्तु प्लेटो पहले विचारक हैं जिन्होंने सौन्दर्य-चिन्तन की तर्क-सम्मत, व्यवस्थित परम्परा का आरम्भ किया। सुकरात ने बुद्धि और तर्क के अतिरिक्त किसी अन्य बाह्य सत्ता को स्वीकार नहीं किया, उनके अनुसार शिव वही हैं जो उपयोगी है। प्लेटो ने अपने ग्रन्थ में परिसंवाद के अन्त में सौन्दर्य का सशक्त विवेचन किया और कहा कि सौन्दर्य सृष्टि का मूल तत्त्व है और इसका संधान करना ही तत्त्व द्रष्टा का चरम लक्ष्य है।...प्रज्ञात्मक सौन्दर्य ही निरपेक्ष और चरम सौन्दर्य है। सौन्दर्य का आधार है, समन्विति अथवा सामंजस्य जो विश्वप्रपंच का मूल सिद्धान्त है। यह सामंजस्य

ही औचित्य है जो समानुपात और सम्मात्रा पर निर्भर करता है। इस प्रज्ञात्मक सौन्दर्य को प्लेटो ने प्रकाश-रूप माना है जो वस्तुतः आत्म चैतन्य का प्रतीक है।[51]

इस प्रकार सुकरात ने उपकारक को ही सौन्दर्य मान लिया था। प्लेटो ने इसी का प्रभाव ग्रहण करते हुए श्रेयस्कर तथा उत्कर्ण-विधायक को ही उत्कृष्ट सौन्दर्य माना है। इसी के साथ उन्होंने आनन्ददायक सौन्दर्य और उत्कर्ष-विधायक सौन्दर्य के पारस्परिक सम्बन्ध पर विचार भी किया है।

अरस्तू ने सौन्दर्य को चित्स्फूर्ति मानते हुए कहा कि काव्य-सृष्टि के समय सौन्दर्य के स्पर्श के प्रभाव से कवि एक नूतन तत्त्व की सृष्टि करता है। किसी वस्तु को देखकर उसे तद्रूप अंकित करने या उसका उसी रूप में वर्णन करने पर हम उसी अंकित, चित्रित या वर्णित वस्तु के साथ मूलवस्तु का ऐक्य पाकर जब उस सम्बन्ध में विचार करने लगते हैं तब उस बुद्धि-परिचालन से आनन्द उत्पन्न होता है। इन्होंने समस्त सौन्दर्य को अनुकृति मूलक माना है।[52] अतः इनके अनुसार सौन्दर्य की तीन विशेषताएँ हैं—एक निश्चित आयाम, सन्तुलन या सुडौलपन और सामंजस्य। सौन्दर्य की उत्पत्ति इन्हीं के कारण से सम्भव हो पाती है, अन्यथा नहीं।[53] इनके अनुसार सौन्दर्य आकांक्षा-वासना और उपयोगिता से ऊपर की वस्तु है।[54] इससे पूर्व होमर इलियड में सौन्दर्य का विवेचन कर चुके थे। उनके अनुसार शक्ति ही सुन्दर है जिसमें शरीर सौष्ठव व अंग-प्रत्यंग के स्वास्थ्य के संकेत रहते हैं। शरीर जो शक्ति प्रकट करता है दिव्य और लोकोत्तर होता है। जो लोकोत्तर है, अपूर्व, अतुलनीय एवं अनोखा है, वही सुन्दर होता है। अरस्तू ने भी रूप को सुन्दर माना है।[55] यूनानी सौन्दर्य धारणा में स्त्री-पुरुष के सौन्दर्य का विवेचन करते हुए सौन्दर्य की मीमांसा की गई है। सिसरो ने कहा कि रंगों की एक निश्चित अनुकूलता एवं अंगों का अनुपात एक साथ प्रस्तुत हो तो उसे सौन्दर्य कहते हैं। प्लूटार्क ने अरस्तू के इस कथन का विरोध किया कि समस्त चित्रण आनन्दप्रद होता है, कुरूप चित्रण सौन्दर्य नहीं हो सकता, इनके अनुसार सौन्दर्य एक प्रकार की कलात्मक कुशलता है। इससे कलाकार के हस्तलाघव का पता चलता है।[56]

प्लोटिनस ने प्लेटो की भाँति परमशक्ति के शिवरूप पर बल दिया। उस शिवत्वमय एक से जिस बुद्धि का उदय होता है, वह आत्यान्तिक सौन्दर्य है। इन्होंने सौन्दर्य की आध्यात्मिक विवेचना की है, 'सौन्दर्य वह है जिसे हम प्यार करते हैं। आत्मा प्रथम दर्शन में ही उसे सौन्दर्य कहकर पुकार उठती है। जिन-जिन वस्तुओं में सौन्दर्य का प्रकाश दिखता है, आत्मा उन सारी वस्तुओं से सहानुभूति दिखाती है।' इनके अनुसार सौन्दर्य परम सत्ता का प्रकाश है। वह अतीन्द्रिय और अशरीरी है। वह सारी वस्तुएँ जो प्रज्ञा एवं प्रज्ञा के नियमों को

अभिव्यक्ति देती हैं, सुन्दर कही जा सकती हैं। प्लाटिनस सौन्दर्य का लक्षण चेतना, जीवन मानते हैं। मात्र सामंजस्य या अनुपात सौन्दर्य नहीं कहे जा सकते। ऊँची धारणा और तर्क का सम्मिश्रण सौन्दर्य है। सौन्दर्य पूर्णतः भागवत् है अल्पांश में भी वस्तुगत नहीं। सौन्दर्य रोशनी है, उसी की आभा में वस्तुएँ चमकती हैं और यही सन्तुलन और सामंजस्य का अर्थ होता है।[57] इस प्रकार सौन्दर्य सामंजस्य पर खिलने वाला एक आलोक है, जो दिव्य और ईश्वरीय है। सुन्दर वस्तु महत् सत्य या चित्त को प्रतिबिम्बन करती है।

ईसाई धर्म में कला, दर्शन, जगत, जीव सभी में ईश्वरीय सत्ता का आलोक है। सन्त आगस्टाइन, सेंट थामस, टॉमस एक्विनास, सन्त फ्रांसिस, दांते, जीतो ने सौन्दर्य को ईश्वरीय या दिव्य ज्योति का प्रकाशन कहा है। इनके अनुसार सौन्दर्य ईश्वरीय तत्त्व है। ईश्वर शुद्ध और चरम सौन्दर्य का प्रतीक है। विश्व का सौन्दर्य उसी का आभास है; अतः सौन्दर्य मूलतः अपार्थिव होता है।[58] सन्त आगस्टाइन तत्त्वदर्शी सन्त थे। उन्होंने कलाकृति के सौन्दर्य का निवास उस अन्विति में ही माना, जो उसमें खंडों के या अनेकता के रहते भी बनी रहती है। उन्होंने आकृतिमूलक बाह्य सौन्दर्य के स्थान पर आध्यात्मिक सौन्दर्य को प्रधान माना। किसी भी उपादान मूलक वस्तु का सौन्दर्य अंगों की आपसी सुसंगति एवं रंगों की एक निश्चित मधुरता में निहित होता है। दूसरे शब्दों में—रंगों की मधुरता एवं अंगों की आपसी सुसंगति एक साथ मिलकर सौन्दर्य उत्पन्न करते हैं। किन्तु 'पिता के राज्य' में रंगों के औचित्य पर ध्यान देना चाहिए, तभी वे दिव्य हो सकेंगे।

एक्विनास के अनुसार सौन्दर्य अनिवार्यतः एक अनुपात युक्त रूप से उत्पन्न होता है। सौन्दर्य की विशेषताओं का उल्लेख करते हुए उसके तीन मूल तत्त्व बताए हैं—पूर्णता, अनुपात या सामंजस्य, प्रांजलता या स्पष्टता। सुन्दर वस्तु वही है जिसकी अवधारणा आनन्दपूर्वक की जाए। ये सौन्दर्य को मस्तिष्क के ज्ञानात्मक विभाग दृष्टि और श्रवण से सम्बन्धित बतलाते हैं।

आधुनिक युग में सौन्दर्य, अनुभूति और प्रज्ञा का मिलन-बिन्दु बन गया। बेकन ने कहा सौन्दर्य एक अनुपात से युक्त होता है।[59] देकार्त के अनुसार सौन्दर्य अनुकूलता से सम्बन्धित है, अनुकूलता सहानुभूतिमूलक अनुरूपता है। अतः प्रतिक्रिया के अनुरूप संवेदना या उत्तेजना की अनुभूति में सौन्दर्य निहित है।[60]

बोसांके ने कहा, ऐन्द्रिय अथवा कल्पित रूप में प्रकाशित वस्तु-धर्म ही सुन्दर है। वे लिखते हैं कि आत्मप्रकाश में बहुत से विभेदों में ऐक्य स्थापित हो जाता है। ऐक्य-विधारण क्रिया किसी रेखा, वर्ण, शब्द या वर्तुलता के सामंजस्य से उत्पन्न होती है, जिसे सौन्दर्य कहते हैं। गेटे ने कहा है कि कान्त, कोमल,

आत्मसृष्टि या आत्मप्रकाश का नाम ही सौन्दर्य है। इन्होंने आत्मसृष्टि या आत्माभिव्यक्ति को शिल्प का प्राण मान लिया है तब भी उन्होंने कहा है कि यदि आत्मसृष्टि सौन्दर्य-मंडित न हो तो यथार्थ कला की सिद्धि नहीं होती।

श्लेगेल ने कहा कि मंगल की सुखमय अभिव्यक्ति ही सौन्दर्य है। किन्तु सुखाभिव्यक्ति के आधार पर सौन्दर्य का लक्षण निर्धारित नहीं हो सकता। लाइबनीज ने कहा सम्पूर्ण सौन्दर्य उसी की रोशनी से निःसृत होता है। इनके अनुसार अनुपात, व्यवस्था, सामंजस्य ही सौन्दर्य की उपयुक्त उपाधियाँ हैं। सौन्दर्य और कुछ नहीं, सिर्फ ईश्वर का प्रकाश है। स्पिनोजा के अनुसार आकस्मिक वस्तुएँ सुन्दर कही जाती हैं, साथ ही वे इच्छा की वस्तु होती हैं, क्योंकि हम उन्हें एक निश्चित मूल्य दे देते हैं। डेविड ह्यूम के विचार से सौन्दर्य एक व्यवस्था या आकार रचना में निहित है, सौन्दर्य की एक निश्चित परिभाषा नहीं दी जा सकती, वह विदग्धता की तरह अवर्णनीय है—किन्तु सौन्दर्य को रुचि या संवेदना के माध्यम से अनिवार्य रूप से अनुभव किया जा सकता है।

शेफ्टसवरी के अनुसार सौन्दर्य और परम विभु एक हैं। सौन्दर्य दैवीशक्ति की अभिव्यक्ति है। सौन्दर्य ईश्वर कृत जगत के सामंजस्य का प्रतिबिम्ब है, इसीलिए वह सुन्दर लगता है। बाह्य जगत में भगवान के प्रकाश का प्रस्फुटन ही सौन्दर्य है। टॉमस रीड ने कहा सौन्दर्य आध्यात्मिक चैतन्य है। रस्किन के अनुसार श्री भगवान ही यथार्थ सौन्दर्य स्वरूप हैं। सौन्दर्य ईश्वर की विभूति है। बाह्यजगत में ऐसे कुछ उपादान हैं जिनके द्वारा भगवान के नानाविध गुण हमारे मन में अभिव्यक्त होकर हमारे चित्त में सौन्दर्य का संस्कार उत्पन्न करते हैं। वह सौन्दर्य को 'टिपिकल' और 'वाइटल' दो प्रकार का मानते हैं। सौन्दर्य हमारा सहज बोध है। कोई वस्तु हमें सुन्दर लगती है और कोई असुन्दर, यह टिपिकल ब्यूटी है। 'वाइटल ब्यूटी' में दो प्रकार का सौन्दर्य बोध होता है, एक वह जहाँ जीवन्त प्राणी में प्राण रूपी भगवान की प्राणमूर्ति अजस्र रूप में प्रवाहित हो उठती है, दूसरे भगवान ने जिस जीव की जिस कार्य के लिए सृष्टि की है उसमें उसकी उपयोगिता और सामर्थ्य आदर्श रूप में परिस्फुटित होती है।

एडीसन के अनुसार सौन्दर्य से मनुष्य के रूप का अर्थ है। सुखद रंगों के प्रकार भेद भी सौन्दर्य के अन्तर्गत आते हैं। अनुपात, समानुरूपता, शरीर की ढलान आदि भी सौन्दर्य के अन्तर्गत आते हैं। जो वस्तु कल्पना को जितना विस्तार देती है, वह उतनी ही सुन्दर होती है। सौन्दर्य परिवेश और संगति का फल है, सौन्दर्य की अनुभूति एक सामाजिक प्रवृत्ति है। होगार्थ के अनुसार सौन्दर्य वस्तु-विशेष के अंगों के सन्धिबन्ध, प्रयुक्तियों की रंजकता और अनुक्रम में विद्यमान रहता है। प्लेटो ने वृत्त, त्रिभुज और सीधी रेखाओं को आदर्श सौन्दर्य आकृति माना था। होगार्थ ने कहा, सौन्दर्य की वास्तविक रेखा टेढ़ी रेखा या वर्तुल

रेखा है। कांट से पूर्व लेसिंग और विंकलमैन ने शिल्पकलाओं को ध्यान में रखकर सौन्दर्य पर विचार किया। लेसिंग ने सौन्दर्य शब्द से केवल जड़सौन्दर्य का ही अर्थ ग्रहण किया है। बर्क के समान लेसिंग ने भी सौन्दर्य का अर्थ 'मनुष्य सौन्दर्य' ही ग्रहण किया है विंकलमैन ने इन्हीं की भाँति मनुष्य के शरीर-संस्थान के सौन्दर्य को ही प्रधान स्थान दिया है। इन सबके अनुसार आकार और रेखा के परस्पर सामंजस्य में ही सौन्दर्य होता है। सौन्दर्य-मात्र जड़ देह के विशिष्ट सामंजस्य का परिणाम होता है।[61] बर्क ने कहा है कि वस्तु-विशेष की वर्णगत चारुता, आंगिक कोमलता और उज्ज्वलता ही सौन्दर्य है। उन्होंने लिखा है कि रुचि (टेस्ट) के नाम से हमारी एक विशेष वृत्ति होती है। इसी के द्वारा हम किसी वस्तु के सौन्दर्य का अनुभव करते हैं। वे कहते हैं–सौन्दर्य से मेरा शरीर के उन गुणों से तात्पर्य है, जिसके कारण मन में प्रेम उत्पन्न होता है या इसी तरह का आवेग उत्पन्न होता है। सौन्दर्य उनके लिए खोखला प्रत्यय नहीं है, बल्कि वह विशिष्ट है, वस्तु है, गुण है।[62]

जॉर्ज बर्कले अनुभव को महत्त्व देते हैं। आत्मा और ईश्वर परम सत्य हैं। सौन्दर्य और शिव सत्य से सम्बन्धित हैं। सौन्दर्य एक पलायनशील आकर्षण है जिसकी अनुभूति भी होती है, अनुपात और समानुरूपता हमारी अनुभूति का विषय होते हैं। वह विवेक का ईश्वर से सम्बन्ध बताते हुए कहते हैं कि उसी से सम्पूर्ण सौन्दर्य उत्पन्न होता है।[63]

सौन्दर्य के विवेचन, परिभाषा, स्थान-निर्धारण में बाउमगार्टन का महत्त्व अविस्मरणीय है। उन्होंने कहा कि ऐन्द्रियक बोध में एक स्वगत सामंजस्य होता है जिससे हमारे चित्त में सुख उत्पन्न होता है और जिस सुख तथा सामंजस्य को हम ज्ञान की भाषा में प्रकाशित नहीं कर सकते, उसे सौन्दर्य कहा जा सकता है। इनके अनुसार सामंजस्य की पूर्णता (परफेक्शन) को सौन्दर्य कहते हैं। वुल्फ भी सौन्दर्य और पूर्णता को एक ही वस्तु मानते हैं।

सौन्दर्य चिन्तन की दृष्टि से जर्मन दार्शनिक इमेनुअल कांट का योगदान महत्त्वपूर्ण है, इनके मतानुसार सर्वनियन्त्रण-निरपेक्ष भाव से विकल्प और बुद्धिवृत्ति की स्वाधीन परम्परानुवर्तिता के लिए पारस्परिक परिचय के परिणामस्वरूप उत्पन्न होने वाला आनन्द ही सौन्दर्य कहलाता है। उसे ही सौन्दर्य वेदना का आनन्द कहते हैं।[64] कांट ने नवीन तर्कशास्त्र के आधार पर सौन्दर्य के सम्बन्ध में अपने मौलिक विचार प्रस्तुत किए हैं। कांट ने सौन्दर्य के रूप माने हैं–1. शुद्ध या निरपेक्ष सौन्दर्य, 2. सापेक्ष सौन्दर्य। शुद्ध सौन्दर्य रूपगत सामंजस्य पर निर्भर करता है, वह अपना प्रयोजन आप है–अर्थात् प्रमाता किसी उद्देश्य से उसका भावन अथवा आस्वादन नहीं करता। सापेक्ष सौन्दर्य के पीछे कोई न कोई प्रयोजन अवश्य रहता है। जीवन के प्रति सार्थकता में ही उसका मूल्य निहित है।[65] कांट

के अनुसार सौन्दर्य से शुद्ध और निःस्वार्थ आनन्द की प्राप्ति होती है। नीति और सौन्दर्य दोनों व्यक्तिनिष्ठ होने के साथ-साथ सर्वनिष्ठ भी होते हैं। यह रुचि पर निर्भर करता है। विशुद्ध रुचि निर्णय, चमत्कार और भाव-निरपेक्ष है। सुन्दर वह है जो किसी संकल्पना (Concept) से पृथक रूप में अनिवार्य आनन्द के विषय (Object) रूप में ग्रहण किया जाता है।[66] सुन्दर वह है जो अपने निरे विहित आकलन में ही आनन्दित करता है। (परिणामतः वह बुद्धि की किसी संकल्पना के अनुसार किसी इन्द्रियानुभूति के अन्तरायण द्वारा आनन्दित नहीं करता) इससे सद्यः यह तात्पर्य निकलता है कि वह सर्वस्वार्थ निरपेक्ष रूप से प्रसादित या आनन्दित करता है।[67] इनके अनुसार सौन्दर्य सबको समान आनन्द देता है।

ह्यूसन ने भी कांट के विचारों का अनुमोदन किया है, उन्होंने कहा कि किसी भी स्वार्थ-सिद्धि से सम्बन्ध न रखते हुए किसी भी वस्तु के दर्शन मात्र से उत्पन्न होने वाला आनन्द ही सौन्दर्य का परिणाम होता है। कांट से पूर्व थामस एक्विनस इस सिद्धान्त को स्वीकार कर चुके थे। मूसामेन्देलसाँ ने अपने ग्रन्थ मोरंस्तन्दाँ में कहा है कि हमारी आत्मा में ज्ञानवृत्ति तथा अभिलाषावृत्ति नामक दो वृत्तियाँ होती हैं। इनसे अलग एक अनुमोदनावृत्ति होती है, इसी के द्वारा जब हम किसी सुन्दर वस्तु को देखते हैं तो उसे देखने में कोई अभिलाषा या उसके उद्रेक सहित सुखबोध नहीं रहता। इस प्रकार सौन्दर्य का आनन्द शान्त होता है, वह लाभालाभ या स्वार्थ से सम्बन्धित नहीं होता।[68]

सौन्दर्यशास्त्र के क्षेत्र में हीगेल का गहरा प्रभाव है। इन्होंने साध्य और साधन, भाव और वस्तु, विशेष और सामान्य के मिलन के परिणामस्वरूप व्यापार को सौन्दर्य की सृष्टि बताया है। मनुष्य के चित्त द्वारा की गई सृष्टि को ही विशेष रूप से सौन्दर्य कहा गया है। इनका मत है कि विशिष्ट रूप में उपस्थिति चिद्भिव्यक्ति अपने आन्तर स्वरूप में बाह्य वस्तु को अपने अनुरूप बनाकर ग्रहण करती है तभी उसे सुन्दर कहा जाता है। चिद्भिव्यक्ति के आन्तरिक रूप को सत्य और तद्रूपापन्न बाह्य वस्तु को सुन्दर कहा जाता है। उन्होंने सौन्दर्य को दिव्य चेतावनी की गोचर अभिव्यक्ति या ऐन्द्रिय प्रतीति माना है। यह दिव्य चेतना परमसत्ता का ही प्रतिरूप है जो सम्पूर्ण सृष्टि की प्रेरक शक्ति है। सौन्दर्य की सिद्धि कला में ही है, वह कला का धर्म है। बाह्य पदार्थों का गोचर सामंजस्य, आंतरिक सामंजस्य अथवा भागवत सामंजस्य का प्रतिबिम्ब मात्र है। आन्तरिक रूप या चित्त रूप ही वास्तविक रूप है, वही सौन्दर्य है।[69] इस प्रकार ऐक्विनस, कांट तथा हीगेल ने समन्वितति को ही सौन्दर्य का आधार माना है।

आर्थर शोपेनहॉवर के विचारानुसार सौन्दर्यमूलक ज्ञान सिर्फ प्रकाश से प्राप्त होता है—क्योंकि वह इच्छा से मुक्त होता है। जब हम किसी वस्तु को सुन्दर कहते हैं, तो हमारा आशय यह होता है कि वह वस्तु हमारे सौन्दर्यमूलक मनन की वस्तु है।

नीत्शे ने सौन्दर्य के विषय में कहा था कि इसे सिर्फ आत्माभिव्यक्ति के माध्यम से प्राप्त किया जा सकता है।

थियोडर लिप्स ने सौन्दर्य की मनोवैज्ञानिक व्याख्या की ओर सहसंवेदन का सिद्धान्त दिया। सहसंवेदन हमारी मूल प्रवृत्ति है और प्रत्येक मन में इसका अपना स्थान है। उन्होंने इसे मूल रूप से सौन्दर्यमूलक क्रिया बताया। सौन्दर्यमूलक क्रिया अनिवार्य रूप से आन्तरिक होती है और इसका घटनास्थल व्यावहारिक आत्मा न होकर 'आदर्श आत्मा' होती है। इनके अनुसार सुन्दर वस्तु का ऐन्द्रिय ग्राह्य रूप सौन्दर्यमूलक तृप्ति की वस्तु में नहीं, बल्कि हमारे अन्दर ही प्रच्छन्न रहता है, उसे हम मूल से वस्तुओं पर आरोपित करते हैं।

फैख्नर ने सौन्दर्य को एक प्रकार की प्रीतिकर या सुखात्मक अनुभूति कहा है, "प्रत्येक ऐसी वस्तु जो केवल भावन करने पर या अपने अनुकूल परिणामों के कारण ही नहीं वरन् प्रत्यक्ष रूप से और तत्काल प्रीति (सुख) का संचार करती है, सुन्दर मानी जा सकती है।" इसी परम्परा में ग्रांट एलेन ने कहा, "सुन्दर वह है जो हमारी अन्तःवृत्तियों को अधिक-से-अधिक उत्तेजित करे और जिनमें कम-से-कम क्लांति और क्षय का अनुभव हो।" इसी आधार पर रिचर्ड्स ने कलात्मक मूल्य को ही सौन्दर्य कहा है। फ्रॉयड के अनुसार सौन्दर्य का सीधा सम्बन्ध कामेच्छा या रति-भावना से है।

क्रोचे ने सौन्दर्य-विषयक चिन्तन करते हुए सहजानुभूति और अभिव्यक्ति को अपना आधार बनाया है। उनके विचार से कला स्वप्न या सहजानुभूति है। सहजानुभूति संवेदना और अस्पष्ट अनुभूति होती है। यह संवदेना ही नहीं होती। क्रोचे सहजानुभूति और अभिव्यक्ति में गहरा अन्तर नहीं मानते। सहजानुभूति केवल अनुभूतियों का निरूपण करती है। क्रोचे के अनुसार पूर्ण अभिव्यक्ति ही पूर्ण सौन्दर्य है। सुन्दर के रूप में गृहीत वस्तु को विषयवस्तु (Contents) तथा प्रकाश भंगी (Form) नामक दो भेदों में बाँटा जा सकता है। क्रोचे ने कहा कि प्रकाश भंगिमा या फॉर्म ही सौन्दर्य का प्राण है। उनका विचार है कि जब वीक्षावृत्ति के द्वारा गृहीत रूप आदि परिवर्तित या परिष्कृत रूप में उपस्थित किए जाते हैं, तभी उनमें सौन्दर्य झलकता है। वीक्षावृत्ति के द्वारा सम्पन्न होने वाला व्यापार ही सौन्दर्य का सृजन करता है। वीक्षावृत्ति के द्वारा आत्मस्वरूप में प्रकाशमय रूप की अवस्थिति ही सौन्दर्योपधायक होती है। वे लिखते हैं कि किसी सामग्री की समग्रता एवं अखंडता की धारणा ही सौन्दर्य का प्राण है। अखंड धारणा ही प्रकाश कहलाती है। इस प्रकार हीगेल, शोपेनहावर, कांट की भाँति क्रोचे सौन्दर्य को एक प्रकार का आत्मबोध स्वीकार करते हैं। भावों का स्वच्छन्द प्रवाह ही मानव का यथार्थ व्यक्तित्त्व है। अर्थ को मूर्त्त करने पर ही भाषा वैक्षिक (Aesthetic) बनती है। इसी कारण जब हमें अनुभव होता है तो वह भाषा में व्यक्त हो जाता है। इसी विचित्रता के साथ सदैव नवीन भाषा की सृष्टि होती रहती है, उसमें नवीन

अभिव्यंजना आती रहती है। विशुद्ध स्वयं प्रकाश ज्ञान से उत्पन्न होने के कारण ही आर्ट का महत्त्व है। हमारा यह ज्ञान जितना ही विशुद्ध एवं मुक्त होता है उतना ही आर्ट सुन्दर होता है। स्वयं प्रकाश ज्ञान या आन्तर अनुभूति ही हमारी आत्मा की नाना अवस्थाओं या उसके स्वभाव को प्रकाशित करती है। यह आत्मस्थ अवस्था भाव संवेग के अतिरिक्त और कुछ भी नहीं। वीक्षावृत्ति के फलस्वरूप होने वाले अन्तर्दर्शन या आन्तर अनुभूति को ही उन्होंने आत्मा की अवस्था कहा है।[70] अतः अभिव्यक्ति ही सौन्दर्य है।

भाववादी सौन्दर्य चिन्तक सौन्दर्य को किसी दिव्य चेतना की अभिव्यक्ति या प्रतिबिम्ब नहीं मानता, उसके अनुसार हमारी इच्छा अथवा रागात्मिका प्रवृत्ति ही वस्तु में सौन्दर्य का संचार करती है–दूसरे शब्दों में सौन्दर्य की सत्ता वस्तुगत न होकर भावनात्मक है : विषयगत न होकर विषयीगत है।[71] कैरिट के अनुसार सौन्दर्य की सृष्टि के लिए दो की आवश्यकता होती है : विषय और विषयी किन्तु विषय और प्रमाता द्वारा उसकी प्रतीति एक-दूसरे से पृथक और शून्य में नहीं रहते। क्योंकि सौन्दर्यशास्त्र की दृष्टि से पदार्थ का अर्थ है पदार्थ का वह रूप जो प्रमाता द्वारा भावित होता है–वह रूप जो उसकी भावना को प्रतिव्यक्त करता है।[72] सौन्दर्य का मूल तत्त्व है, रूप, जो एक अमूर्त्त रेखाचित्र या अभिकल्पमात्र न होकर भावित पदार्थ के विषय में किसी विशेष सिद्धान्त (या भावना) की अभिव्यक्ति होता है। कला के क्षेत्र में रूप का अर्थ होता है मूर्त्त प्रतिरूपण, सादृश्य, जो प्रमाता की ज्ञानेन्द्रियों तथा चेतना का एक-साथ अनुरंजन करता है। अतः कला का लक्ष्य है रमणीय अर्थ जो पदार्थ के गोचर तत्त्वों की अभिकल्पना और अन्विति में प्रकाशित हो उठता है। इस रमणीय अर्थ की अभिव्यक्ति के लिए कलाकृति में तीन गुण होने चाहिए–स्पष्टता, सामंजस्य और समानुपात।[73] सौन्दर्य को सान्तायना ने 'पदार्थ भूत सुख' कहा है।[74] वे सौन्दर्य को एक ओर आत्मा और प्रकृति की समानुरूपता और दूसरी ओर विषयी कृत आह्लाद कहते हैं।[75]

मैरिटेन के अनुसार सौन्दर्यानुभूति मूर्त्त, व्यक्तिनिष्ठ और विषयी की संवेदनाओं में निहित होती है।[76] वे कहते हैं सौन्दर्य स्वयं आनन्द प्राप्ति का साधन है।[77] सौन्दर्य केवल इन्द्रियों को ही आनन्द नहीं देता, यह मानसिक आनन्द भी प्रदान करता है। यह ज्ञान की अपेक्षा आनन्द अधिक प्रदान करता है।[78] इसमें सन्देह नहीं कि सौन्दर्य हमारी नेत्रेन्द्रिय एवं श्रवणेन्द्रिय अथवा कल्पना को आनन्द देता है किन्तु साथ ही बौद्धिक आनन्द भी प्रदान करता है।[79] यह उनका रमणीय अर्थ का मूलभाव है। हरबर्ट रीड ने भी सौन्दर्य को आह्लाददायक कहा है।[80] सुखदायक अनुभूति ही सौन्दर्य-भावना है।[81] कैरिट ने सौन्दर्य को मानव-जीवन का मूल्य कहा है जिसके अभाव में हमारे जीवन में तात्विकता नहीं रहती।[82]

अन्य विचारकों में दिदिसे के अनुसार वस्तु के पारस्परिक सम्बन्धों में

सौन्दर्य है, रिचर्ड प्राइस एकरूपता (Uniformity), वैचित्र्य (Variety), व्यवस्था (Order) तथा सम्मात्रा (Harmony) में सौन्दर्य स्वीकार करते हैं। बेन की दृष्टि से सौन्दर्य स्वोद्देश्य होता है। हमारा वह संवेग जो जीवन के प्रयोजनों से परे रहता है, सौन्दर्य कहलाता है। एल्सन सौन्दर्य को विचारों का प्रवाह मानते हैं। जेफ्रे एलीसन ने साहचर्य की भावना में सौन्दर्य माना है। लार्ड केमे, विलियम शैन्सटन तथा अब्राह्म ह्यूकर ने प्रथा और स्वभाव में सौन्दर्य निहित माना है। रेनाल्ड्स ने प्रकृति में सौन्दर्य को महत्त्व दिया है।

वर्तमान सौन्दर्य-चिन्तन में रूसी भौतिकवादी तथा मार्क्सवादी चिन्तन का योगदान एक नई दृष्टि तथा दिशा प्रदान करता है, इन्होंने सामाजिक परिवेश को ध्यान में रखा तथा व्यापक और मूर्त्त सिद्धान्त प्रस्तुत किए। सौन्दर्य अमूर्त्त तत्त्व न होकर मूर्त्त तत्त्व है जो जीवन में सहायक होता है। निर्देश देता है। समसामयिक जीवन की आलोचना तथा रुचि के विकास की दिशा निर्देशित करता है। रूसी सौन्दर्यशास्त्र के प्रतिष्ठापक बी. जी. वेलिस्निकी ने सौन्दर्य को पदार्थवादी दृष्टिकोण से देखा और कहा सौन्दर्य सामाजिक हित, व्यापक जनसंख्या का हित है।[83] इन्होंने प्रत्ययवाद का विरोध किया। एन. जी. चर्निशेवस्की के अनुसार सौन्दर्य जीवन है। सुन्दर वस्तु उसे कहेंगे जो जीवन की स्मृति दिलाती है। वस्तुगत सौन्दर्य पूर्णतः सुन्दर होता है, साथ ही वह मनुष्य मन को पूर्णरूप से तृप्ति देता है।[84]

अस्तित्त्ववाद के अनुसार सौन्दर्य मानवीय स्वतन्त्रता की सामंजस्यपूर्ण सम्पूर्णता है जिसमें हमें अपना स्वयं का बोध होता है। सार्त्र के सौन्दर्य सम्बन्धी यह विचार कांट की 'निष्प्रयोजन सोद्देश्यता' का खंडन करते हैं। इनके अनुसार कलाकृति स्वयं साध्य है, एक मूल्य है।[85] अतः सौन्दर्य की परिभाषा स्वतन्त्रता है। मार्क्सवादी सौन्दर्य-चिन्तन के अनुसार सौन्दर्य कोई अतीन्द्रिय सत्ता नहीं है। सौन्दर्य जीवन है, सौन्दर्य व्यक्ति-मन से स्वतन्त्र अपना एक बाह्य अस्तित्त्व रखता है। दुःख, सुख, आनन्द या भय व्यक्तिगत चेतना के अनुभव हैं, इसलिए वे सौन्दर्य से भिन्न हैं। सौन्दर्य वस्तु की सम्पत्ति है।[86] इनके अनुसार सौन्दर्य श्रम का परिणाम है। काडवेल के अनुसार सौन्दर्य अनिवार्य रूप से सामाजिक तत्त्व है।[87]

भारतीय दृष्टि से सुन्दर या सौन्दर्य का प्रत्यक्ष वर्णन नहीं मिलता जैसा कि पाश्चात्य सौन्दर्यशास्त्र में मिलता है किन्तु प्रकारान्तर से आनन्द और विराट एवं गुह्य के वर्णन में सौन्दर्य का उल्लेख उपलब्ध होता है। यहाँ पर काव्य, कला, धर्म, दर्शन के सन्दर्भ में सौन्दर्य का संकेत मिलता है। ऋग्वेद में कविता (ऋचा) को सुवृत्ति कहा गया है। वह 'शोभना स्तुति' है। वैदिक ऋषि परम तत्त्व की अभिव्यक्ति में, उसके गुणों में सौन्दर्य को देखते हैं।[88] वे ईश्वर से प्रर्थना करते हैं कि हम उन वस्तुओं को प्राप्त करें जो सुन्दर हों।[89] ऋग्वेद में ईश्वर के सौन्दर्य सम्बन्धी वर्णन अनेकविध रूप में मिलते हैं, हे सुन्दरता के स्रोत! सौन्दर्य तथा

सौभाग्य की धाराएँ आपसे निकल-निकल कर वैसे ही फैलती हैं जैसे वृक्ष से शाखाएँ। आपके भक्त को धन, बल, दिव्यता तथा ज्योति शीघ्र ही प्राप्त हो जाती है।[90] वह समस्त भुवनों की शोभा है।[91] वैदिक कवियों ने सुन्दर का वर्णन करने में अपनी अन्तःप्रतिभा का परिचय दिया है।

उपनिषदों में भी ईश, केन, कठ, श्वेताश्वतर में सुन्दर का भव्य वर्णन हुआ है। इनका प्रतिपाद्य आत्मविद्या, आत्मज्ञान है। इनमें आत्मा के सौन्दर्य पर ही बल दिया गया है। वैदिक ऋषि जहाँ प्रकृति के वैभव में सुन्दर का दर्शन करते हैं, वहाँ उपनिषद्कार आत्मा के ऐश्वर्य में ही सौन्दर्य का दर्शन करता है। श्रीमद्भागवत् में परमात्मा के सौन्दर्य का वर्णन इस प्रकार किया गया है–

'तदेव रम्यं रुचिर नवं नवं, तदेव शरवन्म सोम होत्सवं।
तदेव शोकाराविशोषण नृणा यदुत्तमश्लोयशो नुगीयते ॥'[92]

श्री मधुसूदन सरस्वती ने परमात्मा को 'सौन्दर्यसार सर्वस्व' कहकर उसके आध्यात्मिक स्वरूप को बताया है। उस परमतत्त्व में शक्तिमता, सौन्दर्य आकर्षण अथवा आनन्द को निहित बताया है।

संस्कृत साहित्य में सौन्दर्य के लिए द्युतिमान, समविभक्तांग, स्निग्ध सुलक्षण शब्दों का प्रयोग किया गया है, जो अँग्रेजी के ब्राइटनेस, सिमेट्री, कलरफुल से मिलते-जुलते हैं। परमात्मा के लिए सूर्य तथा चन्द्र के उपमान प्रयोग किए गए हैं। गीता में उस दैवी तेज (सौन्दर्य) का वर्णन किया गया है–

'यद्-यद् विभूर्ति मत् सत्वं श्रीमदूर्ज्जित मेव वा।
तत्त देवावगच्छ त्व मम् तेजो शसम्भवम् ॥'[93]

संस्कृत साहित्य में प्राकृतिक सौन्दर्य, दिव्य सौन्दर्य तथा मानव-सौन्दर्य का वर्णन हुआ है जिन्हें सौन्दर्य के प्रतिमान रूप में प्रयोग किया गया है। इस प्रकार सौन्दर्य वह तत्त्व है जो इन्द्रियों, विशेषतः चक्षुरिन्द्रियों के माध्यम से चेतना का प्रसादन करता है। संस्कृत साहित्य में सौन्दर्य तत्त्व का भावात्मक, कलात्मक तथा दार्शनिक रूप में वर्णन मिलता है। महाकवि कालिदास ने पार्वती के सौन्दर्य का वर्णन करते हुए सामंजस्य के उस रहस्य का उद्घाटन किया है जिसके आधार पर सौन्दर्य निर्मित होता है–

'उन्मीलितम् तूलिकयेव चित्रम्,
सूर्याशुभिर भिन्न भिवारविन्दम्।
बभूव तस्याः चतुरसृशोभी,
वपुर्विभक्तां नवयौवनेन ॥'[94]

कवि ने सूर्य और अरविन्द को प्रस्तुत करके सौन्दर्य सिद्धि के लिए वस्तु तथा व्यक्ति के सामंजस्य के रहस्य को सहज ही उन्मीलित कर दिया है। इन्होंने वस्तुनिष्ठ और प्रभाववादी सौन्दर्य-दृष्टि की प्रतिष्ठा करते हुए मनोज्ञता के गुण पर बल दिया–

'अहो सर्वास्ववस्थासु रमणीयत्व मा कृति विशेषणाम्।'[95]

सौन्दर्य का अपना विशेष गुण-धर्म होता है, जिसकी शोभा किसी भी अवस्था में हो सकती है–

'सर्वास्ववस्थासु चारुता शोभान्तर पुष्णाति।'[96]

सौन्दर्य किसी भी अवस्था में रमणीय रहेगा और कोई भी वस्तु उसकी चारुता का पोषण कर सकती है। वस्तुनिष्ठ सौन्दर्य ही प्रेक्षक को सौन्दर्य का परिसंशन और आस्वाद दे सकता है। सौन्दर्य निर्मिति के लिए सहृदयता तथा एकाग्रता की अपेक्षा होती है, आभ्यान्तर सौन्दर्य शक्ति ही प्रमुख है। परमसौन्दर्य की निर्मिति सहज मानसिक ज्ञान से ही सम्भव है। कालिदास सौन्दर्य में रमणीयता, पराश्रय-निरपेक्षता, नितनूतनता, पूर्णता, आकर्षण, आनन्दात्मकता तथा आध्यात्मिकता के गुण मानते हैं। उन्होंने सुन्दर की वस्तुनिष्ठता तथा व्यक्तिनिष्ठता पर भी विचार व्यक्त किए हैं। सुन्दरता नित्य और अपरिवर्तनीय है। हजारी प्रसाद द्विवेदी ने कालिदास की सौन्दर्य दृष्टि पर विचार करते हुए उदात्त, दृप्त, महनीय, ललित, मोहन, सुकुमारता, सुशीलता, मानसिक मृदुता का सौन्दर्य के उपकरणों के रूप में उल्लेख किया है।[97]

सौन्दर्य के उपादान सार्वभौमिक दृष्टि से एक ही हैं, केवल दृष्टि और मूल्यांकन के आधार भिन्न हो सकते हैं। भर्तृहरि ने कोमलत्व, स्निग्धत्व, मृदुत्व, का उल्लेख किया है। वाण ने रंग योजना की भव्यता, भारवि ने रम्यता को निरपेक्ष माना है। माघ ने नित नूतनता पर बल दिया है–

'क्षणे-क्षणे यन्नवतामुपैति तदैव रूपं रमणीयतायाः।'[98]

सौन्दर्य चिर-नवीन आकर्षण है। हम सौन्दर्य के छाया प्रकाश का जितना ही अन्वेषण करते हैं, वह उतना ही खिलता और निखरता चला जाता है। सौन्दर्य अपनी निकाई में अद्वितीय तथा निरन्तर नावीन्य उत्पन्न करने वाला होता है।[99]माघ ने उचित ही कहा है–

'सलिल निधिरिव प्रतिक्षण में भवति स एव नवोनवो य भक्षणो।'[100]

रूप या सौन्दर्य वही रहता है जिस प्रकार समुद्र वही रहता है, किन्तु

क्षण-क्षण में वह नवता धारण कर लेता है। उसमें पूर्णता होकर भी अपूर्णता, अपूर्णता में ही पूर्णता, तृप्ति में अतृप्ति, अतृप्ति में तृप्ति होती है। जर्मन कवि गेटे ने उचित ही कहा है कि सौन्दर्य अव्याख्येय है, वह परिभ्रमणशील, प्रवहमान और दीप्तिमय छाया है जिसकी रूपरेखा परिभाषा के बोध की ओर संकेत भर करती है।[101]

श्रीहर्ष के अनुसार सौन्दर्य सर्वदा एक रस और कान्तिमय रहता है। भवभूति के विचार से सौन्दर्य अपने आप में इतना पूर्ण और महनीय होता है कि उसकी तुलना किसी भी वस्तु से नहीं हो सकती, उसकी निर्मिति विलक्षण होती है। कुसुमदेव ने कहा, 'स्वभाव सुन्दर वस्तु न संस्कार मे पेक्षते।'[102] जो वस्तु स्वभाव से सुन्दर है उसके लिए किसी भी प्रकार का संस्कार अपेक्षित नहीं होता।

भारतीय दृष्टि में मानवीय रूपाकार का सौन्दर्य प्रकृति सौन्दर्य पर ही आधारित है। कवियों ने मानवीय सौन्दर्य को लोकोत्तर सिद्ध करने का प्रयत्न किया है। व्यक्तिनिष्ठ सौन्दर्य में उन्होंने शारीरिक सौन्दर्य का वर्णन करते हुए सम्मति, सन्तुलन, सामंजस्य, लावण्य, दीप्ति आदि सभी गुणों का समावेश किया है।

भारतीय साहित्य में सौन्दर्यशास्त्र का स्पष्ट और प्रत्यक्ष वर्णन नहीं मिलता, किन्तु प्रकारान्तर से इसका उल्लेख और संकेत प्राप्त होता है। काव्य की आत्मा की खोज करने वाले काव्य सम्प्रदायों रस, अलंकार, ध्वनि, रीति, वक्रोक्ति, औचित्य में इसका विवेचन किया गया है।

रसानुभूति सिद्धान्त ने उसे ब्रह्मानन्द सहोदर कहकर आध्यात्मिकता की पुट देकर उस परम सुन्दर आनन्दमय, चिन्मय का अवगुंठन हटाकर उसके सौन्दर्य की मूर्ति अंकित की है। रसवादी के विचार से सौन्दर्य हमारे सामने तब आता है, जब वस्तु हमारे भावों में रम जाती है और एक ऐसी साधारणीकृत स्थिति में पहुंच जाती है जहाँ व्यक्तिगत रागद्वेष की सीमाओं का उल्लंघन होकर शुद्ध अनुभूति रह जाती है।[103] सामाजिक इस स्थिति में स्वार्थशून्य होने के कारण निर्बाध भावानुभूति में मग्न हो जाता है। मग्नता में ही आनन्द है, निश्चल सुख है। यह सत्वोद्रेक की स्थिति है। इस प्रकार इसमें ब्रह्मास्वाद और रमणीयता दोनों मिलते हैं, 'आनन्दो ब्रह्मेति', अतः सौन्दर्यानुभूति, आनन्दानुभूति ही है। यह आत्मलाभ भी कहा गया है।

सौन्दर्य के लिए आलंकारिकों ने 'चारुत्व' शब्द का प्रयोग किया है, अलंकार 'चारुत्वहेतु' है। वामन ने 'सौन्दर्यमलंकार' कहकर, चारुत्व, सौन्दर्य और अलंकार को एक कर दिया है। अभिनव ने अलंकार को 'विच्छिन्तिप्रकार', 'वैचित्र्य-अलंकार' कह उनमें विच्छिति और वैचित्र्य को मिला दिया है। अभिनवगुप्त ने विभावों को सौन्दर्य का कारण माना है। दंडी ने अलंकार को काव्य का शोभाकर धर्म कहा है। वामन ने भामह की भाँति अलंकार शब्द का प्रयोग 'सौन्दर्य' तथा 'सौन्दर्य साधन' दोनों के लिए किया जाना स्वीकार किया है।

भामह ने काव्य का केन्द्रीय तत्त्व 'चारुता' माना है—वह सौन्दर्य है। कलाकृति का सौन्दर्य लोकोत्तर होता है। इनके अनुसार सौन्दर्य स्वरूपगत ही नहीं, संघटनागत भी है।[104]

कुन्तक ने वक्रोक्ति का विवेचन करते हुए सौन्दर्य का वर्णन किया है जिसमें वाचक, वाच्य, वाक्य और अर्थ की समग्रता को ही काव्य कहा गया है—

'वाच्य वाचक वक्रोक्ति त्रित्तयातिशयोत्तरम्।
ताद्विदः ह्लाद कारित्व किम्प्या माद सुन्दरम् ॥'[105]

वाच्य (अर्थ) वाचक (शब्द) और वक्रोक्ति (अलंकार) इन तीनों के उत्कर्ष के अतिरिक्त (से परे) प्रीतिगुण अथवा रंजकत्व के कारण सुन्दर कुछ अपूर्व (वस्तु धर्म) ही सहृदय आह्लादकत्व है।

भाषा-सौष्ठव और अर्थ-सौन्दर्य होने पर ही काव्य-सर्जन होता है, ये केवल अभिव्यक्ति को ही नहीं, अपितु उसकी समन्विति में ही सौन्दर्य मानते हैं। कुन्तक सौन्दर्य को विषयीगत मानते हैं? इन्होंने काव्य सौन्दर्य के लिए 'सौभाग्य' और 'लावण्य' जैसे दो शब्द प्रयोग किए हैं।

कविराज विश्वनाथ के पितामह नारायण कवि ने सौन्दर्य को चमत्कार कहा, जो चित्त-विस्तार रूप होता है। रस में सर्वत्र सार-रूप चमत्कार की अनुभूति होती है। अभिनवगुप्त ने भी रस को चमत्कार की संज्ञा प्रदान की है। आलंकारिक भी सौन्दर्य को चमत्कार मानते हैं और क्षेमेन्द्र भी औचित्य में चमत्कार स्वीकार करते हैं। औचित्य के अभाव में काव्य में मनोज्ञता का वह गुण नहीं रहता जो सहृदय को आकर्षित कर सके। चमत्कार का सम्बन्ध लावण्य से है और लावण्य का सुन्दर से और रमणीय से भी है। विश्वेश्वर ने चमत्कार को आह्लाद का पर्याय माना है। चमत्कार की नवीनता का अर्थ यही है कि वह अनन्त, अभेद्य, अखंड और अभूतपूर्व है।[106] ध्वनि सम्प्रदाय में भी सौन्दर्य का प्रचुर विवेचन किया गया है।

आधुनिक कवियों और विद्वानों ने सौन्दर्य के विषय में अपने मौलिक विचार प्रस्तुत किए हैं। रवीन्द्रनाथ ठाकुर ने अपने सभी प्रबन्धों में निष्प्रयोजन आनन्द को ही सौन्दर्य माना है।[107] सौन्दर्य वृत्ति के द्वारा हमें एक विशेष प्रकार का आत्मपरिचय या आत्मलाभ होता है। श्री महेन्द्रनाथ सरकार के अनुसार, "सौन्दर्य अभिव्यंजना है, यह अभिव्यक्ति चेतन अभिव्यंजना है, जो लययुक्त और सामंजस्यपूर्ण होती है। यह सभी विघ्नों तथा सुप्त तत्त्वों से उत्पन्न होने वाली विषमताओं को लयात्मक कर देती है।"[108] सौन्दर्य की परिभाषा को स्पष्ट करते हुए वे आगे लिखते हैं, "सौन्दर्य जीवन तथा आत्मा की गतिशीलता से संयुक्त होता है, यह आत्म-लय तथा आत्मोन्नयन करने वाला होता है।"[109] उन्होंने इसके गुणों का उल्लेख करते हुए लिखा है, आत्मा एक नवीन आकर्षण, एक नए आनन्द का

अनुभव करती है, यह आत्मानन्द, विचित्र सामंजस्य, कोमलता से युक्त होता है।

आचार्य हजारी प्रसाद द्विवेदी के अनुसार सुन्दर ललित होता है।[110] डॉ. हरद्वारीलाल् शर्मा के अनुसार, "अपनी अनुभूति प्रत्यक्ष, स्मृति, कल्पना आदि द्वारा, आनन्द को उत्पन्न करने वाले वस्तु के गुण को सौन्दर्य और वस्तु को सुन्दर कहते हैं।"[111] वे लिखते हैं, सुन्दर पूर्ण होता है।[112] पूर्ण, मधुर एवं ऋतु...यही तो सौन्दर्य है।[113] रूप में लय का साक्षात्कार सुन्दरम् है।[114] सुन्दर सत्य का साक्षात्कार है।[115] डॉ. फतहसिंह का मत है, "जिस वस्तु या विभाव द्वारा आकर्षित होकर मन में अनुभूति विभावित होती है, उसे सुन्दर कहा जाता है, अतः उस वस्तु या विभाव के आकर्षण को ही सौन्दर्य कह सकते हैं।"[116] प्रसाद जी ने सौन्दर्य को चेतना का उज्ज्वल वरदान कहा है।[117] महादेवी वर्मा ने लिखा है, "वास्तव में जीवन सौन्दर्य की आत्मा है पर वह सामंजस्य की रेखाओं में जितनी मूर्त्तिमता पाता है, उतनी विषमता में नहीं।...सहानुभूति पूर्ण सरल हृदय में अक्षय सौन्दर्य होता है।[118] निराला जी का मत है, "सौन्दर्य काव्य एवं अन्य ललितकलाओं का एक अनिवार्य तत्त्व है तथा इसका बहुत ही ऋजु सम्बन्ध मनुष्य के भावात्मक संवेगों के साथ है।"[119] डॉ. रामविलास शर्मा के अनुसार, "प्रकृति मानव जीवन तथा ललितकलाओं के आनन्ददायक गुण का नाम सौन्दर्य है।"[120] हरिवंश सिंह शास्त्री के अनुसार, "स्थूल या सूक्ष्म जगत् में आत्मा की अभिव्यक्ति ही सौन्दर्य है।"[121]

पाश्चात्य और भारतीय दृष्टिकोणों से सौन्दर्यविषयक चिन्तन के अनेक आयाम हमारे सम्मुख स्पष्ट होते हैं, जैसे नैतिकतावादी, वस्तु, रूप, आकार सम्बन्धित, आध्यात्मिक, दार्शनिक, धार्मिक, रहस्यवादी, आत्मवादी, मनोवैज्ञानिक, भाववादी, बुद्धिवादी, अनुभववादी, रोमांटिक, स्वच्छन्दतावादी, कलावादी, अनात्मवादी, भौतिकतावादी। इनमें स्थूल रूप से व्यक्तिवादी और वस्तुवादी दृष्टिकोण ही प्रमुख हैं।

यूरोपीय चिन्तन में प्लेटो, प्लोटिनस, सेंट थॉमस, सेंट एक्विनस, कांट, हीगेल का दृष्टिकोण आत्मवादी है। दूसरा प्रमुख पक्ष भाववादी मनोवैज्ञानिक है, प्रयोगात्मक मनोविज्ञान का नया आधार सौन्दर्य के अध्ययन के लिए स्थापित किया गया है। इन्होंने स्पष्ट किया कि सौन्दर्य दैवी-प्रकाश या दिव्य-तत्त्व नहीं है। इन्होंने व्यक्ति की रुचि, स्वतन्त्र दृष्टि, कलात्मकता पर प्रकाश डाला। इस क्षेत्र में युंग, फ्रायड, फैखनर, रिचर्ड्स ने अपने विचार दिए। जीव विज्ञान के द्वारा मानवीय प्रकृति के अध्ययन द्वारा सौन्दर्य के लक्षण निर्धारित करने के प्रयत्न किए गए। मनोविज्ञान ने कामवृत्ति प्रधान राग-तत्त्व को ही अपना मुख्य आधार बनाया।

एक सर्वथा नई दृष्टि मार्क्सवादी, भौतिकवाद के द्वारा सौन्दर्यचिन्तन में आविर्भूत हुई। मार्क्सवादी चिन्तन में सौन्दर्य को सामाजिक परिप्रेक्ष्य में देखा गया, सौन्दर्य कोई अतीन्द्रिय, अलौकिक सत्ता नहीं है। इनमें मानवतावादी दृष्टिकोण भी उपलब्ध होता है किन्तु नैतिकतावादियों की भाँति नहीं। टालस्टाय का नैतिक

सौन्दर्य इनसे कुछ भिन्न है, क्योंकि उसमें धार्मिक-भावना का समावेश है, वह व्यक्ति प्रधान है। उनका सौन्दर्य मंगल-भावना का प्रेरक है। सौन्दर्य उच्च भावों का पोषक है। इनका दृष्टिकोण प्लेटो, रस्किन की भाँति आदर्शवादी, कांट की भाँति निष्प्रयोजनीयता का नहीं था, वह यथार्थवादी था, मानवमूल्य और सामाजिक मूल्य, इन्द्रिय-तत्त्व प्रधान था।

भारतीय विचारकों में पश्चिम की भाँति बहुत लम्बी विचारकों की परम्परा नहीं है। धार्मिक और पौराणिक दृष्टिकोण के अतिरिक्त काव्यशास्त्रीय अध्ययन ही इसमें सहायक हुआ है। आनन्द, रसात्मकता, चारुता, वैचित्र्य, उज्ज्वलता, माधुर्य, कोमलता, लालित्य का दृष्टिकोण ही इनमें प्रधान है। प्रायः इनका दृष्टिकोण व्यक्ति-प्रधान होते हुए आत्मवादी, आध्यात्मिक सात्विकता युक्त होने से आनन्द और मोक्ष को अपना साध्य बनाता है। वास्तव में सौन्दर्य एक सहज स्वाभाविक मनोगत भावना है, अनुभूति है, चाहे वह व्यक्तिनिष्ठ हो या वस्तुनिष्ठ। हमारी अनुभूति, आन्तरिक सुरुचि पर इसका बहुत गहरा प्रभाव पड़ता है। इसी कारण सौन्दर्य के कोई नियामक तत्त्व निर्धारित नहीं किए जा सकते। इस अनुभूति को ग्रहण करने में हमारे विभिन्न संस्कार कार्य करते हैं, जो हमें सहज स्वाभाविक रूप से आकर्षित करके आत्मकेन्द्रित कर दें, सम्भवतः सौन्दर्य का यह एक श्रेष्ठतम रूप है। सौन्दर्य हमारी अन्तश्चेतना के सहजभावबोध की निर्मल वृत्ति है जो हमारी अन्तःवृत्तियों का उदात्तीकरण एवं उन्नयन करती है, हमें एकतानता और विराटता का चित्स्फूर्त भाव उत्पन्न हो जाता है।

संदर्भ

1. व्यक्ति विवेक, पृ. 10।
2. ध्वन्यालोक-लोचन, पृ. 60।
3. डॉ. रामअवध द्विवेदी—साहित्य-सिद्धान्त, पृ. 139।
4. आदर्श हिन्दी—संस्कृत कोश।
5. वाचस्पत्य कोश।
6. डॉ. नगेन्द्र-भारतीय सौन्दर्यशास्त्र की भूमिका, पृ. 32।
7. Shorther Oxford Dictionary.
8. डॉ. रामलखन शुक्ल—भारतीय सौन्दर्यशास्त्र का तात्विक विवेचन एवं अन्य ललितकलाएँ, पृ. 24।
9. Aesthesis–Perception, being, preoccupied, The Short Oxford Dictionary–Vol. I.
10. Aesthesis–The perception of the external world by the Senses.
11. Dr. K. C. Pandey–Western Aesthetics, p. 1.

12. Bosanque–A History of Aesthetics, p. 1.
13. Encyclopaedia of Philosophy (Ed.)–Paul Edwards, Vol. I., p. 19
14. Ibid, p. 264, 266.
15. Encyclopaedia of Britannica– (James Sully's Article of Aesthetics)
16. "Aesthetics is the Philosophical Study of Beauty regarding in itself and its application to art and nature".—Encyclopaedia of Religion and Ethics—(Ed. James Hasting) Vol. I, p. 154-155.
17. It would be an abstract science of Feeling to stand besides the abstract science of Force–an Aesthesis parrallel with dynamics. "The antithesis between facts and feeling, Physics and Aesthesis."–Lewes–Psychology, p. 64, 87.
18. "The scientific and philosophical study of the beautiful and the ugly." – A Dictionary of Psychology, p. 10.
19. "Aesthetics is the science of the expressive (representative or imaginative) activitiy."– Bendetto Croce–Aesthetics, p. 155.
20. Bosanquet–Three Lectures on Aesthetics, p. 1-3.
21. Susanne Langer–Feeling and Form, p. 12.
22. "Aesthetics cannot be reduced to a science of forms., because aesthetics experience is infinitely, wide and deeper than the mere fabrication of enjoyment of symmetry, balance and proportion."– The Earl of Listowel–Modern Aesthetics, An historical introduction, p. 151.
23. "Aesthetics is a scientific descipline which investigate the general principles of development of man, aesthetics relation to reality, and especially of art as a specific form of social consciousness. In other words, aesthetics examines, in general the aesthetic relation of man to reality and in particular their highest form, art."– Marxism and Art (Ed.) Berel Lang and Forrest Williams, (What is Aesthetics–G.A. Nedozchiwin)
24. "The most striking characterstic feature of aesthetic enjoyment is its, "Contemplative" character whereby it is sharply distinguished from those common modes of perception in which personal and practical interest predominates. Minor feature of this pecular variety of agreeable feeling are its richness "Purity", its "expensiveness" or susceptibility of prolongation" and lastly its "shareability" and eminently social virtue which it owes to the fact that are and the same objective stimulus can affect any number of

individuals."– James Sully–The Human Mind, Vol. II, pp. 133-155.

25. That the bliss of aesthetic enjoyment is always of the nature of our ideal balance or samata. The Position is held in Samkhya, Pantanjali, Mahayana and Hinyana Systems the tantras as aslo in the Bhagvat Geeta."–R. K. Sen–Aesthetic Enjoyment, p. 10, 11.
26. "A science of sensitive cognition only, or science that was concerned with the 'Obseure' knowledge as 'obscure' the knowledge in the form of feeling, the knowledge that does not admit of adequate presentation in words."– Dr. K. C. Pandey–Western Aesthetics, p. 1.
27. डॉ. हरद्वारीलाल–सौन्दर्यशास्त्र, पृ. 10।
28. "Aesthetic is the science of beauty as expressed in art."–K.S. Ramaswamy–Indian Aesthetics, p. 1
29. डॉ. के. सी. पांडेय–स्वतन्त्र कलाशास्त्र, (भाग-2), पृ. 3।
30. वही, पृ. 5।
31. Panchpagesa Sastri–The Philosophy of Aesthetic Pleasure.
32. डॉ. कुमार विमल–सौन्दर्यशास्त्र के तत्त्व, पृ. 27।
33. डॉ. रामविलास शर्मा–आस्था और सौन्दर्य, पृ. 19।
34. सौन्दर्यबोध शास्त्र के नए आयाम, आलोचना, जून 1965, पृ. 56।
35. हजारी प्रसाद द्विवेदी ग्रन्थावली, भाग-7, पृ. 19।
36. वही, पृ. 35।
37. डॉ. शिवकुमार मिश्र–साहित्य का सामाजिक सन्दर्भ, पृ. 31।
38. वही, पृ. 33।
39. गजानन माधव मुक्तिबोध–नए साहित्य का सौन्दर्यशास्त्र, पृ. 112।
40. गजानन माधव मुक्तिबोध–नए साहित्य का सौन्दर्यशास्त्र, पृ. 123।
41. वही, पृ. 57।
42. डॉ. शिवकुमार मिश्र–साहित्य का सामाजिक सन्दर्भ, पृ. 34।
43. डॉ. नगेन्द्र–भारतीय सौन्दर्यशास्त्र की भूमिका, पृ. 4।
44. The Aesthetics is a universal human values."–Yuri Borev, Aesthetics, p. 42
45. डॉ. रामविलास शर्मा–आस्था और सौन्दर्य, पृ. 19।
46. डॉ. नगेन्द्र–भारतीय सौन्दर्यशास्त्र की भूमिका, पृ. 10, 12।
47. Bosanquest–A History of Aesthetics, p. 4.
48. डॉ. नगेन्द्र–भारतीय सौन्दर्यशास्त्र की भूमिका, पृ. 21।
49. Yuri Borev–Aesthetics, p. 45.
50. "Beauty is the nature of fire woven from contradictions and staining into

the future...According to Heraclitus, O rasp the essence of fire i.e. beauty, the thinking and contemplating individual has to possess a highly delicate instrument–the ability to think dialetically which is the quality of thought that likes it to fire."—Ibid–p. 46

51. डॉ. नगेन्द्र–भारतीय सौन्दर्यशास्त्र की भूमिका, पृ. 21।
52. Bosanquest–A History of Aesthetics–p. 68.
53. नीलकान्त–सौन्दर्यशास्त्र की पाश्चात्य परम्परा, पृ. 41
54. कुमार विमल–सौन्दर्यशास्त्र के तत्त्व, पृ. 91।
55. "Aristotle regarded the beautiful not as an objective idea but as an objective property of things, saying that "beauty is a matter of size and order." To be beautiful, a living creature, and every whole made of parts, but also to be of a certain, definite magnitude." "Beauty becomes a measure, and the measure of all things is man."– Yuri Bover–Aesthetics, p. 50, 51.
56. नीलकान्त–सौन्दर्यशास्त्र की पाश्चात्य परम्परा, पृ. 45
57. वही, पृ. 50
58. डॉ. नगेन्द्र–भारतीय सौन्दर्यशास्त्र की भूमिका, पृ. 22।
59. नीलकान्त–सौन्दर्यशास्त्र की पाश्चात्य परम्परा, पृ. 58।
60. वही, पृ. 59।
61. डॉ. सुरेन्द्रनाथ दास गुप्त–सौन्दर्य तत्त्व, पृ. 225-226।
62. नीलकान्त–सौन्दर्यशास्त्र की पाश्चात्य परम्परा, पृ. 77।
63. वहीं, पृ. 74, 75।
64. डॉ. सुरेन्द्रनाथ दास गुप्त–सौन्दर्य-तत्त्व, पृ. 211।
65. डॉ. नगेन्द्र–भारतीय सौन्दर्यशास्त्र की भूमिका, पृ. 22।
66. इमैनुएल कांट–सौन्दर्य-मीमाँसा, पृ. 99।
67. वही, पृ. 74।
68. Leberweg–History of Philosophy, Vol. II, p. 528.
69. डॉ. नगेन्द्र–भारतीय सौन्दर्यशास्त्र की भूमिका, पृ. 22।
70. डॉ. सुरेन्द्रनाथ दास गुप्त–सौन्दर्य तत्त्व, पृ. 115, 126, 133।
71. डॉ. नगेन्द्र–भारतीय सौन्दर्यशास्त्र की भूमिका, पृ. 26।
72. वहीं, पृ. 26।
73. वही, पृ. 26।
74. इरविन एडमैन–ललितकलाएँ और मनुष्य, पृ. 76।
75. George Santanyana–The Sense of Beauty.
76. Robert Lechner–The Aesthetic Experience, p. 54.

77. "Beauty is loved for its own sake."– Ibid–p. 53.
78. "Beauty is less a kind of knowledge than a kind of delight." Ibid, p. 53.
79. "Beauty, says Maritain, must procure not only delight of the senses but also of the mind. Without a doubt every sensible beauty supposes a certain delight of the eye itself and of the ear or of the imagination; but there is a beauty only if the intellect enjoy itself in some manner."– Robert Lechner– The Aesthetic Experience, p. 55.
80. "Beauty, as I have already said, is generally and most simply defined as that which gives pleasure." –Herbert Read–The Meaning of Art, p. 20
81. Ibid, p. 18.
82. E.F. Carritt–The Theory of Beauty, p. 17.
83. नीलकान्त–सौन्दर्यशास्त्र की पाश्चात्य परम्परा, पृ. 149।
84. "Nikolai Chernyshevsky, the Russian aesthetician, maintained that beauty is life as it should be. His doctrine treats beauty materialistically."– Yuri Borev–Aesthetics, p. 51.
85. नीलकान्त–सौन्दर्यशास्त्र की पाश्चात्य परम्परा, पृ. 165।
86. वही, पृ. 174।
87. वही, पृ. 175।
88. ऋग्वेद–5, 82। 6।
89. वही–5, 23। 9।
90. 'त्वद विश्वा सुभग सौभागान्यग्ने वियन्ति बनिनो नवयाः।
श्रुष्ठि रामर्वा जो वृत्रलूर्ये दिवोवृष्टि रीज्यो रीतिरपाभ् ॥'–वही, 6, 131
91. राजाहि भुवनानामभिश्रीः –वही 1, 7, 6, 1।
92. श्रीमद्भागवत्, द्वादशस्कन्ध, श्लोक 49।
93. गीता–10। 41।
94. कुमारसम्भव–1। 49।
95. अभिज्ञान शाकुन्तल, अंक 6।
96. वही, अंक-2।
97. आचार्य हजारी प्रसाद द्विवेदी–कालिदास की लालित्य-योजना, पृ. 3।
98. शिशु. 4। 17।
99. डॉ. सुरेन्द्रनाथ दास गुप्त–सौन्दर्यतत्त्व, पृ. 41 (भूमिका)
100. मालविकाग्निमित्र, 1। 11।
101. "Beauty is inexplicable it is a hovering, flouting and glittering shadow,

whose out line alludes the grasp of definition." Goethe.

102. दृष्टांतैशतक, श्लोक 49।

103. डॉ. सुरेन्द्रनाथ दास गुप्त–सौन्दर्य तत्त्व, पृ. 45।

104. डॉ. राममूर्ति त्रिपाठी–काव्य तत्त्व विमर्श, पृ. 133।

105. व. जी., 1। 23।

106. डॉ. सुरेन्द्रनाथ गुप्त–सौन्दर्य तत्त्व, पृ. 43 (भूमिका)

107. वही, पृ. 72।

108. "What then is beauty? Beauty is essentially expression. And the expression must be conscious expression. And conscious expression must be rhythmical and harmonius. It is rhythmical, for all discord arises from obstructive and irresponsible mattar."–M.N. Sircar, Life Thought and Mysticim in India, p. 125

109. "Beauty is associated with the dynamism of life and spirit, Beauty is soul-absorbing, soul–elevating. It uplifts. It frees the soul from the touch of matter and introduces into it spirit. In this exalted height of existence the soul feels a new attraction, a new delight in the wide expression of spirit, not through nature, but through itself;..."– M. N. Sirkar–Life Thought and Mysticism in India, p. 125.

110. आचार्य हजारी प्रसाद द्विवेदी ग्रन्थावली-7।

111. डॉ. हरद्वारीलाल शर्मा–सौन्दर्य शास्त्र, पृ. 10।

112. डॉ. हरद्वारीलाल शर्मा–सुन्दरम्, पृ. 28।

113. वही, पृ. 17।

114. वही, निवेदन, पृ. 6।

115. वही, पृ. 7।

116. डॉ. फतहसिंह–भारतीय सौन्दर्यशास्त्र की भूमिका, पृ. 127।

117. जयशंकर प्रसाद–कामायनी, लज्जा सर्ग।

118. महादेवी वर्मा–अतीत के चलचित्र, पृ. 10, 12।

119. निराला–प्रबन्ध-प्रतिभा, पृ. 157।

120. डॉ. रामविलास शर्मा–आस्था और सौन्दर्य।

121. हरिवंश सिंह शास्त्री–सौन्दर्य-विज्ञान, पृ. 56।

तृतीय अध्याय

सौन्दर्यानुभूति

सौन्दर्यानुभूति आत्मोन्मीलन है जो हमारे अन्तःसंसार के अनेक सोपानों को पार करती हुई, हमें एक सर्वथा नवीन, असाधारण, प्रकाशमय चित्स्फूर्ति के आनन्द को प्रदान करती है। सौन्दर्यानुभूति की एक रचना-प्रक्रिया होती है, उसे हम सौन्दर्यानुभव, सौन्दर्य-सृजन के तत्त्व अथवा घटक या उपादान भी कह सकते हैं।[1] वास्तव में काव्य-सृजन का मूल उद्देश्य ही सौन्दर्य की अनुभूति कराना है, चाहे उसका सम्बन्ध अध्यात्म से हो चाहे जीवन से। प्रतिपाद्य विषय की दृष्टि से अनुभूति ही मूल तत्त्व है, वही हमारी इन्द्रियों को अपना संस्पर्श देती है, जैसा वर्डस्वर्थ ने काव्य की परिभाषा करते हुए कहा है कि काव्य प्रबल भावों का सहज उच्छलन है। बोचर ने भी इसी प्रकार के विचार प्रकट करते हुए कहा है कि जो वस्तुतः महान कवि हैं उनके द्वारा प्रयुक्त प्रत्येक शब्द ही नहीं, बल्कि उनका प्रयोग भी सकारण हुआ करता है। उसमें प्रतिभा, उत्कृष्ट माधुर्य और आत्मा का संगीत होता है। यही गुण सौन्दर्य को पूर्णता प्रदान करते हैं।

सौन्दर्य-विषयक अध्ययन में हमारे सम्मुख तीन पक्ष आते हैं, सौन्दर्यबोध, सौन्दर्य-दृष्टि तथा सौन्दर्यानुभूति। इनमें सर्वाधिक महत्त्वपूर्ण है सौन्दर्यानुभूति, क्योंकि इसमें रचयिता तथा प्रमाता दोनों का समान महत्त्व है। सौन्दर्यानुभूति मूलतः आश्रयगत होती है। इसके लिए आश्रय के चित्तफलक पर उद्भासित कल्पना प्रसूत अर्थ एवं तात्पर्यवती मूर्त्ति का संकेत मिलता है। सुन्दर के रूप में गृहीत वस्तु को विषयवस्तु तथा प्रकाशभंगी नामक दो भेदों में बाँटा जा सकता है। वस्तु, ह्राद तथा प्रकाश तीनों के समवेत रूप में एक साथ होने पर सौन्दर्य सृष्टि होती है। अखंड धारणा से ही सौन्दर्य का प्रकाश है। अतः सौन्दर्यानुभूति के लिए ब्रेडले आश्रय में सौन्दर्याभिरुचि और संवेदनशील आत्मा आवश्यक मानते हैं।[2]

पश्चिम में सौन्दर्यानुभूति को कलास्वाद की संज्ञा दी गई है। सौन्दर्य का आधार है वह अनुभूति, जो हमारे अन्दर घटित होती है, उसका कितना संवेग हम अनुभव करते हैं। इसीलिए क्लाइव वेल ने कहा है कि, "सौन्दर्यशास्त्र की समस्त प्रणालियों का

आरम्भ-बिन्दु एक विलक्षण संवेग का वैयक्तिक अनुभव होना चाहिए।"[3]

कुछ विचारकों ने सौन्दर्यानुभूति के विषय में शंका भी की है। कैरिट ने इसे आत्मचिन्तन का अनुभव कहा है।[4] यह तो निर्विवाद तथ्य है कि सौन्दर्यानुभूति सभी प्रमाताओं में और सभी कलाकृतियों में समान नहीं होती। कलाकार भी इसे अपनी रचना के पूर्ण होने पर अनुचिन्तन द्वारा प्राप्त कर सकता है। प्रो. स्टुअर्ट हैम्पशायर ने कहा है, "सौन्दर्यानुभूति किसी भी कलाकृति के आस्वाद का अनिवार्य अंग है, किन्तु वह सम्पूर्ण आस्वाद नहीं है।[5] साथ ही यह भी समस्या है कि सामूहिक सौन्दर्यानुभूति सम्भव नहीं है, इसलिए एलीसिओ वाइवास के अनुसार यह आवश्यक है कि सफल सौन्दर्यानुभूति के लिए कलाकृति के शुद्ध और निरपेक्ष रूप का पृथक्करण आवश्यक है।

प्रमाण-मीमांसा के आधार पर सौन्दर्यानुभूति का प्रश्न नितान्त दार्शनिक अथवा तार्किक है और इसी विधि से इसका समाधान किया जा सकता है। कुछ विद्वान इसे मनोविज्ञान की दृष्टि से अनुभव क्षेत्रीय मानते हैं; एडवर्ड वुलो ने इस ओर संकेत किया है, इसके लिए उन्होंने मानसिक अन्तराल का सिद्धान्त दिया है। प्रायः विद्वान यह मानते हैं कि सौन्दर्यानुभूति सामान्य से भिन्न है। क्रोचे ने सभी कलाओं में एक अखंड अभिव्यंजना मानी है और ड्यूई भी कहते हैं कि कुछ सामान्य स्थितियों के बिना इसका अनुभव सम्भव नहीं है। जाक़ मारिताँ कहते हैं कि यह सामान्य ज्ञान से भिन्न अनुभव है, जो विचारों तथा निर्णय द्वारा अभिव्यक्त नहीं किया जा सकता, जो ज्ञान की अपेक्षा अनुभव अधिक है, यह ऐसा सृजनात्मक अनुभव है जो केवल कलाकृति द्वारा ही अभिव्यक्त हो सकता है।[6] ये आध्यात्मिक सौन्दर्य को मान्यता देते हैं। वुल्फ़ ने इसे मानव का पूर्ण अनुभव कहा है। इसका वर्णन बौद्धिक अथवा विषयगत नहीं कहा जा सकता, इसमें एकात्मकता तथा सामंजस्य होता है। वे कहते हैं सौन्दर्य आनन्द धारणात्मक होता है जिसमें हमारी समस्त इन्द्रियाँ घनीभूत हो जाती हैं।[7]

जॉनड्यूई का विचार है कि सौन्दर्यानुभूति के लिए कलाकृति से हमारा उचित सम्बन्ध तथा हममें अनुवर्ती संवेग विशेष होना चाहिए। कलास्वाद अथवा सौन्दर्यानुभूति को सामान्य से विलक्षण कहा गया है कांट ऐसा ही मानते हैं। आश्रय के व्यक्तित्त्व के अनुसार सौन्दर्यानुभूति होती है। यह अनुभूति अन्तर्मुखी और बहिर्मुखी दोनों प्रकार से हो सकती है। इसके लिए समीपता और दूरी का सन्तुलन आवश्यक है। कांट के अनुसार सौन्दर्यानन्द में हमारी अनुभूति की क्षमता पूर्णता और पूर्ण विकास प्राप्त कर लेती है। यह शान्त धारणा दशा पर निर्भर करती है। सौन्दर्यानुभूति में शान्ति और सन्तुलन का विशेष गुण होता है।[8] सौन्दर्यानुभूति में अनेक अवस्थाएँ होती हैं, आकर्षण, अन्तर्दर्शन का कुतूहल, रमणीयता, सौन्दर्य की पूर्णता के बोध की लालसा, कल्पना की तन्मयता, आनन्द।

वास्तव में नेत्रों द्वारा उसके मर्म तक नहीं पहुँचा जा सकता। कांट ने सौन्दर्यानुभूति को भावना का आनन्द माना है। यह मानना उचित नहीं है कि सौन्दर्य वह तत्त्व है जो भावनाओं को उद्दीप्त करे। वास्तव में भाव-संवेदनों से उसका गहरा सम्बन्ध है। कांट ने सौन्दर्य, रुचि एवं आनन्द की व्याख्या करते समय एक-दूसरे को प्रसंग में रखकर देखा है और इनका आपस में घनिष्ठ सम्बन्ध बतलाते हैं। रुचि-निर्णय सौन्दर्यानुभूतिपरक है, वे कहते हैं कि सौन्दर्य के स्वतन्त्र-व्यापार में प्रवृत्त कल्पना उस मनःस्थिति के अनुरूप एक मनःस्थिति को उभारने के लिए करती है जिसे निश्चित (व्यावहारिक) प्रत्ययों का प्रभाव अनुभूति के ऊपर और उसके सामंजस्य में उत्पन्न करेगा।[9]

सुन्दर कमनीय ही नहीं, मार्मिक भी होता है। यह सुख का पर्याय नहीं है। सुन्दरम् की हमारी अनुभूति इन्द्रिय एवं मन की प्रत्यक्ष अनुभूति है। क्लाइव बैल और रोजन क्राइ ने सौन्दर्यानुभूति और जीवनानुभूति का कोई सम्बन्ध नहीं माना। क्लाइव बैल के अनुसार, "सौन्दर्यशास्त्र की सभी पद्धतियों में चिन्तन का आरम्भिक बिन्दु अनिवार्यतः किसी विशिष्ट संवेदन का व्यक्तिगत अनुभव होता है।"[10] आई.ए. रिचर्ड्स ने कहा कि मन की ऐसी कोई विशिष्ट दशा नहीं है, जिसे हम सौन्दर्यानुभूति की अवस्था कह सकते हों, क्योंकि संवेदनशीलता के कारण मन के भाव और दशा क्षण-क्षण बदलते रहते हैं। इनके अनुसार सौन्दर्यानुभूति का अन्य अनुभूतियों से काफ़ी साम्य होता है। एलिसिओ वाइस की मनोविज्ञान के आधार पर आवेगों के संयोजन की अवधारणा कोई बहुत प्रामाणिक सिद्धान्त नहीं है। जानड्यूई और रिचर्ड्स दोनों ही सौन्दर्यानुभूति और जीवनानुभूति को भिन्न नहीं मानते। सूजन लेंगर सौन्दर्यानुभूति को एक स्वतःस्फूर्त प्रतिक्रिया मानती हैं। इन्होंने रोजर फ्राई के इस विचार की भी आलोचना की कि बहुत कम व्यक्ति इसका अनुभव कर सकते हैं क्योंकि वह अपने को पूर्वाग्रह से मुक्त नहीं कर सकते। चार्ल्स मार्गन ने इस विवाद का समाधान करते हुए कहा कि सौन्दर्यानुभूति हमारी अनुभव-क्षमता और जीवन के लयात्मक रूपों के अनुरूप हमारी कल्पना को रूप प्रदान करती है।[11] कांट इस मत से सहमत हैं।

सौन्दर्यानुभूति को प्लेटो दिव्यानुभूति मानते हैं और अरस्तू इसे प्रत्यभिज्ञान का आनन्द कहते हैं। प्लेटो मूल प्रत्यय की अनुभूति को ही सौन्दर्यानुभूति मानते हैं जो शिवत्वपूर्ण होती है। यह लाभप्रद आनन्द होता है। सम्भवतः वे नैतिकता के कारण जीवन और समाज का सौन्दर्यानुभूति से गहरा सम्बन्ध मानते हैं। अनुपयोगी सुन्दर नहीं हो सकता। प्लोटिनस परम सत्ता के साथ एक होने के आनन्द को सौन्दर्यानुभूति कहते हैं।

देकार्त ने सौन्दर्य की व्याख्या में अनुभूतियों को महत्त्व दिया है। वे मनोविज्ञान से सौन्दर्यानुभूति का सम्बन्ध मानते हैं। सौन्दर्यानुभूति संवेदनाओं से

प्रारम्भ होती है, इनसे उत्पन्न उत्तेजना लाभदायक और आनन्दप्रद होती है। ह्यूम ने सौन्दर्य को इन्द्रियानुभूति की वस्तु माना। वे सौन्दर्यानुभूति के लिए दृष्टि और श्रवण को ही साधन नहीं मानते, इसके लिए मनोवेग, मनोभाव और संवेग अधिक महत्त्वपूर्ण हैं।[12] जेम्स सली ने भी सौन्दर्यानुभूति का एक विशेष संवेग माना है जो सौन्दर्य की प्रत्येक अभिव्यक्ति में निहित होता है।[13] फेख्नर ने इसे एक प्रकार की संवेगावस्था माना। जेम्स लेंग के अनुसार यह वह दशा है जिसमें अनेक प्रकार के संवेदन एक साथ जगकर और परस्पर मिश्रित होकर व्यक्ति के तन-मन को संवेग-संकुल बना देते हैं। वास्तव में व्यक्ति की प्रत्यर्थता (Responses) ही वस्तु के प्रति सौन्दर्यानुभूति उत्पन्न करती है। सम्भवतः मनोवैज्ञानिक विवेचन सौन्दर्यशास्त्रीय दृष्टि से बहुत उपयोगी नहीं है।

शेफ्ट्सबरी ने सौन्दर्यानुभूति के लिए एक छठी इन्द्रिय आन्तरिक इन्द्रिय की कल्पना की है। एडीसन ने इसे कल्पना का आनन्द कहा है। लार्ड केमस इसे व्यक्तिगत अनुभूति कहते हैं। क्योंकि सौन्दर्य हमेशा द्रष्टा पर निर्भर करता है। शिलर के अनुसार सौन्दर्य रूप और वस्तु का संयोजक है, इनमें सन्तुलन मनुष्य मन में निहित क्रीड़ा-प्रवृत्ति करती है और जब वह क्रीड़ा-रत होता है तो यह उसकी सौन्दर्यानुभूति का वास्तविक क्षण होता है। शॉपन हावर निराशावादी दार्शनिक हैं। उनका मत है कि सौन्दर्यानुभूति का आनन्द हमेशा विरक्त और निष्काम होता है। इच्छा से मुक्त होने पर ही वह सौन्दर्य के प्रकाश का अनुभव करता है। इसके विपरीत लिप्स ने समानुभूति सिद्धान्त के आधार पर कहा कि कलानुभूति सदैव एक वस्तुसम्पृक्त अनुभूति होती है।[14]

अस्तित्त्ववादी दृष्टिकोण से कलाकार की कृति का बड़ा महत्त्व होता है। लेखन और पठन के द्वन्द्वात्मक सम्बन्धों के माध्यम से कृति द्वारा प्राप्त आनन्द को समझा जा सकता हैं। पाठक कृति की सौन्दर्य-चेतना से एकाकार हो जाता है। सौन्दर्यानुभूति अथवा सौन्दर्यमूलक चेतना का सहगामी होता है। मार्क्सवादी दृष्टिकोण से सौन्दर्यानुभूति समग्रता में, सामूहिक जन जीवन में होती है। सौन्दर्य-नियम समाज के अनुसार बनते हैं। प्लेखानोव ने कहा कि सौन्दर्य-चेतना का विकास श्रम के पश्चात् ही हुआ है। काडवेल ने सौन्दर्य को सामाजिक माना है, वह व्यक्ति से परे है। मनुष्य की सौन्दर्यानुभूति लोकबद्ध होती है।[15]

भारतीय दृष्टि के अनुसार सौन्दर्य और आनन्द सहगामी हैं। सौन्दर्य की परिणति आनन्द है और आनन्द का चिद्रूप सौन्दर्य है। वह एकाग्रतापूर्ण होता है। समाधि की स्थिति, मधुमती भूमिका, भूमा की स्थिति ही सौन्दर्यानुभूति की वास्तविक स्थिति है। भारतीय चिन्तन में सौन्दर्यानुभूति को बहुत महत्त्व दिया गया है। उसे विलक्षण, लौकिक अनुभूति से भिन्न माना गया है। भारतीय आचार्यों ने रस का विवेचन करते हुए इसे रसात्मक, आनन्दमय, लोक-विलक्षण,

आध्यात्मिक बताया है। उन्होंने इसे तुच्छ, निम्न, त्याज्य, अनैतिक कहकर तिरस्कृत नहीं किया है जैसा कि पश्चिम के कुछ विचारकों ने कहा है, यह चेतना का वरदान, परमानन्द 'रूप' मोक्षदायिनी, लालित्यपूर्ण और उज्ज्वल भावापन्न है।

रस को सौन्दर्य और आनन्द रूप माना गया है। ब्रह्मास्वाद के समान इसका विवेचन हुआ है। अतः सौन्दर्यानुभूति अलौकिक है। सौन्दर्य का आधार रस है। रस परमतत्त्व रूप है। वेदों में सौन्दर्य-चेतना को दिव्य-चेतना कहा गया है और सौन्दर्यानुभूति को अलौकिक, प्रीतिकर, कल्याणकारी माना गया है। यह मानव को रागद्वेष मुक्त, ऐन्द्रिय, स्थूल धरातल से उच्च स्तर पर प्रतिष्ठित करती है। यह उदात्त-तत्त्वपूर्ण होती है। इसीलिए उपनिषद् में आत्मा को प्रकाश और आनन्द कहा गया है। यह स्वप्रकाशानन्द और आत्मचैतन्य से आलोकित होती है। प्रकाश धर्म ही आनन्द है। वह ब्रह्म, परमतत्त्व ही सौन्दर्य का मूल है–

'यद्वैत्सु कृत रसो वैसः। रस ह्येवायं लब्धवानन्दी भवति।'[16]

इस ब्रह्मानन्द रस को पाकर जीवात्मा आनन्दयुक्त हो जाता है।

सौन्दर्यानुभूति एक प्रकार की अन्तःकरण को उल्लसित करने वाली सुखद ऐन्द्रिय, मानसिक अनुभूति है। इस अनुभूति से चित्त का प्रसादन होता है, सत्वोद्रेक होता है। इसी से स्फूर्ति और उल्लास का स्रोत प्रवाहित होता है। इससे पदार्थ के सन्निकर्ष से, इन्द्रियों के माध्यम से, हमारे मन में एक बिम्ब या आकार उत्पन्न होता है, ज़िसके परिणामस्वरूप आत्मा में जो आनन्दमयी चेतना जाग्रत होती है, वही अनुभूति या अनुभव है। यह केवल चेतन रूप ही होता है, और इसमें वस्तु तत्त्व का अन्तर्भाव नहीं रहता।

सौन्दर्यानुभूति का आनन्द है, 'आत्मनः कामाय' आत्मा का परितोष ही इसका सबसे बड़ा लक्ष्य है। म. म. गोपीनाथ कविराज इस भाव दशा के सम्बन्ध में लिखते हैं, "आनन्द चाहे जितना ही क्यों न बढ़े, सौन्दर्य चाहे जितना ही छलछला उठे, तृप्ति तब भी बहुत दूर की वस्तु है, क्योंकि और भी विकास हो सकता है एवं कभी भी इस क्रम-विकास की सम्भावना दूर नहीं होगी। इससे ज्ञात हो जाएगा कि हृदय जिसकी आकांक्षा करता है वह ससीम सौन्दर्य या परिमित आनन्द नहीं है। यदि ऐसा होता तो एक-न-एक क्रम-विकास से उसकी तृप्ति हो जाती। वस्तुतः यह असीम सौन्दर्य, अनन्त प्रेम, निरवच्छिन्न आनन्द है। पूर्ण सौन्दर्य का सम्भोग पहले हुआ है, इसीलिए पूर्ण सौन्दर्य की आकांक्षा होती है, विच्छिन्न (खंड) सौन्दर्य से तृष्णा मिटती नहीं। जिसका विरह है, उसे पाए बिना व्याकुलता का अवसान नहीं हो सकता।"[17] भारतीय दृष्टि से चमत्कार को रस का सार कहा गया है, 'रसे सारश्चमत्कार'। चमत्कार की नवीनता का अर्थ यही है कि वह अनन्त, अभेद्य, अखंड और अभूतपूर्व है।[18] यदि चमत्कार सुन्दर का पर्याय है

तो सौन्दर्य की अनुभूति को रस की अनुभूति के समान ही अनन्त, अभेय, अखंड आदि रूप में मानना चाहिए। यह व्यवहार लोक सिद्ध है कि जिस वस्तु को हम सुन्दर कहते हैं उसकी थाह हमारी बुद्धि नहीं लगा सकती है। सौन्दर्यानुभूति आत्मा की पूर्णता, विविक्षीवृत्ति की समग्रता है। रमणीय का घनीभूत रूप है। आत्मा पूर्णता में ही आनन्द का अनुभव करती है, इसके सत्वभाव से आनन्दमयी चेतना की अनुभूति होती है। शैव-दर्शन में आनन्द को तथा गीता में आत्मा को बड़ा महत्त्व दिया गया है। उपनिषदों में दोनों का समन्वय मिलता है, "उपनिषद् का विषय है आत्मविद्या—वह आत्म-चिन्तन का काव्य है। वैदिक कवि जहाँ सौन्दर्य के लौकिक और दिव्य, ऐन्द्रिय और आत्मिक दोनों रूपों का रसिक था वहाँ उपनिषद् कवि की दृष्टि केवल आत्मा के सौन्दर्य के प्रति उन्मुख थी..."[19]

'आनन्दो ब्रह्मेति बिवजानात्। आनन्दाद्धयेऽखल्विमानि भूतानि जायन्ते।
आनन्देन जातानि जीवन्ति। आनन्दं प्रयंत्यभिसंविशन्तीति।'[20]

आनन्द ही ब्रह्म है। ये समस्त प्राणी आनन्द से उत्पन्न होते हैं। उत्पन्न होने पर आनन्द के द्वारा ही जीवित रहते हैं और अन्त में प्रयाण करते हुए आनन्द में ही समा जाते हैं। भारतीय सौन्दर्य-भावना पर शैव दर्शन के प्रत्यभिज्ञादर्शन का गहरा प्रभाव पड़ा है। यह सृष्टि शिव का आत्मक्रीड़न है। सौन्दर्य की सृष्टि है जिसे कांट ने सामंजस्ययुक्त क्रीड़ा-प्रवृत्ति कहा है जो सौन्दर्य की रचना करती है। "व्यवहार और परमार्थ जगत का मिलन-बिन्दु क्रीड़ा का यही क्षण है—सौन्दर्य व्यवहार जगत की स्वतन्त्रता है।...संवेदनशील प्राणी को विवेकयुक्त मनुष्य बनाने के लिए सिर्फ एक ही रास्ता है...उसे सौन्दर्य मूलक विचारों से पूर्ण बनाया जाए। आदमी तभी पूर्ण होता है, जब वह क्रीड़ा-रत होता है। यही उसकी सौन्दर्यानुभूति का वास्तविक क्षण होता है।"[21] इस प्रकार संसार सौन्दर्य-रचना है। मूलतत्त्व की पूर्णता का परिचायक है, आत्मा की कामना की पूर्ति है। "मनुष्य का समष्टि चित्त उधार हो जाए, यही तो परमशिव है। इससे अलग भी कोई मंगल है तो वह झूठा है। वह दम्भी है—दिगम्बर लोकचित्तमय चित्त ही सदा शिव है।"[22] सुकरात ने सौन्दर्य को पूर्णतया निरपेक्ष न मानकर प्रयोजन-सापेक्ष कहा है।[23] यह आत्मा की कामना-पूर्ति का ही भाव है। प्लेटो ने इसे परमशिव के साथ तादात्म्य कहा है। उनके अनुसार शरीर से आत्मा की स्वतन्त्रता एवं ज्ञप्तियों (Ideal) के लोक का चिन्तन जीवन का परम लक्ष्य है। विमर्शशून्य रुझानों तथा वासनाओं के नियन्त्रण में ही आत्मानन्द निहित है। यह आनन्द आत्मा के जीवन की उत्कृष्ट दशा है।[24] यह आत्मास्वाद अखंड एवं चिन्मय होता है इसको खंड रूप में अनुभव नहीं किया जा सकता, पूर्णता इसके लिए अपेक्षित है। अपनी वृत्ति के अव्याहतप्रयोग द्वारा ही प्रत्येक पुरुष की आत्मा तुष्टि अथवा उसका आत्मपरिचय सिद्ध होता है। इस

आत्मपरिचय का परिणाम ही आनन्द है। प्लेटो कहते हैं कि सच्चा ज्ञान पाने के लिए ऐन्द्रिय ज्ञान से ऊपर उठकर प्रज्ञा से ज्ञान प्राप्त करना चाहिए, प्रज्ञा का ज्ञान ही आदर्श ज्ञान है क्योंकि वह आदर्श-जगत या प्रत्यय जगत् का ज्ञान कराती है। पूर्ण की इच्छा से ही जगत् का विकास है। इसीलिए, जगत् में सर्वत्र ही पूर्ण का आभास है। पूर्ण में ह्रास-वृद्धि नहीं होती, हो ही नहीं सकती। अपूर्ण अतृप्त रहता है, पूर्णता ही तृप्ति है।[25]

वास्तव में सौन्दर्यानुभूति का आनन्द उसी दशा में आता है, जब अपने स्वरूप का विस्तार अथवा अपने अनचीह्ने स्वरूप को वह चीह्न लेता है, आत्मज्ञान प्राप्त करता है। यह मूढ़ आत्मपरिचय ही आनन्द है, आत्मलाभ है। वास्तव में सौन्दर्य एक ही है, एक महासौन्दर्य की ही अनन्त कलाएँ अनन्त खंड-सौन्दर्य के रूप में नित्य प्रकाशमान होती हैं।

प्रेयस के साथ सम्बद्ध होने के कारण सौन्दर्य की अनुभूति आनन्दमयी होती है, किन्तु यह आनन्द किस प्रकार का है यह स्पष्ट नहीं है। इसके लिए कोई बहिरंग नियम या अनुशासन निश्चित नहीं किया जा सकता, क्योंकि यह आन्तरिक वस्तु है, बाह्य नहीं, सौन्दर्यानुभूति में बुद्धि गौण हो जाती है। वास्तव में जिस परिवर्तन से ऐक्य प्रस्फुटित होता है, वही सुन्दर प्रतीत होता है। जैसा कि रस्किन का विचार है कि परम तत्त्व ने, भगवान् ने अपने अमूर्त्त धर्म को मूर्त्त रूप के द्वारा व्यंजित करने की व्यवस्था की है, अतः जिस मूर्त्त धर्मी के द्वारा उनके अमूर्त्त धर्म अभिव्यंजित होते हैं, उनके दृष्टिगोचर होने पर हम उसे सुन्दर कहते हैं।

सौन्दर्यानुभूति में आन्तरिक विराटता तथा चित्तवृत्तियों के एक बिन्दु पर केन्द्रस्थ होने की वैशिष्ट्यपूर्ण स्थिति होती है। भारतीय दर्शन में समाधि और तन्मयी भाव का वर्णन इस भावस्थिति का ही संकेत करता है। यही ब्रह्मविद्या है—

'आत्मैव देवताः सर्वाः सर्वमात्म-यवस्थितम्।
आत्मा हिजनयत्वेषां कर्मयोग शरीरिणाम ॥'[26]

समस्त देवता आत्मा ही है। सब-कुछ आत्मा में अवस्थित है। शरीरियों का कर्मयोग आत्मा से ही उत्पन्न होता है।

जब तक मनुष्य का चित्त, अन्तःकरण निर्मल नहीं होता और स्थिर नहीं होता, तब तक उसे विवेक ज्ञान नहीं हो सकता। शुद्ध और शान्त मन से ही सत्य को अथवा आत्मा के स्वरूप को जाना जा सकता है और इसके लिए योग साधना ही सर्वोत्तम उपाय है। इससे शरीर और चित्त निर्मल होता है।[27] विष्णुपुराण,[28] ब्रह्मपुराण,[29] में इन तथ्यों का विस्तृत विवेचन मिलता है। भाष्यकार व्यास ने योग को चित्त का एक धर्म विशेष कहा है।[30] समाधि का अर्थ है चित्तवृत्तियों का समीकरण एकतानता, जबकि हमारी चित्तवृत्ति विविध विषयों में विकीर्ण न होकर

आत्मस्थ हो जाती है। तन्मयी भाव का अर्थ है विषय के साथ पूर्ण तादात्म्य, जिस समय हमारा मन सभी ओर से अपसरण कर विषय-विशेष के साथ तदाकार हो जाता है और ज्ञाता और ज्ञेय का भेद मिट जाता है। गीता में इसे अनासक्ति योग कहा गया है। यही समभाव की स्थिति है। समबुद्धि चित्तवृत्तियों के निरोध का परिणाम है।[31] सौन्दर्यानुभूति को रस दशा स्वीकार कर स्वाकारवद भिन्न कहा गया है। यह रस का आनन्द है।[32] यही अन्तःकरण की आनन्दाकार वृत्ति है, आत्मास्वाद है, सत्वोद्रेक है, अखंड अनुभूति है, यही रसिक की रसानुभूति है। रस चिन्मय, अन्य ज्ञान रहित और स्वप्रकाश है। यही आत्मा का ब्रह्मानन्द है। आत्मा स्वप्रकाश, अणु, अव्यक्त और निर्विकार है।

भक्तिशास्त्र में सौन्दर्यानुभूति का विवेचन अधिक स्पष्ट तथा प्रामाणिक मिलता है। इसके आविर्भाव से प्रमाता का चित्त स्निग्ध और द्रवित हो जाता है और शुद्ध सत्व प्रधान स्थिति में अवस्थित हो जाता है। नारदभक्ति सूत्र में भक्ति को योग से भी श्रेष्ठ कहा गया है–

'सातु कर्म ज्ञानं योग्भ्योऽप्यधिकतरा ॥[33]

श्रीमद्भागवत् के अनुसार अहेतुक एवं निष्काम-भाव से भगवान् में अनन्य भाव के साथ अनुरागमय हो जाना भक्ति है–

'अहे तु क्य व्यवहिता या भक्ति पुरुषोत्तमे।[34]

भक्ति मानव हृदय की वह भावना है जो अनन्य रूप में, निष्काम भाव से, किसी सात्विक केन्द्र में केन्द्रीभूत होकर उससे तादात्म्य प्राप्त कर आनन्दित होती है। इस प्रकार भक्ति में सौन्दर्यानुभूति का स्पष्ट भाव मिलता है, सत्व की प्रधानता, चित्त का द्रवण, विषय के साथ पूर्ण तादात्म्य, आस्वादरूप होने पर भी आस्वाद्यवत् प्रतीति, प्रकाशरूपता अर्थात् चिन्मयभाव आदि का स्पष्ट उल्लेख है।

क्रोचे सौन्दर्य को प्रकाशभंगिमा, अखंड कहते हैं, यही भाव भक्ति की अनुभूति का है, परमतत्त्व के सन्निकर्ष पूर्ण तादात्म्यभाव की चित्त स्थिति का है। सौन्दर्यानुभूति एक भाव चित्र है, जिसमें भाव तत्त्व की अपेक्षा एक प्रकार का चमत्कार रहता है। जब हम सौन्दर्य के भिन्न-भिन्न उपादान रूप, रस, गन्ध, स्पर्श, त्वचा आदि का प्रत्यक्ष करते हैं तो हमारा हृदय चंचल हो उठता है। वह उपचेतन में विचित्र सक्रिय अनुभावों को एक करता है और उनसे चमत्कृत होता है।[35] पंडितराज जगन्नाथ ने 'पुनः पुनअनुसन्धानात्मा भावना विशेषः' में 'भावना विशेषः' द्वारा विशिष्ट उद्‌बोधित संस्कारों की प्रतिष्ठा की है। इस स्थिति में बोध ज्ञान और अर्द्ध-प्रस्फुटित ज्ञानच्छाया दोनों का ही महत्त्व होता है। चमत्कार में लावण्य होता है और रमणीयता भी होती है। यह एक रहस्यमयी अनुभूति होती है। महादेवी वर्मा

ने इस विषय में लिखा है, 'व्यापक अर्थ में प्रत्येक सौन्दर्य या सामंजस्य की अनुभूति भी रहस्यानुभूति है। यदि एक सौन्दर्य अंश या सामंजस्य खंड कवि और सहृदय के समक्ष किसी व्यापक सौन्दर्य या अखंड सामंजस्य का द्वार नहीं खोल देता है तो अन्तर्जगत का उल्लसित होना असम्भव है।'[36] इसी रहस्यमयता के कारण सौन्दर्यानुभूति में वैचित्र्य चमत्कार लोकभिन्न, चित्त प्रसादन जैसे गुणों का समावेश हो जाता है। उसमें व्यक्तिमन बहिर्जगत से विमुख होकर ध्यान-केन्द्रीकरण के द्वारा अन्तर्मुखी मानव-व्यापारों में संलग्न रहता है।[37] वास्तव में श्रेष्ठ साहित्यकार ऐन्द्रिय सौन्दर्यानुभूति को मानसिक और आध्यात्मिक दोनों धरातलों पर ले जाते हैं।

सौन्दर्यानुभूति की थाह हमारी बुद्धि नहीं लगा पाती और मन के आनन्द को हम माप नहीं सकते। वह सौन्दर्य निरन्तर अथाह प्रतीत होता जाता है, यह योगवासिष्ठ का 'सर्व निरूपम्'[38] है, इसमें एक नितान्त विचित्र अनुभूति भासित होती है, उच्च शिखर से ऊबकर, नवीन संवेदना की खोज में नीचे की ओर चलने लगते हैं।[39] हम कभी-कभी आनन्दातिरेक, संवेगातिरेक से घबरा जाते हैं।[40] हममें भाव-परिवर्तन की इच्छा उत्पन्न होती है, हम सुंदरता, नवीनता की ओर उन्मुख होते हैं।[41]

आचार्य रामचंद्र शुक्ल ने इसीलिए कहा है, 'यह दृष्टि आनन्दमयी होती है, निर्मल होती है, चारों ओर सौन्दर्य का विकास दिखाई पड़ने लगता है।[42] पंडित राज जगन्नाथ ने 'चिदावरण-भंग' की चर्चा करके इस अनुभूति के रहस्य का उद्घाटन किया है। चिदावरण-भंग हमें मोह निद्रा से छुड़ाकर उस रहस्य की अनुभूति कराता है, जिस रहस्य का सुख अनिर्वचनीय है।[43] इस चमत्कार को ही सौन्दर्यानुभूति के रूप में स्वीकार किया जाता है। रवीन्द्रनाथ ने इस अनुभूति को कौतुकमयी की संज्ञा दी है। सौन्दर्यानुभूति की परिणति स्वतन्त्र और निष्प्रयोजन आनन्द है, इसका एक अस्फुट, अमूर्त्त रूप चित्त में विद्यमान रहता है। आचार्य द्विवेदी ने इसे समग्रता की अनुभूति कहा है।[44] इन्होंने इसके लिए एक शर्त रखी है, "जब सारा अभिमान और अहंकार दूर हो जाएगा, ज्ञान और पांडित्य शांत ही रहेंगे, तब वह परमाराध्य जिसकी नर्त्यमान भ्रूलता कर्णाग्रभाग भ्रूलता के कारण मुख श्री अत्यन्त मधुर हो उठी है।"[45] मुक्तिबोध ने भी इसे समरसता की स्थिति ही कहा है जो आह्लादकारी दशा है, "संक्षेप में, विशिष्ट और सामान्य के द्वन्द्वों की इस एकीभूत स्थिति के बिना सौन्दर्यानुभव असम्भव है। इसलिए, कवि मनस्पटल पर उपस्थित विशिष्ट का विशिष्ट चित्रण करते हुए व्यापक सामान्य अर्थ उपस्थित करता है, और वह उस सामान्य में अपने जीवन का विशिष्ट देखता है। इसीलिए सौन्दर्यानुभव जीवन के सारस्वरूप का प्रगाढ़ मार्मिक अनुभव है। किन्तु, वह तभी प्राप्त होता है, जब मनुष्य के पास अपने से परे जाने, अपने से ऊपर उठने, तटस्थ, होने निजबद्धता से मुक्त होने के साथ-साथ (और एक सत्य) तन्मय होने का,

विलीन हो जाने का मानवीय गुण और उस गुण की सामर्थ्य प्राप्त हो, तभी वह विशिष्ट सामान्य में परिणति की मुक्त आत्मीयता का आनन्द ले सकेगा। सौन्दर्यानुभव का यह स्वरूप है। वह आह्लादकारी दशा है। इन्हीं सब बातों के कारण सौन्दर्यानुभव की अपनी स्वायत्तता है।''[46]

सौन्दर्यानुभूति को सभी विचारकों ने अन्य सुखानुभवों से भिन्न ही सिद्ध करने का प्रयत्न किया है, अरस्तू ने इसे आनन्दवर्धन की भाँति 'प्रत्यभिज्ञान का आनन्द' कहा है। अर्ल ऑफ लिस्टोवेल इसे सौन्दर्य धारणा को ग्रहण करने की एक विशेष अनुभूति बताते हैं। जेम्स सली ने इसे एक विशेष संवेग कहा है। राबर्ट लेचनर ने इसे अतुलनीय अनुभव कहा है।[47] मोरिस प्रेडिनस के अनुसार अन्य अनुभूतियों से इसकी भिन्नता तुलना करने पर तुरन्त ही पता लग जाती है।[48] लालंडे ने मूल्यों को इसका आधार कहा है।[49] यह अनुभव विशेष प्रमाता तक ही सीमित नहीं है अपितु सामान्य व्यक्ति भी इसका अनुभव करता है। राबर्ट लेचनर इसे सभी अनुभवों से अनुपम स्वीकार करते हुए कहते हैं कि यह अनुभव अन्य मानवीय अनुभव से अलग है, चाहे अन्त में हम इसे मुक्ति की अवस्था, समाधि की दशा, आनन्ददशा कहें।[50] एच. साइबेक ने इसे धारणा दशा का एक विशेष प्रभेद कहा है, यह अनुभूति तीव्र क्रियाशील तथा उत्पादक होती है।[51] अरस्तू, लौंगिनुस, प्लोटिनस, सेंट थॉमस, फ्रोसिस बेकन, शॉपनहावर, शिलर, विलियम जेम्स, हीदेगर सब इस विषय में एक मत हैं कि यह आनन्द के अतिरिक्त एक विशेष अन्तर्दृष्टि भी प्रदान करती है।[52] अतः हम कह सकते हैं कि यह एक लालित्यपूर्ण अनुभूति है जो प्रमाता अथवा ग्राहक को एक आह्लादकारी चेतना से अभिभूत कर देती है।

सौन्दर्यानुभूति सौन्दर्य-भावना का सबसे महत्त्वपूर्ण और चिन्तनीय पक्ष है, इस चिन्तन में प्रमुख पक्ष हमारे सामने आते हैं, सौन्दर्य-सृष्टि, सौन्दर्य-बोध, सौन्दर्य-दृष्टि। ये पक्ष सौन्दर्यानुभूति के सहायक हो सकते हैं, समानार्थी नहीं, इनका सामान्य लक्षण है, सौन्दर्य-चेतना, जो सौन्दर्य रचना अथवा सौन्दर्याभिरुचि पर निर्भर करती है।

सौन्दर्य की अनुभूति करने से भी अधिक महत्त्वपूर्ण बात यह है कि हम इसका अनुभव किस प्रकार करते हैं, जब प्लेटो शाश्वत आदर्शों की बात करता है, उनकी समानुरूपता का वर्णन करता है तो वह मुख्यरूप से शुभ, शिवत्व, विवेक, उपयोगिता का उल्लेख करते हुए नैतिकता का प्रतिपादन करता है। उसके अनुसार हमारा विवेक और रुचि ही इन आदर्शों की स्थापना करते हैं। एक निर्णय करने का अर्थ है एक आदर्श की स्थापना करना, जो पूर्ण और स्थायी होता है, क्योंकि किसी वस्तु को श्रेष्ठ अथवा सुन्दर सिद्ध करने में हमारी अन्तर्रात्मा का निश्चय भी होता है। इस आदर्श का मूल्य उसकी अनुरूपता में निहित होता है, यह आदर्श

कल्याणकारी होने से सौन्दर्य अनुभूति को प्रभावित करता है–

"Like a star, Beacons from the abode where the eternal one."

प्रश्न यह भी है कि समस्त सुन्दर कहे जाने वाले तत्त्वों में समान धर्मा क्या है, आनन्द, आह्लाद, आदर्श अथवा सत्य की अभिव्यक्ति, ये सब लक्षण हमारी प्रवृत्ति पर निर्भर करते हैं। विभावन की क्रिया सुन्दर के साक्षात्कार का प्राण है। सुन्दर में अर्थ रहता है, हृदय-संवादी प्यारा, मनोरम। अर्थ में चैतन्य की ऊर्जा होती है,

'योऽर्थो हृदय संवादी तस्य भावो रसोद्भवः।'[53]

सुन्दर के क्षेत्र में सृजन की परिभाषा ही है किसी गोचर माध्यम में अगोचर किन्तु तन-मन में प्रवेश कर व्याप्त हो जाने के लिए समर्थ अर्थों का उन्मेष, हृदय स्पर्शी अर्थों का विशाल व्यूह, उनकी अलौकिक संकेत-शक्ति एवं तन-मन में छोर तक छा जाने की ओर उनकी प्रवृत्ति।[54] फ्रॉयड भी यह मानते हैं कि सौन्दर्य की अनुभूति के लिए शरीर एवं स्नायु की क्रियाएँ आवश्यक तत्त्व हैं। जड़, स्तब्ध, निश्चेष्ट शरीर किसी विराट् अनुभूति के लिए अक्षम होता है।[55] कल्पना की सृजनात्मक क्रिया के बिना सौन्दर्य का अवगाहन, आस्वादन, साक्षात्कार सम्भव नहीं है। इसके लिए प्रवृत्ति विशेष की, अभिरुचि की आवश्यकता होती है। इस प्रकार मूर्त्त में अमूर्त्त का, पार्थिव में अपार्थिव का, विशिष्ट में सामान्य का, ऐन्द्रिय में इन्द्रियातीत का, एक में अनेक का, यह ध्यान अथवा निर्ध्यायन सुन्दर की अनुभूति है।[56]

सौन्दर्यशास्त्रियों का मत है कि यह आवश्यक नहीं कि सभी कलाकृतियाँ सुन्दर हों तथा वह हमें उत्तेजित, उद्दीप्त करें अथवा आत्मानन्द या आत्म-लाभ प्रदान करें। डॉ. दासगुप्ता इस समस्या के सम्बन्ध में लिखते हैं कि "सौन्दर्य-बोध तथा सौन्दर्य-सृष्टि की सामग्री में ह्लाद, ज्ञान, संस्कार तथा व्यापार इन चार उपादानों का संग्रह होता है। इन चारों में कभी किन्हीं विचारकों ने एक को प्रबल मान लिया और कभी दूसरे को। आधुनिक विचारकों ने व्यापार और अभिव्यक्ति को एक साथ प्रबल स्वीकार किया है।"[57] सौन्दर्य-सृष्टि के आदर्श की सत्यता के लिए हमें यह बताना होगा कि वह हमारी प्रवृत्ति के सिद्धान्त की सर्वश्रेष्ठ अभिव्यक्ति है। स्पिनोजा के अनुसार हम किसी वस्तु की श्रेष्ठता के कारण ही उसकी इच्छा नहीं करते। इस प्रकार हमारी मुख्य संवेदनाओं तथा हमारी प्रकृति की सहज अनुभवशीलता के कारण ही उसकी प्रतिक्रिया में मूल्य-निःसृत होते हैं और वह सौन्दर्य-बोध जनित सौन्दर्य-सृष्टि होती है। यदि प्लेटो ने नैतिकता को प्रमुख माना है तो मार्क्स ने आर्थिक समानता को, सुखवादियों ने शरीर प्रधान माना तो आत्मवादियों ने आत्मा को, इसी प्रकार सगुणवादी सगुण तत्त्व को, निर्गुणिये निर्गुण को सुन्दर का प्रतिमान बताते हैं। सत्य का वैज्ञानिक मूल्य भी पूर्ण नहीं है। सौन्दर्य-शास्त्र का सम्बन्ध मूल्यों के ऐन्द्रियज्ञान से है। समस्त आनन्द के

आन्तरिक और प्रत्यक्ष मूल्य होते हैं, किन्तु सभी आनन्द सौन्दर्यबोध गम्य नहीं हैं।[58] सुख का सम्बन्ध शारीरिक आनन्द से है, भौतिक तुष्टि से है किन्तु शारीरिक सुख सौन्दर्य का संवेग नहीं है। सौन्दर्य आनन्द का प्रत्यक्ष भाव है, यह आत्मा का आनन्द है, वह मुक्तभाव से विश्व जनीन हो जाती है, शरीर के बिना ही वह गतिमान होती है।[60] सौन्दर्य-बोध में आनन्द की अनुभूति के अतिरिक्त और कोई सुखात्मक भाव हमारे मन में नहीं रहता।

सौन्दर्य-बोध को समझा जा सकता है या नहीं, यह एक जटिल प्रश्न है। बटलर ने अपने ग्रन्थ 'अपान क्रिटिक' में कहा है कि सौन्दर्य या काव्य ऐसी अखंड वस्तुएँ हैं जिनको दार्शनिक युक्तिमूलक पद्धति से अथवा काव्य-समालोचना द्वारा उनके सम्बन्ध में मत प्रकट करना उनके महत्त्व को खंडित करना है।[60] इसमें कोई सन्देह नहीं कि सौन्दर्यानुभव से एक विशिष्ट हर्ष अथवा आनन्द प्राप्त होता है। सौन्दर्य की उत्पत्ति किसी कारण या उपादान-समूह के आधार पर ही होती है, सौन्दर्य-बोध एक अलग स्वतन्त्र वृत्ति होते हुए भी उपादान-सम्भार की ओर संकेत करके ही समझी जा सकती है।

सौन्दर्य-बोध के लिए नाड़ी-प्रक्रिया तथा मनःप्रक्रिया दोनों ही आवश्यक हैं। हमारे उपचेतन में कुछ संस्कार विद्यमान रहते हैं और वे किसी उत्तेजक सामग्री को देखकर उद्‌बुद्ध होते हैं, इस आत्मलाभ का नाम ही सौन्दर्य है। इस प्रकार जहाँ हम एक ओर सौन्दर्यबोध सम्बन्धी विशिष्ट जातीय अनिर्वचनीय आन्तरबोध हर्ष को ग्रहण करते हैं, वहाँ साथ ही वस्तु को भी सुन्दर कहते हैं। जिस प्रकार साधारण ज्ञान में ज्ञान और ज्ञेय दोनों सम्मिलित रूप से उद्‌भासित होते हैं, उसी प्रकार सौन्दर्यबोध में सौन्दर्य और उसके विषय दोनों ही एक साथ प्रतीत होते हैं।[61]

इस प्रकार रूपवादी विचारक सौन्दर्य की सत्ता वस्तु की संरचना में ही मानते हैं, भाव या विचार में नहीं। सौन्दर्य पदार्थ है चेतना नहीं। इसके विपरीत आत्मवादी जहाँ सौन्दर्य को ऐन्द्रिय आत्मिक अनुभूति मानते हैं वहाँ भाववादी इसे ऐन्द्रिय मानसिक प्रतीति मानते हैं। समन्वयवादी दृष्टिकोण से सौन्दर्य है तो पदार्थ का तत्त्व परन्तु वह भौतिक तत्त्व न होकर प्रतीयमान तत्त्व है।[62] इस मत का कांट, मैरिटेन, सान्तायना, कैरिट ने पल्लवन किया है। कैरिट ने सौन्दर्य-सृष्टि के विचार को स्पष्ट करते हुए लिखा है, "सौन्दर्य की सृष्टि के लिए दो ही आवश्यकताएँ होती हैं, विषयी और विषय, किन्तु विषय और प्रमाता द्वारा उसकी प्रतीति एक-दूसरे से पृथक और शून्य में नहीं रहती। क्योंकि सौन्दर्यशास्त्र की दृष्टि से पदार्थ का अर्थ है, पदार्थ का वह रूप जो प्रमाता द्वारा भावित होता है, वह रूप जो उसकी भावना को प्रतिव्यक्त करता है।"[63] इसमें यह तथ्य महत्त्वपूर्ण है कि सौन्दर्यसृष्टि से सम्बन्धित भाषा आदि के माध्यम से व्यक्त होने वाली हमारी अन्तरानुभूति का स्वतन्त्र अस्तित्त्व होता है। कुन्तक भी कविप्रतिभा के अतिरिक्त एक स्वतन्त्र कवि-व्यापार की कल्पना करते

हुए उससे काव्यसृष्टि सम्भावित मानते हैं। बहुत से विचारक अन्तरानुभूति की स्वतन्त्र सत्ता को स्वीकार न करके सौन्दर्यबोध और सौन्दर्य-सृष्टि दोनों को एक ही मानते हैं, किन्तु वर्ड्सवर्थ ऐसा नहीं मानते, इनके विचार से अन्तरानुभूति की सत्ता स्वतन्त्र है, वह नितान्त नैसर्गिक है। क्रोचे किसी बाह्य वस्तु की स्वतन्त्र सत्ता स्वीकार नहीं करते, उनके विचार से सौन्दर्य-बोध ही सौन्दर्य या सुन्दर होता है।[64] उनके अनुसार किसी बाह्य वस्तु को सुन्दर कहना 'सुन्दर' शब्द का लाक्षणिक प्रयोग है, वस्तुतः हमारे अन्तर की वीक्षावृत्ति के अन्तर्गत आने वाले व्यापार को ही सुन्दर कहा जाता है। सौन्दर्य आन्तरिक वस्तु है, बाह्य नहीं।

सौन्दर्यबोध और सौन्दर्यानुभूति के विषय में सबसे महत्त्वपूर्ण बात यह है कि कलाकार जिस सौन्दर्य का अनुभव करता है उसे दूसरा व्यक्ति कैसे ग्रहण करता है। क्रोचे ने इस समस्या को सुलझाने का प्रयत्न किया है, उनके विचार से मन के अस्फुट संस्कारों को अनुभूति के योग्य बनाने के लिए स्रष्टा अपनी वीक्षावृत्ति से एक के बाद एक शब्द शोध कर रखता है और उस शब्द-विन्यास के द्वारा ही अस्पष्ट अनुभूति को स्पष्ट बनाने का प्रयत्न किया करता है।[65] स्रष्टा की अनुभूति की अभिव्यक्ति से अस्पष्ट संस्कारों की व्यंजना जितनी स्पष्ट होगी, सौन्दर्य सृष्टि भी उतनी ही सार्थक होगी। इनके अनुसार अभिव्यक्ति और अनुभूति अभिन्न हैं। सौन्दर्य सृष्टि के तीन स्तर हैं—1. अव्यक्त संस्कार, 2. अनुभूति, 3. संकेतों द्वारा उसका बहिर्निरूपण। इस विषय में यही कहा जा सकता है कि पाठक, श्रोता या दर्शक किसी कृति का अपने विचारों के अनुकूल ही मर्म ग्रहण करता है।

इसलिए कवि के चित्त की अन्तःकामना ऐहिक उपायों से काव्य का रूप ग्रहण कर लेती है, तभी कला की सत्ता तथा उसकी सत्यता सिद्ध होती है। किन्तु जब पाठक निजी कल्पना के द्वारा उसकी अपने में ही कल्पना कर लेता है तब उसके चित्त् में भी वह सत्य जान पड़ने लगती है। सौन्दर्यबोध स्वभावतः केवल उन्हीं विषयों में हो जाता है जो इन्द्रियगम्य हों, हमारे बाहर तथा हमसे पृथक स्थित हों तथा जिन्हें इसी कारण हम अपने अनुभवों के माध्यम द्वारा आत्मसात् भी कर लेना चाहें।[66] शिलर ने सौन्दर्यबोध को एक विशेष भाव बताते हुए उसे ऐसा संवेग कहा जिसका विषय केवल सौन्दर्य ही है जो मानव व्यापार की श्रेष्ठतम क्रिया है। यही सौन्दर्यबोध है।[68]

सौन्दर्यानुभूति अथवा सौन्दर्यबोध के लिए कुछ सौन्दर्यशास्त्रियों ने नैतिकता और शिव तत्त्व को महत्त्व दिया है। प्लेटो ने यह स्थापित किया था कि सौन्दर्य का सर्जन और परिशंसन पूर्णतया विकसित नैतिकता का लक्षण है। कांट के अनुसार उदात्त् और नैसर्गिक सौन्दर्य के प्रति संवेदनशीलता नैतिक विचारों की ग्रहणशीलता की ओर संकेत करती है। रस्किन ने अपने कला-विवेचन में इसी धारणा का पोषण किया है। ड्राइडन का विचार है कि सौन्दर्य-निर्मिति और

सौन्दर्यबोध मानव-जाति के लिए अपने आप उसी रूप में शिव और वरणीय है, जिस रूप में गुण या ज्ञान। प्लाटिनस ने कहा कि कलाकार की व्यंजकता होने पर वह व्यवस्थित, पूर्ण और व्यापक रूप में सम्प्रेषणीय बन जाती है। कांट के अनुसार सौन्दर्यबोध ऐन्द्रिय, स्वच्छन्द, आनुभाविक और वैयक्तिक नहीं होता। जब हम किसी वस्तु से आनन्द प्राप्त करते हैं, किसी प्रत्यय को सम्बद्ध नहीं करते तो हमारी ज्ञान-शक्ति और वस्तु के ऐक्य का बोध होता है। सौन्दर्यात्मक क्रिया एक प्रकार का ज्ञान है। यह हमें ऐन्द्रिय आनन्द से पृथक आनन्द देता है क्योंकि यह आत्मिक क्रिया की पहली और सर्वथा अपरिहार्य अवस्था है। शॉपनहावर के अनुसार सौन्दर्यबोध मुक्त अनुभूति नहीं होता, यह केवल ज्ञान और इच्छा की क्रियाओं से क्षणिक मुक्ति है। सौन्दर्यभावना के लिए अनुकृति आवश्यक नहीं, किन्तु संवेग आवश्यक है।

बोसांका ने कहा, सौन्दर्य ग्रहण से हमें एक आनन्द प्राप्त होता है, किन्तु यह आनन्द सौन्दर्य का अवच्छेदक धर्म नहीं है। श्लेगल ने मंगल की सुखमय अभिव्यक्ति को सौन्दर्य कहा है किन्तु यह सौन्दर्यबोध का लक्षण नहीं हो सकता। वर्नन ली मानते हैं कि सौन्दर्यबोध के समय हममें उत्पन्न होनेवाला रस हमारी जैवशक्ति का एक विशेष प्रकार का आनन्द मात्र होता है, यह तादात्म्य (एम्पैथी) का आनन्द है। बोसांका ने कहा कि ज्ञान-प्रक्रिया के अन्तर्व्यापार के सम्बन्ध में हमें कोई जानकारी नहीं रहती। सौन्दर्योपभोग सौन्दर्य सृष्टि तथा सौन्दर्य विचार में जैसे चिन्तन का महत्त्व है वैसे ही सर्जनशील अन्तर्व्यापार का भी है। सौन्दर्यसृष्टि के समय सर्जन शक्ति प्रबल होकर चिन्तन व्यापार को ग्रहण कर लेती है। ज्ञान और कल्पना वृत्ति के सहयोग से सृष्ट वस्तु के कारण हममें सौन्दर्यानुभूति स्फुरित होती है। बार्क के मत से ज्ञान का तारतम्य ही सौन्दर्यबोध का तारतम्य होता है। हीगेल ने सौन्दर्य को बाह्य-सत्ता को स्वीकार करते हुए कहा कि अन्तर ही चिद्‌भिव्यक्ति के साथ सम्मिलित हुए बिना कोई वस्तु सौन्दर्य की उपाधि धारण नहीं कर सकती।

जांक़ मारिता ने प्रकृति को सौन्दर्यबोध का आधार माना है, क्योंकि उसमें संवेग होता है, सौन्दर्य बोध में ज्ञान सहित संवेग आवश्यक होता है। सौन्दर्य निर्मिति के लिए कलाकार को सौन्दर्य से प्रेम होना चाहिए। सौन्दर्य-सृष्टि में सम्पूर्णता, अनुपात या संगति, कान्ति या स्वच्छता होनी चाहिए।[68] लिप्स के अनुसार सौन्दर्यात्मक आनन्द किसी वस्तु में अपनी निजी क्रिया का आनन्द है। हम स्वयं विषयाश्रित होकर आनन्द प्राप्त करते हैं। इसके विपरीत प्रो. मिकेल सौन्दर्य की अनुभूति किसी वस्तु में उसी के लिए अंतर्लयन मानते हैं।

इस प्रकार कलाकार और प्रमाता का सौन्दर्यबोध की दृष्टि से गहन सम्बन्ध है, अनुभूति इनका माध्यम है, इनके बीच सामान्य तत्त्व का लक्ष्य है एक सामान्य मिलनभूमि और रचना की सार्वभौमता। यह हम पहले ही बता चुके हैं कि सबकी

सौन्दर्यानुभूति समान हो, यह सम्भव नहीं है। सांतायना इस समस्या की ओर संकेत करते हैं कि जो मुझे सुन्दर लगता है, वह समान रूप से दूसरों को भी वैसा ही लगना चाहिए, यह कैसे सम्भव हो सकता है, क्योंकि सबमें संस्कार, वृत्ति और ग्राहक शक्ति का अन्तर होता है। काडवेल इसका उत्तर इस प्रकार देते हैं, "कला का यह संसार सामाजिक संवेगों का संसार है—ऐसे शब्दों और बिम्बों की सृष्टि है जो सामान्यानुभव से एकत्र किए गए हैं, जिनके संवेगात्मक सम्बन्ध सबके लिए सामान्य हों।"[69] इस प्रकार सामान्य संवेग-भूमि का आधार सामाजिक-सामूहिक और निर्वैयक्तिक चेतना होती है। कांट सौन्दर्य के सार्वजनिक महत्त्व को मानते हैं और सौन्दर्यानुभूति में अनासक्ति तत्त्व को मानते हुए इन्होंने अनुभूति की विषयीगत सार्वभौमता का सिद्धान्त प्रतिष्ठित किया।[70] इलियट के अनुसार यदि कवि अपनी वैयक्तिकता को त्यागकर अपनी भावना का विस्तार करता है, उसी प्रकार से सौन्दर्यानुभूति के क्षणों में ग्राहक भी अपनी वैयक्तिकता से मुक्त होकर किसी आत्मेतर अनुभूति से पूर्ण होता है। आई. ए. रिचर्ड्स सौन्दर्यानुभूति की कोई विशेष अवस्था न मानते हुए भी कहते हैं कि सौन्दर्यानुभूति के क्षणों का सन्तुलन और सामंजस्य हमारी रुचियों को किसी एक दशा में उन्मुख नहीं करते और अनेक पक्ष उद्घाटित होने से हम किसी एक निश्चित प्रयोजन से मुक्त होकर सौन्दर्यानुभव करते हैं। सौन्दर्यभावक का निष्काम होना सम्भवतः सौन्दर्यबोध की उच्च मनोवैज्ञानिक स्थिति है।

प्रो. एफ. आर. लीविस ने सौन्दर्यानुभूति के लिए संवेगात्मक अनासक्ति का महत्त्व माना है। इनका मत है कि कोई व्यक्ति सांसारिक अराजकता में न डूब जाए, इसके लिए असम्पृक्त होकर अपने निजी विवेक का सहारा लेना आवश्यक है। बर्कले ने इस असम्पृक्तता के लिए 'श्रद्धाभाव' का होना आवश्यक माना है, अन्यथा वह जीवन के मूलस्रोत को सुखा देगी।[71] लिप्स के समानुभूति के सिद्धान्त को वर्नन ली ने एक जटिल मानसिक प्रक्रिया कहा है। समानुभूति में अहं का इदं में प्रक्षेपण है। इसके अनुसार कलानुभूति सदैव एक वस्तु सम्पृक्त अनुभूति होती है, यह सिद्धान्त मूर्त्तिकला पर आधारित होने के कारण मांसल और सौन्दर्यपरक अवधारणा है। विल्हेल्म बोरिंगन के विचार से इसका सम्बन्ध रूपात्मक कलाओं से अधिक है, श्रव्य और अमूर्त्त कलाओं से कम।[72] सांतायना ने भी इसे वस्तुनिष्ठ कहा है,[73] यह वस्तुनिष्ठता आनन्द की वस्तुनिष्ठता है, लिप्स की वस्तुनिष्ठता 'आत्मानन्द' की वस्तुनिष्ठता है।

ई. बुल्लो ने 'थ्योरी ऑफ साइकिक डिस्टेंस' तटस्थ भावना का सिद्धान्त दिया, जिसमें आंशिक अनासक्ति होती है, आसक्ति में वैयक्तिकता के प्रभाव के कारण वस्तु का वस्तुगत मूल्य कुछ भी नहीं रहता, आसक्ति की स्थिति में सौन्दर्य-सृष्टि समुचित रूप से नहीं हो पाती। दूसरे अन्यमनस्कता की अवस्था में,

सहृदयता का अभाव होने से न तो निबद्ध सौन्दर्य का अभिशंसन हो सकता है और न हार्दिकता अथवा 'सहअनुभूति' के अभाव के कारण कलाकार के दृष्टिकोण का ग्रहण ही।[74] बुल्लो कहते हैं कि 'सृजन और आस्वाद दोनों दृष्टियों से सबसे काम्य स्थिति वह है, जहाँ यह अन्तराल न्यूनतम हो, किन्तु लुप्त न हो।' सौन्दर्यानुभूति के लिए शुक्ल जी की हृदय की मुक्तावस्था इसी धारणा की पोषक है।[75]

प्रायः श्रेष्ठ कलाकृतियों में विरोधी युग्मों का सामंजस्य पाया जाता है। कालिरिज ने कल्पना की क्षमता के अन्तर्गत विरोधी तत्त्वों के सामंजस्य का सिद्धान्त निरूपित किया। कल्पना की क्षमता रचनाकार और ग्राहक में लगभग समान ही सक्रिय होती है। टी. एस. इलियट के अनुसार वाग्वैदग्ध्य में विरोधी या भिन्न सम्भावित अनुभवों के समाहार की क्षमता होती है। कवि का मस्तिष्क बिखरे हुए अनुभवों का सतत मिश्रण करता है, उन्हें समाहृत कर विशृंखल, अव्यवस्थित, खंडित, बिखरे अनुभवों का मिश्रण कर उन्हें अखंड इकाई का सामंजस्यपूर्ण रूप प्रदान करता है। रिचर्ड्स ने समाहारधर्मी कविता को श्रेष्ठ माना है। सौन्दर्यानुभूति का मूल आधार सन्तुलन और समरसता है। हमारी विरोधी वृत्तियों में द्वन्द्व नहीं रहता। रिचर्ड्स और डेविड पार्कर के अनुसार सभी विरोधों का शमन 'लय' सम्बन्धी अवस्था में होता है। सौन्दर्यानुभूति लयधर्मी होती है, उसमें सामरस्य होता है। यह विरोधी संवेगों, भावों और वृत्तियों को समरसता में संघटित करती है।

डॉ. कुमार विमल के विचार से सौन्दर्यानुभूति का भारतीय दृष्टिकोण में सुन्दर विवेचन हुआ है। जहाँ सौन्दर्य है, वहाँ आनन्द होता है जिससे सौन्दर्य-भावना में स्वाभाविक एकाग्रता रहती है। उसमें किसी प्रकार की मानसिक चंचलता अथवा विघ्न नहीं रहता। अभिनवगुप्त ने सौन्दर्यानुभूति को 'वीतविघ्ना प्रतीतिः' कहा है रामचन्द्र शुक्ल ने इसे 'अन्तःसत्ता की तदाकार परिणति' कहा है।' ''तात्पर्य यह कि कविता मनोवेगों को उत्तेजित करने का उत्तम साधन है... कविता हमारे मनोभावों को उच्छ्वासित करके हमारे जीवन में एक नया जीवन डाल देती है। हम सृष्टि के सौन्दर्य को देखकर मोहित होने लगते हैं। कोई अनुचित या निष्ठुर काम हमें असह्य होने लगता है। हमें जान पड़ता है कि हमारा जीवन कई गुना अधिक होकर समस्त संसार में व्याप्त हो गया है।''[76] कविता पढ़ते समय, 'इससे मनुष्य का चित्त् एकाग्र हो जाता है, इधर-उधर जाने नहीं पाता।'[77] वे लिखते हैं, ''कविता सृष्टि-सौन्दर्य का अनुभव कराती है और मनुष्य को सुन्दर वस्तुओं में अनुरक्त करती है।''[78] सौन्दर्यानुभूति के विषय में लिखते हैं, ''कुछ रूप-रंग की वस्तुएँ ऐसी होती हैं, जो हमारे मन में आते ही थोड़ी देर के लिए हमारी सत्ता पर ऐसा अधिकार कर लेती हैं कि उसका ज्ञान ही हवा हो जाता है और हम उन वस्तुओं की भावना के रूप में परिणत हो जाते हैं। हमारी अन्तःसत्ता की यही तदाकार परिणति सौन्दर्य की अनुभूति है।''

कालिदास सौन्दर्यानुभूति में विकलता का अंश मानते हैं। कालिदास वस्तुनिष्ठ सौन्दर्य को भी मान्यता देते हैं। बुद्ध घोष के अनुसार चित्त का सहजज्ञान ही सौन्दर्य-विधान या कला में अभिव्यक्त होता है। हेमचन्द्र और भट्टतोत ने भी इसे महत्त्व दिया है। क्रोचे ने इसी का वर्णन किया है। श्री हरिवंश शास्त्री ने "इसका सम्बन्ध समप्रज्ञात समाधि से जोड़ा है, इसी में सौन्दर्यानुभूति होती है, अस्मिता योग में सौन्दर्याभिव्यक्ति होती है। उन्होंने सौन्दर्यजन्य आनन्द को निष्काम सिद्ध करते हुए सौन्दर्य-बोध को ऋतम्भरा प्रज्ञा से सम्बन्धित माना है।"[79] यह विचार हीगेल की आध्यात्मिक भावना की ओर संकेत करता है, जहाँ वे कला को आत्मा का चैतन्य धर्म मानते हैं। वे साध्य और साधन, भाव और वस्तु, विशेष और सामान्य के मिलन के परिणामस्वरूप व्यापार को सौन्दर्य की सृष्टि कहते हैं। यह अन्तर की चिद्भिव्यक्ति या चित्त परम्परा के साथ सम्मिलन है। इसी स्थिति में सौन्दर्यानुभूति होती है। कालिदास का मत है, "सौन्दर्य की अनुभूति में ऐन्द्रिय तथा चिन्मय प्रतीतियों की युगपत स्थिति रहती है, सौन्दर्य की अनुभूति, प्रक्रिया में ऐन्द्रिय होने पर भी, अपनी चरम परिणति में चिन्मय, अर्थात् भाव-कल्पना तथा प्रज्ञा का विषय बन जाती है।"[80] इस प्रकार सौन्दर्य की अनुभूति सात्विक होती है।

डॉ. नगेन्द्र लिखते हैं कि भारतीय दर्शन में सौन्दर्य का विवेचन न होकर आनन्द का विवेचन मिलता है। आत्मा में जो अनुवर्ती चेतना जाग्रत होती है, वही 'अनुभूति' या 'अनुभव' है। वे आगे लिखते हैं, दार्शनिक तर्क-पद्धति से सौन्दर्यानुभूति का अर्थ होता है—पदार्थगत सौन्दर्य की अनुभूति। सुन्दर, भारतीय दर्शन में, प्रायः प्रिय अथवा प्रीतिकर का ही पर्याय है और प्रीतिकर वह है जिसकी सत्ता 'आत्मनः कामाय' होती है अर्थात् जो आत्मा का परितोष करता है। इस प्रकार सौन्दर्यानुभूति एक प्रकार की आनन्दमयी चेतना है। आनन्द आत्मा का लक्षण है, अतः आनन्दानुभूति का अर्थ होता है आत्मास्वाद जो अखंड एवं चिन्मय होता है।[81]

सौन्दर्यानुभूति के विषय में पाश्चात्य विद्वानों ने निर्वैयक्तिकता, मानसिक अन्तराल, समानुभूति और विरोधों का सामंजस्य जैसे सिद्धान्त प्रतिपादित किए। वास्तव में सौन्दर्य में प्रतीति ही सौन्दर्य दृष्टि है, यह व्यवहार दृष्टि नहीं है, इसमें वस्तु का दर्शन और भावन ही प्रमुख होता है। सौन्दर्य-दृष्टि का ऐहिक-प्रयोजन नहीं होता, यह स्वपर की भावना से मुक्त, व्यक्तिबद्ध नहीं होती, इसमें तटस्थता होती है। प्रमाता की भावना निर्मल होती है, वह विषय में लिप्त नहीं होता और न राग-द्वेष का अनुभव करता है। प्रमाता वस्तु के अन्तरंग का प्रेक्षण तथा भावन करता है। आत्मवादी सौन्दर्यशास्त्री उसे परोक्ष-सत्ता की गोचर अभिव्यक्ति मानते हैं।

सौन्दर्य के कई पक्ष होते हैं—शारीरिक सौन्दर्य, मानसिक सौन्दर्य, नैतिक सौन्दर्य, प्रज्ञात्मक सौन्दर्य। सौन्दर्य का आधार है समन्विति, सामंजस्य, जो समानुपात और सम्मात्रा पर निर्भर करता है। अभ्यास करने पर भी सौन्दर्यबोध

सम्भव नहीं होता। रूपवादी और आत्मवादी विचारधाराओं का संघर्ष सौन्दर्य सृष्टि तथा सौन्दर्य बोध दोनों में होता है। फ्रॉयड का मनोविश्लेषण सिद्धान्त सौन्दर्यानुभूति के समय मस्तिष्क में होने वाली किसी विशिष्ट क्रिया में विश्वास नहीं रखता और कला कृति के आनन्द की इन्द्रियजनित आनन्द अथवा साधारण आनन्दमयी अनुभूतियों से भिन्न नहीं मानता। फेख्नर का मत है कि "प्रत्येक ऐसी वस्तु जो केवल भावन करने पर या अपने अनुकूल परिणामों के कारण ही नहीं वरन् प्रत्यक्ष रूप से और तत्काल प्रीति (सुख) का संचार करती है, सुन्दर मानी जा सकती है।" फ्रायड ने सौन्दर्यबोध का सीधा सम्बन्ध काम-भावना, रति-भावना से माना है। इनकी अभिव्यक्ति एवं परितृप्ति को ही सौन्दर्य माना है।

प्रगतिवादी और मार्क्सवादियों के अनुसार भौतिक जीवन में उत्पादन प्रणाली ही हमारी चेतना का निर्धारण करती है। सौन्दर्यबोध केवल हमारा आर्थिक जीवन ही प्रभावित नहीं करता, बल्कि वह उसी का प्रतिबिम्ब है। ये कला तथा श्रम का सम्बन्ध स्थापित करते हैं, राल्फ फाक्स ऐसा ही मानते हैं। जर्मन अर्थशास्त्री काल बुशर के अनुसार लय, गीत, कविता का जन्म आदि मानव की श्रम क्रियाओं से हुआ है। जॉर्ज थाम्सन ने नृत्य-संगीत तथा कविता, ललितकलाओं के जन्म और विकास के सम्बन्ध में क़हा है, "नृत्य, संगीत और काव्य, ये तीनों कलाएँ एक रूप में ही पैदा हुई थीं। सामूहिक श्रम में लगे हुए मनुष्य शरीरों के लययुक्त संचालन में ही उनका मूलस्रोत है।"

मार्क्सवादी सौन्दर्य-बोध में उसे सामाजिक मानकर उसकी स्वतन्त्र चेतना की उपेक्षा कर दी गई है। वास्तव में सौन्दर्य सामाजिक नहीं, विषयीगत होता है, उसे ग्रहण करने की मनुष्य की अपनी संस्कारगत प्रवृत्ति होती है। सौन्दर्य का आकर्षण सभी परिस्थितियों में रहता है, क्योंकि मानव-चित्त् की अन्तश्चेतना यह कार्य करती है।

सौन्दर्यानुभूति के सम्बन्ध में विद्वानों में सहमति नहीं है, उनकी दृष्टि भौतिक तथा आध्यात्मिक दोनों ही पक्षों का समर्थन करती है, जबकि भारतीय दृष्टि आत्मवादी, आनन्दवादी ही है। भारतीय विचारकों ने साहित्य और कला को समान धरातल पर प्रतिष्ठित किया है। इन्होंने कलाकृतियों में आन्तरिक स्फुरण को ही उत्तम माना है। चित्त् प्रवाह स्वतन्त्र स्फूर्त होने के साथ ही आत्मनिर्णायक भी है तथा उस स्फूर्ति को यथेच्छ रूप में प्रकाशित भी करता है। वास्तव में सौन्दर्यानुभूति एक विशिष्ट अनुभूति है जिसका स्वरूप-लक्षण बताया नहीं जा सकता।

संदर्भ

1. डॉ. ओम अवस्थी—रचना-प्रक्रिया, पृ. 3।

2. "To take an immediate interest in the beauty of nature (not only have a taste in estimating it) is always a mark of good soul."–A.C. Bradley–Oxford Lectures on Poetry, p. 50.
3. Art. p. 63
4. E.F. Carrit–Introduction to Aesthetics. p. 19.
5. Stuart Hampshire–Thought and Action, p. 244.
6. "Here is a knowledge that is quite different from that which one ordinarilly calls knowledge. A knowledge that cannot be expressed in ideas and in judgement, but which is rather experience than knowledge, and creative experience for it wants to express itself and it can only be expressed in a work."–Robert Lechner–Aesthetic Experience, p. 50.
7. "Aesthetic Experience is an experience of the whole man...But in aesthetic experience there is a unission harmonienux...the pleasure is "as a contemplated enjoyment."

   Ibid–p. 28, 29, 34.
8. "In aesthetic enjoyment our capacities of feeling attain their fullest and most perfect development. Yet as its dependence or a quite attitude of contemplation might tell us, aesthetic experience is characterised by a certain degree of calmness and moderation."–Aesthetics, p. 527.
9. इमैनुएल कांट–सौन्दर्य-मीमांसा, पृ. 61।
10. Clive Bell-Art, p. 6.
11. Charles Morgan–The Nature of Dramatic Illusion, p. 70.
12. नीलकांत–पाश्चात्य काव्यशास्त्र की परम्परा, पृ. 68।
13. James Sully–The Human Mind, Vol. 2, p. 132
14. "Aesthetic enjoyment is objectified self enjoyment."–George Santayana–The sense of Beauty, p. 52.
15. डॉ. शिवकुमार मिश्र–मार्क्सवादी साहित्य चिन्तन, इतिहास तथा सिद्धान्त, पृ. 402।
16. तैत्ति. उ., 2। 7। 2।
17. म. म. गोपीनाथ कविराज–भारतीय संस्कृति और साधना, पृ. 300।
18. डॉ. सुरेन्द्रनाथ दास गुप्त–सौन्दर्य-तत्त्व, पृ. 43।
19. डॉ. नगेन्द्र–भारतीय सौन्दर्यशास्त्र की भूमिका, पृ. 36।
20. तैत्ति. उ.–3। 6। 1।
21. नीलकांत–सौन्दर्यशास्त्र की पाश्चात्य परम्परा, पृ. 107।
22. डॉ. विद्यानिवास मिश्र–साहित्य का प्रयोजन, पृ. 32।

23. डॉ. कान्तिचन्द्र पांडेय–स्वतन्त्र कलाशास्त्र (भाग-2), पृ. 11।
24. डॉ. कान्तिचन्द्र पांडेय–स्वतन्त्र कलाशास्त्र (भाग-2), पृ. 22।
25. म. म. गोपीनाथ कविराज-स्वसंवेदन, पृ. 163, 164।
26. मनुस्मृति, 12-116।
27. डॉ. ब्रह्ममित्र अवस्थी–पातंजल योगशास्त्र, एक अध्ययन, पृ. 1।
28. विष्णुपुराण, 6 अंश, 3 अध्याय।
29. ब्रह्मपुराण, 12, 1-2।
30. योगः समाधि सार्वभौमश्चित धर्मः।–व्यास भाष्य, पृ. 67।
31. गीता, 2 : 48, 5।
32. स्वाकारवद भिन्न त्वेनायमास्वाद्यते रसः।–साहित्य दर्पण–3, 3।
33. नारद भक्ति सूत्र, 25।
34. श्रीमद्भागवत्, 3। 29। 22।
35. डॉ. सुरेन्द्रनाथ दास गुप्त–सौन्दर्य-तत्त्व, पृ. 79।
36. महादेवी वर्मा–दीपशिखा, पृ. 27-28।
37. Dr. B.L. Atreya–Psychology of Beauty, B.H.U. Journal, 1942.
38. योगवासिष्ठ-निर्वाण, 34, 6।
39. "Tired of being on the heights, I deliberately went to the depth in the search of new sensation."–Oscar Wilde–De Profoundis, p. 22.
40. वेंकटेश्वर शर्मा–अध्यात्मयोग और चित्तविकलन, पृ. 139।
41. 'यथा प्राप्ति क्षणें वस्तु प्रथमे तुष्टये तथा'
न प्राप्त्येकक्षणाद्ध्वभिति कोनानुभूतवान् ॥'–योगवाशिष्ठ निर्वाण-प्रकरण, पूर्वार्द्ध, 44-2।
42. आचार्य रामचन्द्र शुक्ल–जायसी ग्रन्थावली की भूमिका, पृ. 87।
43. डॉ. सुरेन्द्रनाथ दास गुप्त–सौन्दर्यतत्त्व (भूमिका), पृ. 43।
44. आचार्य हजारी प्रसाद द्विवेदी–ग्रन्थावली।
45. आचार्य हजारी प्रसाद द्विवेदी–मध्यकालीन धर्म साधना, पृ. 266।
46. गजानन माधव मुक्तिबोध–नयी कविता का आत्मसंघर्ष तथा अन्य निबन्ध, पृ. 39-40।
47. Robert Lechner–The Aesthetic Experience, p. 3.
48. Ibid–p. 3.
49. "Lalande, Placing aesthetic experience in the scale of values clearly makes its singular characterstic in his definition, "Aesthetic emotion is a certain state that is sui generis, analogous to pleasure, to that which is agreable to moral sentiment, but which is not identical with any one of those."–Ibit–p. 3.

50. Ibid–p. 5.
51. Earl of Listowel-Modern Aesthetics, A Historical Introduction.
52. Louis Arnaud Reid–Meaning in the Arts, p. 245-246.
53. भरत, ना.शा., अ. 7।
54. डॉ. हरद्वारीलाल शर्मा–सुन्दरम्, पृ. 48।
55. वही, पृ. 49।
56. वही, पृ. 74, 75।
57. डॉ. सुरेन्द्रनाथ दास गुप्त–सौन्दर्यतत्त्व, पृ. 10।
58. "George Santayana–The Sense of Beauty, p. 16, 35.
59. Ibid–p. 39.
60. डॉ. सुरेन्द्रनाथ दास गुप्त–सौन्दर्य-तत्त्व, पृ. 98।
61. वही, पृ. 103-104।
62. डॉ. नगेन्द्र–भारतीय सौन्दर्यशास्त्र की भूमिका, पृ. 26।
63. E.F. Carrit–The Theory of Beauty, p. 162.
64. B. Croce–Theory of Aesthetics, p. 159.
65. डॉ. सुरेन्द्रनाथ दास गुप्त–सौन्दर्य-तत्त्व, पृ. 147।
66. आचार्य परशुराम चतुर्वेदी–सन्त साहित्य की परख, पृ. 289।
67. E.F. Carrit–The Theory of Beauty, p. 15.
68. Jacques Maritain–Creative Intuition in Art & Poetry, p. 55-56.
69. Christopher Caudwel–Illusion and Reality, p. 27.
70. Immannule Kant–Critique of Judgement, p. 64.
71. डॉ. निर्मला जैन–रससिद्धान्त और सौन्दर्यशास्त्र
72. डॉ. कुमार विमल–सौन्दर्यशास्त्र के तत्त्व, पृ. 104।
73. George Santayana–The Sense of Beauty, p. 52.
74. डॉ. कुमार विमल–सौन्दर्यशास्त्र के तत्त्व, पृ. 106।
75. आचार्य रामचन्द्र शुक्ल–चिन्तामणि, भाग-1, पृ. 192।
76. आचार्य रामचन्द्र शुक्ल–चिन्तामणि, भाग-3, पृ. 91।
77. वही, पृ. 92।
78. वही, पृ. 94।
79. हरिवंश शास्त्री–सौन्दर्य-विज्ञान, पृ. 122-123।
80. डॉ. नगेन्द्र–भारतीय सौन्दर्यशास्त्र की भूमिका, पृ. 95।
81. वही, पृ. 95।

चतुर्थ अध्याय

कबीर के काव्य में ब्रह्म और सौन्दर्यानुभूति

कबीर के काव्य का मुख्य प्रतिपाद्य और वर्ण्य-विषय परम तत्त्व का चित्रण और आध्यात्मिक अनुभूतियों की अभिव्यंजना ही रहा है। उन्होंने अपनी काव्य रचना के माध्यम से एतद्विषयक अनुभवों और गूढ़-रहस्यों का वर्णन किया है। कबीर एक सिद्ध साधक, महायोगी, तत्त्वदर्शी और आत्मज्ञानी सन्त थे, वे आन्तरिक जीवन के गूढ़ तत्त्वों के ज्ञाता थे तथा आध्यात्मिक अनुभूतियों के उस स्तर तक जा पहुँचे थे, जिससे से परमसत्ता का साक्षात्कार कर सके और अपनी आत्मा की उस रसमयी सौन्दर्यावस्था का आनन्दानुभूतिपूर्ण वर्णन उन्होंने अपने काव्य में किया है। यह उनकी दिव्यानुभूति की सिद्ध अवस्था है। भक्तिकाल में आध्यात्मिक ज्ञान की इस चरमावस्था तक सम्भवतः अन्य कोई साधक नहीं पहुँच सका था, यह उनकी प्राप्ति की अवस्था थी। अप्राप्त वस्तु की प्राप्ति को प्राप्ति कहते हैं और नित्य प्राप्त वस्तु के भी अज्ञानवश अप्राप्त-सी प्रतीत होने पर अज्ञान की निवृत्ति से नित्य प्राप्त अवस्था की पुनः अभिव्यक्ति को भी प्राप्ति कहते हैं। प्रज्ञान और विचारमूलक ज्ञान से भगवद्ज्ञान की प्राप्ति होती है, अपना विलोप होने पर भगवान के साथ मिलन होता है, साधक दिव्य भावना-पूरित होकर अपनी व्यक्तिगत सत्ता भूल जाता है तथा मानवीय सीमा की परिधि को लाँघ जाता है और परम सत्ता की अभिव्यक्ति होती है। इस परमदशा में चैतन्य अवस्था उत्पन्न होने पर आनन्द और ज्ञान का अन्त नहीं रहता। कबीर इस चित्स्फूर्ति की सौन्दर्यमयी भावदशा को प्राप्त कर चुके थे।

अरविन्द ने काव्य को 'मन्त्र' कहा है जिसके अन्तर्गत परमचेतना का समग्र रूप उद्भासित हो उठता है, यह अनुभव समस्त विश्व ब्रह्मांड का ज्ञान प्रदान करता है और सीम को असीम से एकतान कर देता है, इन्द्रियातीत, भावातीत, अमूर्त्त और पूर्णता युक्त इस ब्रह्मानुभूति से एक अलौकिक दिव्य स्थिति की प्राप्ति होती है और काव्य किसी सत्य का सौन्दर्य का उद्घाटन करने में सहायक होता है। भावनाओं का लालित्य बोध, चित्त का परिष्कार और वैशिष्ट्य करता है।

मानवीय चेतना आनन्द परिलुप्त हो जाती है तथा ऐसे ही आत्मबोध द्वारा आध्यात्मिक अनुभूति को प्रस्तुत किया जाता है।

आत्मबोध द्वारा ब्रह्म का अनुभव होता है, यह परम चैतन्य सत्ता ही इस दृष्टि का आदि है, 'प्रजा प्रतिर्वे इदम् आसीत्' प्रारम्भ में ब्रह्म ही था। वह ब्रह्म सत् है, चैतन्यस्वरूप है, आनन्द है, परम सौन्दर्य का पुत्र है, वह सब-कुछ करनेवाला है, सब कामनाओं से भरा पूरा है, सब रसों का आश्रय है, सर्वग्रन्थ मय है।[1] अग्नि उसका सिर है, सूर्य-चन्द्र आँखें हैं, दिशाएँ कान हैं।[2] इसी प्रकार श्रुतियों में उसे, वह मोटा भी नहीं, पतला भी नहीं, छोटा भी नहीं, लोहित भी नहीं, स्नेह भी नहीं, छायायुक्त भी नहीं, अन्धकार भी नहीं, वायु भी नहीं, आकाश भी नहीं'[3] कहकर, यह भी नहीं, वह भी नहीं नेति-नेति[4] वर्णित किया गया है। इसके साथ ही वह शब्द-रहित, स्पर्शरहित, रूपरहित, व्ययरहित, रसरहित, गन्धरहित भी बताया गया है।[5] अन्य रूपों में उसे छोटे-से-छोटा, अंगुष्ठ मात्र पुरुष, हृदयकमलवासी-वामन भी कहा गया है। इन सभी कथनों का भाव यही है कि वह परमब्रह्म समस्त ज्ञात वस्तुओं, गुणों और विशेषणों से विलक्षण है। कबीर ने अपने ब्रह्म वर्णन में आध्यात्मिक अनुभूति, ज्योति दर्शन, अनहद नाद की अभिव्यक्ति के लिए इसी शैली का आश्रय लिया है।

वेद, उपनिषद् इस प्रकार के वर्णन के श्रेष्ठतम उदाहरण हैं। आत्मसौन्दर्य के अनुभवों की कलात्मक अभिव्यक्ति में किसी परोक्ष सत्ता, धार्मिक विचार, आध्यात्मिक भावनाओं की अन्तःप्रेरणा कार्य करती रही है। भारतीय विद्वानों ने तर्क सम्मत अनुभव प्राप्ति के लिए अपनी ध्यानशील विचारणा में उसका आधार खोजने का प्रयत्न किया है, जो कर्मेन्द्रियों में पारस्परिक सम्बन्ध का विश्लेषण करती है। सौन्दर्यानुभव में भी नेत्र, श्रवण को प्रमुख स्थान प्राप्त है। डॉ. हरद्वारीलाल शर्मा इस अनुभव स्थिति का उल्लेख करते हुए लिखते हैं, "सुन्दरतम् की हमारी अनुभूति इन्द्रिय एवं मन की प्रत्यक्ष अनुभूति है, आत्मा की अपेक्षा इन्द्रिय के समीप होती है और हम उसे दृष्टिपेय या श्रुतिपेय मानते हैं, जो शरीर में सिहरन व रोमांच और मन में ज्योति की तरंगों का संचार करती है।"[6] वे आगे इस मनोदशा का वर्णन करते हुए कहते हैं, "मन जहाँ रमता है वहाँ हमें सौन्दर्यबोध होता है...सुन्दरम् के साक्षात् एवं स्थूल आधार के कारण हमारी इन्द्रियाँ भी सक्रिय होती हैं; मुख्यतः आँखें और कान।"[7]

कबीर ने आत्मज्ञान द्वारा इस सौन्दर्य का अनुभव किया है जो निर्गुण, निराधार, अमूर्त्त, अगम, अगोचर, इन्द्रियातीत है। सौन्दर्य द्वारा आनन्द प्राप्त होता है और ज्ञान इस में साधन है, अतः यह सौन्दर्यानुभव ज्ञान द्वारा प्राप्त आनन्द है, कबीर के काव्य का साध्य भी यही है–

'तुम्ह जिनि जानौ गीत यह, यहू निज ब्रह्म विचार।
केवल कहि समझाइया, आतम साधन सार रे ॥'[8]

कबीर की काव्य-रचना भौतिक आनन्द और सांसारिक प्रसंगों को लेकर नहीं हुई, वह शास्त्र ग्रन्थों के नियमों से स्वतन्त्र है, अतः काव्यकला की दृष्टि से उसमें निहित भव्यता का, सौन्दर्य का, मार्मिकता और हार्द का आकलन करने के लिए शास्त्रसम्मत नियम, परम्परागत सिद्धान्त का प्रयोग नहीं किया जा सकता। कबीर ने आध्यात्मिकता को ही अपने काव्य और सौन्दर्यानुभव का सारतत्त्व स्वीकार किया है। वह सारतत्त्व अनुपम, अनूठा विलक्षण है। अतः यह विशेषता उनको तत्त्व ज्ञान के बहुत ही उच्चस्तर पर प्रतिष्ठित कर देती है। कबीर की यह अवस्था भगवत्साक्षात्कार के बाद की अवस्था है। म. म. गोपीनाथ कविराज इस अवस्था के विषय में लिखते हैं, "भगवद्विषयक साक्षात्कार कहने से केवल भगवद्विषयक परोक्ष ज्ञान की प्रतीति नहीं होती। यह वास्तव में भगवान के साथ युक्त अवस्था है।"[9] वास्तव में ब्रह्मबोध और सौन्दर्यबोध व्यक्तिगत अनुभव का कार्य है। कविराज जी इस अनुभव की स्थिति का संकेत करते हुए बताते हैं, "चैतन्य के जगत् के इन्द्रजाल से पूर्णतः मुक्त होकर अहंकार में स्थिति अनन्त ज्ञानों को प्रकाशित करने पर भगवत्साक्षात्कार का प्रकाश काल माना जा सकता है। एकमात्र सिद्ध पुरुष में ही इस तरह के अनन्त ज्ञान का विकास हो सकता है। सिद्ध पुरुष में परमात्मा अपने को अनन्त रूप में जानते हैं, किन्तु यह ज्ञान साधक आत्मा में अथवा असाधक अवस्था में बद्ध आत्मा में जो परमात्मा है, उनमें नहीं रहता। यही कारण है कि भगवत्साक्षात्कार व्यक्तिगत कार्य है।"[10] कबीर ने इस प्रकाश काल की दशा का अनुभव किया था। सिद्ध साधक ही उसका साक्षात्कार कर सकता है, अस्थिर चित्त का व्यक्ति नहीं, उस अगम की लीला का कथन कैसे किया जाय, वह बहुत समीप होकर भी दूर ही प्रतीत होता है–

'सिध साधिका उनथें कहु कोई, मन चित्त अस्थिर कहुँ कैसे होई।
लीला गम कथै कौ पाए, वस्तु समीप कि रहौ निनारा ॥'[11]

ब्रह्म की अनुभूति होने पर जीव को यह प्रतीत होता है कि उसकी यह अवस्था अनादिकाल से थी, किन्तु इस साक्षात्कार और अनुभूति से पहले उसे इसका ज्ञान और आस्वाद प्राप्त नहीं था। साक्षात्कार से पहले उसका प्रकाश नहीं था, साक्षात्कार होने पर ज्योति प्रगट होती है और समस्त दुख-द्वन्द्व का विनाश हो जाता है–

'प्रगटी जोति कपाट खोलि दिए, दगधे जम दुख द्वारा।
प्रगटे बिस्वनाथ जगजीवन, मैं पाए करत बिचारा ॥'[12]

कबीर की कवि दृष्टि आध्यात्मिक सन्देश ग्रहण करने की ओर लगी हुई थी। उन्होंने आन्तरिक सौन्दर्य का स्फुरण ही उत्तम माना। वास्तव में कबीर का ध्येय काव्यरचना करना नहीं था, आत्मा के रस का अवगाहन करना, चित्तवृत्तियों के विकार रहित संयोजन में ही उनका मूलोद्देश्य निहित था। यही प्रकाश का उद्‌भास, अनन्त की लीला का दर्शन ही प्लेटो, हीगेल, शैफ्टएबरी की दृष्टि से उनकी सौन्दर्य अनुभूति है। वास्तव में प्रज्ञात्मक अनुभूति ही सौन्दर्यानुभूति है। यह मात्र आनन्ददायक ही नहीं होती, बल्कि वह अन्तर्दृष्टि भी प्रदान करती है जो सृष्टि के नाना तत्त्वों प्रकृति के विषय में ज्ञान प्रदान करती है। प्लेटो ने काव्य के द्वारा प्रत्यक्ष ज्ञान को स्वीकार नहीं किया क्योंकि वह मूल सत्य के अनुकरण का अनुकरण होने के कारण असत् होता है। प्लेटो ने कहा, "दृष्ट जगत् सत् असत् का संयोग है। इसमें सत् का अंश है क्योंकि सारे पदार्थ प्रत्ययों की नकल हैं, असत् का अंश हैं, उनमें एकता और स्थिरता नहीं। संसार है, किन्तु मिथ्या है, उसका अस्तित्त्व है परन्तु वह मूल नहीं है। प्लेटो की मूल प्रकृति सांख्य के अव्यक्त से मिलती है। सांख्य में अव्यक्त पुरुष की दृष्टि में व्यक्त बनता है, प्लेटो के विचार से यह सृष्टा की क्रिया का फल है।"[13] प्लेटो के अनुसार जिस तरह मानव शरीर में जीवात्मा क्रिया कर रहा है, उसी तरह सारे जगत में भी विश्वात्मा क्रिया कर रहा है। इनके अनुसार मनुष्य को प्रत्ययों का ज्ञान अनुभव से हो ही नहीं सकता, क्योंकि अनुभव दृष्ट जगत तक सीमित है और दृष्ट जगत में कोई प्रत्यय अपने विशुद्ध रूप में विद्यमान नहीं है। सौन्दर्य को लें—जिन पदार्थों को हम सुन्दर कहते हैं, उनमें भी थोड़ी-बहुत कुरूपता का अंश मिला ही होता है। सौन्दर्य का प्रत्यय प्रत्ययों की दुनिया में ही विद्यमान है।[14]

इस प्रकार प्लेटो की सत् सम्बन्धी मान्यता कबीर के दार्शनिक विचारों के बहुत अधिक निकट है। कबीर ने इस संसार को असत् माना, वे आध्यात्मिक विचार प्रधान महापुरुष थे, "अध्यात्मवाद के अनुसार ब्रह्म ही एकमात्र पारमार्थिक सत्ता है।"[15] नाम रूपात्मक जगत की पारमार्थिक सत्ता नहीं है। 'सर्वखल्विदं ब्रह्म'[16] अर्थात् यह सकल विश्व ब्रह्म ही है, 'नास्तिद्वैतम्'[17] उसके अतिरिक्त दूसरा कुछ नहीं है, वह ब्रह्म सर्वव्याप्त है, इस प्रकार सत्ता की दृष्टि से तो यह संसार सत्य है, परन्तु अपने विशेष रूप अर्थात् विनाशशील रूप के कारण असत् है, मिथ्या है।[18]

कबीर ने सत्यान्वेषण के प्रति अपनी अभिरुचि को निरन्तर बनाए रखा है, वह सदैव ही मूलसत् की खोज में रहे—

'अविगत अपरम्पार ब्रह्म, ग्यांन रूप सब।
बहु विचार करि देखिया, कोई न सारित्व राम ॥'[19]

एक वही मूलसत्ता है, कबीर भी प्लेटो के समान इस निष्कर्ष पर पहुँचे थे, यह संसार मिथ्या है, नाशवान है, हम माया-मोह के कारण भ्रम से मूलतत्त्व के वास्तविक स्वरूप के स्थान पर अवास्तविक स्वरूप को ही सत्य मान लिया करते हैं और उसी असत्य की भूलभुलैया में फिरते रहते हैं–

'झूठनि झूठ सांच करि जाना, झूठनि में सब सांच लुकाना ॥'[20]

वास्तव में कबीर सत्य की खोज में थे, कबीर ने अपनी मनोवृत्ति द्वारा उस सौन्दर्य का एक रूपाकार स्थिर करने का प्रयत्न किया, यही उनकी वीक्षावृत्ति थी। हीगेल ने जहाँ एक ओर सौन्दर्य की बाह्य सत्ता को स्वीकार किया वहाँ यह भी माना कि अन्तर की चिद्‌भिव्यक्ति या चित्त परम्परा के साथ सम्मिलन हुए बिना केवल बाह्य रूप में ही कोई वस्तु सौन्दर्य की उपाधि धारण नहीं कर सकती। केवल बाह्य स्थिति में ही सौन्दर्य का मापदंड नहीं पाया जाता। इनका मत है कि विशिष्ट रूप में उपस्थित चिद्‌भिव्यक्ति को ही सुन्दर कहते हैं।[21] जब जड़ जड़ता का अतिक्रमण कर जाता है और चित्त धर्म के अनुगत होकर अपनी ससीमता से मुक्त होकर कल्पना की असीमता में अपने को व्याप्त करता है तब ही सौन्दर्य की सृष्टि होती है।

इसी कारण सुन्दर में रूप एवं अरूप का, कल्पना एवं वस्तु का, जाति या प्रत्यय (आइडिया) और आकार (फार्म) का अयुत सिद्ध समवाय पाया जाता है।[22]

कबीर का सौन्दर्यभाव अनेक रूपों, समबाय में उपलब्ध होता है। उनकी अभिव्यक्ति में केवल अन्वीक्षा मूलक तत्त्व ही नहीं है, अपितु लौकिकता से परे जाकर, जगत का अतिक्रमण करके उनकी चितकल्पना एक असाधारण तत्त्व की भावना करती है। वह एक चतुर कलाकार, चित्रकार की भाँति अपने चित्रों की रचना करते हैं। उन्होंने अपने सौन्दर्यचित्र की रूपरेखा को भावों के सहारे कल्पनात्मक रूप में सँजोए रखा था। वह चित्र अरूप विचार, भाव, कल्पना में अरूप स्थिति में है, इसीलिए मूलतत्त्व को निर्विकार, नित्य, शुद्ध-बुद्ध मुक्त स्वभाव कहा गया है–

'जे तुम्ह देखौ सो यहुं नांही, यहुं पर अगम अगोचर माँहीं।[23]

कबीर का यह चित्रण, एक स्वाभाविक जिज्ञासा उत्पन्न करता है, यह क्या रहस्य है, अगम भेद है। प्रो. लेविस के अनुसार कला में एक रहस्य का ज्ञानानुभव रहता है जो हमारे भाव या विचार के अनुसार एक विशेष रूपाकार ग्रहण कर लेता है और सृष्टि का वर्णन इस प्रकार से किया जाता है जिससे उसमें परमतत्त्व का आभास व्यक्त हो सके और असीम सत्ता के अनुभव का संकेत मिले।[24] कला और साहित्य में विज्ञान और दर्शन की भाँति बौद्धिकता तथा तार्किकता का अभाव होता है। इनका सम्बन्ध वैयक्तिक पक्ष से होने के कारण इनमें कोई पूर्व निश्चित पद्धति अथवा युक्ति-युक्तता नहीं होती है। कबीर में एक सहज बुद्धि-सम्मत

तार्किकता है जो उनके व्यक्तिगत अनुभवजन्य ज्ञान का परिणाम है। वह उनका एक विशेष अनुभव है। देकार्त बुद्धिवादी होते हुए भी इस सत्य को स्वीकार करते हैं कि कुछ गलतियों के बावजूद कवि में दार्शनिक की अपेक्षा, लोगों को प्रभावित करने की अधिक क्षमता होती है।[25] कबीर की सरस आध्यात्मिक अनुभूति ऐसे ही गुणों से प्रमाता को प्रभावित ही नहीं करती, अपितु इन्द्रियातीत अनुभूति का स्पर्श भी देती है। हचेसन के अनुसार व्यक्ति के मन में एक छटी इन्द्रिय 'अन्तर्मन' या 'अन्तरेन्द्रिय' होती है, वही सौन्दर्य की अनुभूति करती है।[26]

कला उन वस्तुओं का रहस्योद्घाटन करती है जिससे हम उनकी पूर्णता तथा विलक्षणता के कारण अनभिज्ञ होते हैं। प्लैटो ने इस तथ्य को महत्त्व नहीं दिया था, किन्तु रहस्यात्मकता का यही गुण कलाकार को अपनी ओर आकर्षित करता है। कवि उन भेदों से परिचित करता है जो हमें इन्द्रियातीत प्रतीत होते हैं। वे सब विषय हमारे अनुभव में पहली बार आते हैं और हम सहजभाव से उनका आनन्द लेते हैं। वास्तव में यह सौन्दर्यानन्द रूप की साधना नहीं है अपितु एक आदर्श आन्तरिक जीवन की विशिष्ट भावात्मक स्थिति है। विलियम ब्लैक ने कवि को द्रष्टा कहा जो आन्तरिक विश्व को भीतर से देखता है। कबीर इसी अन्तःजगत के चितेरे थे, उनका सूक्ष्म, सहज अनुभव कैसा अपिरिचत और अप्रतिम है–

'बागों ना जा रे ना जा, तेरी काया में गुलजार।
सहस-कंवल पर बैठ के तू देखे रूप अपार ॥'[27]

कविवर टैगोर इस भाव को स्पष्ट करते हुए लिखते हैं, "अतएव, आध्यात्मिक साधना कभी भी रूप की साधना नहीं हो सकती। यह समस्त रूपों के भीतर से चंचल रूप के बन्धन का अतिक्रम करके ध्रुव सत्य की ओर चलने की चेष्ट करती है। कोई भी इन्द्रियगोचर वस्तु जो अपने को ही चल या स्वतन्त्र समझने का भान करती है वस्तुतः वैसी नहीं है। साधक इस भान के आवरण को भेद करके ही परमपदार्थ को देखना चाहता है। यदि नाम रूप का यह आवरण चिरन्तन होता तो वह भेद नहीं कर सकता था।[28] इसी साधनाभाव अथवा दैवी-स्फुरण की अभिव्यक्ति से ही कवि की तन्मयता भावातीत होकर समृद्ध हो जाती है। कबीर उसके प्रेम में मस्त होकर, उस तादात्म्य स्थिति में उस दिव्यता का अनुभव करते हैं–

'साधो, सो सतगुरु मोहि भावै।
सत प्रेम का भर-भर प्याला, आप पिवै मोहि प्यावै।
परदा दूर करै आँखिन का, ब्रह्म दरस दिखलावै।
जिस दरसन में सब लोक दरसै, अनहद सबद सुनावै।

एकहि सब सुख-दुख दिखलावै, सबद में सुरत समावै।
कहै कबीर ताको भय नाहीं, निर्भय पद पर सावै।'[29]

उस परमतत्त्व पारमार्थिक सत्य ब्रह्म का दर्शन होने पर ही इस अन्तःमन के सौन्दर्य का उद्घाटन होता है। ब्रह्म ही पारमार्थिक सत्य है। वह काल, देश और अवस्था से परे अर्थात् सकल अतीत है।[30] वैदिक तत्त्ववेत्ताओं ने उस परम रूप में ही सम्पूर्ण जगत का विराट दर्शन किया था। ऋग्वेद के पुरुष सूक्त में अद्वैत की प्रथम अनुभूति एक अलौकिक, इन्द्रियातीत सौन्दर्य की उदात्त अभिव्यंजना करती है, "पुरुष के सहस्र मस्तक हैं, सहस्र नेत्र हैं, सहस्र पैर हैं। वह समस्त पृथ्वी में व्याप्त है और उससे दस अंगुल परे भी है। जो कुछ है और जो कुछ होगा सो सब वही पुरुष है। वह अमरत्व का स्वामी है। जितने अन्न से पलने वाले जीव हैं, सब में वही पुरुष है। उसकी महिमा से बड़ा वह पुरुष था। सकल विश्व उसका एक चतुर्थांशमात्र है; उसके तीन पाद बाहर अन्तरिक्ष में हैं। उसके एक पाद से सर्वभूतव्याप्त है और तीन पाद अमृत हैं जो द्युलोक में हैं। वह चारों ओर चराचर विश्व में व्याप्त है।"[31]

कबीर ने उस परम तत्त्व के भेद को उद्घाटित करने का प्रयास किया है। वे एक बहुश्रुत साधक थे, इसलिए उनकी विचारणा पर भारतीय चिन्तनधारा में प्रवहमान विभिन्न मतवादों का प्रभाव मिलता है। ब्रह्म निरूपण में उन्होंने उनसे मिलती-जुलती शैलियों का प्रयोग किया है, जिससे उस वर्णन में परम्परागत संस्कार और सहजता के साथ उनके चिन्तन की गहनता एवं गम्भीरता भी दृष्टिगोचर होती है–

'प्रगट गुपत गुपत पुनि प्रगट, सो कत रहै लुकाई।
कबीर परमानन्द मनाए, अकथ कथ्यौ नहीं जाई ॥'[32]

ऐसे वर्णनों में विरोधाभास होते हुए भी एक चिद्शक्ति की झलक अनुभव होती है, यही कबीर की कलाविशेषता है जो उन्हें उस अनुपम, अनूठे, विलक्षण, इन्द्रियातीत की इस वर्णनात्मक द्वारा सामान्य स्तर से कहीं बहुत उच्चस्तर पर प्रतिष्ठित कर देती है। वे द्वैताद्वैत की स्थिति से भी परे चले जाते हैं। वह व्यक्त होकर भी अव्यक्त है, प्रगट होकर भी गुप्त है, इस विचित्र स्थिति से निकल भी तुरन्त पड़ते हैं–

'लोका जानि न भूलौ भाई।
खालिक खलक खलक मैं खालिक, सब घट रहयौ समाई।
× × ×
कहै कबीर मैं पूरा पाया, सब घटि साहिब दीठा ॥'[33]

गेटे का मत है कि "कलाकार सौन्दर्य से सीधा सम्बन्ध रखता है, क्योंकि वह अनुभूति के माध्यम से सौन्दर्य के स्वरूप को जानने का प्रयत्न करता है। वे अनुभूति को ही सर्वस्व मानते थे।"[34] हम्बोल्ट ने इस विचार को स्पष्ट करते हुए कहा है कि शुरू में कलाकार किसी सुन्दर वस्तु को देखता है, यह उसका पहला क्षण होता है। फिर वह उसी के अनुरूप एक दूसरी वस्तु को अस्तित्त्व देने की कामना से उत्तेजित हो उठता है। यहाँ वह अपनी मानसिक प्रतिभाओं का सहारा लेता है और अन्त में वह चमत्कारपूर्ण क्रियाओं से गुजरता हुआ, अपने मन्तव्य में सफल हो जाता है।[35] कबीर सौन्दर्य रचना के ऐसे ही आवेगपूर्ण क्षणों से गुजरता है, वह ब्रह्म भावापन्न योगी जगत से न्यारी, अलग स्थिति का अनुभव करता है, चेतना का विचित्र अनुभव उसको एक सुमधुरता से, सुष्ठुता से आप्लावित कर देता हैं। मन दर्पण में ही सब-कुछ दिख जाता है–

'अवधू जोगी जग थैं न्यारा,
मुद्रा निरति सुरति करिसींगी नाद न षंडै धारा।
बसै गगन मैं दुनी न देखे, चेतनि चौकी बैठा।
चढ़ि अकास आसण नहीं छाड़ै, पीवै महा रस मीठा ॥
परगट कथाँ भाहें जोगी, दिल मैं दरपन जीवै।
संहस इकीस छ सै धागा, निहचल नाकै पीवै ॥
ब्रह्म अगनि में काया जारै, त्रिकुटी संगम जागै।
कहै कबीर सोई जोगोश्वर, सहज सुनिल्यौ लागै ॥'[36]

इस महती भावस्थिति का अनुभव सच्चा आत्मज्ञानी साधक ही कर सकता है। कबीर अपने व्यक्तित्त्व को बहुत ऊँचा उठाकर, गरिमामय बनाकर बोलते हैं, वे योग के कठिन रूपों का वर्णन करते हुए, गगन, पवन, चेतन चौकी आकाश स्थित आसन, महारस के आनन्द और समाधि की स्थिति का वर्णन करते रहते हैं। कबीर आत्मज्ञान की जिज्ञासा में बड़े दृढ़ हैं। वे समाधिगम्य परम पुरुष का साक्षात्कार कर चुके थे। सुरतिनिरति में स्थित होकर अनहद नाद का श्रवण कर चुके थे। वे आकाश स्थित आसन पर दृढ़ भाव से बैठे थे। दिल के दर्पण में उसको देख रहे थे। निश्चलभाव स्थिति में ब्रह्म अग्नि का प्रकाश उन्हें देदीप्यमान कर रहा था। त्रिकुटि में स्थित हो चुके थे। परम योग की साधना करते हुए वे परम पुरुष का साक्षात्कार कर चुके थे। वास्तव में योग क्रिया कबीर को जँची नहीं। उन्होंने सब प्रकार से उसकी परीक्षा करके देखा। उन्होंने जान लिया था, "जो वस्तु केवल शारीरिक व्यायाम और मानसिक शम-दमादि का साध्य है वह चरम सत्य नहीं हो सकती।...परम-पुरुष योग का परम प्रतिपाद्य है, आत्मागम्य है, वह आँख-कान का विषय नहीं है। केवल शारीरिक और मानसिक कवायद से दीखने वाली ज्योति जड़

चित्त की कल्पना-मात्र है।''[37] वह परमपुरुष कहाँ है, वह बाहर भी नहीं, भीतर भी नहीं। कबीर दुविधा में पड़कर हैरान हो जाते हैं, हैरान कौ अंग में कबीर कहते हैं–

'बसै अपंडी पंडमैं, ता गतिलषै न कोई।
कहै कबीरा सन्त हो, बड़ा अचम्भा मोहि ॥'[38]

उसकी स्थिति कहाँ बताई जाए, अपने आत्मानुभव पर उनका अडिग विश्वास था, ''उनकी अखंड आत्मनिष्ठा के एक क्षण के लिए भी दुर्बलता नहीं दिखाई दी। वे वीर साधक थे। और वीरता अखंड आत्मविश्वास को आश्रय करके ही पनपती है।''[39] उनका ओज अतुलनीय था। आत्मा उदात्त तत्त्व से दीप्त थी। असाधारण आवेगमयता उनकी आत्मा के सौन्दर्य को निखार कर रख देती है–

'करत मतवाल जहाँ सन्त, जन सूरमा,
धुरत निस्सान तहं गगन धाई।
कहै कबीर अब नाम सों सुरखरू।
मौज दरबार की भक्ति पाई ॥'[40]

कबीर भक्त होने के नाते वृत्ति के कोमल थे तथा आत्मसाधक होने के नाते अडिग थे। दृढ़-निश्चलता उनकी साधना का गुण था। सौन्दर्य आत्मविश्वास की दीप्ति है, वह मानवात्मा को एक अनन्त प्रकाश से जगमगा देती है। डॉ. दास गुप्त सौन्दर्य बोध को मन की एक ऐसी विशिष्ट अनुभूति मानते हैं, जिसमें ज्ञान, आह्लाद तथा क्रियात्मक वृत्तियों का संयोग रहता है और जिसका स्वरूप-लक्षण उपस्थित नहीं किया जा सकता। कम-से-कम सौन्दर्य के सम्बन्ध में पुस्तकीय ज्ञान कोई सहायक मार्ग नहीं सुझा सकता।[41] कबीर पर यह कथन पूर्णतः चरितार्थ होता है। उन्होंने इसे बाह्य ज्ञान, पुस्तकीय ज्ञान से नहीं जाना, विश्वात्मा के साथ एक रूप होकर ही वह उस आनन्दमयी दशा का अनुभव करते हैं–

'ऐसा अद्‌भुत जिनि कथें, अद्‌भुत राखि लुकाई।
वेद कुरानों गमि नहीं, कह्यां न कोई पतियाई ॥'[42]

उनके मन में आकांक्षा-वेग प्रवाहित हो रहा है। इसी अस्फुट, अरूप आकांक्षा को मूर्त्त रूप दे देन पर वे सौन्दर्य की सृष्टि अथवा उसके उपभोग से आनन्दित हो उठते हैं–

'शून्य के बीच में विमल बैठक जहाँ सहज स्थान है गैब केरा।
नवौ मुक्काम यह हंस जब पहुँचिया पलक विलम्ब स्वां कियो डेरा।
तहाँ से डोरि क्रम तार ज्यों लागिया ताहि चढ़ि हंस गो दे दरेरा।
भए आनन्द से फन्द सब छोड़िया पहुँचिया जहाँ सतलोक मेरा ॥'[43]

कबीर ने साधक की तुलना सूरमा से की है—पराक्रमी वीर पुरुष से की है। प्रेम इस साधना मार्ग में उनका अपूर्व साधन है। वे प्रेम के अश्व पर संवार होने के बाद तो उस सतलोक तक पहुँचे बिना रुक ही नहीं सकते—

'कबीर घोड़ा प्रेम का चेतनि चढ़ि असवार।
ग्यांन षडग गहि काल सिरि, भली मचाई मार ॥'[44]

अद्भुत आत्मावेग का, मन की वेगवान स्थिति का कैसा प्रभावशाली चित्रण कबीर कर सकें, ऐसी ऊर्जा उनमें ही सम्भव थी, किसी ऐरे-गैरे साधक के बलबूते की यह बात नहीं थी। कबीर एक तीव्रगति वाले पक्षी की भाँति आसमान में पहुँच जाते हैं, आसमान कैसा जहाँ गगन-चन्द्र की परम ज्योति शोभायमान है—

'पंषि उड़ानी गगन कूँ, उड़ी चढ़ी असमान।
जिहि सर मंडल भेदिया, सो सरलागा कान ॥'[45]

आत्मारूपी पक्षी तीव्र वेग से शून्य आकाश में पहुँच जाता है, जिस सररूपी ज्ञान-बाण ने आकाशमंडल को आरपार कर लिया, वही नाद उन्हें सुनाई दे रहा है, वह ज्ञान-बाण उनकी श्रवणेन्द्रिय में गुंजायमान हो रहा है।

कबीर यह अभिव्यक्ति तभी कर सके हैं जब उन्हें अनुभूति हुई हो। क्रोचे के अनुसार अनुभूति और अभिव्यक्ति या तो समव्याप्त होते हैं या दोनों एक ही वस्तु हैं और पूर्णतया एकात्मक हैं। एक की सत्ता दूसरे की सत्ता है। इसी कारण जिसकी अनुभूति नहीं होती, उसका प्रकाश भी नहीं होता। अस्पष्ट संस्कारों के स्वरूप की अनुभूति न होने के कारण ही उसकी अभिव्यक्ति भी नहीं होती। किन्तु अनुभूति मात्र को अभिव्यक्ति नहीं कहा जा सकता, उसका कोई आधार अवश्य होना चाहिए, चाहे स्पष्ट ही या अस्पष्ट, व्यक्त हो या अव्यक्त। उपनिषद में वीक्षावृत्ति द्वारा एक के अनेक और अनेक के एक होने की कल्पना इसी प्रकार की गई है। क्रोचे के विचार से अभिव्यक्ति मात्र आध्यात्मिक अवस्था का प्रकाशन है। आध्यात्मिक अवस्था में या तो उसकी अभिव्यक्ति होती है या नहीं होती। कबीर कहीं-कहीं इस उलझन में फँस गए हैं, अभिव्यक्ति करके भी वे विश्वस्त नहीं हैं, इस विचित्र दुविधामय स्थिति से उबरने के लिए कबीर कह उठते हैं—

'वो है तैसा वो ही जाने, ओहि आहि आहि नहीं आने ॥'[46]

कैरिट इस दुविधामयी स्थिति को समझते थे, इसलिए उन्होंने समाधान किया कि यदि किसी सामान्यतम भाव संवेग की यथार्थ अनुभूति होती है तो वह भी सौन्दर्य के मापदंड के अनुसार सर्वोत्कृष्ट काव्य के समान श्रेष्ठ पद का अधिकारी है। सौन्दर्य के विचार से प्रमाण या प्रकारगत कोई भेद स्वीकार नहीं

किया जा सकता।[47]

कबीर सौन्दर्य-भावना विषयक इसी वस्तुस्थिति को पुनः अभिव्यक्त करते हैं, जहाँ कैरिट के कथन की पुष्टि होती है–

'कबीर देखि के किह कहौं, कहै न को पतिआइ।
हरि जैसा तैसा उही रहौ, हरखि गुन गाई ॥'[48]

निर्गुण के गुणों की अभिव्यक्ति कैसी विचित्र स्थिति है। कबीर इस प्रकार की उक्तियों द्वारा उपनिषद् वर्णित ब्रह्म के बहुत निकट आ जाते हैं, इसका प्रमुख कारण यह है कि कबीर का अन्तर्मन सदैव ही अध्यात्म के उच्चतर सोपानों की ओर बढ़ता चला गया–

'हदै छाड़ि बेहदि गया, हुवा निरन्तर बास।
कंवल ज फूल्या फूल बिन, कौं निरषै निज दास ॥'[49]

आध्यात्मिक उन्नयन की योगपरक स्थितियों का कबीर ने बड़े उत्साह से वर्णन किया है, वे उस परम पुरुष से संयुक्त होने के लिए सदैव ही उल्लसित भाव में आनन्दमय स्थिति में रहते हैं–

'तहाँ जौ राम नामं स्यौ लागै, तौ जरा मरण छूटै भ्रम भागै।
अगम निगम गढ़ रचि ले आवास, तहुँवा जोति करै परकास।
चमकै बिजुरी तार अनन्त, तहाँ प्रभु बैठे कवला कन्त।
अखंड मंडिल मंडित मंड, त्रि स्नांन करै त्रीखंड ॥
अगम अगोचर अभिअन्तरा, ताकौ पार न पावै धरणी धरा।
अरध उरध बिचि लाई ले अकास तहुँवा जोति करै परकास।
टारयौ टरै न आव जाई, सहज सुनि मैं रह्यो समाई।
अबरन बरन स्यांम नहीं पीत, होहू जाइ न गाव गीत ॥
अनहद सबद उठे झणकार, तहाँ प्रभू बैठे समरथ सार।
कदली पुहुप दीप परकास, रिदा पंकज मैं लिया निवास।
द्वादस दल अभिअंतरि म्यन्त, तहाँ प्रभु-पाडसि करिलै च्यन्त।
अमलिन मलिन धाम नहीं छाँहा, दिवस न राति नहीं है ताहाँ ॥
तहाँ न अगैं सूर न चन्द, आदि निरंजन करे अनन्द।
ब्रह्मांडे सो प्यंडे जान, मांन सरोवर करि असनांन।
सोह हंसा ताकौ जाप, ताहि न लिपै पुन्य न पाप।
काया मांहै जानै सोई जो बोलै सो आपै होई।
जोति मांहि जे मन थिर करै, कहै कबीर सो प्रांणी तिरै ॥'[50]

कबीर ने ब्रह्म की सर्वव्याप्त स्थिति को अद्वैतवादी और एकेश्वरवादी दृष्टि से अपने काव्य में प्रतिपादित किया है। ब्रह्म स्वयं प्रकाशक है अर्थात् उसमें अपने को प्रकट करने का स्वाभाविक गुण है। उसका प्रकाश व्याप्त है किन्तु उसके सत्य को जाने बिना, वह प्रकाश भी दिखाई नहीं दे सकता। कबीर ने उस प्रकाश को देखा है, उसके सौन्दर्य का अनुभव किया है, ऐसे वर्णन में कबीर भावविभोर होकर कह उठते हैं–

'नैन निहारों तुमको सबन सुनहु तुव नाम।
बेंन उचारहु तुव नाम जो चरन कमल रिद ठाउ ॥'[51]

निस्सन्देह कबीर नेत्रों और श्रवणों से उस सौन्दर्य का रसपान करते हैं। पाल वर्ले भी इसी कोटि का कवि था, जो चाक्षुष अनुभूतियों को श्रव्य बिम्बों के माध्यम से और नादानुभूतियों को चाक्षुष बिम्बों के माध्यम से उपस्थित करने की कला में दक्ष था।[52] यह ऐन्द्रिय प्रतीति का मिश्रण प्रधानतः तीन प्रकार का होता है–प्रत्यक्षात्मक, धारणात्मक और मानसिक।[53] श्रव्य और दृश्य में एक अन्तःसम्बद्ध है। यह मनोविज्ञान का विषय है जिसे 'सिनेस्थेसियां' का सिद्धान्त कहा गया है।[54] सौन्दर्यशास्त्री बादलेयर ने स्वेडनबर्ग के प्रभाव से इसी के सदृश कारेस्पांडेंस तद्नुरूपता या संवादिता का सिद्धान्त दिया।[55] इस प्रकार भावन की आवृत्ति से बने संस्कारों के कारण हमारी इन्द्रियों के बोध में विनिमय या विपर्यय-सा होता रहता है। कुछ विद्वानों का यह मत है कि सुन्दर प्रत्यक्ष अनुभूति का गुण है। यह प्रत्यक्ष अनुभव है जिसे हमारी बोधेन्द्रियाँ ग्रहण करने में समर्थ होती हैं। सौन्दर्य इन्द्रियबोध है। यह मत aethesis शब्द पर बल देता है जिसका अर्थ है प्रत्यक्षीकरण का आनन्द।[56] कबीर भी इस प्रत्यक्षीकरण का आनन्द लेते थे, इसलिए उन्होंने किसी-न-किसी प्रकार अपने अनुभव को प्रत्यक्ष करने का प्रयत्न किया है–

आदि अनन्त उभै पख निरमल, द्रिष्टि न देख्या जाई।
ज्वाला उठि अकास प्रजल्यौ, सीतल अधिक समाई ॥[57]

कबीर उस सौन्दर्य को श्रवण द्वारा भी ग्रहण करने में समर्थ हैं, एक अनुपम यन्त्र की ध्वनि हो रही है जिसकी तुमुल शब्द ध्वनि आकाश में हो रही है, सुर की नली, सुरति का तबला है, यह वाद्ययन्त्र साज सद्गुरु ने बनाया है–

'जंगी जंत्र अनूपन बाजै; ताकौ सबद गगन मैं गाजै।
सुर की नालि सुरति का तूम्बा, सतगुर साज बनाया।
सुर नर गण गंध्रप ब्रह्मादिक, गुर बिन तिनहुँ न पाया।'[58]

सब मिलाकर यह एक सहज दृश्य-विधान है, आनन्द, उल्लास व आश्चर्य से परिपूर्ण। हमारी इन्द्रियाँ, चक्षु अथवा कान हमें केवल संवेदन के रूप में उत्तेजनाएँ ही देती हैं, किन्तु मन उत्तेजना के इन प्रवाहों को 'वस्तु' रूप देता है। कवि अथवा कलाकार इस भौतिक जगत-व्यापार से परे एक कल्पनामय अलौकिक संसार में एकान्त विचरण करता रहता है, एक ऐसे भावात्मक इन्द्रियातीत संसार में जो इस यथार्थ और स्थूल संसार से अलग होता है, जिससे उसकी चेतना में रहस्यपूर्ण विचारों का स्फुरण होता रहता है अथवा जो इन अनुभवातीत विचारों का अन्तःस्रोत होता है। इस प्रकार के अनुभवों को शब्दांकित करने में प्रायः बहुत कठिनाई होती है। कवि के भावों में एक व्यक्तिगत स्फुरण का गुण, विशेषता होती है, अर्थवत्ता होती है जो सामान्य तर्क-वितर्क की परिधि से बाहर होती है। यह विशेषता प्रायः सौन्दर्य को गुह्यता की भावना द्वारा अधिक प्रांजल बना देती है, कबीर ऐसी अर्थवती कल्पना करने में अपनी तुलना नहीं रखते–

'जहाँ न चींटी चढ़ सकै, राई न ठहराई।
मन पवन का गमि नहीं, तहाँ पहुँचे जाई ॥'[59]

गुह्य-स्निग्धता का ऐसा मनोरम अलौकिक चित्रण कबीर का ही कौशल हो सकता है, कैसे विचित्र लोक का वर्णन, आत्मस्थिति का वर्णन उन्होंने किया है। आत्मरस कबीर का रसायन है, वह नवोन्मेष, नव-जीवन, नवस्फूर्ति प्रदान करता है, परमब्रह्म का सान्निध्य कैसा आह्लादकारी, रोमांचकारी होगा, कबीर इस भावस्थिति मनोदशा की भी एक झलक प्रस्तुत करते हैं–

'सबैरसायण में किया, हरि सा और न कोइ।
तिल एक घट में संचरै, तौ तव तन कंचन होई ॥'[60]

सौन्दर्य का अनुभव और साक्षात्कार पानक-रस के समान अनिवर्चनीय होता है। सौन्दर्य की उपलब्धि आन्तर और बाह्य दोनों ही प्रकार से मानी जा सकती है, कवि के मन में एक प्रकार का आकांक्षा-वेग रहता है और वह उसी की अभिव्यक्ति को विभिन्न प्रकार से करने का प्रयत्न करता है। अपनी अस्फुट, अरूप आकांक्षा को मूर्त्तरूप दे देने पर वह सौन्दर्य की सृष्टि अथवा उसके उपभोग के आनन्द से आनन्दित हो उठता है, 'आदर्श के अनुरूप चित्र बनते ही जब बहिर्मूर्ति के साथ अन्तर्मूर्ति की एकता स्थापित हो जाती है तभी इस प्रयत्नसिद्धि के रूप में सौन्दर्य-सृष्टि तथा सौन्दर्योपलब्धि का आनन्द प्रकट होता है।' कवि सृष्टि या कला सृष्टि जाग्रत चेतन मन की देन नहीं है, बल्कि वह उपचेतन पर पड़ी छवियों का चेतन मन के सहारे बुद्धि, ज्ञान तथा भाषा के माध्यम से अव्यक्त का व्यक्त रूप है। पंडितराज के 'अनुसन्धानात्मक भावना-विशेषः' कहने का

तात्पर्य यही है।[61]

कबीर भी ब्रह्म के सौन्दर्य का अनुसन्धान निरन्तर करने का प्रयत्न करते रहते हैं, अस्फुट भावनाओं को सहज ही व्यक्त करके वह एक सहसंवेदनात्मक संश्लिष्ट बिम्ब-विधान करते हैं जिसमें मानसिक आवेग, संवेदन, अनुभूति तथा प्रतीतियों का मिश्रण रहता है–

'गगन गरजि मध जोइए, तहाँ दीसै तार अनन्त रे।
बिजुरि चमकि घन बरिषहै, तहाँ भीजत है सब सन्त रे ॥
षोडस कंवल जब चेतिया, तब मिलि गए श्री बनवारि रे।
जुरामरण भ्रम भाजिया, पुनरपि जनम निवारि रे ॥
गुर गमि तैं पाइ ए झंषि सरे-जिनि को इ रे।
तहीं कबीरा रमिरहया–सहज समाधि सोइ रे ॥'[62]

जिस कलाकार में अतिशय भावुकता और आत्मनिष्ठता रहती है, वह सहसंवेदनात्मक संश्लिष्ट बिम्बों के सृजन में अपेक्षाकृत अधिक समर्थ होता है। ... अधिक स्पष्टता के लिए हम कह सकते हैं कि सहसंवेदनात्मक संश्लिष्ट बिम्बों में संवेदनों का गाढ़ धनीकरण रहता है तथा विभिन्न इन्द्रिय बोधों का सम्मिश्रण भी।[63] शुक्ल जी ने काव्य की दृष्टि से तीन प्रकार के बिम्ब विधान माने हैं–प्रत्यक्ष रूपविधान, स्मृत रूपविधान और कल्पित रूपविधान। कबीर में कल्पित बिम्ब-विधान ही उनके सौन्दर्य दर्शन की सबसे अधिक सहायता करते हैं–

'पुहप बिनां-एक तरवर फलिया, बिन कर तूर बनाया।
नारी बिना नीर घट भरिया, सहज रूप सो पाया ॥'[64]

हमारे अन्तर में निरन्तर एक स्वतन्त्र भाव व्यापार चला करता है, जो अनेक आकांक्षाओं और विशेष वृत्तियों को जन्म देता है जिसमें उसका आत्मलाभ अथवा आत्मपरिचय घटित होता है। साधकों में यह ध्यान स्थिति होती है, मन के विकार शून्य होने पर ही यह स्थिति उत्पन्न होती है 'जहाँ चित्त् को लगाया जाय, उसी में रति का अखंडित रूप में एकतार चलना, ध्यान है।'[65] ध्यानावस्थित साधक की सभी वृत्तियाँ अन्तर्मुखी हो जाती हैं, कबीर ने इसे उलटी समाधि, उलटी चाल का नाम दिया है, ब्रह्म के दर्शन का यह एक साधन है, प्रक्रिया है, वह अपने स्वरूप को पहचान लेता है, अपने स्वरूप का विस्तार कर लेता है, जिसे सैल्फ रियलाइजेशन कहते हैं, सौन्दर्यानन्द इसी प्रकार की ध्यान स्थिति है। इस प्रकार सौन्दर्य का आन्तरिक सम्बन्ध हमारे उपचेतन से है। सुन्दर वस्तु के साथ हमारे सम्बन्ध की स्थापना का नाम ही 'अनुसन्धान' है। सुन्दर वस्तु के साथ दृढ़ आत्मपरिचय ही हमारे आनन्द का कारण होता है। अप्रत्याशित वस्तु की प्राप्ति

आनन्द उत्पन्न करती है–

> **'अब मैं पाइबो रे पाइबो ब्रह्म गियान,**
> **सहज समाधें सुख में राहबो कोटि कलप विश्राम ॥**
> **गुरु कृपाल कृपा जब कीन्ही, हिरद कंवल बिगासा।**
> **भागा भ्रम दसों दिस सुझ्या, परम जोति प्रकासा ॥'**[66]

ब्रह्म की अनुभूति अनन्त आनन्द भाव को प्रदान करने वाली है, अनन्त युगों की क्लान्ति दूर हो जाती है, सभी विकार और द्वन्द्व दूर हो गए, यही परमानन्द की अगम्यस्थिति है। सौन्दर्याभिव्यक्ति का यह कैसा विचित्र रूप है, अनुभव है, वह सीम, असीम, धारणामय और धारणारहित दोनों ही रूपों में अभिव्यक्त हो रहा है। लुई आर्नोल्ड रीड के अनुसार यह और कुछ भी नहीं अनुभूति की अभिव्यक्ति है, श्रेष्ठ अभिव्यक्ति में सौन्दर्य होता ही है। इस प्रकार की अभिव्यक्ति अथवा रहस्योद्‌घाटन के दो स्तर होते हैं यद्यपि उनका आधार एक ही होता है। प्रथम स्तर है साधारण अनुभूति, विचार का, जिसमें रूपाकार का वर्णन, वर्ण, आधार, बिम्ब, धारणा का है। दूसरा स्तर परमतत्त्व के विभिन्न आयामों का है, जिससे एक सौन्दर्यपरक अर्थ का उद्‌घाटन होता है, ज्योति जो नहीं थी, न सागर था, न पृथ्वी।[67] आधेय रहित कैसी विचित्र अभिव्यक्ति होगी, कबीर तो सब ही अनुभवों पर पार पा लेते हैं–

> **'समद नाहीं सिषर नाहीं, धरती नाहीं गगनां।**
> **रवि ससि दोउ एकै नांही, बहता नांही पवनां ॥'**[68]

उपनिषद् में भी इसी प्रकार का वर्णन मिलता है। वहाँ न तो सूर्य प्रकाशित होता है, न चन्द्रमा ही और न तारागण ही चमकते हैं। वहाँ विद्युच्छटाएँ भी नहीं झमझमातीं। यह लौकिक अग्नि उसी के प्रकाश से प्रकाशित होती है। उसी से प्रकाशित होने पर उसी प्रकाश से सभी वस्तुएँ प्रकाशित होती हैं और उसी के प्रकाश से यह सम्पूर्ण जगत प्रकाशित हो रहा है।[69]

सौन्दर्य पूर्णता है, सत्य है, अविकारी, रस रूप है। कबीर ने ब्रह्म का सौन्दर्य वर्णन इसी भावना से किया है।

कबीर ने संसार में उस परमतत्त्व के ज्योति रूप सौन्दर्य का प्रस्फुटन ही सर्वत्र देखा है। इस वर्णन में सहज यानी सहज ब्रह्मवाद, सूफियों का तसव्वुफ प्रेरित एकेश्वरवादी नूरवाद भी मिलता है। वैष्णवों का पौराणिक प्रभाव भी इसमें दृष्टिगोचर होता है। इनका ब्रह्म-वर्णन एकेश्वरी अद्वैतवादी होते हुए भी सर्वात्मवाद और परात्परवाद के अधिक समीप है। कबीर में सर्वत्र अव्यक्त निर्गुण ब्रह्म का ही वर्णन मिलता है। जहाँ कहीं भी ब्रह्म का व्यक्त रूप मिलता है उसका कारण

उनकी भक्तिभावना है। भक्त की तात्विक दृष्टि, सौन्दर्य को उसके पीछे छिपी एक अनन्त सौन्दर्य-निधि में देखती है।...उस सौन्दर्य-स्रोत से जो सुन्दरता की धाराएँ चारों ओर प्रवाहित हो रही हैं, उन्हीं को ग्रहण करके विश्व के नाना पदार्थ सुन्दर बने हुए हैं। भक्त इसी हेतु इस समस्त सौन्दर्य प्रसार के पीछे-छिपे उस परम सुन्दर की उपासना करता है।[70] कबीर ऐसे भक्ति विह्वल भाव से आत्मविभोर होकर उसकी रूपराशि का आनन्द लेने लगते हैं–

'पुनिम विमल ससि भास बसंता, दरसन जोति मिले भगवन्ता।'[71]

भक्त की समस्त इन्द्रियाँ उसी में केन्द्रित हो जाती हैं। वह अपनी अन्तरात्मा में केवल उस ब्रह्म को ही देखता है, सुनता है और उसके चरण-कमलों में ही उसका हृदय स्थित हो जाता है। भक्ति साधक को निर्मलता प्रदान करती है–

'निरमल निरमल राम गुण गावै; सो भगता मेरे मनि भावै ॥'[72]

आनन्दमय कोष का सम्बन्ध भक्ति से ही है। आनन्द न तो सत् के प्रसार में है, अर्थात् प्रकृति के प्रपंच में है और न चित्त अर्थात् जीवन के ज्ञान-प्रयत्न में। वह सत् और चित्त दोनों से पृथक आनन्द रूप परमेश्वर में है। ऐसा अनुभव होने पर भक्त को समस्त क्रियाएँ उसी परम सत्ता से अनुप्राणित होती हुई प्रतीत होने लगती हैं। भक्त मानव की सहज बुद्धि, स्वाध्याय से उत्पन्न ज्ञान, सदाचार, कलाप्रियता, सुन्दरता और मनन तथा निदिध्यासन के अन्तिम लक्ष्य का केन्द्र अपने भगवान को ही मानती है। कबीर में, निर्गुणोपासक होते हुए भी रूप की अभिव्यक्ति तथा गुण-कीर्तन इस भक्ति भावना के अतिरेक के कारण है। भक्त दिव्य-आलोक से स्फुरित होकर भी पूर्ण दिव्य नहीं हो पाता, वह दिव्यता परमतत्त्व का अंश ही होती है। सच्चा-साधक विकार-जन्य तत्त्वों को इसी दिव्यता में परिवर्तित कर देता है। ज्ञान साधक के अन्दर दैवी स्फुलिंग को ज्योतित कर देगा, पर उसे दिव्य नहीं बना सकेगा। साधक स्वयं दिव्यता का एक कण है, जो पूर्ण बनने के लिए लालायित हो रहा है।[73] भगवद्भक्ति साधक को दिव्यता के स्रोत से संयुक्त कर देती है। प्रभु अपने भक्त की अपनी दिव्य धाराओं से ऐसा आर्द्र, ऐसा सराबोर कर देते हैं कि उसका अंग-अंग दिव्यता से दमकने लगता है। यही स्थिति साधक की सौन्दर्यानुभूति की होती है। आर्थर शोपेनहावर ने कहा है कि सौन्दर्यानुभूति का आनन्द हमेशा विरक्त और निष्काम होता है। सौन्दर्यानुभूति के क्षणों में व्यक्ति स्वयं को वस्तु में और वस्तु को अपने में देखता है। एक अर्थ में वह वस्तु से तादात्म्य स्थापित कर लेता है। वह अपना व्यक्तित्त्व खो देता है। तब इच्छा का जगत मिट जाता है, सिर्फ प्रत्ययों का जगत शेष रह जाता है।[74] कबीर का साधक रूप भक्ति भावना में इसी स्थिति का अनुभव करता है–

'कहै कबीर मैं पूरा पाया सब घटि साहिब दीसा।'[75]

कबीर ने ब्रह्म की सौन्दर्यभावना का मूलस्रोत उसकी विलक्षणता को ही माना है, वही उसकी सर्वोपरीयता तथा श्रेष्ठता है, जहाँ सूर्य और चन्द्र उदय नहीं होते, वहाँ मैंने पूर्ण आनन्द का दर्शन किया है, यदि मैं उस पूर्ण तत्त्व से लौ लगाऊँगा तो पुनः कर्म बन्धन वंश इस नश्वर संसार में नहीं आऊँगा–

'जहाँ ऊगै सूरन चन्दा, तहाँ देख्या एक अनन्दा।
उस आनन्द सूं लौ लाऊँगा, तौ मैं बहुरिन भोजलि आऊँगा।'[76]

सौन्दर्य मनुष्य की जिज्ञासा का परित्याग है, उसने मूल सत्य को, आदि तत्त्व को जानने का प्रयत्न किया। इस सृष्टि के आरम्भ में क्या था? वेदों में इस जिज्ञासा का समाधान विभिन्न प्रकार से किया गया है। ऋग्वेद के नासदीय सूक्त में इसका वर्णन किया गया है–

'नासदासीन्नो तदासीत्त दानी नासीद्र जो नो व्योमा परोयत्।'[77]

जो कुछ है सो पहले नहीं था, जो कुछ नहीं है सो भी नहीं था। न पृथ्वी थी, न आकाश था, न उससे परे स्वर्गलोक। कबीर भी इस जिज्ञासा भावना का सहज समाधान देते हैं–

'अगम अगोचर गमि नहीं, तहाँ जगमगै जोति।'[78]

इस सौन्दर्यानुभव को और भी अधिक स्पष्ट करते हुए वह कहते हैं–

'सूरं मन सम्भाणों चन्द में, दहूँ किया घर 'एक'।
मन का च्यंता तबमया, कछू पूरबला लेख॥'[79]

यह अनुभव सबके लिए सम्भव नहीं है। हीगेल के अनुसार परमतत्त्व के अनुभव के लिए प्रमाता में निर्वैयक्तिकरण की क्षमता होनी चाहिए। कांट ने इस अवस्था को आसक्तिहीन आसक्ति कहा है।[80] इन्होंने कलानुभूति को प्रत्यक्ष जीवनानुभूति से सर्वथा विलक्षण और असम्पृक्त माना है। इनका सौन्दर्य-सिद्धान्त सुन्दर वस्तुओं के अनुभवपरक अध्ययन की उपज नहीं है। कांट रूपवादी थे।[81] इनके रूपवाद के दो आधार हैं–

1. सौन्दर्य की प्रयोजनहीन प्रयोजनीयता (Purposiveness without purpose) के रूप में व्याख्या और 2. मुक्त अथवा शुद्ध सौन्दर्य का आश्रित या अनुबद्ध सौन्दर्य में भेद-निरूपण। कांट ने प्रयोजन हीन प्रयोजनीयता में भासित होनेवाले विरोध को इस प्रकार समझाया है कि किसी वस्तु में प्रयोजनीयता का वह

रूप विशेष है जो किसी अन्य प्रयोजन के उपस्थापन से भिन्न रूप में ग्रहण किया जाए। कला निष्प्रयोजन इस अर्थ में होती है कि किसी फूल या प्रकृति-चित्रण का प्रयोजन अपने सौन्दर्य का आस्वादन कराना भी नहीं होता और सप्रयोजन इस अर्थ में कि वह अपने रूप-गुण से कल्पना बोध के मध्य एक प्रकार का सामरस्य स्थापित करती है जिसके अन्तर्गत कल्पना के द्वारा ऐन्द्रिय संवेदन संश्लिष्ट होते हैं और बोध के द्वारा ज्ञान व्यवस्थित होता है। सौन्दर्य उक्त सामरस्य की सिद्धि केवल अपने रूप के माध्यम से करता है। इसलिए 'आस्वाद के स्वरूप-निर्णय का एकमात्र और मूल आधार वस्तु का रूप होता है।'[82]

सामरस्य की यह स्थिति अहंकार रहित व्यक्ति अथवा योगियों को ही प्राप्त होती है। कबीर ने इस विचार को व्यक्त किया है किन्तु समस्या यह है कि क्या किसी कलाकृति के रूपमात्र को उसके विषय-अन्तर्वस्तु से पृथक् करके देखा जा सकता है। कविता में इस प्रकार का विभाजन सम्भव नहीं है। वस्तु और रूप का अविभाज्य सम्बन्ध होता है और काव्य एक संघटित इकाई के रूप में भावना का विषय होता है। ऐसी स्थिति में रूप को विषय से अलग करके देखना सौन्दर्यानुभूति की समृद्धि का, घनता का अपहरण करना है। रूसी कलाकार मार्क चागल (Marc Chagall) ने कला को आत्मा की एक स्थिति विशेष कहा है। वे लिखते हैं कि मनुष्य एक वृक्ष की भाँति है। जिसका मूल उसके देश की भूमि में होता है। उसकी शाखाएँ समस्त संसार में फैल जाती हैं। हाँ, बहुत से वृक्ष ऐसे भी होते हैं जो अर्द्ध में बीच में लटकते हैं और दूसरे जल में स्थित होते हैं, किन्तु सर्वश्रेष्ठ फल तो उन्हीं के होते हैं जो ठोस धरातल पर स्थित होते हैं, जिनकी जड़ें ठोस धरातल में होती हैं।[83]

कांट ने अपनी परिभाषा में दोष का अनुभव करके सौन्दर्य के दो वर्ग करके उनमें भेद किया। 1. मुक्त या शुद्ध सौन्दर्य, जिसकी अभिव्यक्ति के सम्बन्ध में वस्तु की अवधारणा नहीं होती, 2. आश्रित या अनुबद्ध सौन्दर्य जिसमें वस्तु ही नहीं बल्कि वस्तु के आदर्श रूप की भी अवधारणा होती है। कबीर अपनी सौन्दर्यानुभूति में इस विरोध की स्थिति का सामना करते हैं। ब्रह्म सीम भी है, असीम भी है, स्थूल भी है, अस्थूल भी है, द्रष्ट भी है, अद्रष्ट भी है। वह समस्त सृष्टि में व्यक्त होकर भी अव्यक्त है। वह मुक्त और शुद्ध सौन्दर्य का भी वर्णन करते हैं जिसकी अभिव्यक्ति करते हुए वस्तु की अवधारणा नहीं होती और आश्रित अथवा अनुबद्ध सौन्दर्य भी मिलता है जिसमें वस्तु की नहीं बल्कि आदर्श रूप की अवधारणा भी होती है। यद्यपि कांट के इस सिद्धान्त को मानने से सौन्दर्यानुभूति के भाव-तत्त्व की हानि होती है। वे काव्य में बौद्धिक तत्त्व को मान्यता देते हैं। उनके अनुसार काव्यगत सौन्दर्य अनुबद्ध सौन्दर्य होते हुए भी श्रेष्ठ इसलिए है कि वह आध्यात्मिक दृष्टि से सौन्दर्य के शुद्ध रूपों से अधिक

समृद्ध होता है। वह सौन्दर्य सम्बन्धी विचारों को मूर्त्त रूप देता है।

कांट ने सौन्दर्यानुभूति की भी चर्चा की है। उनके अनुसार यह भावना केवल आनन्द (Pleasure) है, जो कलाकृति के आस्वादन के क्षणों में भावक की मनःस्थिति की द्योतक है। परन्तु भाव और अध्यात्म की दृष्टि से किसी समृद्ध कविता को पढ़ते समय पाठक के मन में होनेवाली भाव सबलता से इसका कोई सम्बन्ध नहीं, यह अनुभव लौकिक अनुभव माना जाए या लोकभिन्न। यदि यह लोकभिन्न है तो इसकी स्वरूप व्याख्या किस रूप में की जाए। कबीर तो इस अनुभव को लोकभिन्न मानते हुए भी इसे लौकिक धरातल प्रदान करने में सफल हुए हैं, क्योंकि कबीर की काव्य भावना का अधिकांश व्यावहारिक जीवन और उसके अनुभवों से सम्बद्ध था। वह कागद की लेखी को नहीं, आँखों की देखी को मान्यता देते हैं। कांट की भाँति कबीर ने एक अतिवाद का विरोध दूसरे अतिवाद से किया है। किन्तु कांट की भाँति कबीर यह नहीं भूले कि ऐन्द्रिय और भाव-संवेदनों से सर्वथा असम्पृक्त केवल रूप के आस्वादन का कोई अर्थ नहीं होता। इसलिए उन्होंने ब्रह्म का वर्णन करते हुए भाव-संवेदन को मुख्य माना है।

यहीं एक प्रश्न उस अनुभूति का आता है जो सौन्दर्यानुभूति बन जाती है, कैसे? क्या इसकी कोई विशेष प्रक्रिया है? कोई विलक्षणता है? कबीर तो इसे सहज मानते हैं किन्तु इसका अनुभव सहज नहीं है। उन्होंने परचा कौ अंग, निहकर्मी, पतिव्रता कौ अंग, सूषिम मारग कौ अंग, सहज कौ अंग, साथ कौ अंग, सूरातन कौ अंग, उपजणि कौ अंग में इस अनुभव का विशद वर्णन किया है। निगुणा कौ अंग में परमतत्त्व की अनुभूति के आनन्द का बहुत ही सुन्दर वर्णन किया गया है–

'झिरिमिरि झिरिमिरि बरषिया, पांहण ऊपरि मेह।
माटी गलि सैजल भई, पांहण वो ही तेह ॥'[84]

यह आन्तरिक सौन्दर्य आनन्द का वर्णन है जो अपने भाव-स्पर्श से कोमलता, मृदुलता, स्निग्धता तथा शुभ्रता को जन्म देता है। यद्यपि कबीर ने उस सहज को अभिव्यक्ति देकर बोधगम्य बनाने का प्रयास किया है किन्तु कुछ-न-कुछ ऐसा रह जाता है जिसे सहृदय पा लेने की इच्छा रखता है जान लेने की कामना करता है–

'सुनि अस्थूल रूप नहीं देखा, द्रिष्टि अद्रिष्टि छिप्यो नहीं पेखा ॥'[85]

कैसी विचित्र दुविधामयी स्थिति है। अनुभूति का तत्त्व असमंजस में डाल देता है, इसके लिए आत्मा के नेत्र चाहिए।[86] सौन्दर्यानुभूति अपनी विलक्षणता में आत्मबोध है।[87] सौन्दर्य मानवीय वृत्तियों को एकाग्र करके चित्त का विकसन करता है।

सौन्दर्यानुभूति में रचनात्मक अनुभव अथवा अनुभूति होती है, क्योंकि उसमें संवेदन या बिम्ब ग्रहण, प्रत्यक्षण या मानसिक भावन-अनुभावन और अभिप्रेरण या बहुस्रोतात्मक उद्दीपन से प्रभाव-वृत्त मानसिक घटनाओं का सर्वयोग बनकर अन्तश्चेतना में समाकलित होता है।[88] यह एक ऐसी अनुरूपता अथवा किसी अस्तित्त्वमान या मूर्त्त की अमूर्त्त मानसिक अभिग्राह्यता है जो पूरी तरह विचार की पकड़ में नहीं आती। भारतीय दर्शन में ब्रह्म की अनुभूति ऐसी ही है–

'है हजूरि क्या दूर बतावै,
दुंदर बांधे सुन्दर पावै।'[89]

यह निर्विकार, निष्काम स्थिति है जब सभी मलावरण दूर होकर शुभ्र सौन्दर्य के दर्शन होते हैं।

अनुभूति के भाव को स्पष्ट करते हुए डॉ. नगेन्द्र लिखते हैं, "पदार्थ के सन्निकर्ष से, इन्द्रियों के माध्यम से, मन में जो एक बिम्ब या आकार उत्पन्न हो जाता है, वह 'भूति' या 'भव' है और उसके परिणामस्वरूप आत्मा में जो अनुवर्ती चेतना जाग्रत होती है वही 'अनुभूति' या 'अनुभव' है।"[90] यह साहित्य-रचना की प्रक्रिया में चेतन स्तरीय और अचेतन-स्तरीय दोनों होती हैं। अतः इस संवेदनात्मक या संवेद्यज्ञानानुभव के आविर्भाव में दीप्ति स्फुरण या कौंध–अर्थात् उन अभिघटकों की अपेक्षाओं से परे, तात्कालिक और स्वयंचालित कहे जा सकते हैं। यही कारण है कि क्रोचे, बर्गसां और जाक़ मारिता जैसे स्वयं प्रकाश ज्ञानवादी, आत्माभिव्यंजनावादी या अध्यात्मवादी विशुद्ध तथा सहज रचनात्मक अनुभूति, अर्थात् विचार और तर्क के प्रदूषणों से बचे हुए उसके खालिस रूप ही को तमाम कलाओं का सारसर्वस्व अथवा साधन एवं साध्य दोनों समझ बैठते हैं। यह समझ एकांगी है, लेकिन रचनात्मक अनुभूति को महत्त्वांकित अवश्य करती है।[91]

इस विषय में कबीर की मान्यता अध्यात्मवादियों से मिलती है। उनका ब्रह्म तर्क और वाद-विवाद से परे है, वह अनुभूति जन्य है, जो उसका अनुभव करता है, वही उसे जान सकता है, अन्य व्यक्ति नहीं; न ही उसे किसी दूसरे को सम्प्रेषित किया जा सकता है–

'कथता बकता सुनता सोई, आप विचारै सो ग्यानी होई ॥'[92]

कबीर साहब दार्शनिक नहीं थे। वह अपने को अशिक्षित घोषित करते हैं, किन्तु ब्रह्म अनुभूति के विषय में वह विद्वानों की बात, ग्रन्थ, वेद-कितेब शास्त्र किसी को भी इस अनुभूति के क्षेत्र में उपयोगी नहीं मानते हुए, वे कितनी सार्थक अभिव्यक्ति करते हैं–

'रे दिल खोजि दिलहर खोजि, ना परि परेसांनी मांहि।

× × ×

'कुराना कतेबाँ अस पढ़ि-पढ़ि, फिकरि या नहीं जाइ।
टुक दभ करारी जे करै, हाजिरां सुर खुदाई ॥'[93]

इस रहस्य को प्रेम द्वारा ही जाना जा सकता है। जो प्रेम के सत्य को जान लेता है वही परम सौन्दर्य से आभासित हो उठता है। वह उसकी सोंधी-सोंधी सुगन्ध का अनुभव करके उल्लसित हो उठता है–

'कबीर बादल प्रेम का, हम परि बरष्या आइ।
अंतरि भीगी आत्मां, हरी भई बनाराई ॥'[94]

सौन्दर्य आन्तरिक जड़ता को दूर कर देता है। ब्रह्म का अनुभव भी अन्तरात्मा को चैतन्य और आह्लादित कर देता है। सम्भवतः सौन्दर्यशास्त्र की दृष्टि से सौन्दर्यानुभूति की यही वह स्थिति है जिसे हीगेल ने विलक्षण कहा है, किन्तु उसका आधार भिन्न है, वह निरपेक्ष चेतना की प्रतिष्ठा करते हुए–1. कला, 2. धर्म, 3. दर्शन–मानव चेतना के तीन सोपान मानते हैं। इन्होंने सौन्दर्य को निरपेक्ष चेतना का पर्याय माना है, किन्तु सौन्दर्य का बोध कराने वाली कला को उसके समान नहीं मानते क्योंकि कला ऐन्द्रिय विषयों के माध्यम से उस निरपेक्ष चेतना का बोध कराती है। बोध के स्तर पर इस सौन्दर्यानुभूति के तीन स्तर हैं–1. ऐन्द्रिय, 2. अतीन्द्रिय, 3. बौद्धिक। इनमें विलक्षण का सम्बन्ध अतीन्द्रिय स्तर से है। हीगेल के अनुसार सौन्दर्यानुभूति बुद्धि के नीचे और ऐन्द्रिय बोध से ऊपर स्थित है। क्रोचे भी इस विलक्षण अनुभूति का समर्थन करते हैं। वे कलानुभूति को प्रातिभज्ञान पर आधारित मानते हैं। कांट और हीगेल से भिन्न क्रोचे का प्रातिभज्ञान मानव-चेतना का सर्वोच्च रूप है। वह कलानुभूति को ऐन्द्रिय बोध और बौद्धिक ज्ञान से विलक्षण ही नहीं बल्कि ऊपर मानते हैं।[95]

सौन्दर्यानुभूति अतीन्द्रिय है। भारतीय आचार्यों का भी यही मत है, क्योंकि कला वस्तु के प्रति हमारी प्रतिक्रिया लौकिक प्रत्यक्ष ऐन्द्रिय संवेदनों से भिन्न प्रकार की होती है। उनके इस चिद्विशिष्ट भाव या भावविशिष्ट चित्त् कहने के मूल में यही रहस्य है। यह परम यौगियों के निर्विकल्प और लौकिकों के सविकल्प ज्ञान, दोनों से भिन्न स्वसवदन सिद्ध रूप है। अभिनवगुप्त ने भी इसे हीगेल के समान मानव अनुभव के ऐन्द्रिय और बौद्धिक स्तरों से विलक्षण अतीन्द्रिय स्तर पर प्रतिष्ठित किया है।

यह विलक्षण अतीन्द्रिय अनुभव ही, यह प्रस्फुरण ही कबीर के काव्य सौन्दर्य की आत्मा है, उसकी रचना प्रक्रिया की भव्यता है, किन्तु कबीर इस सन्दर्भ में स्वयं प्रकाश्य ज्ञान को ही महत्त्व देते हैं। कबीर पर वेदान्त दर्शन तथा

औपनिषदिक चिन्तन का प्रभाव था। उपनिषद् अथवा प्राचीन साहित्य में कहीं पर भी सुन्दर का स्वरूप निश्चित करने का प्रयत्न नहीं किया गया है। यूनानी चिन्तन में प्लेटो ने ही सबसे पहले सत्य, शिव तथा सुन्दर की सौन्दर्य की दृष्टि से एकता सिद्ध करने का प्रयत्न किया था। आधुनिक काल में बॉम गार्टन ने इस विचार का पोषण किया।

कबीर का सौन्दर्य रूपाकार, वस्तुनिष्ठ की भावना से नितान्त अलग है। उस अनुभव की अभिव्यक्ति की समस्या है–

'भारी कहौं त बहु डरौं, हलका कहूँ तौ झूठ।
मैं का जाणूँ राम कूँ, नैनूँ कबहूँ न दीठ ॥'[96]

लेकिन उनकी यह संवेदना अत्यन्त तीव्रगति से भावुक रूप धारण कर लेती है–

'कबीर रेख स्यंदूर की, काजल दिया न जाई।
नैनूं रमइया रमि रहया, दूजा कहाँ समाई ॥'[97]

कबीर उमड़-घुमड़ कर फिर कुछ कहना चाहते हैं–

'जाकै मुँह माथा नहीं, नहीं रूपक रूप।
पुहुप बास थैं पातरा, ऐसा तत अनूप ॥'[98]

यह विरोधाभासात्मक दुविधा ही उन्हें बार-बार द्वन्द्व की स्थिति से निकालकर पुनः वैचित्र्य में डाल देती है। यह मनःस्थिति अव्याख्येय है, अदृष्ट की सुगन्ध का कैसा मधुर और विचित्र अनुभव है, सम्भवतः यही हीगेल का विलक्षण हो। जो सर्वत्र व्याप्त है, कण-कण में विद्यमान है, समस्त सृष्टि का प्राणतत्त्व है, सर्वत्र दृश्यमान है, उसी का रूप वर्णन न किया जा सके, इसका कौन विश्वास करेगा। लावण्य का प्रबोधन आत्मा का रम जाना है। वास्तव में सौन्दर्यबोध मन की एक विशिष्ट स्थिति है। यह विशिष्ट ही अतीन्द्रिय बन गया है। लाइनबनीज के अनुसार इसमें मुग्ध करने की कल्पनातीत शक्ति है। मनुष्य भावोत्तेजना से मदमस्त हो जाता है, सम्पूर्ण सौन्दर्य उसी की रोशनी से निःसृत होता है, परन्तु उस रोशनी को देख पाना कितना दुर्गम है, यह साधक ही जान सकता है, वह नूर का महल है। सौन्दर्य कहे जाने वाले ईश्वर का प्रकाश अस्पष्ट, धुँधला और उलझन युक्त ज्ञान होता है। यह अतीन्द्रिय इसी अर्थ में था कि विशुद्ध बौद्धिक अनुभव की अपेक्षा अधिक भावमय और ऐन्द्रिय अनुभव या लौकिक मनोविकार की अपेक्षा सूक्ष्म और अतीन्द्रिय है। इस विशिष्ट बोध के साथ ज्ञान, आह्लाद एवं क्रियात्मक वृत्तियाँ जुड़ी हुई हैं। अतएव इस अनुभव का तटस्थ लक्षण देना सम्भव

नहीं है। उसका स्वरूप लक्षण उपस्थित नहीं किया जा सकता। जो ऐसा प्रयत्न करता है, कबीर की दृष्टि में वह अज्ञानी और मूर्ख है–

'लोग कहैं गोबर धन धारी,
ताकौ मोहि अचम्भौ भारी ॥ टेक ॥
अष्ट कुली परबत जाके पग की रैना, सातों सायर अंजन नैनां ॥
ए उपमां हरि किर्ती एक ओपै, अनेक मेर नरव उपारि रोपै ॥
धरनि अकास अधर जिनि राखी, ताकी मुगधा कहै न साखी ॥
सिव विरंचि नारद जस गावैं, कहै कबीर वाकौ पार न पावै ॥[99]

आध्यात्मिक दृष्टि से सौन्दर्य की इससे अच्छी व्याख्या और क्या हो सकती है। पूर्ण ब्रह्म वा परमतत्त्व की पूर्ण अभिव्यक्ति लौकिक शब्द शक्ति से परे होती है। लोक प्रचलित शब्द आध्यात्मिक भावों को वहन करने में सदा से अशक्त सिद्ध होते आए हैं, क्योंकि–

'कहै कबीर तिहूँ लोक विवर्जित, ऐसा तत अनूप ॥'[100]

उसका अनुभव मुग्ध कर देता है, दर्शन भावविह्वल रसमयता से पूरित कर देते हैं–

'चेतत चेतत निकासियो नीरा। सो जल निरमल कथत कबीरा।'[101]

सौन्दर्यशास्त्रियों के अनुसार सौन्दर्यबोध के सम्बन्ध में गम्भीर गवेषणा करके, सौन्दर्यबोध की शक्ति को नहीं बढ़ाया जा सकता। पीटर ने इस विचार को स्पष्ट करते हुए अपने ग्रन्थ 'द रेने सा' में कहा है कि सौन्दर्यशास्त्र के नियमों द्वारा कला और काव्य में वर्णित सौन्दर्य का आनन्द लेना बहुत कठिन है।[102]

कबीर वीक्षाशास्त्री या सौन्दर्यशास्त्री नहीं थे। उनका सौन्दर्यबोध व्यक्तिगत सीमा तक ही था। उन्होंने चित्तवृत्तियों के आन्तर धर्म पर प्रकाश डाला। हम किसी काव्य रचना का सौन्दर्यात्मक मूल्यांकन उसी स्थिति में कर सकते हैं, जब हम व्यक्तिगत मतों को तर्क एवं विश्लेषण की कसौटी पर परखकर उसका अध्ययन करते हैं। इसीलिए सौन्दर्यशास्त्र एक स्वतन्त्र शास्त्र स्वीकार किया गया है। अन्य प्रकार के ज्ञान की भाँति सौन्दर्यबोध भी स्वतन्त्र रूप से स्वानुभव वेद्य होता है। कबीर ने इस तथ्य पर अपने काव्य में बल दिया है। रवीन्द्रनाथ ठाकुर ने निष्प्रयोजन आनन्द को ही सौन्दर्य का लक्षण माना है। यह आनन्द साधारण प्रयोजन सिद्धि का आनन्द नहीं होता।

गुह्यता, अस्पष्टता, अनिर्वचनीयता, सौन्दर्य का संवर्द्धन करते हैं। प्रो. मार्टिन इसे सौन्दर्य-सृष्टि के लिए अनिवार्य मानते हैं।[103] कबीर की काव्य-सृष्टि

ऐसी ही है, वह ब्रह्म गुण में निर्गुण, निर्गुण में गुण है।[104] वह सभी विषयों का कारण होते हुए भी उनसे अलग है। बिम्ब, पदार्थ, वस्तु होते हुए भी वह कोई पदार्थ नहीं है। वह समस्त अस्तित्त्व का कारणभूत होते हुए भी कारण नहीं है। उस तक पहुँचना सरल नहीं है क्योंकि सृष्टि के समस्त प्राणी भी उसी से रूपाकार ग्रहण करते हैं।[105] सच्चा कवि सृष्टि में सौन्दर्य को पहचानने के गुण से सम्पन्न होता है। सौन्दर्य उन्हीं को आनन्द देता है जो उस एकता को पहचान लेते हैं जो चराचर में व्याप्त है।[106]

सर्वव्यापकता का विचार ही सौन्दर्य-भावना का पोषक है। ब्रह्म भी पूर्ण है, सौन्दर्य भी पूर्ण होता है। कुछ विचारकों के अनुसार सौन्दर्यानुभूति का आध्यात्मिकता और धार्मिक अनुभूति से गहरा सम्बन्ध होता है। सेंट थामस, सेंट आगस्टाइन, रस्किन, तालस्ताय के साथ-साथ जा।क़ मारितां इस विचार से सहमत हैं। धर्म हमारी चित्तवृत्तियों का परिष्कार कर उन्हें उज्ज्वल बनाता है और उन्हें सौन्दर्य-स्फुरित करता है। पाश्चात्य सौन्दर्यशास्त्र एक दीर्घकाल तक भाववादी दार्शनिक प्रणालियों और धार्मिक मान्यताओं के प्रभाव की छाया में विकसित होता रहा। कैथोलिक विचारकों ने कला के सृजन से लेकर ग्रहण तक ही सम्पूर्ण प्रक्रिया को प्रायः ईसाई धर्म की साम्प्रदायिक संज्ञाओं एवं प्रतीकों से निरूपित किया है। धर्म और सौन्दर्य के अभिन्न सम्बन्ध का विवेचन करते हुए प्रो. एफ. डेविड मार्टिन ने कहा है कि सौन्दर्य का उत्कर्ष रहस्योद्घाटन, अव्यक्त के उन्मीलन और नूतनता में है, जो धर्म के क्षेत्र का सहज व्यवहार है। प्रो. लीविस ने कला और धर्म का गहरा सम्बन्ध माना है। धर्म के माध्यम से ही हम परमतत्त्व का ज्ञान प्राप्त करते हैं। उनके विचार से धर्म भावना रहित ईश्वरीय सौन्दर्य की कल्पना करने का कोई महत्त्व नहीं है।[107] वे धार्मिक शब्दावली में से श्रद्धा शब्द का प्रयोग करते हुए उसके अर्थ गाम्भीर्य को स्पष्ट करते हुए कहते हैं, "महान साहित्य के सम्पर्क में आने पर हमें उस तथ्य का बोध होता है जिसे हम अपने अन्तरतम की गहराई में सचमुच ही आस्थापूर्वक मानते हैं।"

जाक़ं मारितां के अनुसार, "प्रकृत्या भिन्न होते हुए भी काव्यानुभूति और आध्यात्मिक अनुभूति पास-पास ही जन्म लेती हैं। दोनों का ही जन्म आत्म-केन्द्र से होता है और दोनों ही का मूल उत्स चेतना का प्राग्बौद्धिक या आधिबौद्धिक स्तर है।"[108]

लीविस कहते हैं कि हम और परमात्मा एक-दूसरे के बहुत निकट होते हुए भी, वह हमें अलग लगता है, हमें अजनबी लगता है। कबीर की विलक्षणता यही है कि उन्होंने उस अगम, अगोचर, अदृश्य और अमूर्त्त ब्रह्म को अपना दोस्त बनाया है—

'एक जो दोस्त हम किया, जिस गलिलाल कबाई।
सब जग धोबी धोई मरैं, तौ भी रंग न जाई ॥'[109]

परमतत्त्व प्रेम रूप है, प्रेम में आकर्षण है, आकर्षण ही सौन्दर्य है। यह प्रेम तत्त्व, निकटता, धार्मिक भावना के कारण ही मानव में आता है क्योंकि धर्म हमारे अन्दर आस्था और विश्वास उत्पन्न करता है। सौन्दर्यानुभूति और धार्मिक अनुभूति न तदवत् हैं और न सजातीय। किन्तु अपने सर्वोत्तम रूप में वे समान होती हैं, क्योंकि उस बिन्दु पर दोनों ही जीवन में महान् आस्था द्योतित करती हैं। इस अर्थ में भी दोनों एक समान हैं कि मनुष्य में जितनी क्षमता है—उसकी सर्वोच्च सिद्धि प्रायः दोनों में ही उपलब्ध होती है और सिद्धि के चरम शिखर पर पहुँचकर दोनों ही यह विश्वास उत्पन्न करती हैं कि जीवन महानता से वंचित नहीं है।[110]

इस प्रकार धर्म के प्रभाव से हम यह मानते हैं कि परमतत्त्व अनुभवातीत, इन्द्रियातीत होकर भी सर्वव्यापक है। वह प्रत्येक वस्तु में व्याप्त है। उसको देखने के लिए एक अन्तर्दृष्टि, सहज दृष्टि चाहिए। इस दृष्टि को धार्मिक भावना ही प्रदान करती है—इससे हमारे अन्दर तर्क और संशय नहीं रहता, तर्क और संशय सौन्दर्यबोध में बाधक होते हैं। वह परम सौन्दर्य तो एक रसता, एकतानता, तादात्म्य, समरसता से अनुभव होता है। उन्नीसवीं शताब्दी के प्रारम्भ में कतिपय मनोवैज्ञानिकों ने धार्मिक अनुभूतियों का अध्ययन किया। मनोशास्त्री जेम्स एच ल्यूबा (J. H. Leuba) ने कहा कि हमें अन्य घटनाओं की भाँति धार्मिक अनुभूतियों को वैज्ञानिक नियमों के अनुसार समझना चाहिए। वह धार्मिक अनुभूति को विलक्षण अनुभूति नहीं मानते, उनका कथन है कि "उन शक्तियों का अनुसन्धान, जो धार्मिक जीवन में क्रियाशील होती हैं, तथा उन परिस्थितियों का अनुसन्धान जिनके अन्तर्गत ये शक्तियाँ काम करती हैं, मनोवैज्ञानिक एवं शरीर-वैज्ञानिक समस्या है।"[111]

यह समस्या यहाँ एक शुद्ध दार्शनिक मोड़ ले लेती है। ल्यूबा सन्तों की ईश्वरानुभूति (Mystic Experience) के विषय में कहते हैं कि इन अनुभूतियों में सन्त का ईश्वर से अपरोक्ष सम्पर्क नहीं होता। वह कतिपय असाधारण संवेदों, भावनाओं आदि की अनुभूति से ईश्वर के अस्तित्त्व का अनुमान करता है। उनका तथाकथित अपरोक्ष ज्ञान केवल आनुमानिक ज्ञान है। वे लिखते हैं कि सन्तों का यह दावा भ्रान्तिमूलक है।...यह सही है अथवा नहीं, इसका निर्णय, अन्य अनुमानों की तरह, वैज्ञानिक और दार्शनिक आधारों पर किया जाएगा। उनका (सन्तों का) यह पूर्ण विश्वास इस बात का प्रमाण नहीं है कि वे सही हैं। पूर्ण आश्वासन, जो भ्रान्त हों, कोई दुर्लभ घटना नहीं है।[112]

वास्तव में ल्यूबा का यह निष्कर्ष भी आनुमानिक ही है, क्योंकि वह उनकी स्वानुभूति नहीं है। धार्मिक अनुभूति की वास्तविकता मनोवैज्ञानिक व्याख्या वही

कर सकता है जिसे स्वयं धार्मिक अनुभूति उपलब्ध हो। सन्तों की अनुभूति असाधारण अवश्य होती है क्योंकि वह साधारणतः प्रत्येक मनुष्य को उपलब्ध नहीं होती। उसकी दुर्लभता से हम उसके मिथ्यात्व का अनुमान नहीं कर सकते। सन्त अनुभूति जगद्व्यापी है, सार्वभौमिक है, क्योंकि सभी देशों के, सभी युगों के, सन्तों की अनुभूतियों का मिलान करने पर हम उनमें एकरूपता (Unanimity) पाते हैं जो उनकी वास्तविकता का प्रमाण है।

कबीर यह मानते थे कि मनुष्य अपनी तर्कशक्ति द्वारा पूर्णता का ज्ञान प्राप्त नहीं कर सकता।[113] प्रो. लेविस इससे सहमत हैं। तर्कशील प्रयास सीमित होता है, ब्रह्म और सौन्दर्य असीम, अनन्त हैं। वह नित्य नूतनता से आलोकित होते हैं। सौन्दर्य की तृप्ति इच्छा के पूर्ण हो जाने से नहीं होती, क्योंकि सौन्दर्य की तृप्ति के पश्चात् भी तृप्ति की पुनराकांक्षा बनी रहती है।[114] इस प्रकार की वीक्षावृत्ति सौन्दर्योपासक के लिए बहुत आवश्यक है। वास्तव में वीक्षावृत्ति की सार्थकता ही सौन्दर्यानुभव और सौन्दर्य सृष्टि में है। हमारे जीवन की अन्य शक्तियों की भाँति ही वीक्षावृत्ति भी एक है। कबीर में यह वीक्षावृत्ति उनकी ब्रह्म-चेतना में निहित है। सौन्दर्यसृष्टि वीक्षावृत्ति को जितना ही अधिक तुष्ट कर पाती है, वह उतनी ही सार्थक सिद्ध होती है। क्रोचे अभिव्यक्ति की विशिष्टता को ही सौन्दर्य का नियामक मानते हैं। कवि की अभिव्यक्ति द्वारा उसके हृदय में अन्तर्निहित सत्यों की व्यंजना से उसके आन्तरिक रहस्यों का उद्घाटन हो जाता है।

कबीर के काव्य से प्रतीत होता है कि वीक्षावृत्ति की तृप्ति हमें दिव्यता और उत्कृष्टता प्रदान करती है। प्लेटो ने 'फीड्रस', प्लोटिनस ने 'एनीड' नामक ग्रन्थों में इस तथ्य की ओर संकेत किया है। इनके अनुसार "सभी प्रकार का सौन्दर्य हममें सत्य और मंगल की भावना बढ़ाता है, जिससे हमें दिव्यदृष्टि मिल जाती है, मनुष्य तत्त्वदर्शी बन जाता है।" कवि शब्द की निरुक्ति का अर्थ क्रान्तदर्शी है जो साधारण ऐन्द्रिय ज्ञान का अतिक्रमण करके दिव्यदृष्टि प्राप्त करता है। प्लेटो के अनुसार सौन्दर्य में एक ऐसी अलौकिक शक्ति होती है जिसके द्वारा चित्त की कलुषता दूर होकर वह चरम दिव्यदृष्टि को प्राप्त कर सकता है। काव्य में मूलतः एक आवेगमयी प्रेरणा रहती है, यही काव्य का प्राण है और सौन्दर्य की पवित्रता का उत्स भी। कबीर में यह आवेग बहुलता से मिलता है–

'अवधू मेरा मन मतिवारा।
उन्मनि चढ़ाया मगन रस पीवे त्रिभवन मया उजियारा ॥'[115]

यही कबीर के क्रान्तदर्शी कवि का रूप है। प्लेटो की धारणा थी कि सौन्दर्योपभोग के अलौकिक आवेश के द्वारा सौन्दर्य सृष्टि तत्त्वज्ञान के समकक्ष बन जाती है। अतः सौन्दर्य तत्त्वज्ञान प्राप्त करने का एक उपाय है। यह मनुष्य

के चित्त की विशुद्धि, कला का यथार्थ कार्य मानते थे। कांट के अनुसार भी चरित्र की अत्यन्त विशुद्धि के अभाव में यथार्थ सौन्दर्यबोध तथा सौन्दर्य सृष्टि सम्भव नहीं है।[116] उनके विचार से जिस सौन्दर्य से किसी आदर्श की सिद्धि होती है वही उचित है और इसी कारण कोई सौन्दर्यकृति मूलविषय की अपेक्षा नितान्त रमणीय और ग्राह्य बन जाती है। इसके बिना विषय हमें आकर्षित ही नहीं कर सकता।[117] कबीर का काव्य सौन्दर्य इस कसौटी पर खरा उतरता है–

'तुम्ह जिनि जानौ गीत है, यहू निज ब्रह्म विचार।
केवल कहि समझाइया, आतम साधन सार रे ॥'[118]

तत्त्वज्ञान की यह स्थापना प्लेटो और कांट के विचारों की पुष्टि करती है। उनके काव्य में नित नूतनता का आभास होता है। मम्मट के अनुसार जिस कवि की रचना के वाक्य श्रेष्ठ होते हैं, वह सदानन्दमय होता है।[119] पाश्चात्य आलोचक फिलिप सिडनी मम्मट की इस धारणा से सहमत हैं कि कवि अपनी सृष्टि को प्रचुर आनन्दमय तथा रसयुक्त बना देते हैं। इस कारण पाठक उनके द्वारा दी जाने वाली शिक्षा से प्रभावित हो जाते हैं।[120] सत्वोद्रेक के बिना काव्य रस का उद्रेक नहीं होता। भारतीय दर्शन के अनुसार सत्वोद्रेक से पूर्णता, पवित्रता तथा शुचिता उत्पन्न होती है। सौन्दर्यसृष्टि भी सत्वगुण का उद्रेक करती है। आत्मतत्त्व का विचार करते ही, सत्य का आभास होते ही व्यक्ति निर्वैर और समदर्शी हो जाता है–

'जब थैं आतम तत विचारा।
तब निरवैर भया सबहिन थैं, काम क्रोध गहिडारा।'[121]

आत्मा सौन्दर्य की निषकलुषता से उद्भासित हो उठती है। यही चित्त् विशुद्धि की सात्विक स्थिति है। कबीर मानव चित्त्वृत्तियों के प्रज्ञावान ज्ञाता थे। आत्मशुद्धि के लिए विषय-विकार, मायाजनित विकारों का त्याग करने पर वह बल देते हैं। इसी से हम असीम को जान सकते हैं। कबीर यह मानते हैं कि माया-मोह का त्याग करना बहुत ही कठिन कार्य है। जो ऐसा नहीं कर सकता, उसे आनन्द कैसे मिल सकता है। यह संसार मायारूप है, माया जनित दुःख ही सर्वत्र व्याप्त है, सब-कुछ समझ लेने पर भी माया से छुटकारा नहीं मिलता–

'माया तजूँ तजी नहीं जाई, फिर-फिर माया मोहिं लपटाई ॥
माया आदर माया मान, माया नहीं तहाँ ब्रह्म गियांन ॥
माया रस माया कर जांन, माया कारनि ततै परान ॥
माया जप तप माया जोग, माया बाँधै सबही लोग ॥'[122]

जो आत्मा माया के बन्धन में पड़ी है, वह स्वतन्त्र नहीं है। जो स्वतन्त्र नहीं

है, वह सौन्दर्य का आनन्द कैसे ले सकता है। सौन्दर्य स्वस्ति है। यह स्वस्ति अपने अव्यक्त और अखंड रूप में उत्तम ज्योति है। इस ज्योति तक हम एक अन्य 'उत्तर' ज्योति को देखते-देखते पहुँचते हैं। यह हमारे व्यक्तित्त्व का सूक्ष्म स्तर तथा सवितृ का श्रेष्ठ वरेण्य भाग है जिसे उपनिषद में आनन्दमय तथा ऋग्वेद और अथर्ववेद में 'हिरण्य पुरुष' कहा गया है। यही महत् ब्रह्म, उत्तम अमृतत्त्वम्, स्वर्वती ज्योतिर्मय स्वस्ति कहा जाता है। वास्तव में सौन्दर्यानुभूति बाह्य अथवा आन्तरिक विभाव के विभावन का परिणाम है।

प्रमाता अपनी धारणा द्वारा सौन्दर्य की कल्पना करता है। ह्यूम ने सौन्दर्य-धारणा में प्रमाता को ही प्रमुख स्थान दिया है। कबीर भी प्रमाता को ही मुख्य मानते हैं–

'ज्योति स्वरूप तत अनूप। अमल न मल छाहँ नहिं धूप ॥'[123]

प्रमाता के हृदय में दिव्यता का आलोक उत्पन्न होता है। अन्तरात्मा में इस ज्योति की धारणा होते ही समस्त दोष, अज्ञान, अन्धकार, मल नष्ट हो जाते हैं–

'प्रकटी ज्योति मिथ्या अँधियारा। राम रतन पाया करता विचारा।'[124],

कबीर अपने भावसंवेग को उद्‌बुद्ध करने के लिए प्रमाता के चित्त् में प्रवेश कर जाते हैं, जिससे पाठक को एक दिव्य, अलौकिक भावसंवेदन का आह्लाद मिलता है, एक सौन्दर्य सृष्टि होती है–

'कहै कबीर फाबी मतिवारी पीवत राम रस लागी खुमारी ॥'[125]

कुछ सौन्दर्यशास्त्रियों ने प्रमाता अथवा ईश्वर को महत्त्व देकर सौन्दर्य-मीमांसा की है, वे धार्मिक श्रद्धा के वशीभूत होकर ईश्वर की सर्वगुण सम्पन्नता को ही सौन्दर्य मानते हैं। सेंट अगस्टाइन के अनुसार असीम-शिवत्व, सत्यत्व एवं सौन्दर्य ईश्वर के गुण हैं और ईश्वर ही संसार की वस्तुओं को सौन्दर्य का गुण प्रदान करता है। कबीर ने समस्त प्रकृति को, सृष्टि को उससे ही ज्योतित कहा है। कबीर ने इस तथ्य का बार-बार उल्लेख किया है। वे उसे अनुभवैकगम्य, निखिलातीत तथा समस्त ऐश्वर्यों और विभूतियों का स्रोत मानते हैं–

'जौ जाचों तो केवल रामं।
आंन देव सूँ नांहीं काम ॥ टेक ॥
जाकै सूरजि कोटि करै परकास, कोटि महादेव गिरि काबिलास ॥
ब्रह्मा कोटि वेद ऊचरैं, दुर्गा कोटि जाके परदन करैं ॥
कोई चन्द्रमा गहै चिराक, सुर तेतीसूँ जी मैं पाक ॥

नौ ग्रह कोटि ठाढ़े दरबार, घरमराइ पौली प्रतिहार ॥
कोटि कुबेर जाकै भरे भंडार, लछमी कोटि करै सिंगार ॥
कोटि पाप पुनि ब्यौहरैं, इन्द्र कोटि जाकी सेवा करैं ॥
जगि कोटि जाकै दरबार, ग्रंध्रप कोटि करै जैकार ॥
विद्या कोटि सबै गुणां कहै, पारब्रह्म को पार न लहैं ॥
कोटि समुद्र जाकै पणिहारा, सोमावली अठारह मारा ॥
असंखि कोटि जाकै जमावली, रावंण सैन्याँ जाथैं चली ॥
सहस बाँह के हरे पराँण, जरजोधन घाल्यौ रवै माँन ॥
बावन कोटि जाकै कुटवाल, नगरी नगरी क्षेत्र पाल ॥
लट छूटी खेलैं विकराल, अनन्त कला नटवर गोपाल ॥
कन्द्रप कोटि जाकै लाँवन करैं, घट-घट भीतरि मनसा हरैं ॥
दास कबीर भजि सारगँपान, देहु अभै पद भाँगौ दान ॥'[126]

यह ब्रह्म के सौन्दर्य का विराट, उदात्त रूप है जो अनन्त वैभव और अतुलनीय ऐश्वर्य से परिपूर्ण है। हर ओर प्रकाश ही प्रकाश जगमगा रहा है। हीगेल के अनुसार सौन्दर्य, भावरूप प्रत्यय और ऐन्द्रिय पदार्थ का समन्वय है—क्योंकि विश्वात्मा जब भौतिक वस्तुओं में स्वयं को व्यक्त करता है तो उसकी आभा को हम सौन्दर्य कहते हैं। विश्वात्मा पक्ष, पदार्थ प्रतिपक्ष और सौन्दर्य समन्वय है। इनके अनुसार यह आत्मा की ऐन्द्रिय अभिव्यक्ति मात्र है और यही भ्रम सुन्दर की मात्र वास्तविकता है। कबीर के ब्रह्म सौन्दर्य वर्णन में भौतिकता तथा अभौतिकता दोनों की ही सम्मिश्रित झलक देखने को मिलती है। हीगेल का मत है कि क्लासिकल कला में रूप और वस्तु का द्वन्द्व मिट जाता है। रूप अपनी वस्तु, और वस्तु अपना रूप प्राप्त कर लेती है। यहाँ विश्वात्मा अपना शरीर पा लेता है। इससे सुन्दर कला न हो सकती है, न होगी। इस कला में ऐन्द्रिय रूप में शरीर की नहीं सिर्फ आत्मा की अभिव्यक्ति होती है। कला में सत्य का ज्ञान निहित होता है, जो हमारे शब्दों में सुन्दरतम रूप में अभिव्यक्त होता है। यह ज्ञान हमें अनुभवातीत स्थिति से परिचित कराता है। हम उसे अत्यन्त स्पष्ट रूप में अपने विचार और अनुभूति के अनुसार प्रस्तुत करने का प्रयत्न करते हैं।[127] लेविस का यह कथन कबीर की काव्य-रचना में स्पष्ट परिलक्षित होता है। वे अपनी अभिव्यक्ति के लिए गहन गुह्य और विराट फल का निर्माण करते हैं। हीगेल के अनुसार सौन्दर्य का निकष, स्पष्टता और जीवन है। जो वस्तु जितनी जीवन्त होगी वह उतनी ही सुन्दर, उतनी ही स्पष्ट होगी। क्योंकि स्पष्टता और जीवन विश्वात्मा का संकेत देते हैं। जो वस्तु विश्वात्मा को जितना प्रतिबिम्बित करेगी, वह उतनी ही स्पष्ट और जीवन्त कही जाएगी। इसलिए वह अधिक सुन्दर भी कही जा सकती है। यही पूर्णता है, जो सौन्दर्य है।

प्लेटो का मत है कि सौन्दर्य बड़ी स्पष्टता से वस्तुओं में प्रतिबिम्बित होता है, इसलिए वह हमारी इन्द्रियों के लिए अधिक साकार बन जाता है और उसे ग्रहण करने में हमारी इन्द्रियाँ अधिकतर सफल रहती हैं। प्राचीन यूनानी विद्वान रूप तथा अवयव-संगठन जनित सुषमा को ही सुन्दर मानते थे। अरस्तू ने सौन्दर्य को आकार, सन्तुलन और संगठन में निहित माना था, वैसा अनुपात और आकार कबीर में उपलब्ध होता है। उसका स्पष्ट सगुण वर्णन करने के पश्चात् भी कबीर के वर्णन में अनुभूति की विलक्षणता मिलती है जो ऐन्द्रिय और भाव-संवेदनों से भिन्न है। कांट जैसी बोधवृत्ति और कल्पना के मध्य एक प्रकार की समरसता है।[128] यह जीवनानुभूति से विलक्षण है। इसीलिए क्रोचे ने कला को विशुद्ध स्वयंप्रकाश ज्ञान से उत्पन्न माना और कहा कि हमारा यह ज्ञान जितना ही विशुद्ध एवं मुक्त होगा, आर्ट उतना ही सुन्दर होगा।[129]

कबीर अपनी अभिव्यक्ति में बार-बार अनुभवातीत भावना और आत्मज्ञान की ओर संकेत करते हैं। अनुभवातीत शब्द आध्यात्मिकता और धर्म के अधिक निकट है, अतः सौन्दर्य-भावना अथवा कला में इसका प्रयोग बड़ी सावधानी और सतर्कता से करने की आवश्यकता है, कबीर ने इस वर्णन में ऐसी ही सावधानी का प्रयोग किया है–

'कथ्यौ न जाइ नियरै अरु दूरी, सकल अतीत रहस्या घट पूरी ॥
जहाँ देखौं तहाँ राम समांना, तुम्ह बिन ठौर और नहिं आनां ॥
जदपि रह्या सकल घट पूरी, भाव बिनां अभिअंतरि दूरि ॥'[130]

आत्मज्ञान द्वारा उसकी अनुभूति का संकेत करते हुए वे कहते हैं–

'इनकौ मरम पै सोई बिचारी, सदा अनंद लै लीन मुरारी ॥
ग्याँन दृष्टि निज पेखे जोई, इनका चरित जाँनैं पै सोई ॥'[131]

हम आत्मानुभव से ही उस परमतत्त्व का ज्ञान प्राप्त कर सकते हैं। आत्मज्ञान के विषय में कहा गया है, "जाग्रत, स्वप्न और सुषुप्ति इन तीन अवस्था-रूप जो माया है, वही त्रैलोक्य का कारण है। जो कुछ दिख रहा है वह सभी इस माया के कारण। किन्तु परमब्रह्म के दर्शन के बाद माया की मरीचिका जाती रहती है। विद्यारण्यस्वामी ने कहा है कि उत्तम अधिकारी इस तत्त्व की शम-दम-नियम-संयमादि के अभ्यास द्वारा आयत कर लेता है। जो ऐसा नहीं कर सकता, वह निर्गुण तत्त्व की उपासना करे।"[132] कबीर के सम्मुख यही आधार था–

'निर्गुण राम जपहु रे भाई, अविगति की लगति लखी लखी न जाई।'[133]

सौन्दर्य-व्यापार कल्पना तथा छवि से सम्बन्ध रखता है। आर्ट किसी वस्तु को

श्रेणियों में विभाजित नहीं करता। उसका विषय तो केवल अनुभव-वेध होता है। इस प्रकार आर्ट अध्यात्म के बहुत निकट आ जाता है।

धर्म और काव्य में प्रभासन और दीप्ति समान रूप से मिलती है। ब्रह्म की उज्ज्वलता, सौन्दर्य का वर्णन कबीर ने इसी प्रभाव से किया है। लेविस और मार्टिन धर्म के क्षेत्र को बहुत व्यापक मानते हैं। रस्किन इस विचार से सहमत हैं, उन्होंने कला के तीन प्रधान उद्देश्यों में से एक मनुष्य पर धर्म का प्रभाव डालना भी बताया है। भगवान की इच्छा के अनुकूल चलना सुरुचि है। इन्होंने सौन्दर्य सृष्टि के दो अंग माने हैं, बाह्य और मानस। वे कहते हैं कि यह बताना कठिन है कि सौन्दर्यबोध का कारण क्या है? परन्तु इतना अवश्य कहा जा सकता है कि जिन्हें देखकर हमारे मन में नैतिक इष्ट सिद्धि जनित आनन्द उत्पन्न होता है और जो इष्ट वस्तुएँ हमारे आनन्द का आलम्बन बन जाती हैं उन्हें हम सुन्दर कहते हैं।[134] उनके अनुसार जहाँ आलोक की तरलता अथवा रेखा की बंकिम भंगिमा में अनन्तता का संकेत मिलता है, वहीं गम्भीर सौन्दर्य प्रकट होता है। विशालता अनन्तता नहीं है किन्तु जहाँ विशालता होती है वहाँ हमें किसी वस्तु को ठीक से न जानने का-सा बोध हुआ करता है। हम सोचते हैं कि वहाँ कुछ ऐसा है जिसे हम नहीं जानते। इसीसे रहस्य की उत्पत्ति होती है, किन्तु भगवान की अनन्तता अज्ञान-जनित रहस्य से सम्बन्धित नहीं है। उसमें आवरण की गुप्तता के स्थान पर यथार्थ की गम्भीरता की अमरता रहती है। वस्तुतः जिसे हम सूक्ष्म कहते हैं उसकी अज्ञेयता उसकी अथाह गम्भीरता के कारण मानी जाती है।

धर्म-दर्शन में सर्वाधिक विवादास्पद समस्या धार्मिक अथवा आध्यात्मिक अनुभूति की प्रामाणिकता (Validity) के विषय में है।...आधुनिक मनोवैज्ञानिकों के अनुसार ईश्वर की धारणा मनःस्थिति विचारों, अभिलाषाओं, भावनात्मक आवश्यकताओं का बहिराक्षेपण (Projection) है।[135] रस्किन का मत है कि 'सत्य से सम्बन्ध रखे बिना सौन्दर्य का प्रकाशन सम्भव नहीं है।'[136] वे आगे लिखते हैं कि सौन्दर्य कहने से बाह्य तथा आन्तरिक सत्ताओं का संकेत मिलता है। भगवान की सूक्ष्मता एवं गम्भीरता अनन्तता भी इसी प्रकार द्योतित होती है जिस प्रकार नीलाम्बुधि की अथाह नीलिमा अनन्त और अज्ञेय होती है। बॉउम गार्टन का मत है कि सामंजस्य की पूर्णता को ही सौन्दर्य कहते हैं। इसीलिए सौन्दर्य बाह्य न होकर आभ्यन्तरिक माना जाता है।[137]

भगवान में हम सभी सम्मिलित हैं क्योंकि वह सर्वव्यापक है। सम्मिलित होने पर ही वस्तु का यथार्थ उत्कर्ष प्रतीत होता है। यही सामंजस्य है, यही सौन्दर्य है, आत्मीयता का सम्मिलन हैं। कबीर ने अपने काव्य में सौन्दर्य की आत्मीयता के सम्मिलन का प्रचुर वर्णन किया है। उसकी सूक्ष्मता, अगम, अगोचर होना ही उसके सौन्दर्य के अभिव्यंजक हैं—

'सेई तुम्ह सेई हम एकै कहियत, जब आपर पर नाहीं जाना।'[138]

सभी में वह परम सत्ता व्याप्त है, यही अखंडता, एकता सौन्दर्य का सामंजस्य भाव है–

'हम नांही तुम्ह नांही रे भाई, रहे राम भरपूरा रे ॥'[139]

समस्त चराचर जगत राम की विराट सत्ता का रूप है। यह भेद जाननेवाला ही उस सौन्दर्य राशि की अनन्तता का आनन्द ले सकता है। इतनी व्याप्त सत्ता होने पर भी यह समस्या निरन्तर बनी ही रहती है–

'अगम अगोचर लखी न जाई, जहाँ का सहज फिरि तहाँ समाई ॥'[140]

रस्किन वर्णित बाह्य सौन्दर्य का तात्पर्य है कि बाह्य जगत में कुछ ऐसे उपादान हैं जिनके द्वारा भगवान के नानाविध गुण हमारे मन में अभिव्यक्त होकर हमारे चित्त में सौन्दर्य का संस्कार उत्पन्न करते हैं। होग्राथ का मत है कि सौन्दर्य में दो गुण होने चाहिए, एक दृष्ट और दूसरा अदृष्ट। इस प्रकार किसी भी कलाकृति में यदि हम सूक्ष्मता से झाँककर देखें तो उसके आन्तरिक सौन्दर्य का उद्घाटन हो जाएगा। दर्शक और सृजक में एकरसता आ जाएगी, दोनों के प्रयत्न से ही उसमें निहित सौन्दर्य का उद्घाटन हो सकेगा? शेफ्टसबरी के अनुसार सौन्दर्य ईश्वरकृत जगत के सामंजस्य का प्रतिबिम्ब है–

'जिहि घर चाल रचा ब्रह्मांडा, पृथ्मी भारि करी नव खंडा।
अविगत पुरिस की गति लखी न जाई, दास कबीर अगरह ह्यौ लाई ॥'[141]

कबीर की दिव्य दृष्टि से कुछ भी छिपा नहीं था। उन्होंने मानव के अन्तरंग जगत में पहुँचकर उसके सत्यों का निजी संवेदना के साथ उद्घाटन किया था।[142] मनुष्य में शक्ति का अजस्र स्रोत है। कबीर ने सौन्दर्य उद्घाटन द्वारा यह सिद्ध कर दिया था। उनकी मान्यता थी कि जहाँ ज्ञान और सत्य के सूर्य का प्रकाश नहीं होता, वहाँ आत्मा का विकास नहीं होता। यह समस्त चित्रण उस ज्ञान दशा का द्योतक है जो कबीर ने प्राप्त कर ली थी। सार्त्र इस तथ्य को मानते हैं कि रूपाकार द्वारा अभिव्यक्त सौन्दर्य द्वारा हमें उसमें निहित मूलतत्त्व का एक ऐसा सम्प्रेषण होता है, जिसको पाना हमारा ध्येय होता है। सौन्दर्य में एक दो विशेषताएँ होनी चाहिए, एक दृष्ट और दूसरी गुह्य।[143] वास्तव में रूप वस्तु पर आरोपित नहीं होता, वरन् उसी का प्रकाशनमात्र है। ब्रह्म वर्णन में सूफियों में मिलने वाला प्रतिबिम्बवाद या प्रातिभासिक तत्त्व कबीर की सौन्दर्यविद्या की एक पद्धति है। रस्किन ने यही कहा है कि इन समस्त उपादानों के माध्यम से श्री भगवान ने अपने स्वरूप को जगत में लक्षित कर दिया है। जिसका चित्त जितना ही उत्कृष्ट

या उन्नत और जितना ही पवित्र है उतने ही उत्कृष्टतर भाव से वह भगवान के स्वरूप को जगत् में देख पाता है और सौन्दर्य रस से परिलुप्त हो सकता है। कबीर ने इस पवित्र भाव का आनन्द लिया है और सौन्दर्यानुभूति की विचित्र स्थिति में रमण किया है–

'दुइ दुइ लोचन पेखा। हौ हरि बिन और न देखा।
नैन रहे रंग लाई। अब बेगल कहन न जाई ॥'[144]

आचार्य परशुराम चतुर्वेदी ने इस मनोस्थिति का और सौन्दर्य-भावना का विश्लेषण करते हुए लिखा है, "इसके सिवाय साधारणतः किसी वस्तु को हम केवल उस समय 'सुन्दर' कहा करते हैं जब उसका कोई विशिष्ट रूप हुआ करता है। इस प्रकार जब वह अपने नेत्रों के अनुभव में किसी-न-किसी ढंग से आने योग्य रहा करती है। जो वस्तु अप्रत्यक्ष और अनिर्वचनीय हो अथवा जिसे 'अलख', 'अरूप' तथा 'अगम' और 'अगोचर' जैसे विशेषण दिए जाते हैं और जिसकी अनुभूति का होना केवल अपने भीतर ही सम्भव समझा जाता हो तो उसके 'सुन्दर' या 'असुन्दर' होने का कोई प्रश्न उठाना आश्चर्य की बात होगी।" जिस वस्तु के विषय में कबीर साहब का कहना है, 'मैं राम को कैसे जान पाऊँ, जिसे मैंने कभी अपनी आँखों नहीं देखा?' अथवा जिसकी चर्चा करते समय दादूदयाल कहते हैं, "मुझे अपने जीवन या मरण की कुछ भी चिन्ता नहीं। यदि मुझे पछतावा है तो केवल इस बात का कि मैं अपने उस 'पीव' को अपनी आँखों में नहीं रख पाया।" उसके किसी वैसे सौन्दर्य द्वारा समन्वित होने की बात स्वभावतः कुछ अनोखी ही कही जा सकती है। इसलिए इन सन्तों के सौन्दर्यबोध का स्वरूप भी कम विलक्षण नहीं हो सकता।[145]

आध्यात्मिक सौन्दर्य निर्विकार होता है, वह शाश्वत और अनन्त होता है। वह एक रूपाकार में निबद्ध नहीं किया जा सकता। आध्यात्मिक क्षेत्र में, धर्म में आचार कर्म-सौन्दर्य है, अध्यात्म ज्ञान की सौन्दर्यानुभूति है। ज्ञान को इस तरह अनुभव करना है कि वह सुन्दर लगे तो अध्यात्म का बोध होता है।[146] कबीर में आध्यात्मपरक सौन्दर्यानुभूति ही मुख्य है। वे उस विकीर्ण सौन्दर्य की अखंडता को आत्मसात् करके खंड का अखंड से तादात्म्य स्थापित कर लेते हैं–

'नैनां अंतरि आव तूँ, ज्यूँ हौं नेन झंपै उँ।
नां हौं देखों और कूँ, ना तुझ देखन देऊँ ॥'[147]

यह स्थिति रस स्फूर्ति की है। रस पदार्थ में सत्ता और ज्ञान का अन्तर्निवेश है। म. म. गोपीनाथ कविराज लिखते हैं कि 'पूर्ण सौन्दर्य ही खंड-सौन्दर्य है। किन्तु खंड-सौन्दर्य जब वृत्ति से प्रकाशमान होता है, तब वह रस विशेष नहीं है,

रसाभास-मात्र है। यह रसाभास विक्षिप्त वृत्ति के निरोध से यथार्थ रस में परिणत होता है, जिसे (Estatic) अथवा (Aesthetic Intuition) कहा जा सकता है।'[148] कबीर ने यथार्थ सौन्दर्य की वीक्षावृत्ति का उन्नयन कर लिया था, इसीलिए वह सौन्दर्य-चेता की भूमिका का समुचित निर्वाह कर सके। यह उनकी चित्तवृत्ति की अनुकूल स्थिति थी, जो ज्ञान है, वही आनन्द है, क्योंकि अनुकूल ज्ञान ही, भला लगना ही आनन्द या सौन्दर्यबोध है।[149] ब्रह्म ज्ञान नित्यज्ञान है, यह नित्य संवेद्यमान आनन्द है।

कबीर तो एक ही परमतत्त्व को जानते हैं जिसका सकल संसार में प्रसार है, जो इसे दो कहते हैं वे मूर्ख, अज्ञानी हैं। पवन, पानी सभी में एक ही सौन्दर्य-परिपूर्ण ज्योति व्याप्त है। वेदों के अनुसार विद्वान लोग उस एक ही परमतत्त्व को अग्निमय, वायु के विभिन्न नामों से अभिहित करते हैं—

'एक सद्विप्रा बहुधा वदन्ति-अग्नि यमं भातरिश्यनि आहः।'[150]

उपनिषद् में कहा गया है, 'सत्यं ज्ञानमनन्त ब्रह्म'[151] ब्रह्म अनन्त है, सत्य है तथा ज्ञान-स्वरूप है। वह अगम, अनन्त और ज्ञानरूप है। कबीर ने इसी एकत्व तथा अद्वैत की सर्वव्यापकता का वर्णन ब्रह्म के सौन्दर्य को बताने के लिए किया है—

'अविगत अपरम्पार ब्रह्म, ग्यान रूप सब ठांम।'[152]

जो अनन्त रूप से उद्भासित है वही तो सौन्दर्य होगा। रस्किन ने वस्तु की अनन्तता (Infinity), एकता (Unity), स्थिरता (Repose), सम्मात्रा (Symmetry), शुद्धता एवं संयति (Moderation), को सुन्दरता के गुण बताया है। यही गुण ईश्वर के हैं। सौन्दर्य एक आन्तरिक गुण है। यदि कोई भी वस्तु सुन्दर है तो उस सुन्दरता का और कोई कारण नहीं, इसके अतिरिक्त कि वह परमतत्त्व से इस गुण को ग्रहण करती है।[153] इसीलिए प्लेटो ने सौन्दर्य को दिव्य माना। सौन्दर्याराधना के परिणामस्वरूप मनुष्य दिव्य-दृष्टि की चरम सीमा में उपनीत होकर यथार्थ तत्त्वदर्शी के रूप में परम शक्ति तथा परम मैत्री का अनुभव करता है।[154] प्लेटो के समान प्लोटिनस भी परम शक्ति को आत्यन्तिक सौन्दर्य मानकर इसी की गति से संसार की समस्त वस्तुओं में सौन्दर्य की प्रतिष्ठा मानता है।

कबीर का काव्य इसी भागवती, दिव्य अलौकिक आभा का वर्णन करता है। सौन्दर्य का अपरिमित प्रसार इस सृष्टि में अभिन्नता, अखंडता, एकता और शाश्वतता की स्थापना कर रहा है। हीगेल ने आध्यात्मिकता से परिपूर्ण हृदय की मनसचेतना को परमोल्लास से परिपूर्ण कहा है।[155] सेंट जान आफ क्रॉस ने कहा है कि आध्यात्मिक पुरुष निष्काम और निस्स्वार्थ भावना में ही आनन्द का अनुभव करता है, उसका अपना कोई स्वार्थ नहीं होता, सब उसके प्रिय होते हैं, वह उनके

ही सत्य और तात्विक गुण में आनन्द का अनुभव करता है।[156] कबीर इस सर्वभूत एकता की भावना में, परम मैत्री में ही अपना आनन्द मानते थे, उसी में अपने प्रिय असीम का सौन्दर्य-दर्शन करते थे–

'जहाँ देखौं तहाँ राम समांनां, तुम्ह बिन ठौर और नहिं आंना ॥'[157]

फिर वह सुख के अपार सागर में अपूर्व आनन्द की लहरों में निमज्जित हो जाते हैं–

'राम-राम-राम रुचि मांनै, सदा अनन्द रामल्यौ जाने ॥
पाया सुख सागर कर मूला, जो सुख नहीं कहूँ सम तूला ॥'[158]

सर्वत्र उसका रूप दर्शन ही आध्यात्मिक सौन्दर्य का विकास करता है। लौकिक प्रसंग में सौन्दर्य इतना भव्य और व्यापक नहीं हो सकता। उनके सौन्दर्य के उपमान निरन्तर उज्ज्वल-से-उज्ज्वल होते जाते हैं, इसलिए कबीर विभिन्न उपमा देकर अपनी बात स्पष्ट करते हैं, अगोचर का सौन्दर्य वर्णन वास्तव में जटिल समस्या है। वह साधना की सभी स्थितियों का अनुभव और दर्शन करने का प्रयत्न कर चुके थे, जिनमें उन्होंने उस सत्ता के सौन्दर्य का अनुभव और दर्शन करने का प्रयत्न किया। सम्भवतः कबीर ने नाथ-साधना का भी काफी प्रयोग किया, नामानुसंधान द्वारा उसको जानने का प्रयत्न किया। सुरति शब्द योग के द्वारा उन्होंने ब्रह्म साक्षात्कार का प्रयत्न किया है। उनके अनुसार जगत सुरति और निरति के ताने-बाने से बना है, 'निरति निवृत्ति रूपा होने के कारण स्थूल है और सुरति अन्तर्मुखी होने के कारण सूक्ष्म।' जब सुरति-निरति का सम्मिलन हो जाता है तब 'स्यंभु अथवा शिव का द्वार-सहस्रार चक्र उद्घाटित हो गया–

'सुरति समानी निरति में, निरति रही निरधार।
सुरति निरति मेला भयो, तब खुले स्यंभु के द्वार ॥'[159]

सुरति असाधारण दृष्टि कही गई है। इस दृष्टि के खुलने पर भाँति-भाँति के सुन्दर दृश्य और शब्दों का अनुभव होता है। जब साधक, साधन और साध्या एकरूपता को प्राप्त करते हैं वही शून्य और 'अशब्द' स्थिति है। यह स्थिति ब्रह्मांडातीत है। इस स्थिति में यद्यपि 'शब्द' नहीं हैं, किन्तु ध्वनि है।[160] कबीर की यह स्पष्ट अवधारणा थी कि शब्द-ब्रह्म से ही समग्र विश्व सृष्ट हुआ है। शब्द-ब्रह्म में निष्णात होने पर परमब्रह्म की उपलब्धि होती है, 'शब्देष्वेवाश्रिता शक्तिर्विश्वस्यास्य निबंधिनी', 'वागेव विश्वाभुवनानि जूज्ञे वाय इस्सर्वममृतं यच्च मर्त्यभ।' शब्द ही सृष्टि का मूल है और यदि सृष्टि के बाहर जाना हो तो शब्द ही एकमात्र अवलम्बन है। कविराज गोपीनाथ का मत है कि "आत्मस्वरूप में पुनः-पुनः

प्रतिष्ठित होने के लिए शास्त्रों में जितने उपाय निर्दिष्ट हैं उनमें नाद साधना अथवा नादानुसन्धान की उत्कृष्ट उपायों में गणना है।"

अध्यात्म और अनुभूति में घनिष्ठ सम्बन्ध है। यह सुरति-निरति का योग, साधक को एक विलक्षण भावस्थिति का अनुभव प्रदान करता है। अध्यात्मशास्त्र का विषय स्वसंवेद्य है, इसको स्थूल भौतिक युक्तियों द्वारा स्पष्ट नहीं किया जा सकता, इसमें अप्रत्यक्ष, अगोचर अनुभव को ही प्रमाण माना जाता है। आधिभौतिक शास्त्र में प्रायः प्रत्यक्ष अनुभव ही प्रमाण माने जाते हैं। अन्तः ज्ञान द्वारा ही किसी सत्य को समझा जा सकता है, बाह्य युक्तियों द्वारा नहीं। कबीर अनानभूत तथ्यों को स्वीकार नहीं करते, स्वानुभूत आत्मप्रतीति ही उन्हें स्वीकार है। स्वयं शंकराचार्य ने वेदान्त सूत्र भाष्य में एक स्थल पर लिखा है, "जो पदार्थ इन्द्रियातीत हैं और इसीलिए जिनका चिन्तन नहीं किया जा सकता है, उनका निर्णय केवल तर्क या अनुमान से नहीं करना चाहिए। सारी प्रकृति के जो भी पदार्थ हैं वह अचिन्त्य हैं।"[161] इस मत की पुष्टि करते हुए मुंडक और कठोपनिषद में लिखा है कि आत्मज्ञान केवल तर्क से ही प्राप्त नहीं किया जा सकता।[162]

कबीर अगोचर ब्रह्म और अचिन्त्य सौन्दर्य को जानना चाहते थे। वे बुद्धि गुहा में स्थित ब्रह्म के साक्षात्कार की विधि की खोज में लगे हुए थे–

'ऐसा कोई न मिलै सब विधि देइ बताय।
सुनि मंडल में पुरिष एक ताहि रह्यो ल्यो लाय ॥'[163]

इसका एक ही साधन है, आत्मा ही द्रष्टा या ज्ञाता है और आत्म ही दृश्य या ज्ञेय है–

'आप पिछाने आपै आप।'[164]

यह गुह्यता साक्षात्कार की जिज्ञासा और बढ़ा देती है, अज्ञेय तत्त्व का सौन्दर्य रहस्य भी उतना ही बढ़ता जाता है। गीता में इसे बहुत कष्टसाध्य बताते हुए कहा गया है, "अव्यक्त में चित्त की एकाग्रता करने वाले को बहुत कष्ट होते हैं, क्योंकि इस अव्यक्त गति को पाना देहेन्द्रियधारी मनुष्य के लिए स्वभावतः कष्टदायक है।"[165] साधक के लिए परमतत्त्व का साक्षात्कार ही उसे सच्चा ब्रह्म ज्ञान कराता है। इसके लिए मन और शरीर का आचरण और विचार द्वारा शुद्ध और केन्द्रित होना अत्यावश्यक है, "मूल तत्त्व का साक्षात्कार अथवा आत्मा के शुद्ध स्वरूप व स्थान के निमित्त साधक को कई प्रकार के प्रयास, प्रयत्न तथा अध्यवसाय करने पड़ते हैं, जिन्हें साधना की संज्ञा दी जाती है।"[166] कबीर एक तत्त्वान्वेषी महान साधक थे, उन्होंने योग, हठयोग, ज्ञान, भक्ति सभी माध्यमों से

अपनी साधना को सफल बनाया। इसके अतिरिक्त उन्होंने अव्यक्त ब्रह्म का साकार वर्णन भी किया है–

1. योगियों के द्वैताद्वैत विलक्षण ज्योति रूपी ब्रह्म रूप में।
2. उपनिषदों में वर्णित अनन्त प्रकाश रूप में।
3. सूफियों के नूर रूप में।
4. उपनिषदों में वर्णित अंगुष्ठ-प्रमाण ज्योति रूप में।

इन सभी दृष्टियों से कबीर ने उस अनन्त ज्योति का सौन्दर्य वर्णन अत्यन्त आकर्षक रूप में किया है–

'अजरा अमर कथै सब कोई, अलख न कथणां जाई।
नाति सरूप बरण नहीं जाकै, घटि घटि रह्यौ समाई ॥'[167]

उसके अनन्त प्रकाश और तेज का प्रसार कैसा विचित्र है–

'पारब्रह्म के तेज का, कैसा है उनमान।
कहिए कूँ सोभा नहीं, देख्या ही परवान ॥'[168]

इसी भाव को सूर ने अत्यन्त मधुर भाव से वर्णित किया है–

'अविगत गति कछु कहत न आवै।
रूप-रेख गुन-जाति-जुगति बिनु, निरालम्ब मन चकृत धावै।
सबबिधि अगम विचारहिं तातै, सूर सगुन लीला पद गावैं।'[169]

सूर का यह वर्णन कबीर के वर्णन से भिन्न नहीं है। सभी साधक चाहे वे सगुण-मार्गी हों, चाहे निर्गुण-मार्गी हों, इस अवस्था से गुजरते हैं कि वह उस व्यक्त-अव्यक्त विरोधी स्थिति का वर्णन किस प्रकार करें। सौन्दर्य अपने चमत्कार द्वारा ऐसी ही स्थिति को उत्पन्न कर देता है। उपनिषद् में ब्रह्म का वर्णन करते हुए कहा गया है, "जो तत्त्व न दिखाई देता है, न उसका कोई रूपाकार है, जो अगम और भावातीत है, उसे कैसे जाना जाए, उसे क्या कहा जाए।[170] बर्गसां के अनुसार असली तत्त्व न भौतिक है, न मन (= विज्ञान), बल्कि इन दोनों से भिन्न-अन्-उभय तत्त्व है जिससे ही भौतिकतत्त्व तथा मन दोनों उपजते हैं।[171] रसेल भी इससे सहमत हैं, न प्रकृति मूलतत्त्व है और न विज्ञान।[172] परमतत्त्व का ज्ञान प्राप्त करने के लिए स्पिनोजा ने भौतिकतत्त्व की अपेक्षा आत्मतत्त्व पर जोर दिया है, "प्रकृति भी गतिशून्य नहीं, बल्कि सक्रिय परिवर्तनशील है–सभी तरह की शक्तियाँ वही है। हर एक अन्तिम शक्ति, ईश्वर का गुण है। मनुष्य इन गुणों को जानता है–विस्तार (= परिमाण) और चिन्तन, और यही दोनों हैं भौतिक और मानसिक शक्तियाँ। चूँकि विस्तार और चिन्तन दोनों एक ही परमतत्त्व के गुण हैं।"[173]

जैसा कि हम पहले उल्लेख कर चुके हैं कि धार्मिक विश्वास सौन्दर्य-भावना को बहुत शक्ति प्रदान करता है, क्योंकि इसमें सदैव अन्तिम सत्य के प्रति श्रद्धा, शान्ति और सामीप्य की भावना निहित होती है। मार्टिन ने धार्मिक अनुभव के अनुभव-सिद्ध पक्ष का ही वर्णन किया है, क्योंकि यह आध्यात्मिकता के निकट होता है।

दकार्त बुद्धिवादी होते हुए भी ईश्वर में गहन आस्था रखता था। वह पूरा लोकोत्तरवादी था तथा समस्त सौन्दर्य का स्रोत उस परमतत्त्व को ही मानता है। समस्त जड़ चेतन ईश्वर के संकेत पर नाचते हैं। हमारी आत्मचेतना का जगत सौन्दर्यपूर्ण और रहस्यमय है। हमारे सम्मुख परोक्ष जगत उद्भासित हो उठता है, वही वास्तविक आनन्दप्रद सौन्दर्य है।[174] जॉर्ज सांतायना का यह विचार कबीर के काव्य में परिलक्षित होता है, "सब घट मेरा साइयाँ, सूनी सेज न कोय।"[175] जो सत्ता समस्त सत्ताओं की सृष्टि का प्राणस्रोत है, वह कितनी सुन्दर होगी, क्योंकि सृजनात्मकता में सौन्दर्य समाहित है।

सौन्दर्य अभिव्यक्ति की संवेद्यता के किस पहलू को लेकर चलता है, कांट और क्रोचे ने इस विचार को सौन्दर्य-विश्लेषण में बताया है। संवेदन के लिए हमारे पास रस, रूप, शब्द, स्पर्श, गंध इन्द्रियजन्य बोध की पंच तन्मात्राएँ हैं। वस्तुतः संवेदना जड़ जगत की चेतन शरीर में होने वाली मूर्त्त प्रतिक्रिया है। यह स्थूल जगत की हमारी चेतना पर होने वाली स्थूल प्रतिक्रिया है।[176] भारतीय चिन्तन में आध्यात्मिक दृष्टि से गोचर सौन्दर्य का कोई महत्त्व नहीं था। सामान्य रूप से व्यक्त रूप में, सृष्टि में अन्तर्निहित ईश्वरीय भावना पर ही उनकी दृष्टि केन्द्रित थी, प्रकृति के साहचर्य में जीवन बिताते हुए ऋषियों ने वैदिक प्रकृति के उस अनन्त सौन्दर्य की ओर संकेत किया, जो रहस्यमय ईश्वरीय माया से आलोकित हो उठी थी। उपनिषदों के युग में आध्यात्मिक दृष्टि की प्रबलता के कारण व्यक्त से अव्यक्त रूप को अधिक महत्त्व मिला और अनेक कोणों से ईश्वरीय सौन्दर्य की परिकल्पना की गई। पौराणिक युग में अवतारवादी कल्पना ने आध्यात्मिक सौन्दर्य को मूर्त्त रूप देने का प्रयत्न किया था। परवर्ती प्रमुख दार्शनिक सिद्धान्तों ने सृष्टि को माया घोषित किया, लेकिन उसके विरोध में अलौकिक ईश्वरीय लीला के अद्भुत सौन्दर्य पर मुग्ध भी हुए।[177] भागवत्कार का कहना है, "तदैव रूप रुचिर नव-नव तदैव शाश्वत मनसो महात्सवम्।"[178] हरबर्ट रीड का विचार है कि सौन्दर्य वही है जो आनन्द प्रदान करता है यह उसकी सहज परिभाषा है।[179] इसी के साथ वह कहते हैं कि वह सौन्दर्य श्रेष्ठ नहीं कहा जा सकता, जिसमें कुछ आकर्षण और अनुपात का वैचित्र्य न हो।[180] बेकन का मत भी यही है कि उस अनुपात में विदग्धता होती है, उनके अनुसार सौन्दर्य का वह सर्वोत्तम अंश होता है जिसे कोई चित्र पूर्ण रूप से अभिव्यक्ति नहीं दे पाता। कोई

भी भव्य सौन्दर्य ऐसा नहीं है, जो अपने अनुपात में विचित्रता न रखता हो।[181] वास्तव में हम संवेदनाओं का अनुभूतिपरक चित्रण कर स्थूल जगत का मानस प्रत्यक्ष करते हैं। रसशास्त्र का विभावन व्यापार संवेदनाओं का रूपायण है।[182] वल्लभाचार्य के अनुसार ब्रह्म की दो स्थितियाँ निर्धारित की जा सकती हैं—कारणावस्था और कार्यावस्था। प्रथम अवस्था अनभिव्यक्त एवं प्रपंचोतीर्ण की कही जा सकती है और दूसरी अभिव्यक्त प्रपंच की। ब्रह्म कभी अपने लीन अनभिव्यक्त स्वरूप में रमण करता है, कभी अनभिव्यक्त होकर प्रपंच रूप में।[183] दोनों ही स्थितियों में वह अपने स्वरूपात्मक आनन्द में रमण करता है।[184] इस वर्णन में बेकनवाली स्थिति अधिक स्पष्ट है क्योंकि ब्रह्म का पूर्ण चित्र अभिव्यक्त नहीं होता और उस वैचित्र्य के प्रति हमारी कुछ जिज्ञासा का शेष रह जाना ही उसके सौन्दर्य को भव्यता प्रदान करता है।

क्रोचे अलौकिकता के पूर्ण विरोधी हैं, इससे हम अपने विचार-दारिद्र्य का परिचय देते हैं। वे कहते हैं कि अन्वीक्षा या अन्य किसी वृत्ति के प्रयोग के पूर्व एक छवि या मूर्त्ति धारण करना ही आर्ट का धर्म है। आर्ट की पूर्ण सिद्धि इसी में है कि वह अन्य समस्त वृत्तियों से पूर्णतया अलग रहकर नितान्त स्पष्ट रूप में एक मूर्त्ति सामने ला सके। निर्विकल्प भाव से किसी मूर्त्ति की अभिव्यक्ति का नाम ही स्वयं प्रकाश ज्ञान (Pure Intuition) है। जिस व्यक्ति में यह ज्ञान उत्पन्न होता है उसे कवि कहते हैं।[185] कबीर ऐसे ही आर्ट का विधान करने वाले कलाकार थे—

'ऐसन साहब कबीर सलोना आप है।
नहीं जोग नहीं जाप पुन्न नहीं पाप है ॥'[186]

अतः यह कहा जा सकता है कि स्वयं प्रकाश ज्ञान ही समस्त ज्ञान, इच्छा आदि का आदि उपादान होता है। सन्त कबीर इस स्वयं प्रकाश ज्ञान से ही उस निर्गुण, निर्विशेष का, जिसको मनुष्य ठीक-ठीक अनुभव नहीं कर सकता, क्योंकि इस क्रिया के जितने भी साधन हैं उनकी पहुँच की सीमा निश्चित है, वर्णन कर सके हैं। वह समस्त सीमाओं से परे है, ज्ञान का विषय है, अनुमान और तर्क का विषय हो सकता है, साधक उस निस्सीम और अचिंत्य-गुण प्रकाश रूप की बात जानता है। वह इसे कैसे जानता है, यह बताना भी बड़ा कठिन है, क्योंकि उसको अनुभव करने के साधन भी उसी की भाँति असीम और अचिंत्य हैं। वह जब उसके असीम अचिंत्य-गुण-प्रकाश की बात करता है, तो वह ज्ञानेन्द्रियों के अनुभव की बात नहीं करता, मन द्वारा चिंतित वस्तु की बात नहीं कहता और बुद्धि द्वारा विवेचित पदार्थ की बात नहीं करता। वह इन सबसे भिन्न और सबसे अलग किसी ऐसे तत्त्व की बात कहता है जिसे उसकी अन्तरात्मा अनुभव करती है।

साधक ही उसका अनुभव करता है, लेकिन वह फिर भी ग्राह्य नहीं, न तो वह मन-बुद्धि द्वारा ग्रहणीय है और न वाणी द्वारा प्रकाश्य।[187] भगवान के दो रूप हुए हैं। एक तो वह जिसकी हम कल्पना नहीं कर सकते, व्याख्या नहीं कर सकते, विवेचना नहीं कर सकते। दूसरा वह तो भक्त के चित्त में भाव से प्रकट होता है और उसके समस्त मनोविकारों के बन्धन में बँधा रहता है। शिलर ने भाव स्थिति को आध्यात्मिक सौन्दर्य की दृष्टि से महत्त्वपूर्ण माना है। सत्य तो यह है कि किसी भी अभिव्यक्ति के लिए एक पूर्वनिर्धारित गहन प्रेम, विचित्र-स्वप्न दशा, असंयमित मादक उत्तेजना होनी चाहिए, अन्यथा पूर्ण अभिव्यक्ति असम्भव होगी। यही आध्यात्मिक जीवन का आनन्द, दर्शन और सृष्टि है।[188] आध्यात्मिक दृष्टि के साधक ही इस स्थिति का आनन्द लेते हैं। 'ब्रह्म-संहिता' में कहा है कि "यद्यपि भगवान का गुण और प्रकाश अचिन्तनीय है और सबके हृदय में रहता हुआ भी वह सबसे अगोचर रहता है—कम लोग ही उसके हृदय स्थित रूप को जान पाते हैं—तथापि सन्त लोग प्रेमाजन से विच्छुरित भक्ति रूप नयनों से सदैव उसका दर्शन करते रहते हैं। अर्थात् जो अरूप होने के कारण दृष्टि का अविषय है उसे प्रेम के अंजन से अनुरंजित करके विशिष्ट बनाकर देखा करते हैं।"[189] यही स्वयं प्रकाश ज्ञान है। इसी स्वयं प्रकाश ज्ञान से हमारी आन्तरिक ज्ञान-वृत्ति का आदि व्यापार उत्पन्न होता है। क्रोचे मानते हैं कि अर्थ को मूर्त्त करने पर ही भाषा वैक्षिक (एस्थेटिक) बनती है। इसी कारण जब हमें अनुभव होता है तो वह भाषा में व्यक्त हो जाता है। इसी विचित्रता के साथ सदैव नवीन भाषा की सृष्टि होती रहती है, उसमें नवीन अभिव्यंजना आती रहती है।[190] अमूर्त्त को मूर्त्त करने के प्रयास में कबीर की भाषा वैक्षिक बनती जाती है, उसमें नूतन अभिव्यंजना की चमक आती जाती है, शब्द स्वयंप्रकाश बन जाते हैं। उन्होंने प्रत्येक अनुभव के बाह्य को नवीन भावाकर प्रदान किया है, यही उनकी सौन्दर्यानुभूति है।

जब क्रोचे कहते हैं कि कला में कलाकार के व्यक्तित्त्व की भी, उसकी भाव प्रवणता की भी अभिव्यंजना होती है अन्यथा ऑर्ट की सत्ता ही नहीं रह जाती, तो कबीर इसका सर्वश्रेष्ठ उदाहरण हैं, उन्होंने निर्विकल्प ज्ञान द्वारा ब्रह्म की जो अभिव्यक्ति की है, उसमें उनका व्यक्तित्त्व चमक रहा है—

'साधो, ब्रह्म अलख लखाया, जब आप आप दरसाया।
बीज-मद्ध ज्यों बृच्छा दरसै, बृच्छा मद्दे काया ॥
ज्यों नभ-मद्दे सुन्न देखिए, सुन अनन्त आकारा।
निः अच्छरते अच्चर तैसे, अच्छर छर विस्तारा ॥
ज्यों रवि-मद्दे किरन देखिए, किरन मद्ध परकासा।
परमात्म में जीव ब्रह्म इमि, जीव-मद्ध तिमि स्वांसा ॥

स्वांसा-मद्दे शब्द देखिए, अर्थ शब्द के माहीं।
ब्रह्म ते जीव जीवते मन यों, न्यारा मिला सदा ही ॥
आपहि बृच्छ बीज अंकूरा, आप फूल-फल छाया।
आपहि सूर किरन परकास, आप ब्रह्म जिउ माया ॥
अनन्ताकार सुन्न नभ आपे, स्वाँस शब्द अरथाया।
निः अच्छर अच्छर छर आपै, मन जीव ब्रह्म समाया ॥
आतम में परमातम दरसे, परमातम में झांई।
झांई में परछाई दरसै, लखै कबीरा सांई ॥'[191]

इतनी सूक्ष्म, विराट, उदात्त, भव्य, कलात्मक अभिव्यंजना उनकी वीक्षावृत्ति का परिचय तो देती ही है, साथ ही कवि के आत्म-प्रकाश की उच्चता का परिचय भी देती है। कबीर ने अमूर्त्त को कितना साकार और मधुर बना दिया है। कबीर जैसे साधकों ने व्यक्त और अव्यक्त दोनों रूपों से अपनी आध्यात्मिक अनुभूति में आने वाले परमतत्त्व के सौन्दर्य का विचित्र उत्तेजनापूर्ण मादक वर्णन किया है, जैसा शिलर ने ऐसी सौन्दर्य कल्पना की अभिव्यक्ति के लिए आवश्यक माना है, किन्तु यह भी ध्यातव्य है कि उनकी दृष्टि आन्तरिक भावयुक्त अव्यक्त सौन्दर्य पर ही रही है, अमूर्त्त का वर्णन उन्हें अधिक रुचिकर रहा है। कांट इस रुचि और अनुकूलता को सौन्दर्याभिव्यक्ति के लिए आवश्यक मानते हैं। रुचि-निर्णय प्रागनुभव आधार भूमियों पर निर्भर करता है।[192]...सौन्दर्य निर्णयगत आनन्द (Pleasure in aesthetic judgement) एक समान धरातल पर खड़ा होता है और वस्तु के सम्बन्ध में किसी कामना को घटित नहीं करता।[193]...रुचि-निर्णय एक सौन्दर्य-निर्णय एक ऐसा निर्णय है जो व्यक्तिनिष्ठ आधारभूमियों पर निर्भर करता है।...सौन्दर्य-निर्णय एक सर्वथा अनन्य वस्तु है।[194] कबीर की सौन्दर्यानुभूति व्यक्तिनिष्ठ थी, वैसी अनुभूति दूसरे को होनी सम्भव नहीं है। यह तो परम सौन्दर्य की मादकता में लीन रहने वाले को ही हो सकती है–

'आठहूँ पहर मतवाल लागी रहै,
आठहूँ पहर की छाक पीवै।
आठहूँ पहर मस्तान माता रहै।
ब्रह्म की छौल में साध जीवै।
सांच ही कहतु और सांच ही गहतु है,
काँच का त्याग करि साँच लागा।
कहै कबीर यों साध निर्भय हुआ,
जनम और मरन का मर्म भागा।'[195]

द्विवेदीजी कबीर के व्यक्तित्त्व में एक महामानव का अनुभव करते हैं, वह

क्रान्तदर्शी, नूतनता की सृष्टि करने वाला है। गेटे के मतानुसार, कलाकार सौन्दर्य से सीधा सम्बन्ध रखता है, क्योंकि वह अनुभूति के माध्यम से सौन्दर्य के स्वरूप को जानने का प्रयत्न करता है। फाउस्ट के शब्दों में उन्होंने स्वीकार किया, अनुभूति ही सर्वस्व है।[196] परम सौन्दर्य को मूर्त्तता प्रदान करने वाला कितना महान कलाकार होगा। कालिदास ने 'अभिज्ञान शाकुन्तलम्' में यह भाव स्पष्ट कर दिया है,[197] विधाता की रचना में इतना सौन्दर्य सम्भव भी कहाँ है। केवल कवि के चित्त में ही इस प्रकार की सृष्टि हो सकती है। मानो विधाता के रूप की कोई सीमा है, किन्तु कवि की चित्स्फूर्ति असीम है। सौन्दर्य-भावना को विभिन्न अर्थों में ग्रहण करते हुए, पाश्चात्य विद्वानों ने इसे स्वयं प्रकाश ज्ञान (Intuition) कहा है जिसका अभिप्राय एक निर्विकल्प, दृष्टिप्रसूत, अखंड उद्‌भास समझा गया। इसीलिए, हैलारसन ने कहा कि "अनेक बार देखा गया है कि जब हमारा ज्ञान तर्क भूमि से ऊपर उठकर वस्तु के स्वरूप को सम्यक्तम दृष्टि से ग्रहण करता है, उस समय एक मुहूर्त में ही सब-कुछ मानो इस प्रकार प्रकाशित हो जाता है जैसे हमारे अन्तर में एक तीसरा नेत्र खुल गया हो–"[198]

'देख दीदार मस्तान में होय रह्या
सकल भरपूर है नूर तेरा।'[199]

कैसी मधुर अनुभूति है, अन्दर के नयनों से देखना कितना विचित्र, मादक, उल्लासपूर्ण और उन्माद की दिव्य-दृष्टि देने वाला होगा। आत्मा का उन्नयन होता जाता है, वह ऊँची ही ऊँची उठती जाती है। हमारी कल्पना में अनन्तता के प्रति एक संघर्षपूर्ण प्रयास है जबकि तर्कबुद्धि एक यथार्थ प्रत्यय के रूप में निरपेक्ष साकल्य की माँग करती है। इन्द्रिय जगत की वस्तुओं का आकलन करनेवाली वृत्ति के असमर्थ होने पर हमारे अन्दर एक अतीन्द्रिय-वृत्ति की अनुभूति का जागरण होता है। निर्विकल्प तथा आकृति-प्रकृति विहीन भाव से प्रकट होने वाले परिचय के स्वरूप सौन्दर्य के अखंड उद्‌भास को लौकिक अन्वीक्षा के अन्तर्गत किसी प्रकार भी नहीं रखा जा सकता। सम्भवतः इसीलिए यह अपने-आप में पूर्ण और स्वतन्त्र बताया गया है।[200] जो साधक एक बार इस ब्रह्म आनन्द, उसके सौन्दर्य की मस्ती को जान गया, वह फिर इसी में मस्त हो जाता है। वह भौतिक संसार को भूल जाता है, आत्मराम बन जाता है। यही ब्रह्म लीला का रहस्य है, जो समझ में नहीं आता–

'कौतिग दीठा देह बिन, रवि ससि बिना उजास।
साहिब सेवा मांहि है, बेपरवांहीं दास ॥'[201]

कबीर इस लीलामय वैचित्र्य से हतप्रभ रह जाते हैं, यह कैसा सौन्दर्य है जो

बिना सूर्य-चन्द्र की ज्योति से आलोकित हो रहा है, जिसकी दिव्यता सर्वत्र व्याप्त हो रही है। भगवान का यही सुन्दर रसमय रूप है जिसके दर्शन करके साधक आनन्दमग्न हो जाता है। प्लोटिनस कहते हैं सामंजस्य और सन्तुलन सौन्दर्य नहीं है। सौन्दर्य इनसे कुछ ऊपर की वस्तु है। ब्रह्म के अनुभव का वातावरण अत्यन्त मधुर है, एक अलौकिक संगीत से पूरित है–

'गगन गरजे तहाँ सदा पावस है, होत झनकार-नित बजत तूरा।'[202]

चित्त-वैशिद्य की अपूर्व स्थिति है। यह अनुभूति विभिन्न प्रकार से होती है। यह अलौकिक धरातलों का अनुभव है। हमें परम सौन्दर्य की अनुभूति जितनी गहन और तीव्र होगी हमारा विश्वास और तादात्म्य भाव बढ़ता जाएगा। हमारी श्रद्धा और शान्ति भावना उतनी ही बढ़ती जाएगी।[203] यह विश्वास की भावना ही अमृत फल है–

'रामँ नाँम सींच्या-अँमी, फल लागा बेसास ॥'[204]

कबीर ने विश्वास को बहुत महत्त्वपूर्ण आधार बताया है। इसके अभाव में हमारा लक्ष्य सिद्ध नहीं हो सकता। उस परम सत्ता से हमारा परिचय नहीं हो सकता–

'जिनि गाया बिसवास सूं, तिन राम रह्या भरिपूरि ॥'[205]

गीता में विश्वास और श्रद्धा का महत्त्व बताया गया है। श्रद्धावान को ही ज्ञान प्राप्ति होती है, तुरन्त शान्ति मिलती है, ज्ञान और श्रद्धा रहित, संशय वृत्ति वाला व्यक्ति आनन्द प्राप्त नहीं कर सकता।[206] कोई सूरमा साधक ही पूर्ण निष्ठा समर्पित भाव से इस मार्ग पर चल सकता है–

'सूरा तबहि परषिए, लड़ै धणी के हेत।
पुरिजा पुरिजा ह्वै पड़ै, तऊ न छाड़ै खेत ॥'[207]

इतना आत्मबल, दृढ़ता, अदम्य साहस, उत्सर्ग, मोहमाया का परित्याग करने वाला ही इस संघर्ष में लक्ष्य सिद्धि कर सकता है। असीम सौन्दर्य और आनन्दमयी ज्योति के दर्शन कर सकता है। पाखंड, आडम्बर, असत्य ज्ञान और अहंकार से उस दिव्य सौन्दर्य का दर्शन नहीं हो सकता। ऐसा व्यक्ति स्वयं भ्रमित होता है औरों को भी भ्रम में डालता है। कबीर उच्चनिष्ठापूर्ण एक महान साधक थे। द्विवेदी जी इस तथ्य की ओर संकेत करते हुए लिखते हैं, ''कबीर 'ज्ञान के हाथी' पर चढ़े थे, पर 'सहज का दुलीचा' डाले बिना नहीं। भक्ति के मन्दिर में प्रविष्ट हुए थे, पर 'खाला का घर' समझकर नहीं। बाह्याचार का खंडन किया था पर

निरुद्देश्य आक्रमण की मंशा से नहीं। भगद्विरह की आँच में तपे थे, पर आँखों में आँसू भर कर नहीं, सर्वत्र उन्होंने एक समता (बैलेंस) रखी थी।''[208]

इस ज्ञान प्राप्ति की अवस्था, समता की स्थिति का कबीर ने कितना अन्तःज्ञानपूर्ण वर्णन किया है। जहाँ सूर्य का प्रकाश है, वहाँ रात्रि का अन्धकार कैसे हो सकता है। चन्द्रमा की चाँदनी में सूर्य का प्रकाश दिखाई नहीं देता। इसी प्रकार जहाँ ज्ञान का प्रकाश है, वहाँ अज्ञान नहीं हो सकता। जहाँ अज्ञान है वहाँ ज्ञान का नाश हो जाता है–

'सूर-परकास, तहं रैन कह पाइए।
रैन-परकास नहीं सुर भासै।
ज्ञान-परकास अज्ञान कहं पाइए
होय अज्ञान तहं ज्ञान नासै।'[209]

समता भाव का प्रभावशाली चित्रण कबीर के हृदय में निहित आन्तरिक सौन्दर्य को सहज ही प्रकाशित कर देता है। कबीर इस समरसता की स्थिति को ही ब्रह्मज्ञान और उससे प्राप्त सौन्दर्य कहते हैं क्योंकि सौन्दर्य में आत्मा का सामरस्य हो जाता है। सांतायना इस सामरस्य की दशा के सम्बन्ध में कहते हैं जिस अन्तःप्रज्ञा को हम आध्यात्मिक अनुभूति कहते हैं वह प्रायः विज्ञान की भाँति तर्कसंगत नहीं होती, क्योंकि वह जिस गुह्य तत्त्व को, धारणा को इंगित करती है, अथवा तत्त्व का वर्णन करती है वह भी कभी-कभी युक्ति संगत नहीं लगता, किन्तु प्रायः वह अनुभव ही जिसके औचित्य को वे सिद्ध नहीं कर सकते, तत्त्वज्ञानी की सर्वोत्तम अभिव्यक्ति होती है।[210] तत्त्वज्ञानी ब्रह्म के सौन्दर्य का अनुभव करके भी उसके वर्णन में असमर्थ रहता है, वह तो वही है, जो वह है–

'जस कथिये तस होत नहीं, जस है तैसा सोइ ॥'[211]

यह सौन्दर्यानुभव अतीन्द्रिय और अशरीरी है, रूप-आकार रहित है, वह इन्द्रियानुभव का विषय कैसे हो सकता है। सौन्दर्यानुभूति इन्द्रिय-निरपेक्ष ज्ञान की मननात्मक स्थिति है। यह इसकी दुर्बोधता की समस्या है, कबीर को भी इस परिस्थिति का सामना करना पड़ता है–

'जस तू तोहि काई न जान। लोक कहै सब आनहिं आन ॥'[212]

कबीर ने इस दुर्जेय स्थिति का समाधान निकाल लिया। सभी दुर्गम स्थितियों से त्राण दिलाने वाला सद्गुरु होता है, उसी की शरण में जाना श्रेयस्कर है, कबीर इसी का सहारा लेते हैं–

'सतगुरु की महिमा अनन्त, अनन्त कियो उपगार।
लोचन अनन्त उघाड़िया, अनन्त दिखावण हार ॥'[213]

उस परमतत्त्व में सौन्दर्य का रसपान करने के लिए सद्गुरु की कृपादृष्टि चाहिए, साधक को इसके बिना सफलता नहीं मिलती। कबीर सद्गुरु की कृपा से दर्शन करके आत्मविभोर हो उठते हैं। गुरु ही हमारी साधना को सफल बनाने में समर्थ हैं, उसी की कृपा से साधक आत्मोन्नयन कर सकता है। वह हमारी अन्तर्दृष्टि ज्ञान-चक्षु आत्मा के नेत्र खोल सकता है, जिससे हम परम सुन्दर के दर्शन कर सकते हैं। डॉ. केदारनाथ द्विवेदी इस अलौकिक आत्मानन्द के विषय में लिखते हैं, "अध्यात्म की अनुभूति, आत्मचिन्तन का परिणाम है। आत्मचिन्तन के फलस्वरूप में जो कुछ प्रत्यक्ष हो सके, उसे निरपेक्ष सत्य कह सकते हैं। ऐसे ही सत्य का प्रकाशन कबीर का लक्ष्य रहा है। साधक की वृत्ति जब किसी विशिष्ट वस्तु के चिन्तन में तन्मय हो जाती है, तो उस स्थिति में उसकी बाह्य इन्द्रियों का कार्य-व्यापार ही परिवर्तित हो जाता है। आँखें सुनने लगती हैं और कान देखने लगते हैं। हम प्रायः कहते हैं कि गीत बड़ा सुन्दर है और गन्ध बड़ी मीठी है। गीत श्रवणेन्द्रिय से सुने जाते हैं और गन्ध को हम नाक से सूँघते हैं, किन्तु वृत्ति की तन्मयावस्था में कान भी देखने लगते हैं अन्यथा गीत में सुन्दरता की अनुभूति न होती। नाक भी स्वाद लेने लगती है, अन्यथा सुगन्ध भी मीठी न लगती। ऐसी स्थिति में अनुभूत विषय का सम्यक् प्रकाश साधक के लिए एक कठिन व्यापार हो जाता है और कबीर के शब्दों में 'ऐसा लौ नहिं तैसा लौ, केहि विधि कहो अनूठा लौ' कहकर मौन धारण कर लेता है। इस प्रकार के पूर्ण मनोयोग की स्थिति परमतत्त्व की आध्यात्मिक भावना में ही अधिक सम्भव है। सम्भवतः इसीलिए कबीर ने परमतत्त्व की आध्यात्मिक भावना को अपनाया होगा।"[214]

तात्विक ज्ञान प्राप्त होने पर एक रहस्यमय सौन्दर्य का परिचय होता है। साधक की छिपी हुई सौन्दर्यानुभूति जाग्रत हो जाती है। वह शान्ति का अनुभव करता है, सीम असीम होकर उसकी भावानुभूति विराट रूप धारण कर लेती है। हृदय में आध्यात्मिक प्रकाश की ज्योति फैल जाती है। सांसारिक दुविधा से मुक्ति मिल जाती है, यह आनन्ददशा है। स्काट जेम्स का विचार है कि सौन्दर्य एक अलंकृति है, अतिरिक्त गुण-वर्द्धन है, जो सत्य की तह को बेधता हुआ मूल तक पहुँच जाता है और हमें हर्ष तथा सन्तोष, जो भी मिलता है उसका सौन्दर्य से सम्बन्ध है।[215]

सौन्दर्यबोध में उपचेतन का आत्मपरिचय अनेक प्रकार की सामग्री से उत्पन्न होता है, यह अन्तर्मन को बेध कर उस मधुर भाव से भर देता है। हमारा हृदय एक विशेष भावभूमि को प्राप्त कर लेता है। यह परमतत्त्व के सौन्दर्य की स्थिति है। यह परमतत्त्व सभी आत्माओं में निवास करता है। आचार्य रामचन्द्र

शुक्ल ने लिखा है, सम्पूर्ण सत्ताएँ एक ही परमसत्ता और सम्पूर्णभाव एक ही परमभाव से अन्तर्भूत हैं। अतः बुद्धि की क्रिया से हमारा ज्ञान जिस अद्वैत भूमि पर पहुँचता है, उसी भूमि तक हमारा भावात्मक हृदय भी इस सत्व-रस के प्रभाव से पहुँचता है।[216] इस समभाव में तल्लीनता आ जाती है, आनन्द का विस्तार होता है।

वह परम सत्ता ही समस्त सौन्दर्य का स्रोत है, मूल कारण है, अतः उससे भिन्न कुछ भी नहीं है। इस सौन्दर्य की अनुभूति के लिए हममें श्रद्धा भावना और शान्ति होनी चाहिए। आत्मा की पवित्रता और समता भावना द्वारा हम इसे प्राप्त कर सकते हैं। वेदान्त, पाँच रात्र, अम्भिधम्म संग्रह, शैव, शाक्त, सभी दर्शनों में विरोधी प्रवृत्तियों के सन्तुलन और समाहार का वर्णन किया गया है। यही समता हमें आत्म-परिष्कार और आत्म-शुद्धि प्रदान करती है। व्यास-भाष्य में परमतत्त्व को परमशुद्ध माना गया है–

'प्रकृष्ट सत्वो पादानादोश्व रहस्य शार वतिक उत्कर्षः।'[217]

वह समतापूर्ण है, अतः साधक को भी समतापूर्ण होना चाहिए। समता शारीरिक तथा आध्यात्मिक स्वस्थता का स्रोत है। विषमता अथवा असन्तुलन ही हमारे आन्तरिक उद्वेलन का कारण है। पूर्ण समता निष्काम, निरासक्त स्थिति है। तत्त्व चिन्तक अस्थिर भौतिक आनन्द के स्थान पर अक्षय आध्यात्मिक आनन्द प्राप्ति का प्रयास करते हैं।[218] अपनी इस वृत्ति के अव्याहत प्रयोग के द्वारा ही प्रत्येक पुरुष की आत्मतुष्टि अथवा उसका आत्मपरिचय सिद्ध होता है। इस आत्मपरिचय का परिणाम ही आनन्द है।[219] जॉर्ज सांतायना ने अनन्त की एकता में, उस समस्त के ग्रहण में और उसकी अभिव्यक्ति में ही सौन्दर्य का निवास माना है।[220] इस प्रकार सौन्दर्य के स्रष्टा और भोक्ता दोनों के उपचेतन संस्कारों के उद्बोधन में पूर्ण साम्य होता है, यही सामरस्य सौन्दर्यानुभूति के लिए आवश्यक है। अरस्तू का मत है कि सामंजस्य, प्रसाद, लय और सुन्दर शैली मस्तिष्क की शुभ और सुन्दर विशेषताओं के कारण उत्पन्न होती है। सुन्दर कला मस्तिष्क के सुन्दर गुणों की अभिव्यक्ति है।[221] कबीर ऐसी ही कला सृष्टि करते हैं–

'गगन मठ गैब निसान उड़े।
चन्द्रहार चँदवाजहँ टाँगे, मुक्ता-मानिक मढ़े।
महिमा तासु देख मन थिरकर, रवि-ससि जोत जरे।
कहैं कबीर पिए जोईजन, माना फिरत भरे।'[222]

प्लाटिनस ने कहा कि सौन्दर्य रोशनी है, उसी की आभा से वस्तु चमकती है और यही सन्तुलन और सामंजस्य का अर्थ होता है। प्रज्ञा और सौन्दर्य की तद्रूपता से अभिव्यक्ति सुन्दर लगती है।[223] योरोपीय कवि इस भावना को स्पष्ट करते हुए

कहते हैं कि हमारी आत्मा का उन्नयन ही सौन्दर्य का उद्घाटन कर सकता है, जब तक हममें विकार रहेंगे, द्वैत, संशय रहेगा, हम सौन्दर्य-दर्शन नहीं कर सकते।[224] कवि सौन्दर्य-स्रष्टा होता है, उसके मन में समरसता एक विशिष्ट आकार ग्रहण करके सौन्दर्यानुभूति को उत्पन्न करती है। इस स्थिति में उसके मन में कल्पनाशक्ति का अथाह कोष खुल पड़ता है जो उसे हृदय की मुक्तावस्था, रसदशा प्रदान करता है। अनन्त आनन्द की धाराएँ उसे चहुँदिशि प्रवाहित होती हुई प्रतीत होती हैं। यह मनोदशा सौन्दर्य की अद्भुत छटा का दर्शन कराती है। अन्वीक्षा वृत्ति के व्यापार के फलस्वरूप एक प्रकार का परिचय घटित होता है। वस्तु के सम्बन्ध में एक प्रकार की नवीन जातीय दृष्टि का उन्मेष होता है। अन्वीक्षा दृष्टि चर्म चक्षुओं की सीमा लाँघकर अन्तरतम में प्रविष्ट हो जाती है। कांट के अनुसार कल्पना बोध-जगत और प्रत्यय-जगत के बीच संयोजन-सूत्र का काम करती है। इन्होंने 'क्रिटिक ऑफ प्योर रीजन' में कल्पना को मन की संस्थिति-विशेष (एटिच्युड ऑफ माइंड) के रूप में स्वीकार किया है।[225] इस सन्दर्भ में वे यह भी कहते हैं कि कल्पना वह शक्ति है, जो उस अप्रस्तुत वस्तु को भी, जिसका गोचर प्रत्यक्ष या संवेद्य सम्पन्न प्राप्त नहीं है, सहजानुभूति का अंग बना देती है। कबीर के काव्य में अगोचर की सहजानुभूति की अद्भुत छटा सर्वत्र बिखरी पड़ी है–उस अगोचर सौन्दर्य की रूपराशि करोड़ों सूर्य, चन्द्र, तारा के रूप में बिखरी पड़ी है। मन में मन, नयनों में नयन समाकर मन और नयन एक ही हो गए हैं–

'कोटिन भानु-चन्द्र-तारा-गन छत्र की छाँह रहाई।
मन में मन नैनन में नैना, मन मैना इक हो जाई ॥'[226]

कबीर तो इस कल्पना में प्रेममय हो गए हैं। उस प्रियतम से कोई अन्तर नहीं है, जब प्रियतम जागता है तो मैं भी जागता हूँ, जब प्रियतम सोता है तो मैं भी सोता हूँ, ऐसी विचित्र भावपूर्ण मनोदशा उनकी कल्पना की अनुभूति को मुग्ध करने वाली शक्ति प्रदान करती है–

'नारद, प्यार सो अन्तर नाही।
प्यार जागै तौ ही जागूँ, प्यार सोवै सब सोऊँ।'[227]

कबीर की आत्मविभूति की दशा उन्हें सब-कुछ भुलाकर उसी प्रियतम में लीन कर देती है–

'सुखसिन्धु की सैर का स्वाद तब पाई है,
चाह का चौतरा भूल जावै।'[228]

सौन्दर्य मन के संकल्प-विकल्प पर रोक लगा देता है, उसे एकाग्र कर देता है–

'पूरे सूं परंचा भया, सब दुख मेल्या दूरि।
निर्मल कीन्हीं आत्मां ताथै सदा हजूरि ॥'[229]

परमतत्त्व के आनन्द में एक रस होकर वह आत्मविभोर हो उठते हैं, इसीलिए कबीर ने परब्रह्म के साथ अपने सम्बन्धों का वर्णन किया है। स्पिनोजा ने इस सत्ता के सम्बन्ध में कहा है कि सत्ता में दो या अधिक द्रव्यों के लिए स्थान नहीं है। समस्त सत्ता एक ही द्रव्य है। इसी को ब्रह्म या ब्रह्मांड कहते हैं। इस द्रव्य में अनन्त गुण हैं और प्रत्येक गुण भी अनन्त हैं। हमारा ज्ञान दो गुणों तक सीमित है–वह 'चेतना' और 'विस्तार' है। यह दोनों एक ही द्रव्य के दो पक्ष हैं, दो स्वतन्त्र द्रव्यों के गुण नहीं। एक ही द्रव्य एक ओर चेतन भी दीखता है, दूसरी ओर विस्तृत दीखता है। जगत परमात्मा का अनिवार्य प्रकटन है। परमात्मा अनादि और अनन्त है।[230] इन्होंने ज्ञान के तीन स्तर माने हैं, इन्द्रिय बोध जन्य और कल्पना सबसे निचले स्तर के हैं। इन्होंने दूसरे स्तर पर बुद्धि को माना है और सबसे ऊँचा स्तर अन्तर्ज्योति या प्रातिभ को माना है। इससे हम सत् का साक्षात दर्शन कर सकते हैं।[231]

कबीर अन्तर्ज्योति के स्वामी थे। उस परमज्योति का भास होने पर साधक की नश्वर काया तपकर कुन्दन बन जाती है, शुद्ध, पवित्र हो जाती है। यह स्थिति बड़ी साधना से प्राप्त होती है। सौन्दर्य दर्शन भी सहज नहीं है। निर्विकार होने पर मन की वृत्तियों के संयमित होने पर ही उस प्रातिभ का दर्शन होता है। एबरक्राम्बी ने कहा है कि यह एक ऐसा अन्तः अनुभव है जो समस्तता और पूर्णता से युक्त होता है, जैसा देखा है और जैसा अनुभव किया है। इन दोनों ही स्थितियों में तादात्म्य होना चाहिए।[232] कबीर ने पूर्ण दृष्टि से, स्थितप्रज्ञ भावना से उसे देखा है, किन्तु इन्द्रिय ज्ञान से वह अलग है, आत्मानुभव पूर्ण होता है, आंशिक नहीं–

'पूरे की पूरी द्रिष्टी, पूरा करि देखै।
कहै कबीर कछू समुझि न परई, या कछू बात अलेखै ॥'[233]

वास्तव में ब्रह्म की पूर्णता को जानने का कोई बाह्य मापदंड हो ही नहीं सकता है और सौन्दर्य का भी कोई विशेष मापदंड नहीं हो सकता है। सौन्दर्य पूर्णता का द्योतक है। पूर्णता सनातन सत्यों का साक्षात्कार कराती है। वह अविचल नियमों का उद्घाटन करती है। नित्यता, सम्पूर्णता, सार्वभौमिकता, अमरत्व आदि मानसिक प्रत्ययों का उदय होता है। यह प्रतीति मानसिक विकारों से निर्लिप्त होती है। इसमें अद्भुत आनन्द ज्योति और आह्लाद रहते हैं। सुन्दरम् यही प्रतीति है।[234] पाइथोगोरस ने सुन्दर में नित्यता और नैतिकता उसके मूल गुण माने हैं। सुन्दर सत्य और मंगलमय होता है।[235]

आचार्य परशुराम चतुर्वेदी ने सौन्दर्यानुभूति के आधार को स्पष्ट करते हुए लिखा है, "वास्तव में सौन्दर्य का आधार केवल रूप ही नहीं हो सकता और न इसी कारण हमें उसकी अनुभूति केवल नेत्रों के ही साधन से उपलभ्य है।...व्यापक रूप से देखने से पता चल सकता है कि सौन्दर्य का न्यूनाधिक अनुभव हमारे लिए किसी भी प्रमुख इन्द्रिय विषय के माध्यम द्वारा सम्भव है। जहाँ कहीं भी हमारी इन्द्रियाँ आकृष्ट हो सकें और उत्तरोत्तर आनन्द लेती हुई, उसमें रमने लग जाएँ, वहीं इसका आधार बनाया जा सकता है।...अतएव रूप, रस, गन्ध, शब्द एवं स्पर्श पर आश्रित सौन्दर्य के समान ही हमारे अन्तःकरण सम्बन्धी-भाव-सौन्दर्य की कल्पना की जा सकती है।"[236] कवि के हृदय में देश-काल-पात्र-वर्जित रूप में उपचेतन में सौन्दर्योपधायक संस्कार के उद्‌बुद्ध होने पर हमें उसका जो परिचय मिलता है, वही उसके सौन्दर्य का अवच्छेदक धर्म माना जाता है। सौन्दर्य सृष्टि के समय कवि अपने अन्तस्थ में एक अस्फुट रूपाकार का अनुभव करता है और अन्तर रूप को बाह्य रूपाकार प्रदान करके सौन्दर्य सृष्टि के आनन्द से आनन्दित हो उठता है।[237] कबीर ने अपने अन्तस्थ में परमतत्त्व के स्वानुभूत सौन्दर्य का वर्णन इसी प्रकार से, विभिन्न रूपों में किया है। वह कहते हैं उसने जो सत्, रज, तम से यह मायावी संसार बनाया है वह सत्य नहीं है, उसने अपने अन्दर ही अपने को छिपा लिया है। वह तो स्वयं ही आनन्दस्वरूप है और उसमें ही अव्यक्त रूप से गुणों का अनुपम विस्तार हो रहा है, शाखाएँ तत्त्व रूप हैं, पुण्य ज्ञान रूप हैं, किन्तु फलता वह स्वयं ही है–

'कहन सुनन कौ निहिं जग कीन्हा, जग भुलान सौ, किन्हु न चीन्हा।
सन्त लतम थैं कीन्हीं माया, आपण भाझैं आप छिपाया।
ते तौं आहि अनन्द सरूपा, गुन पल्लव विस्तार अनूपा।
साखा तत थै कुसम गियानां, फल तो आछा राम का नामां ॥'[238]

कबीर के सौन्दर्य-वर्णन में वैचित्र्य की अनुभूति और आत्म-प्रसादन दोनों ही मिलते हैं। उन्होंने सत्य ज्ञान को जानने के लिए पंडितों, मौलवियों, ज्ञानीजन, योगियों सभी को ललकारा है, वह कहते हैं मैं जो कुछ वर्णन कर रहा हूँ उसे कोई सच्चा ज्ञानी साधक ही समझ सकता है, भ्रमित लोग नहीं जान सकते। वह परमसत्ता जो बिना हाथ-पाँव, कान, नेत्र, के इस सृष्टि का संचालन कर रही है जो बिना मुख के खाती है, बिना चरणों के चलती है, बिना जिह्वा के गुणों का वर्णन करती है। वह एक ही स्थान पर रहकर दसों दिशाओं में विचरण करती है, बिना हाथ के ताली बजाती है, बिना वाद्य के षट्ताल बजते हैं, बिना शब्द के अनहद नाद सुनाई देता है, वही गोपाल नृत्य करते हैं, वह बिना चोले के बिना कंचुकी के रहती है, संग रहे बिना भी संग रहती है–

'पंडित होइ सु पदहि बिचारै, भूरिष नांहि न बूझै।
बिना हाथनि पांइन बिना कांननि, बिन लोचन जग सूझै ॥
बिन मुख खाई चरन बिनु चालै, बिन जिभ्या गुण गावै।
आछै रहै ठौर नहीं छोड़ै दह दिसिहीं फिरि आवै।
बिन तालां ताल बजावै, बिन मंदल वह ताला।
बिन ही सबद अनाहद बाजै, तहाँ निरतत है गोपाला ॥
बिनां चोल ने बिनां कंचुकी, बिन ही संग संग होई।
दास कबीर औसर भल देख्या, जांनेगा जस कोई ॥'[239]

इस प्रकार का वर्णन कबीर की आन्तरिक संवेदनीयता का परिणाम है जिसका कोई स्थूल आधार नहीं है। उन्होंने अपने आध्यात्मिक ज्ञान द्वारा इस तथ्य को सिद्ध कर दिया है। उन्हें इस प्रकार के वर्णन के लिए विभिन्न धार्मिक और दार्शनिक पद्धतियों का आश्रय लेना पड़ा है। ऐसे तर्क और वर्णन उपनिषदों में बहुलता से मिलते हैं। श्वेताश्वतर उपनिषद् में कहा गया है–

'अपाणि पादो जवनो ग्रहीता पश्चत्य चक्षुः सः शृणोत्यकर्ताः।'[240]

परमेश्वर के न हाथ हैं न पाँव, फिर भी वह बिना हाथों के सब-कुछ ग्रहण करता है और बिना पाँव के वेग से चलता भी है। उसके नेत्र नहीं हैं, फिर भी वह देखता है और कान नहीं हैं, फिर भी वह सब-कुछ सुनता है।

यह तथ्य बुद्धिवादी विद्वानों की ज्ञान सीमा से परे है। उन्हें तो वस्तुगत, ठोस-स्थूल, प्रत्यक्ष प्रमाण चाहिए। कबीर ने ऐसे लोगों के लिए कहा है–

'अ बुझा लोग कहाँ लों बूझै बूझन हार बिचारो।
× × ×
ताके गुन नर कैसे पैहौं, खड़ा कबीर पुकारे ॥'[241]

इस भेदातीत सौन्दर्य का मर्म तो वही जान सकता है जो इसका परिचय प्राप्त कर लेता है। वह बाह्य वस्तु वर्णन में विश्वास नहीं करते। उसका सौन्दर्य तो अन्तर्मन में ही भावात्मक, अगोचर रूप में निर्मित होता है। उसकी कोई रूपरेखा नहीं है। यह तो मनःचक्षु का सौन्दर्य है। जिसका कोई अन्त नहीं है। जो अपरिमित और असीमित है, उसको कोई कैसे सीमित आकार और शब्दावली में वर्णित कर सकता है। कबीर इसी जिज्ञासा को प्रस्तुत करते हैं–

'है कोई राम नाम बतावै।
वस्तु अगोचर मोहि लखावै ॥
राम नाम सब कोई बखांन, राम नाम का मरम न जानैं।

ऊपर की मोहि बात न भावै, देखे गावै तो सुख पावै।
कहे कबीर कहु कहत न आवै, परचै बिनां मरम को पावै।'[242]

इस समस्या का समाधान भी कबीर कर ही देते हैं–

'गोव्यंदे तूं निरंजन तूं निरंजन राया।
तेरे रूप नहीं रेख नाहीं मुद्रा नहीं माया ॥'[243]

निरंजन रूप, भाव, गुण, लक्षण विवर्जित ब्रह्म है। इसके साक्षात्कार से पाप क्षीण हो जाते हैं। एक अखंड ब्रह्म को क्रमिक विकास के नियमानुसार देखने पर उसकी पहले सत्यरूप में, फिर चिद्धन रूप में और अन्त में आनन्दमय सत्ता के रूप में उपलब्धि होती है।[244] इसमें उभयनिष्ठ सम्बन्ध नहीं रहता। ज्ञाता, ज्ञान और ज्ञेय के एक होने पर निर्विकल्प पद की उपलब्धि होती है। यही सहजावस्था है, इससे उन्मनी अवस्था द्वारा परावस्था प्राप्त होती है। यह उपाय और प्रज्ञा का समरस विग्रह है। यह निःस्वभाव और नैरात्म्य अवस्था ही शून्यावस्था है। शून्यमय अद्वयभाव पर अधिष्ठित होकर आत्मप्रकाश होता है।[245] सिद्धों ने इसे तुरीयानन्द कहा है। राग से विरत होकर परमशान्ति का आविर्भाव होता है। इससे पूर्वानुभूत जगज्जाल समाप्त हो जाता है। सब दृश्य पदार्थ जो अब तक मुग्ध दृष्टि के सामने अनन्त रूपों और अनन्तभावों में उपस्थित हो रहे थे, सिमट जाते हैं। सिद्ध व्यक्ति को अपने पिंड अथवा देह का ज्ञान भली-भाँति सिद्ध होने पर परम-पद का साथ उसका ऐक्य अथवा अभेद भाव स्वभावतः ही प्रतिष्ठित होता है। जिसके अवगत होने पर समस्त जगत् का ज्ञान उदित होता है, एवं सब प्रकार की सिद्धियाँ अपने आप ही उपस्थित होती हैं, उसे परम पद कहते हैं।[246] इस परम पद से ही सच्चे सौन्दर्य का ज्ञान और अनुभव होता है। आचार्य हजारी प्रसाद द्विवेदी ने इस स्थिति को स्पष्ट करते हुए लिखा है, "सौन्दर्य रचना के लिए केवल प्रतिभा ही पर्याप्त नहीं है, उसके लिए व्यक्तिगत योग्यता और निरन्तर अभ्यास भी उतना ही आवश्यक है। यहाँ जो बात स्पष्ट ही समझ में आती है वह यह है कि मनुष्य के भीतर जो चैतन्य है, जो अपनी ज्ञानेन्द्रियों की सहायता से बाह्य-वस्तु की मानसी भावभूति का निर्माण करता है, वह स्वभावतः स्रष्टा और निर्माता है।"[247] श्रीमद्भागवत् में कहा गया है, जो ब्रह्मानुभूति सम्पन्न, शास्त्रों के मर्मवित्ता, असूया-रहित तथा तात्पर्यज्ञ हैं वे ही भागवत के गूढ़ अर्थ को प्रकाशित करने के अधिकारी हैं।[248] इसका अर्थ यह हुआ कि ये व्यक्ति ही ब्रह्मा के रहस्य को जानते हैं।

साधक के अभ्यास करने पर वह ज्ञानसम्पन्न और अगम रहस्यों का ज्ञाता हो जाता है। पातंजल ने योग में इस अभ्यास को आवश्यक बताया है। उपनिषदों में स्थिर इन्द्रिय धारण को योग कहा गया है।[249] कबीर ने इस अभ्यास की उपमा मन रूप दर्पण को भजने दी है, ऐसा करने से साधक परम-ज्योति का दर्शन करता

है, यही आत्मप्रकाश है–

'जो दरसन देख्या चाहिए, ता दरपन भजत रहिए।
जब दरपन लागे काई, तब दरसन किया न जाई ॥'[250]

सच्चा साधक निर्विकार होता है, मल रहित होता है, कबीर ने इस मैलेपन के लिए उसे सावधान किया है–

'यह संसार सकल है मैला, राम कहे ते सूचा।'[251]

मन के, भाव के निर्मल होने पर परब्रह्म का साक्षात्कार करना कठिन नहीं है। जैसे दर्पण में हम अपने प्रतिबिम्ब को देखते हैं, उसी प्रकार हम उस परमतत्त्व का दर्शन कर सकते हैं–

'ज्यूँ दरपन प्रतिबिम्ब देखिए, आप दवासु सोई।
संसौ मिट्यो एक कौ एकै, यहाँ प्रलैजब होई ॥'[252]

सम्भवतः योग एक विशिष्ट साधना प्रणाली है जिसके द्वारा आत्मा और परब्रह्म में एकता स्थापित हो जाती है, "जीवात्मा विविध प्रकार की साधना के द्वारा परमात्मा से सम्बद्ध हो सकता है। विवेक और वैराग्य से जीव जब अपने अस्तित्त्व को भुला देता है और सम्पूर्ण जगत में अविनाशी रूप चरमतत्त्व को देखता है और ज्ञान द्वारा ब्रह्मात्मैक्य की सिद्धि कर पाता है, तब इसे ज्ञानयोग कहा जाता है।"[253]

कबीर ने इस आत्मदर्शन को ज्ञानात्मक भावदशा का वर्णन करते हुए परमतत्त्व के सौन्दर्यदर्शन की दशा की अभिव्यक्ति की है। जब ज्ञानावेग के प्रभाव से अज्ञानांधकार धीरे-धीरे तिरोहित होता हुआ चला जाता है, तब सभी भ्रम, भ्रांतियाँ भेदभाव, माया विवर्जित स्थिति, द्वैतभाव नष्ट होकर मन में प्रकाश का उदय हो जाता है–

'देखो भाई ज्ञान की आई आँधी।
सबै उडानी भ्रम की टाटी रहै न माया बाँधी ॥
दुचिते की टुई थूनि गिरानी मोह बलेड़ा टूटा।
तिष्णा छानि परीघर ऊपर दुमिति भांडा फूटा।
आँधी पाछे जो जल वर्षे तिहि तेरा जन मीना।
कहे कबीर मगभया प्रगासा उदय भानु जब चीना ॥'[254]

उस अनन्त प्रकाश के फैल जाने पर मन निर्मल हो जाता है। साधक को सर्वत्र वही प्रियतम दिखाई पड़ता है। साधक निसदिन उस सौन्दर्य परिपूर्ण पुरुष में लीन रहता है। वह अनन्त सौन्दर्य स्वयं ही उसके घट में रमण करने लगता है,

सौन्दर्य-क्रीड़ा करता है–

'चरन कमल गोविन्द रंग लागा।
सत प्रसाद भये मन निर्मल हरि कीर्तन महिं अनदिन जागा ॥
परखा प्रीतम करहु बीचारा, घट महि खेलै अघट अपारा।'[255]

कैसी अद्भुत अनुभव की स्थिति है, अघट घट में खेल रहा है, विन्कितमान ने इस उदात्त भाव स्थिति का वर्णन करते हुए कहा है, "उन्हीं लोगों के चेहरे में पूर्ण सौन्दर्य प्रकट होता है, जिनका मन हर तरह के उद्वेगों से रिक्त एवं प्रशान्त है।" वे आगे कहते हैं, "प्रशान्ति और भव्यता की अभिव्यक्ति ही सर्वोच्च सौन्दर्य है।"[256] जब कबीर को इस गम्भीर धैर्यपूर्ण प्रशान्त स्थिति का अनुभव हुआ, तो वह अनूप ज्योति स्वरूप, जो न अमल है, न मल है, जहाँ धूप और छाया नहीं है, उन्हें उसका आभास हुआ–

'ज्योति स्वरूप तत अनूप। अमल न मल छाँह नहिं धूप ॥'[257]

यही निर्मल, शुभ्र, भव्य, निरद्वेग सौन्दर्य है। यही योग की 'चित्त निरोध' की अनुपम स्थिति है। गीता में इस भावदशा का वर्णन करते हुए कहा गया है, "योगानुष्ठान से निरुद्ध चित्त् जिस स्थान में रम जाता है और जहाँ स्वयं आत्मा को देखकर आत्मा से ही सन्तुष्ट हो रहता है वही योगस्थ स्थिति है।"[258] कबीर ने इस स्थिति का अनुभव किया था–

'अपणें रूप कौं आपहि जां णें, आपै रहे अकेला ॥'[259]

आत्मा के अन्तर में स्थित अर्थ को इच्छा द्वारा बाहर प्रकाशित करना ही योग सृष्टि है। अद्वैत भूमि में स्थित योगी इच्छाशक्ति के द्वारा सृष्टि किया करते हैं। शक्ति सूत्र में कहा है–"स्वेच्छाया स्वमितो विश्वमुन्मीलयति।" इसी से विश्व का उन्मीलन होता है। श्री शंकराचार्य ने कहा है कि समग्र विश्व आत्मा के निज स्वरूप के अन्तर्गत है। दर्पण में प्रतिबिम्ब-रूप से दिखाई दे रही नगरी जैसे दर्पण के ही अन्तर्गत है, दर्पण से पृथक् नहीं है वैसे ही प्रकाशमय आत्मा में प्रतिभासमान दृश्य आत्मा के ही अन्तर्गत है, आत्मा से पृथक् नहीं है। ज्ञानी इसी रूप में विश्व को देखा करते हैं; क्योंकि उनकी दृष्टि में आत्मा से पृथक् कोई वस्तु नहीं है। किन्तु जो अज्ञानी हैं, उसने प्रकाशमय आत्मा के स्वरूप का दर्शन नहीं किया।[260]

कबीर सन्त उसे ही कहते हैं जो सत्य स्वरूप, नित्य सिद्धि वस्तु का साक्षात्कार कर चुके हैं अथवा उसे अपरोक्ष रूप से उपलब्ध कर चुके हैं। वे अखंड सत्यस्वरूप में प्रतिष्ठित हो गए हैं। सत्य ही चैतन्य रूप है और चैतन्य ही आनन्द स्वरूप है। इस स्थिति में मन, प्राण और इन्द्रियाँ समस्त एकीभूत होकर प्रबल वेग

से और उद्दाम स्रोत से अन्तरात्मा के साथ मिलने के लिए दौड़ पड़ते हैं। सम्भवतः यही समरसता है, निर्वैयिक्तिकरण है जो सुन्दर के अनुभव को समृद्ध करता है। कांट ने इसे उदात्त भावना का स्रोत माना है। कांट वैसे सौन्दर्य को वैयक्तिक अनुभूति की वस्तु मानते हैं, किन्तु साथ ही उसे प्रयोजन निरपेक्ष कहते हैं अर्थात् वह स्वतन्त्र होता है। व्यक्ति की आत्मा व्यष्टि के धरातल से समष्टि के धरातल पर पहुँच जाती है। इस क्षण विराट् मन व्यष्टि में प्रवेश करता है, जिससे अनुभव अभिधेय न रहकर स्वयं विराट् ज्योति का रूप धारण कर लेता है, यह निर्वैयक्तिकता की स्थिति है। सुन्दर का बोध मनुष्य को प्रबुद्ध करता है, कल्पना को अवकाश मिलता है और विमर्श के लिए नूतन जिज्ञासाएँ जाग्रत होती हैं।[261] सौन्दर्य अनुभव निर्बध होता है, इसे ही हम सुन्दर कहते हैं जो वास्तव में मानव इन्द्रियों की ग्राह्य शक्ति की एक क्रिया है किन्तु इसमें अनुभूति की एक विशेष गरिमा, विशेषता तथा विलक्षणता रहती है। मौरिस प्राडारन्स के मतानुसार यह अनुभव अपरिवर्तनीय है और विशेष होता है जो कि अन्य सामान्य अनुभवों से नितान्त भिन्न होता है।[262] कबीर ने इस अनुभव की मादकता का वर्णन किया है, उसकी विलक्षणता बताई है–

'मन मस्त हुआ तब क्यों बोले।
हीरा पाचो गाँठ गठि यायो, बार-बार बाको क्यों खोले।

× × ×

तेरा साहब है घर माहीं, बाहर नैना क्यों खोले।
कहै कबीर सुनो भाई साधो, साहब मिल गए तिल ओले ॥[263]

जिन्होंने सत्य को उपलब्ध किया है, उस विशुद्ध ज्ञान के द्वारा हृदय का संशय सम्बद्ध प्रकार से हर पाता है। सम्यक् द्रष्टा ही तत्त्व-द्रष्टा होते हैं, उसका अन्दर बाहर निर्मल होता है, यही सामरस्य की स्थिति है, जो सौन्दर्योपलब्धि में सहायक होती है, कबीर इस सम्यक् दृष्टि को प्राप्त कर चुके थे–

'आपा पर सब एक समान, तब हम पाया पद निरबांण ॥'[264]

कबीर ने समस्त अन्तरात्मा में उस एक चिद्शक्ति को ही देखा, चाहे उनका बाह्य रूप अलग-अलग हो–

'सब घरि अन्तरि तूंहीं व्यापक, धरै सरूपै सोई ॥'[265]

परमतत्त्व के ज्ञान के लिए सामरस्य की आवश्यकता होती है, मध्ययुग की यह एक विशेष भावना थी। आचार्य हजारी प्रसाद द्विवेदी इसका उल्लेख करते हुए लिखते हैं, ''सामरस्य भाव उस युग की एक महत्त्वपूर्ण साधना है। सभी साधक

मार्ग इस शब्द का व्यवहार करते हैं। इनके अलग-अलग तत्त्ववाद हैं। उन्हीं से इन व्याख्याओं का पोषण होता है। पर परिणाम में व्यवहारतः सब एक है।...पिराड में मन का जीवात्मा में तिरोभूत हो जाना या एकमेक होकर मिल जाना ही यह सामरस्य है।'[266] समरस भाव ही सार साधना है। वह परमतत्त्व ही विशेष है, वह समस्त सृष्टि का चिद्रूप है, वही सब में प्रकाशित है, उससे श्रेष्ठ और कुछ नहीं है अतः समस्त शक्ति, चेतना उसी से गृहीत की जाती है। प्लेटो ने इस तथ्य की पुष्टि की है कि सृष्टि का उद्भव एक मूल से ही हुआ है। अतः उस मूल तत्त्व को पहिचानने पर ही हम सामरस्य का अनुभव कर सकते हैं।[267]

इस समता की प्राप्ति कैसे की जाए जो उस परम सौन्दर्य के दर्शन में सहायक है। भारतीय चिन्तन में समता, सामरस्य की यह धारणा सर्वत्र व्याप्त परिलक्षित होती है। यह धारणा तन्त्रों में 'सामरस्य' के रूप में, 'योग में जीव-मुक्त', बौद्ध दर्शन में 'शून्य' कही गई है। योग में साधक कुंडलिनी जागरण द्वारा इस समता की स्थिति को प्राप्त कर सकता है। समस्त सौन्दर्यानुभवों के मूल में पूर्णता और समता का भाव निहित है। इस मानसिक स्थिति में साधक निरपेक्ष भाव से युक्ति का आनन्दलाभ करता है। प्लेटो ने भी भारतीय समरसता, सन्तुलन के सिद्धान्त के समान ही सौन्दर्यानुभूति के मूल में सम्यकता को स्वीकार किया है। मस्तिष्क की एक विशेष स्थिति होती है, एक विशेष धारणा होती है जिसमें आध्यात्मिक स्वतन्त्रता होती है। प्लेटो तथा प्लोटिनस ने भारतीय समता के सिद्धान्त की भाँति आत्मतोष के विचार को प्रतिपादित किया है।[268]

कबीर ने समरसता की स्थिति के लिए ग्रन्थों, पुस्तकों का ज्ञान सहायक न मानकर बाधक ही माना है। चारों वेद और सभी मत-सम्प्रदाय, भ्रम में डालने वाले हैं—

'चारि वेद चहुँ मत का विचार, इहि भ्रंमि भूलि परयो संसार।'[269]

वेद-शास्त्र पढ़ने से ज्ञान प्राप्त नहीं होता, कबीर कहते हैं मैंने उस ज्ञान को सहज ही पा लिया, जिसको लोग पुस्तकों में देखते हैं—

'पढ़े गुने मति होई मैं सहजैं पाया सोई ॥'[270]

पातंजल योग में क्लेशों से मुक्ति पाने तथा चित्त-शुद्धि के लिए योग के अंग यम, नियम, आसन, प्राणायाम, प्रत्याहारधार या ध्यान और समाधि का पालन करने के लिए कहा गया है। कबीर ने भी आचार-विचार की शुद्धि और सहज साधना को इसके लिए आवश्यक बताया है—

'जैसी मुख तैं नीकसैं, तैसी चालै चाल।
पारब्रह्म नेड़ा रहै, पल में करे निराल ॥'[271]

करनी और कथनी की एकता सहज-साधना का मूलाधार है? सत्तू का गुण निष्काम भाव, निर्वैर, विषय-वासना से दूर रहना है। वह सत्य, सन्तोष, धैर्यवाला होता है। काम, क्रोध, तृष्णा से व्याकुल नहीं होता। समदृष्टि, शीतल-स्वभाव वाला होता है। वह द्वन्द्व-रहित होता है–

'राम भजै सौ जांनिए, जाके अतुर नांही।
सत संत सन्तोष लीयों रहे, धीरज मन माही ॥
जन कौ काम क्रोध व्यापै नहीं, त्रिष्णां नजरावै।
प्रफुलित आनन्द मैं, गोव्चंद गुणं गावै ॥
जन कौ पर निद्या भावै नहीं, अरु असति न भाषैं।
काल कल्पनां भेटि करि, चरनू चित राखै ॥
जन सम द्रिष्टि सीतल सदा, दुविधा नहीं आवै।
कहै कबीर ता दास सूँ मेरा मन मांनै ॥'[272]

सन्त सद्गुण युक्त आत्मज्ञानी बन जाता है। टालस्टाय, रस्किन, शेफ्टसबरी ने जिस नैतिक-सौन्दर्य का उल्लेख किया है, कबीर ने आत्म-सौन्दर्य की उपलब्धि के लिए उसी को अपना प्रमुख आधार बनाया है। जो उस परम रसमय सौन्दर्य को पाना चाहता है वह स्वयं उस निरंजन योगी को प्राप्त कर लेता है। कबीर कहते हैं वह निरंजन सबसे अनूठा है, न्यारा है, उसका प्रसार समस्त सृष्टि में हो रहा है। वही ऊंकार है, समस्त उत्पत्ति उसी से हुई है। वह ब्रह्मा, शंकर, इन्द्र, कृष्ण है। वही वाणी है, वही वेद है। विचित्र रूपाकारों में वह दृष्टिगोचर होता है। वही विद्या, पाठ, पुरान, अज्ञान, ज्ञान है। निरन्जन ही निरंजन की सेवा कर रहा है। वही नाचता है। वही गाता है। उसके अनन्त भेद दिखाई दे रहे हैं उसका कोई अन्त नहीं है। वही दान, पुण्य, तप, तीरथ सभी कुछ है। कोई बिरला ही उसका ज्ञान प्राप्त करके, जागकर साक्षात्कार करता है। वही साकार है, वही निराकार है।[273] कबीर प्रथित निरन्जन से उनके परम लक्ष्य ब्रह्म के सौन्दर्योद्घाटन में पर्याप्त सहायता मिली है। "निरंजनी सन्तों ने अपनी आध्यात्मिक अनुभूति को सरल और स्वाभाविक सौन्दर्य गीतों में निकास दिया है। ये गीत बड़े चित्ताकर्षक हैं...वे इस बात का दावा करते हैं कि वे साधना की चरम अवस्था पर पहुँचकर आत्मदर्शन कर चुके थे। निरंजनियों में भी इस अनुभूति तक पहुँचने का मार्ग निर्गुणियों की ही भाँति उल्टा मार्ग या उल्टी चाल कहलाता है। मन की बहिर्मुखी प्रवृत्तियाँ–जो जीव को सांसारिक बन्धन में डालने का कारण होती हैं–अन्तर्मुखी करना, उनके अनुसार परमावश्यक है।[274] इनकी अपरोक्षानुभूति निर्गुणियों की ही भाँति है। सफल साधना-मार्ग के अन्त में साधक को अनन्त प्रकाश-पुंज की बाढ़-सी आती दिखाई देती है, जो 'जरणा' के द्वारा स्थिरता ग्रहण करने पर शीतल झिलमिल

ज्योति के रूप में स्थिर हो जाती है, इस सहजानुभूति के हो जाने पर सभी बाहरी विरोध मिट जाते हैं–"[275]

'नैना माहीं राम जी झिलमिल जोति प्रकास।
त्रिकुटि छाजा बैठि करि को निरखै निज दास ॥'

कबीर ने भी इसी प्रकार के ज्योतिपूरित साक्षात्कार का वर्णन किया है–

'महल कंचने-बने मनिक तामें जड़े बैठ तहं कलस आखंड छाजै।
अचिन्त के परे स्थान सोहंग का हंस छत्तीस तहबाँ विराजै।
नूर का महल और नूर का भूम्य है तहाँ आनन्द सों द्वन्द भाजै।
करत कल्लोल बहु भाँति के संग यक हंस सोहम को जो समाजै ॥'[276]

कबीर ने स्थान-स्थान पर उस आलोकमय सौन्दर्य की नूरपूरित, देदीप्यमान ज्योति को सर्वत्र व्याप्त ही नहीं देखा, अपितु उसका आनन्द लेते हुए उसी में एकमेक हो गए थे। वह राम में रम गए और उस अवस्था में साधक को योग, ध्यान, जप, तप की सुध कहाँ रहती है। उसका आनन्दमग्न हृदय उस सौन्दर्य के गायन और नर्तन में लीन हो जाता है। वह आँखें बन्द करके मस्त हो जाता है। उस दृश्य को देखते रहना चाहता है, इसलिए आँखें नहीं खोलता–

'अब मैं राम सकल सिधि पाई।
आनूँ कहूँ तो रामं दुहाई ॥'[277]

यह वही रस है जिसका पान करके साधक महारस की साधना करता है। आत्मा रूपी हंसिनी उस पवित्र ज्योर्तिमय सरोवर के तट पर पहुँच जाती है, जो अमृतमय तत्त्व से, अमृत रस से भरा हुआ है, किन्तु उसका रसपान करने के लिए जुगती चाहिए–

'सरवर तहि हंसणी तिसाई,
जुगति बिना हरि जल पिया न जाई ॥'[278]

परमतत्त्व के अनुभव, सामरस्य, मुक्तिलाभ, आत्मस्वतन्त्रता के विषय में विद्वानों में मतभेद है किन्तु ज्ञान और तर्क के आधार पर इस सत्य को नहीं नकारा जा सकता कि वही समस्त सृष्टि का मूल है। "Being gives beings there is." विभिन्न नाम प्रदान करने पर भी आन्तरिक अनुभूति अथवा आध्यात्मिक स्तर पर उसकी सत्ता का अस्तित्त्व एक ही स्वीकार किया गया है। यह विचार एक दार्शनिक उलझन है। कोई उसे ईश्वर कहता है, कोई परम ज्योति। यह परम ज्योति स्वयमेव ही दिखाई नहीं देती, साधना करने पर ही इसका दर्शन होता है।

ज्योति ज्योति में विलीन हो जाती है उसी से पुनः उद्भासित होती है। परमतत्त्व की ज्योति एक गुह्य, रहस्यमय ज्योति है जो शून्य में विलीन रहती है। वह परमतत्त्व स्वाभाविक रूप से एक ऐसा भेद है, रहस्य है, जो हमारे आत्मज्ञान को बेध जाता है, उसमें परिव्याप्त हो जाता है। परमतत्त्व का यही रहस्य है।[279]

इस विवेचन में आध्यात्मिक दुर्गमता है। उसको बोधगम्य कैसे बनाया जाय, इस सौन्दर्यानुभव को क्या कहा जाय, क्या इसे धार्मिक भाषा में अनुभवातीत अलौकिक ज्ञान कहा जाय अथवा सामान्य रूप से परम सत्ता का रहस्योद्घाटन ही कहा जाय। कुछ भी हो यह अनुभव साधक के लिए एक सौन्दर्यानुभव है और यही आनन्दानुभव है। सौन्दर्य का कोई एक सामान्य मापदंड नहीं हो सकता जो सब स्थितियों में लागू हो सकता है। कुमार विमल लिखते हैं, "हमारा सौन्दर्यबोध सापेक्षता के कारण भिन्न-भिन्न होता है। यह भिन्नता ही यह बताती है कि सौन्दर्य का सम्बन्ध सेन्द्रिय प्रत्यक्ष है।"[280] सब कवियों की अपनी एक वृत्ति विशेष होती है जो दूसरों से अलग होती है। इसी प्रकार से आनन्दानुभव की स्थिति है। यह अपने-अपने आध्यात्मिक स्तर पर निर्भर करती है। किन्तु इस सौन्दर्यानुभव में परमतत्त्व का जो अनुभव होता है, वह बौद्धिक व्याख्या का विषय नहीं है, वह तो शुद्ध अनुभूति का विषय है। बुद्ध घोष ने कहा है कि "सौन्दर्यविधान या कला बाह्य न होकर आन्तर है और उसका नित्य सम्बन्ध आन्तरिक सहज ज्ञान की सृजनात्मक चेतना के साथ निर्भर है।"[281] वह विषय होकर भी विषय नहीं है, इसीलिए बार-बार उसके रहस्य भेद का उल्लेख होता है–

'अविगत, अकल अनूपम देखा, कहूँ ताँ कह्या न जाइ।
सैन करइ मन ही मन रहसै, गूँगे जिनि मिठाई ॥'[282]

इस स्वानुभूत सत्य को शुद्ध बौद्धिक भूमिका पर व्याख्यायित नहीं किया जा सकता। वर्णन, कथन द्वारा उसका सौन्दर्य अखंड नहीं रह जाता। शब्दों द्वारा निर्मित उसका कोई भी चित्र समग्र नहीं हो सकता। यह व्यक्ति का अन्तर ज्योति उन्मीलन होता है। मार्टिन कहते हैं कि सत्यानुभूति के होने पर ही हम में एक विचित्र जागृति, स्फुरण, आनन्दातिरेक का भाव, अन्तःज्योति प्रकाशित होती है। यह सत्तानुभव ही शाश्वत मूल्यों का आधार और मापदंड है।[283]

कबीर भी परमतत्त्व को सभी मूल्यों का मापदंड स्वीकार करते हैं। वह समता और सामरस्य प्रदान करके सभी संशय, शंका, द्वन्द्व और विकार को तिरोहित करते हैं। मुंडकोपनिषद् में कहा गया है उस ब्रह्म का साक्षात्कार होने पर हृदय की ग्रन्थि खुल जाती है। सारे संशय छिन्न-भिन्न हो जाते हैं और उस ज्ञान से सारे कर्मों का भी क्षय हो जाता है।[284] इस स्थिति से शुभ्रभाव का प्रसार होता है। वृत्ति शुद्ध-बुद्ध होकर व्यापकता ग्रहण करती है। हृदय कमल प्रस्फुटित हो जाता है तब हर ओर

सुन्दर ही सुन्दर दिखाई देता है। सौन्दर्यानुभूति शुभ्रता और शुद्धता की स्थिति है। यह आनन्दोन्माद है। केवल उन्माद नहीं, क्योंकि इस स्थिति में भौतिक कामनाएँ, इच्छाएँ, वेदना, संवेदना, सभी एक ही रूप ग्रहण कर लेती हैं। आत्मा की सौन्दर्यानुभूति को अध्यात्म कहा गया है। इस सौन्दर्य के अवलोकन के लिए आत्मा से परिचय होना चाहिए। देह मुक्त आत्मा का ज्ञान हमें हो। जिसकी आत्मा बलवान होती है, उसकी शक्ति साधारण शक्ति नहीं होती। इसे जीवनी-शक्ति कहना चाहिए। जिसने आत्म-सौन्दर्य का अनुभव किया है उसने जीवन की शक्ति पाई है।[285]

सभी साधक मनीषियों ने परमतत्त्व को, सत्यानुभव को, सृष्टि-ज्योति को आनन्दमूल बताया है। इस आनन्द की प्राप्ति सहजभाव से अभ्यास करने पर होती है। श्री वेदव्यास ने कहा है–

'आनन्दभयो भ्यासात्।' 1। 1। 12।

यह आनन्द ही वह जीवन-शक्ति है जिसकी खोज में सौन्दर्य प्रेमी रहता है। यह आनन्द हमें विकार-रहित करके रस रूप बना देता है। वही ब्रह्म का रूप है। आचार्य हजारी प्रसाद द्विवेदी ने इस स्थिति का वर्णन करते हुए लिखा है, "हम जानते हैं भगवान अगम है, अगोचर है, अकल है, अनीह है। हम ये भी जानते हैं कि वह अनुभवैकगम्य है, साधक अपने स्वरूप से ही समझ सकता है। गूँगे के गुड़ हैं, अनिर्वचनीय हैं पर ये सब ज्ञान की बातें हैं। भगवान ज्ञान के अगम्य हैं, क्योंकि ज्ञान बुद्धि का विषय है और बुद्धि हमारी सीमा को बताकर ही रुक जाती है। बुद्धि से बढ़कर जो है वह आत्मा है–'बुद्धेरात्मा महान् परः।' भगवान का स्वरूप आत्मा से जाना जाता है, अनुभव किया जाता है।"[286]

कबीर इस स्थिति से परिचित थे उन्होंने अनुभव किया, किन्तु उनकी अभिव्यक्ति अवरुद्ध हो जाती है, और यही श्रेष्ठतम सौन्दर्य की स्थिति है। विषय और विषयी का एकाकार हो जाना–

'आपै मैं तब आयानिरष्या, अपन पै आपा सूझ्या।
आपै कहत सुनत पुनि अपनां, अपन पै आया बूझ्या ॥
अपनै परचै लागो तारी, अपन पै आप समांना।
कहै कबीर जे आप बिचारै, मिटि गया आवन जांना ॥'[287]

सब-कुछ अपने अन्दर ही समाया हुआ है उसे बाहर कैसे दिखाया जाय। अन्दर बाहर सर्वत्र वह व्याप्त है। जब वह स्वयं ही आँखों में है तो देखें कहाँ से। हमारे कान ही उसकी मधुर गुंजार हैं तो सुनें कहाँ से। जिह्वा पर उसका सुमिरण है तो कहा कैसे जाए। कबीर का सौन्दर्यानुभव सामान्य व्यक्ति की सीमा से बाहर

की वस्तु है। जब आत्मा परमात्मा पिंड ब्रह्मांड एक हो गए तो यही परम सौन्दर्य की सृष्टि है–

'कहत कबीर तरक दुई साधै तिनकी मति है मोटी।'[288]

कबीर ऐसे लोगों को जो द्वैत में विश्वास रखते हैं मूर्ख और स्थूल बुद्धि का मानते हैं। वे तो तीनों लोकों को अपने अन्दर ही समाहित मानते हैं–

'यहु मन ले उन्मनि रहै जो तीन लोक की बात कहै।'[289]

ऐसी स्थिति में ही बहिर्मुखी वृत्तियाँ अन्तर्मुखी होकर सौन्दर्य का आवरण हटाती हैं। मन मतवाला हो जाता है और चित्त आह्लादकारी अनुभव से भर उठता है–

'अवधू मेरा मन मतिवारा,
उन्मनि चढ़्या मगनरस पीवै त्रिभवन भया उजियारा।
गुड करि यांन ध्यान कर महुबा भव माठी करि भारा।
सुषमन नारी सहजि समानी, पीयै पीवन हारा ॥
दोइ षुड जोड़ि चिनाई भाठी, चुया महा रस भारी।
कामक्रोध दोइ किया पलीता, छुटि गई संसारी ॥
सुनि मंडल मैं मंदला बाजै, तहाँ मेरा मन नाचै।
गुर प्रसादि अमृत फल पाया, सहजि सुषमना काछै ॥
पूरा मिल्या तबैसुष उपज्यौ, तन की तपनि बुझानी।
कह कबीर भवबन्धन छूटै, जोतिहि जोति समानी ॥'[290]

योग की विभिन्न प्रक्रियाओं द्वारा कबीर ने परम सुन्दर ज्योति का साक्षात्कार किया है। आध्यात्मिक सौन्दर्य में ब्रह्मात्मैक्य का तत्त्व प्रमुख रहता है इसीलिए आत्म विस्मृति की स्थिति आ जाती है। साधक निष्काम होकर रागात्मक भावना, अनुराग, आत्मरति, निजस्वरूप की स्थिति में पहुँच जाता है। परमज्योति का सान्निध्य साधक को अपने में समा लेता है। डॉ. त्रिगुणायत इस विषय में लिखते हैं, "योग का सिद्धान्त है कि जो कुछ ब्रह्मांड में है, वही पिंड में है। विश्व और मानव की यह साधर्म्यता भारतीय मनीषियों और ग्रीक विद्वानों ने स्वीकार की है। ग्रीक दार्शनिक विश्व को विराट और मानव को क्षुद्र जगत कहते हैं। वृहदारण्यक में यही बात दूसरे ढंग से कही गई है। उसमें लिखा है कि इस विश्वाकाश में जो तेजोमय अमृतमय पुरुष है वही हमारी आत्मा में भी तेजोमय अमृतमय पुरुष है। कबीर की योग साधना भी विश्व और मानव की साधर्म्यता को मानकर आगे बढ़ी है।"[291] कबीर ने इस महान् दार्शनिक सत्य का वर्णन अत्यन्त

सरल ढंग से किया है। हम सबके अन्दर व्याप्त हैं और सब हममें व्याप्त हैं। सर्वत्र एक ही रूप का प्रसार हो रहा है। हमारा अस्तित्त्व होते हुए भी हमारा कोई रूपाकार नहीं है। हम स्वयं ही अपना दर्शन स्वयं करते हैं। कोई माध्यम हमारे बीच में नहीं है। एक रूपता की यह स्थिति कितनी विचित्र और वैशिद्र्यपूर्ण है–

'हम सब मांहि सकल हम मांही, हम थैं और दूसरा नाहीं ॥
तीनि लोक मैं हमारा पसारा, आवागमन सब खेल हमारा ॥
खट दरसन कहियत हम मेखा, हम हीं अतीत रूप नहीं रेखा ॥
हमहीं आप कबीर कहावा, हमहीं अपनां आप लखावा ॥'[292]

यही आत्मानन्द, पूर्णता और सौन्दर्य की स्थिति है। साधना के ज्ञान मार्ग में पूर्णता को प्राप्त करना ही साधक का परम लक्ष्य है। वही सौन्दर्यबोध है। वह पुरुषोत्तम सब प्रकार से सदा-सर्वदा परिपूर्ण है। जगत् भी उससे परिपूर्ण है, क्योंकि वह उसी से उत्पन्न हुआ है। उसकी पूर्णता से जगत् पूर्ण है। उस पूर्ण में से पूर्ण निकाल देने पर भी पूर्ण ही बचता है। ईशा और वृहदोपनिषद[293] में कथित यह पूर्णता, सौन्दर्य की पूर्णता को सिद्ध करती है। सत्य में से शेष सत्य ही बचता है और सौन्दर्य में से सौन्दर्य ही शेष बचता है। शांकर भाष्य में कहा गया है कि जिसका स्वरूप सदा सर्वदा अखंड रूप में एक ही-सा बना रहे वही पारमार्थिक सत्ता हो सकती है।[294] कबीर ने इस महान् आध्यात्मिक और दार्शनिक सत्य को साहित्यिक सुरुचि प्रदान की है। वे उस पूर्ण के परिचय का उल्लेख करते हुए कहते हैं कि जो सब दुःखों को नष्ट करके हमारी आत्मा को निर्मल बना देता है, उस सौन्दर्य का वह निरन्तर दर्शन करते रहते हैं–

'पूरे सूँ परचा भया, सब दुख मेल्या दूरि।
निर्मल कीन्हीं आत्मां ताथै सदा हजूरि ॥'[295]

उस पूर्ण की सम्पूर्णता का तो कहना ही क्या है वह तो अभिव्यक्ति की सीमा से बाहर है। कबीर उसके एक अंग को देखकर ही भावाभिभूत हो उठे हैं–

'कबीर देख्या एक अंग, महिमा कही न जाइ।
तेज पुँज पारस घणों, नैनूं रहा समाई ॥'[296]

सौन्दर्य की अभिव्यक्ति उसकी अनुभूति और बोध के पश्चात् सबसे जटिल स्थिति है और वह भी ऐसा सौन्दर्य जो अतुलनीय हो, जो विषय और विषयी की सीमा से परे हो, जो अव्यक्त प्रत्यय ही हो। कबीर ने उसका दर्शन तो किया है किन्तु अभिव्यक्ति का द्वन्द्व नहीं मिटता, ''कबीर ने स्वयं स्वीकार किया है कि मैंने उस अव्यक्त, अकल अनुपम को देखा तो है किन्तु उसका वर्णन करने में

असमर्थ हूँ। उसके दर्शन-जनित आनन्द का जो अनिर्वचनीय अनुभव हो रहा है, वह गूँगे के गुड़ की मिठास के समान अनिवेद्य है। केवल संकेतों से ही उसकी किंचित अभिव्यक्ति होती है।"[297] कबीर की भावना स्पष्ट रूप से आध्यात्मिक है। वे मानते हैं कि सकल विश्व के कण-कण में सर्वत्र वह ब्रह्म एक रस होकर व्याप्त है।[298] वह एकरस ब्रह्म जो सर्वातीत विलक्षण एवं अनिर्वचनीय है उसका वर्णन करना सौन्दर्यानुभव की चरम सीमा को ही स्पर्श करना है। वैसे भी कबीर का सौन्दर्य भाव आध्यात्मिक है सामान्य भौतिक धरातल की वस्तु नहीं है। इस विषय में एक बात की ओर ध्यान रखना आवश्यक है कि उन्होंने अपनी आध्यात्मिक अनुभूति को सामान्य लौकिक धरातल पर ही प्रमुख रूप से अवस्थित किया है। उनका अनुभव ज्ञान व्यावहारिकता सम्पन्न है। अतः उनकी सौन्दर्यानुभूति का धरातल अलौकिकता की दृष्टि के साथ लौकिक दृष्टि की भाव भंगिमा से भी सम्पन्न है। उन्होंने अपने काव्य में स्पष्ट किया है कि ब्रह्म के सौन्दर्य की सर्वव्यापकता सामाजिक तथा धार्मिक सन्दर्भ में कल्याणपरक तथा अखंडता मूलक है, इसीलिए उन्होंने अद्वैतवाद के अनुरूप ही ब्रह्म का अधिकांश वर्णन किया है अथवा अपने आध्यात्मिक विचारों को, अपने सामान्य जीवनदर्शन को उस पर आधारित किया है। समस्त प्रकृति, यह जड़ चेतन उस परम सौन्दर्यमयी सत्ता से परिव्याप्त है–

'सूरज चन्द्र का करहि उजियारा, सबमहिं पसर ब्रह्म पसारा।'[299]

उनकी मान्यता है कि सभी आत्माओं में उसका प्रकाश है। वह चिदानन्द सर्वव्याप्त है। चराचर उससे ही आकलोकित है और सम्पूर्ण जगत भी उससे ही प्रकाशित हो रहा है। सार्वभौमिक सामरस्य, जीवन की अखंडता, पारस्परिक एकता एवं समानता की वैदिक भावना को कबीर ने उपनिषद् के ज्ञान द्वारा अपने काव्य में बड़े ही सहज और सरल ढंग से अनुस्यूत कर दिया है।

कबीर सत्यान्वेषी साधक थे, इसलिए उन्होंने किसी भी धार्मिक अथवा दार्शनिक सिद्धान्त का अन्धानुकरण नहीं किया है। अपने अनुभव की कसौटी पर परख कर हर तथ्य को देखा है। वह धार्मिक पुस्तकों द्वारा प्रचलित भ्रम से बहुत दुःखी थे, इसीलिए सच बात बताने के लिए, समाज को सत्य से परिचित कराने के लिए उन्होंने प्रत्येक कथन और विचार का परीक्षण किया। उनके काव्य में इस दृष्टि से सौन्दर्य की सर्वश्रेष्ठ भव्यता का वर्णन वहाँ मिलता है जहाँ वे समस्त विश्व की समता और एकता का प्रतिपादन करते हैं जिसे स्पिनोजा ने सौन्दर्य प्रतिभा का सर्वोत्तम रूप माना है। कबीर ने इस तथ्य को स्पष्ट किया कि निरीन्द्रिय एवं सूक्ष्माति-सूक्ष्म तत्त्व को जानने के लिए तर्क से कार्य नहीं चलता,[300] यह आत्मज्ञान से प्राप्त हो सकता है। तर्क-वितर्क से अनेक प्रकार की

भ्राँति और मतभेद उत्पन्न होते हैं।[301] गीता में भगवान कृष्ण ने अध्यात्म तत्त्व का उल्लेख करते हुए उसे अत्यन्त गुह्य बताया है, "यह विद्या समस्तगुह्या में राजा, अर्थात् श्रेष्ठ है। यह राजविद्या सब विद्याओं में श्रेष्ठ, पवित्र, उत्तम और प्रत्यक्ष बोध देने वाली है। यह आचरण करने में सुखकारक, अव्यय और धर्म है।"[302] गुह्यतत्त्व इन्द्रियातीत है, केवल अनुभवगम्य है। ब्रह्म स्वयं प्रकाशक है और कबीर ऐसी गुह्य सत्ता के सौन्दर्य से अभिभूत हो जाते हैं तो इसमें आश्चर्य ही क्या है? वे भावविह्वल होकर कह उठते हैं–

'सरीर सरोवर भीतरै आछै कमल अनूप।
परस ज्योति पुरुषोत्तमो जाकै रेख न रूप ॥'[303]

कमल आत्मा का सूक्ष्म विराट् होने वाला रूप है। वह परम पवित्र, निर्मल, निर्लिप्त और सुन्दर होता है इसीलिए कबीर ने ब्रह्म को एक अनुपम कमल की उपमा दी है जो परम ज्योति पूर्ण और रूपाकार रहित है, वह हमारे शरीर में ही स्थित है। कबीर इसी सौन्दर्य का आनन्द लेते रहते हैं। इस सौन्दर्य का संकेत तो हो सकता है, उसका अनुभव भी हो सकता है किन्तु उसका वर्णन, वह कैसा है, वर्ण, आकार, कैसा, यह बताना अत्यन्त कठिन है। अतः ब्रह्म के सौन्दर्य का अनुभव ही किया जा सकता है, क्योंकि अनुभव हमारी मानसिक चेतना को बाह्य से आभ्यन्तरित करता है, "अनुभव में काल्पनिकता नहीं, प्रस्तुत में केवल ऊपरी सतह ही प्रगट होती है जिसमें नीचे विचार द्वारा जाने की आवश्यकता होती है और विचार उन नवीन अर्थों को प्रगट करता है जो संवेद और संवेदमूलक विचार द्वारा गम्य नहीं होते। अनुभव शब्द का प्रयोग तीन पर्याप्त भिन्न अर्थों में करते हैं : संवेद ग्रहण के अर्थ में, विषय-जगत से चेतना के सामुख्य के अर्थ में और इस सामुख्य को प्रतीकात्मक रूपान्तरण मूलक साक्षात्कार के अर्थ में।"[304] कबीर ने इस अनुभव का वर्णन तीसरे अर्थ में किया है, जहाँ इस अनुभव को बताने का अन्य कोई माध्यम नहीं मिला। उसे प्रतीक द्वारा प्रस्तुत किया है। जार्ज सांतायना ने इस विचार का समर्थन किया है कि सौन्दर्य ही सत्य है। वह परमसत्ता की अभिव्यक्ति है, दैवी पूर्णता का प्रतीक है और सत्य की भावात्मक अभिव्यक्ति है।[305] कबीर ने सत् को नूर कहा है। वही जड़-चेतन का प्राणतत्त्व और सृष्टि द्योतित रूप है–

'अल्ला एकै नूर उपनाया, ताकी कैसी निन्दा।
ता नूरथै सब जग कीया, कौन भला कौन मन्दा ॥'[306]

सौन्दर्य को आध्यात्मिक मानने वाले ईश्वरीय चेतना के वस्तुगत भाव और बाह्य रूप के आकर्षण की अपेक्षा उसकी उज्ज्वलता और आलोक को महत्त्व देते

हैं। वैसे कलावादियों ने भी सौन्दर्य तत्त्व को सर्वोच्च तत्त्व स्वीकार किया और इसे जीव का परम आदर्श माना। उन्होंने प्लेटो की तरह सौन्दर्य को पारमार्थिक सत्ता नहीं माना किन्तु सौन्दर्य जैसी अतीन्द्रिय वस्तु का पीछा करते-करते कलावादियों में रहस्यवादी दृष्टि उत्पन्न हो गई।[307] यह तथ्य सौन्दर्य की आध्यात्मिकता की ओर संकेत करता है जिससे सुन्दर में सुन्दर अर्थ रुचि अर्जित करता है। उनके अनुसार रूप और वस्तु का तादात्म्य ही सौन्दर्य की उत्पत्ति का कारण है और पेटर को कहना पड़ा कि सौन्दर्य अपने आप में एक उद्देश्य है, किन्तु इसका कारण मात्र इन्द्रियप्रियता ही नहीं है, बल्कि उसमें आध्यात्मिक तत्त्वों का भी समावेश रहता है।[308] लाइबनीज में शास्त्रीय रुचि की कट्टरता और बुद्धिवादी होते हुए भी उनमें रहस्यवादी अनुभूति मिलती है। वह कहते हैं सम्पूर्ण सौन्दर्य उसी की रोशनी से निसृत होता है। सौन्दर्य मुग्ध करने की कल्पनातीत शक्ति से युक्त होता है। उनका कहना था कि सौन्दर्य व्यक्तिगत रुचि और इच्छा से भी स्वतन्त्र है।[309] सम्भवतः ब्रह्म का भी यही गुण है जैसे सुन्दर वस्तु का मनन अपने आप में रुचिकर होता है इसी प्रकार से ब्रह्म का मनन भी अपने आप में रुचिकर होता है, कबीर कहते हैं—

'चंद सूरज दुइ जोति सरूप। जीता अन्तरि ब्रह्म अनूप ॥
करू रे ज्ञानी ब्रह्म बिचारू। जोति अन्तरि धरि आप सारू ॥
हीरा देखि हीरे करो आदेस। कहै कबीर निरंजन अलेखु ॥'[310]

मनन और रुचि का कैसा शिवमय भाव है। प्लोटिनस ने कहा है, कि जब सौन्दर्य के साथ आत्मा एकता स्थापित कर लेती है तब आनन्दातिरेक की स्थिति का उदय हो जाता है। वे कहते हैं सौन्दर्य अतीन्द्रिय और अशरीरी है, अतः वह इन्द्रिय अनुभूति का विषय नहीं है, वह आत्मा का विषय है। सौन्दर्यानुभूति इन्द्रिय-निरपेक्ष ज्ञान की मननात्मक स्थिति है। वह सारी वस्तुएँ जो सारी प्रज्ञा एवं प्रज्ञा के नियमों को अभिव्यक्ति देती हैं, सुन्दर कही जा सकती हैं।[311] इस प्रकार आध्यात्मिक दृष्टि से ग्रहण करने पर सौन्दर्य की अनुभूति अधिक भव्य, शुभ्र बनकर हमारी आस्था और निष्ठा का विषय बनती है। सौन्दर्य तो वास्तव में आन्तरिकता निहित गुण है, उसकी झलक बाहर दिखाई मात्र देती है। कबीर ने अपने सौन्दर्यानुभव के लिए सहज और सरल शब्दों का प्रयोग किया है। यह उनकी अन्तःसंवेदना का ही गुण था कि उन्होंने योग, हठयोग, धर्म, दर्शन में प्रयोग होने वाली दुरुह शब्दावली को अपनी रुचि और मनन के अनुकूल बनाकर उसे अनुभव-सापेक्ष रूप में वर्णित किया है। आचार्य परशुराम चतुर्वेदी ने इस अनुरूपता के भाव को स्पष्ट करते हुए लिखा है, "सन्तों ने अपने परमतत्त्व सम्बन्धी अनुभवों का वर्णन करते समय स्वयं ही ऐसे शब्दों के प्रयोग किए हैं जो उसके सौन्दर्यबोध

के परिचायक हैं।...इस प्रकार ऐसा लगता है कि जैसे सन्तों की उस अनुभूत वस्तु में कोई विचित्र अपूर्वता है जिससे उन्हें असीम शोभा से युक्त कहना पड़ जाता है। वे उसका अनुभव करके चकित से रह जाते हैं और वे अपनी दशा का भी यथावत् वर्णन नहीं कर पाते।...किन्तु, फिर भी वे लोग उसकी ओर अपने आप आकृष्ट हो जाते हैं और उसे अपनाने तक लग जाते हैं।''[312] कबीर भी उस आकर्षण में डूब जाते हैं और भावविमुग्ध होकर बोल उठते हैं–

'साधो सो सत गुरु मोहि भावै।
सत प्रेम का भर भर प्याला, आप पिवै मोंहि प्यावै ॥
परदा दूर करै आखिन का, ब्रह्म दरस दिखलावै।
जिस दरसन में सब लोक दरसै, अनहद सबद सुनावै ॥
एकहि सब सुख-दुख दिखलावै, सबद में सुरत समावै।
कहै कबीर ताको भय नाहीं, निर्भय पद दरसावै ॥'[318]

अन्तःचक्षुओं के आकर्षण की कैसी रसमयी विमुग्धकारी भाव स्थिति का वर्णन कबीर ने किया है। आत्मा और परमात्मा की रसमय तादात्म्य की कैसी विलक्षण स्थिति है, वह परम ज्योति अन्तर्मन में ही झलकने लगती है यही सौन्दर्य का आत्मदर्शन है–

'चन्द्र-तपन कोटि दीप बरत है, तूर बाजै तहाँ सन्त झूलै।
प्यार झनकार तहं नूर बरसत रहै, रस पीवै तहं भक्त झूलै।'[314]

वहाँ जहाँ सौन्दर्य विराजमान है, अवस्थित है, वहाँ सब-कुछ चमक से, प्रकाश से, नूर से आवेष्टित है। आध्यात्मिकता की मस्ती में लीन साधक उस सौन्दर्य का रसपान करता है। यह सौन्दर्यानुभव स्थूल, शारीरिक वस्तुनिष्ठ नहीं है। यह भावमय कल्पनात्मक धारणा का वास्तविक रूप होता है।[315] परमसत्ता का सौन्दर्यानुभव कबीर ने स्थूल सुख और क्षणिक सौन्दर्य से भिन्न माना है। सुख एक क्षणिक अनुभव है किन्तु सत् का सौन्दर्य चिरस्थायी है। सांतायना इस सत्य को स्पष्ट करते हुए कहते हैं, सुखात्मक अनुभव और सौन्दर्यानुभूति में निष्काम सौन्दर्य संतुष्टि का अन्तर होता है। सुख में हमारी इच्छा स्वार्थवृत्ति प्रधान होती है जबकि सौन्दर्य में एक निःस्वार्थ आत्मसन्तुष्टि होती है जो हमें निरन्तर प्रस्फुटित करती रहती है। सुख में हम अपने संवेदन और आवेग को परितुष्ट करते हैं किन्तु सौन्दर्य की ध्यान अवस्था में हम अनुभव के उच्च सोपान पर पहुँच जाते हैं, एकान्तता का आनन्द लेते हैं और इसके परिणामस्वरूप हमारे आवेग, हमारी लालसा शान्त हो जाती है और हम ऐसे सत्य का आनन्द लाभ करते हैं जिसमें लालसा और परिग्रह की उत्कंठा नहीं होती है।[316]

कबीर ने ब्रह्म के सौन्दर्य का वर्णन करते हुए अमूर्त्तभाव जगत को ही अपना आधार बनाया है क्योंकि वही विलक्षण, अनुपम और रसास्वादन योग्य है, हमारी धारणाशक्ति, संवेदनीयता का विषय है। वह हमारे अन्दर व्याप्त है फिर भी उसे देखना सहज नहीं है। वह सर्वत्र दृष्टिगोचर है फिर भी बोधगम्य नहीं है। ऐसे अद्भुत तत्त्व का अनुभव व दर्शन करके उसके सौन्दर्य का आनन्द कैसे लिया जाय, कबीर ने इसी समस्या का समाधान किया है। रस, रूप, स्पर्श, गन्ध, त्वचा कबीर ने सभी की सहायता लेकर भी उसके अनुभव को बड़ा कठिन माना है। वह कहते हैं कि "अन्य गोचर वस्तुओं की भाँति हम उस सौन्दर्य का आस्वादन अथवा साक्षात्कार नहीं कर सकते। ऐसी अनुभूति का साधन कोई इन्द्रिय विशेष पृथकरूप से नहीं कही जा सकती। इसमें कोई सन्देह नहीं कि असीम और असीम की सौन्दर्यानुभूति स्थूल इन्द्रियों का व्यापार न होकर मनःचक्षु द्वारा ही लभ्य है। मन का व्यापार इसमें अपेक्षित ही है क्योंकि वह संवेदना का साधन है, माध्यम है, किन्तु जब तक मन है और उसकी किसी प्रकार की संवेदना और कल्पना है, जब तक इन्द्रिय-व्यापार है, चाहे वह कितना ही सूक्ष्म क्यों न हो उसकी द्वैत में ही अनुभूति सम्भव है और उसका दर्शन किया जा सकता है।...फिर मन भी सभी अनुभूतियों की संवेत् इन्द्रिय है, अस्तु, उसकी अनुभूति की गणना भी ऐन्द्रिक ही है। जब मन ही इन्द्रिय के रूप में अवशिष्ट रह जाता है, तब समग्र पृथक इन्द्रियों की अनुभूति उसी में अन्तर्भुक्त हो जाती है, क्योंकि विभिन्न इन्द्रियों की पृथक अथवा खंडानुभूति वस्तुतः मन के द्वारा ही होती है।"[317]

मन का स्वभाव है कि वह सुन्दर के प्रति आकृष्ट होता है और उस समय वह अपना चांचल्य, संकल्प-विकल्प, द्वैतता छोड़ देता है। अखंड सौन्दर्यानुभूति का आनन्द लेने के पश्चात् वह सांसारिक सौन्दर्य में रम नहीं पाता। अतएव सौन्दर्य की चरम अनुभूति में संवेदनशीलता समाप्त होकर मनोलय भी हो सकती है। विकीर्ण और खंडरूप सौन्दर्यानुभूति समष्टि रूप अखंड सौन्दर्यानुभूति में प्रतिष्ठित हो जाती है। कबीर ने इस भाव दशा को ज्ञान दशा भी कहा है। वस्तु व्यापार की दृष्टि से किसी वस्तु के ज्ञान तथा उसकी कल्पना अथवा सौन्दर्य धारण में बहुत अन्तर होता है। जब हमारी चित्तवृत्ति उस वस्तु की संवेदना को जान लेती है, वही इसका ज्ञान कहलाती है।[318] इस प्रकार मन की वृत्तियाँ उस सीमा तक पहुँच जाती हैं जहाँ वे अगम, अगोचर के सत्य को जान लेती हैं। उसके रहस्य को जान कर उससे तादात्म्य स्थापित करके एकरस हो जाती हैं। द्विवेदी जी ने इस तथ्य का संकेत करते हुए कविवर रवीन्द्रनाथ के कथन का उल्लेख किया है, "जो लोग अनन्त की साधना करते हैं, जो सत्य की उपलब्धि करना चाहते हैं, उन्हें बार-बार यह बात सोचनी होती है कि जो कुछ देख व जान रहे हैं, वही चरम सत्य नहीं है, स्वतन्त्र नहीं है, किसी भी क्षण में वह अपने आपको पूर्णरूप से प्रकाशित नहीं कर

सकता। यदि वह ऐसा करते होते तो सभी स्वयंभू स्वप्रकाश होकर स्थिर ही रहते। ये जो अन्तहीन स्थिति के द्वारा अन्तहीन गति का निर्देश करते हैं, वही हमारे चित्त का चरमाश्रय और चरमानन्द है। अतएव आध्यात्मिक साधना कविरूप की साधना नहीं हो सकती वह सारे रूप के भीतर से चंचल रूप के बन्धन का अतिक्रम कर के ध्रुव सत्य की ओर चलने की चेष्टा करती है। कोई भी इन्द्रिय गोचर वस्तु अपने को ही चरम समझने का भान करती है। साधक उस भान के आवरण को भेदकर ही परम पदार्थ को देखना चाहता है। यदि ये नाम रूप का आवरण चिरन्तन होता तो वह भेद न कर सकता। यदि ये अविश्रान्त भाव से नित्य प्रवाहमान होकर अपनी सीमा को आप ही न तोड़ते चलते तो इन्हें छोड़कर मनुष्य के मन में किसी और चिन्ता का स्थान ही न होता, तब इन्हें ही सत्य समझ कर हम निश्चिन्त हो बैठे रहते, तब विज्ञान और तत्त्व ज्ञान इन सारे और प्रत्यक्ष सत्यों की भीषण शृंखला में बँधकर मूर्च्छित हो रहते। इनके पीछे और कुछ भी न देख पाते। किन्तु यह सारे खंड वस्तु-समूह केवल चल ही रहे हैं, कतार बाँधकर खड़े नहीं हो गए। इसीलिए हम अखंड सत्य का, अक्षय पुरुष, सन्धान पाते हैं...।''[319]

कबीर ने अमूर्त्त सौन्दर्य के अनुसन्धान के लिए, अखंड सत्य और अक्षय पुरुष को पाने के लिए सभी अज्ञानमय मायावी जालों का भेदन कर चरम सौन्दर्य का साक्षात्कार किया। वस्तु जगत के नाम रूपात्मक बन्धन को तोड़ उन सभी परम्परागत मान्यताओं का प्रत्येक क्षेत्र में खंडन और विरोध किया जो उनके चरम सत्य तक पहुँचने में बाधक बन रही थीं क्योंकि वे जानते थे—

'यौ जाणैं तो कोई न मरिहै, बिन जासौं थैं बहुत मुवा।'[320]

इस सत्य को वह जान गए थे कि उस सौन्दर्यपूर्ण चरम सत्य को जान लेने पर साधक जरा-मरण से मुक्त हो जाता है। वह अजर-अमर हो जाता है। वह सौन्दर्य सनातन, शाश्वत्, रसरूप, जर, अमर और अनश्वर है। उसमें निहित सहज आकर्षण सदैव ही बना रहता है। वह गुण नहीं, लक्षण नहीं, वह तो वही है, जो है—अव्याख्येय, अपरिभाषेय, अवर्ण, अकल, निष्कल, पूर्ण, सर्वव्यापक, असीम है। सीमित ही अभिव्यंजित हो सकता है, निस्सीम नहीं।

सौन्दर्यानुभूति में धार्मिक और आध्यात्मिक अनुभूति का आधारभूत महत्त्व है। अध्यात्म और धर्म अन्तःप्रज्ञा के विषय हैं और सौन्दर्य भी अन्तःप्रकाश का ज्ञान है, यह स्वयं प्रकाश्य है। इसीलिए कबीर ब्रह्म की सौन्दर्यानुभूति के लिए आत्म प्रज्ञा को ही आवश्यक मानते हैं। जिसने साधन और अभ्यास से अपने को उस परम ज्योति से जोड़ लिया, जो फैली तो सर्वत्र है किन्तु उसका दर्शन करने वाली दृष्टि किन्हीं बिरलों को होती है। आचार्य परशुराम चतुर्वेदी ने ऐसी दृष्टि का

उल्लेख करते हुए लिखा है, "सन्तों के उपर्युक्त अनुभूतिपरक उद्‌गारों में हमें अधिकतर ऐसा प्रतीत होता है कि उनके अनुभवों का माध्यम उनकी आँखें ही रही होंगी। कबीर साहब का यह कहना कि 'उस' अनन्त का तेज अनेक प्रकाशमान सूर्य जैसा दीख पड़ा, अथवा यह कि 'उसका' मैंने केवल एक ही अंग देखा, किन्तु उस 'तेज पुंज' की महिमा अकथनीय समझ पड़ी और वह मेरे नेत्रों में प्रवेश कर गया, इसी बात को सूचित करता है।...

परन्तु, फिर भी सन्तों का अनुभव केवल उनकी आँखों के माध्यम से पूरा होता नहीं जान पड़ता। वे कोई मधुर स्वर भी सुना करते हैं।...अनाहत नाद का शब्द इन सन्तों को इतना मधुर और आकर्षक जान पड़ता है कि ये उसे प्रायः परमतत्त्व का प्रतीक मानकर सर्वथा मुग्ध हो जाया करते।"[321]

'सबद अतीत अनाहद राता, इहि बिधि त्रिष्णां षांडी ॥'[322]

कबीर ने इस अनुभव का स्वानुभूति को ही प्रमाण माना है, अन्य किसी भी माध्यम से वह सन्तुष्ट नहीं थे। उस युग के पंडित, मौलवी, मुल्ला, काजी और तथाकथित साधुओं को वे पाखंडी मानते थे, क्योंकि उन्हें किसी भी सत्य का सच्चा ज्ञान नहीं था, अपितु वह सामान्य जन को भ्रमित ही कर रहे थे। कबीर सौन्दर्य के परम साधक थे। वे सौन्दर्यान्वेषक, तत्त्ववेत्ता, ब्रह्मज्ञानी थे। उन्होंने जिज्ञासु व्यक्तियों की आँखों के आगे से अज्ञान के पर्दे को दूर किया। उन्हें प्रकाशमान सूर्य के तेज के अनुभव की प्रेरणा दी–

'उदय सूर निस किया पयानां, सोवत थैं सब जागा।'[323]

अतएव कबीर का ब्रह्म और सौन्दर्य दोनों पर्याय हैं, क्योंकि ब्रह्म ही एकमात्र सत्ता है और वही सुन्दर है। अन्य और कोई वस्तु ऐसी सुन्दर नहीं हो सकती। परमतत्त्व और सुन्दर अभिन्न, अखंड और अनन्त हैं। उस आभ्यंतर सौन्दर्य का बाह्य जगत से कोई सम्बन्ध नहीं है। उसकी अलौकिकता में ऐन्द्रियता का लवलेश भी नहीं है। 'सत्य ज्ञान अनन्त ब्रह्म'[324] ब्रह्म सत्य और अनन्त ज्ञान-स्वरूप है। कबीर की लौ तो वही लगी है–

'सुनि मंडल में पुरिष एक, ताहि रहै ल्यौ लाई।'[325]

कबीर स्वयं-ज्योति-प्रभ सच्चिदानन्द, रूप, रस, गन्ध, स्पर्श, त्वचा से परे भावातीत द्वैताद्वैत-विलक्षण तत्त्व का आनन्द लेने वाले थे। जिसका ज्ञान वेद, उपनिषद्, पुराण, देवी-देवता के लिए भी दुष्प्राप्य है। करोड़ों विष्णु, शिव, ब्रह्मा, सनक, सनन्दन उसकी महिमा का गान करते थकते नहीं। वह अगम, अगोचर, सर्वातीत परमतत्त्व है जो अन्तःप्रज्ञा का विषय है। वह तो सहज भाव और प्रेम से

ही सुलभ है। योगी, हठयोगी भी उसकी प्राप्ति में असफल रहे हैं। वह ब्रह्म तो स्वयं साधक है, स्वयं ही साध्य है। वह रूप, अरूप, सीम, असीम है। वह अनन्त है। उसका वर्णन भी अनन्त है। इसीलिए उसमें सौन्दर्य की चरम सीमा का अनुभव होता है।

कबीर ने अपने अन्तर्मन में उत्पन्न ब्रह्म की सौन्दर्य अनुभूति का आध्यात्मिक संवेदन-प्रेरित वर्णन किया है। उन्होंने ब्रह्म के व्यापक, अव्यक्त, विराट्, सर्वोपरि, दिव्य, भव्य, अनुपम, ज्योतिर्मय, एक, पूर्ण, अभिन्न, अखंड, सत्, चित्त्, आनन्द, निगुर्ण-सगुण समन्वित, विलक्षण, आनन्दमय, निर्विकल्प, इन्द्रियातीत, भावातीत, दुर्बोध, सहज, संवेदनशील, अनुभवग्राही, रहस्यमय, दैवी, ईश्वरीय, ज्ञानात्मक, भावात्मक, अद्वैत, द्वैताद्वैत–विलक्षण, निरालम्भ, निरंजन, अगम, अगोचर सभी स्वरूपों का वर्णन किया है। वे सौन्दर्य की पूर्णता के प्रति सदैव ही अपनी अभिव्यक्ति में सजग और सचेत रहे हैं। एक सहजाभिव्यक्ति के कलाकार की निपुणता उनमें दिखाई देते हुए भी उनकी सौन्दर्याभिव्यक्ति स्वतन्त्र और पूर्वाग्रह रहित है। यही कारण है कि यह चित्तवैशिद्यपूर्ण सत्वोद्रेक का आह्लादमय स्रोत है जो पाठक को परमब्रह्म की झिलमिलाती ज्योति से आत्मस्नात् कर देता है और वह अनन्त सौन्दर्य के आनन्द से भावविह्वल हो उठता है।

संदर्भ

1. छान्दोग्य, 3-14।
2. मुंडक, 2। 1। 7।
3. बृहदा., 3। 8। 8।
4. वही, 2। 3। 6।
5. कठ, 3। 15।
6. डॉ. हरद्वारीलाल शर्मा–सुन्दरम, पृ. 45।
7. वही, पृ. 49।
8. क. ग्र.–पदावली 5, पृ. 70।
9. भ. भ. गोपीनाथ कविराज–भारतीय संस्कृति और साधना, पृ. 52।
10. वही, पृ. 53।
11. क. ग्र.–रमैणी, पृ. 175।
12. क. ग्र.–पदावली 267, पृ. 134।
13. डॉ. दीवानचन्द–पश्चिमी दर्शन, पृ. 33।
14. वही, पृ. 33-34।
15. डॉ. रामजीलाल सहायक–कबीर दर्शन, पृ. 202।
16. छान्दोग्योपनिषद्–3। 14। 1।

17. वही, 6। 2। 1।
18. डॉ. रामजीलाल सहायक–कबीर दर्शन, पृ. 202।
19. क. ग्र.–बारह पदी रमैणी, पृ. 183।
20. क. ग्र.–(बड़ी अष्टपदी रमैणी), पृ. 174।
21. डॉ. सुरेन्द्रनाथ दास गुप्त–सौन्दर्य तत्त्व, पृ. 257।
22. वही, पृ. 257।
23. क. ग्र.–पद 141, पृ. 102।
24. "An awareness of readily in a form that is least reducible to the categories of our own thought, the world being thus presented in a way, that has clearer traces of a sphere beyond that of finite experience itself."–Moals and Revelation–Prof. H.D. Lewis, pp.–208.
25. नीलकान्त–सौन्दर्यशास्त्र की पाश्चात्य परम्परा, पृ. 59।
26. वही, पृ. 73।
27. द्विवेदी–कबीर, पद 4, पृ. 904।
28. वही, पृ. 203।
29. वही, पद 22, पृ. 212।
30. प्रकृतिः पुरुषस्यो भौ परमात्मा भवत् पुरा। यदूप समधिष्ठाय तदक्षरमुदीर्यता–प्रस्थान रत्नाकर, पृ. 56।
31. 'सहस्र शीर्ष पुरुषः सहस्राक्षः सहसृपात्।
स भूमि विश्वतो वृत्वा त्यतिष्ठह्शागुलम् ॥ 1 ॥
पुरुष एवदं सर्व यद्भूत यंच भव्य।
उतामृतत्त्वस्येशोनोयदन्ने नाति ऐहति ॥ 2 ॥
एतावानस्य महिमा तो ज्यायाश्य पुरुषं।
पादो स्य विश्वाभूतानि त्रिपाद स्यामृतं दिवि ॥ 3 ॥–ऋग्वेद, 1। 60।
32. क. ग्र.–पदावली 36, पृ. 78।
33. क. ग्र.–पदावली 51, पृ. 81।
34. नीलकांत–सौन्दर्यशास्त्र की पाश्चात्य परम्परा, पृ. 104।
35. वही, पृ. 106।
36. क. ग्र.–पदावली 69, पृ. 85।
37. द्विवेदी–कबीर, पृ. 139।
38. क. ग्र.–साखी, हैरान कौ अंग, पृ. 14।
39. द्विवेदी–कबीर, पृ. 139-40।
40. शब्दा–पृ. 106।
41. डॉ. सुरेन्द्रनाथ दास गुप्त–सौन्दर्य तत्त्व, पृ. 54 (भूमिका)।

42. क. ग्र.—साखी 3, जर्णा कौ अंग, पृ. 14।
43. क. मन.—पृ. 576 (द्विवेदी—कबीर, पृ. 65)।
44. क. ग्र.—साखी, 27, सूरातन कौ अंग, पृ. 55।
45. क. ग्र.—साखी 21, परचा कौ अंग, पृ. 11।
46. क. ग्र.—बारहपदी रमैणी, पृ. 183।
47. E.F. Carrott–The Theory of Beauty, p. 213.
48. क. ग्र.—साखी 80, पृ. 193।
49. वही—साखी 5, परया कौ अंग, पृ. 10।
50. क. ग्र.—पदावली 328, पृ. 149।
51. वही—पद 88, पृ. 194
52. Arthur Symons–The Symbolist Movement in Literature. p. 48.
53. कुमार विमल—सौन्दर्यशास्त्र के तत्त्व, पृ. 48।
54. वही, पृ. 49।
55. वही, पृ. 49।
56. डॉ. हरद्वारीलाल शर्मा—सुन्दरम्, पृ. 60।
57. क. ग्र.—पद 157, पृ. 104।
58. वही—पदावली 195, पृ. 115।
59. क. ग्र.—साखी 8, पृ. 24 (मारग कौ अंग)
60. वही, साखी 8, पृ. 13 (रस कौ अंग)।
61. डॉ. सुरेन्द्रनाथ दास गुप्त—सौन्दर्य तत्त्व, पृ. 55।
62. क. ग्र.—पदावली 4, पृ. 70।
63. कुमार विमल—सौन्दर्यशास्त्र के तत्त्व, पृ. 239।
64. क. ग्र.—पदावली 6, पृ. 71।
65. 'तत्र प्रत्ययेक तानता ध्यानम्।' पा. यो. 312।
66. क. ग्र.—पदावली 6, पृ. 71।
67. "What is this but revelation? As always in these things, there are two levels, though one continum. There is the level of ordinary perception and thought, desirable shapes, colours, patterns, images, concepts. The other level is that of emergent aesthetic meaning belonging to a different dimension of being, illuminated by the light that never was or sea or land."—Louis Arnauld Reid–Meaning in the Arts, p. 249.
68. क. ग्र.—पदावली, 219, पृ. 121।
69. 'न तत्र सूर्यो भाँति न चन्द्र तारक नेभा विचु तो भान्ति कुतायमग्निः।
तथैव भान्तमनु भाति सर्व भासा सर्वमिदं विभाति ॥'—कठ—2। 2। 15।

70. डॉ. मुंशीराम शर्मा–भक्ति का विकास, पृ. 68।
71. क. ग्र.–रमैणी, पृ. 180।
72. क. ग्र.–पदावली 124, पृ. 97।
73. "Though the individual is lit with the divine spark, he is not wholly divine. His divinity is not an actuality but a part of God aspiring to be the whole. As he is, he is dust and deity, God and brute crossed. It is the task of the moral life to eliminate the non-divine element, not by destroying it, but by suffising it with the divine spirit."–Dr. S. Radhakrishnan–The Philosophy of Upanishd.p. 86
74. नीलकांत–पाश्चात्य सौन्दर्यशास्त्र की परम्परा, पृ. 119।
75. क. ग्र.
76. क. ग्र.–पदावली 31, पृ. 77।
77. ऋग्वेद–10-126-1।
78. क. ग्र.–साखी 4, पृ. 10।
79. वही–साखी 10, परचा कौ अंग, पृ. 10।
80. Immanuel Kant–Critique of Judgement, p. 62.
81. डॉ. निर्मला जैन–रस-सिद्धान्त और सौन्दर्यशास्त्र, पृ. 81।
82. वही, पृ. 81।
83. "Art for me is a condition of the soul...Man is like a tree, his roots lie in the earth of his country. Then the branches may spread over the whole world. Of course, there are trees that hang in the mid air and others that stand in the water. But those that are rooted in solid ground bear the best fruit."–The Times of India–Sunday Review, p. II. March 9, 1986.
84. क. ग्र.–साखी 2, निगुणां कौ अंग, पृ. 65।
85. क. ग्र.
86. "There Must be a Miracle whereas we were blind we now see."–Louis Arnauld Reid–Meaning in the Arts, p. 248.
87. "The aesthetic in its own unique way may be called revelatory."–Ibid.
88. ओम अवस्थी–रचना-प्रक्रिया, पृ. 142।
89. क. ग्र.–पदावली 330, पृ. 150।
90. डॉ. नगेन्द्र–भारतीय सौन्दर्यशास्त्र की भूमिका, पृ. 95।
91. ओम अवस्थी–रचना-प्रक्रिया, पृ. 143।
92. क. ग्र.–पदावली 42, पृ. 79।
93. क. ग्र.–पदावली 257, पृ. 130।

94. क. ग्र.–साखी 34, पृ. 3, गुरुदेव कौ अंग।

95. डॉ. निर्मला जैन–रस-सिद्धान्त और सौन्दर्यशास्त्र, पृ. 117।

96. क. ग्र.–साखी 1, पृ. 13,

97. वही, साखी 4, पृ. 14, निरकर्मी पतिव्रता कौ अंग।

98. वही, साखी 4, पृ. 47, पीव पिक्षँणन कौ अंग।

99. क. ग्र.–पदावली 335, पृ. 151।

100. क. ग्र.–पदावली 220, पृ. 121।

101. वही, पद 190, परिशिष्ट, पृ. 247।

102. "The value of Aesthetic philosophy has most often been in suggestive and penetrative thing said by the way. Such discussion help us very little to enjoy what has been well done in Art and Poetry."

103. "Being as revealed is always inseparably mixed with concealment. Nevertheless, the work of art corners and illuminates Being. And so we cling with a rapt of gaze on both the unveiled and the veiled."—The Aesthetics in Religions Experience, Religious Studies, Oct. 1969, p. 23.

104. 'सन्तो घोरबा कांसू कहिए,
गुण मैं निरगुण निरगुण मैं गुणं है, बाट छांडि क्यू बहिए।'–क. ग्र. पदावली 180, पृ. 111।

105. "Being is the primordeal power that conditions and makes being possible, Being is the depth dimension of all beings that both surpasses and includes them. Thus being is a further reality. Furthermore, beings get their enduring vaule, then ultimate significance from being."
The The Aesthetics in Religious Experience, Religious Studies.

106. "The True Poet Primarily aims at catching the unifing vision which sees the things of beauty of the world as a whole. And beauty causing happiness is for those who realise this oneness and wholeness of spirit pervadling in the universe."—K. p. S. Chaudhry, p. 181.

107. "Its importance lies, I submit, in its bearing on a certain mode of religious awareness. The relation between art and religion in which I have an interest is that which has a bearing on our knowledge of God. and I doubt whether any relation between them which is not derived from this has any importance."–F.R. Lewis-Morals and Revelations, p. 207, p. 206.

108. Jacques Maritain–Creative intution in Art and Poetry, p. 173.

109. क. ग्र.–साखी 12, मन कौ अंग, पृ. 22।

110. James L. Jarret–The Quest for Beauty, p. 286.
111. J. H. Leuba–Religion in Transition, p. 190.
112. Ibid p. 194.
113. "Rational Processes have an incompleteness in which reason can not rest content, and we are brought in this way to the notion of a transcendent nature of reality."
Prof. H. D. lewis–Moals and Revelation, p. 207.
114. "There is also a third kind of madness which is a possession of the muses; this enters into delicate and virgin soul and there inspiring fancy, awakens lyrics and all other numbers..."–Plato–Dialogues–Jowetts Translation, p. 579.
115. क. ग्र.–पदावली 72, पृ. 86।
116. Immanuel Kant–Critique of Judgement, p. 157.
117. "The ideal of beautiful consists in the expression of the morals apart from which the object would not please at once universally and positively."–Ibid, p. 79.
118. क. ग्र.–पदावली 5, पृ. 70।
119. 'नियतिकृत नियमरहिता ह्लादैक मयी मनन्य परतन्त्राम।
नवरस रुचिरां निर्मिति मादधती भारती कवेर्जयति ॥–मम्मट-काव्य प्रकाश
120. Philip Sidney–Defence of Poesy, p. 9.
121. क. ग्र.–पदावली 186, पृ. 113।
122. वही, पदावली 84, पृ. 89।
123. क. ग्र.–साखी 134, पृ. 232।
124. वही, साखी, 161, पृ. 241।
125. वही, पदावली 73।
126. क. ग्र.–पदावली 340, पृ. 152।
127. "It is here that the consideration of art is important. For we have in art an awareness of reality in a form that is least reducible to the categories of our own thought, the world being this presented in a way that has clearer traced of a sphere beyond that of finite experience itself."–Prof. H. D. Lewis–Morals and Revelations, p. 208, 209.
128. अबरन बरन स्यों मन ही प्रीति। हौं महि गायत गावहि गीत ॥–क. ग्र.–पद 6, (परिशिष्ट), पृ. 204।
129. "The doctrine of your intution makes the value of art to consist of its

power of intution; in such a manner that just is so far as pure and concrete intutions are achieved. Will art and beauty be achieved?"–B. Croce–Aesthetic, p. 388.

130. क. ग्र.–रमैणी, पृ. 179।
131. वही।
132. विधारण्य स्वामी–पंचदशी 9, 54-57।
133. क. ग्र.–पदावली, 49, पृ. 81।
134. डॉ. सुरेन्द्रनाथ दास गुप्त–सौन्दर्य तत्त्व, पृ. 181।
135. डॉ. शिवनारायण लाल श्रीवास्तव–दर्शन के मूल प्रश्न, पृ. 222।
136. डॉ. सुरेन्द्रनाथ दास गुप्त–सौन्दर्य तत्त्व, पृ. 178।
137. वही, पृ. 195।
138. क. ग्र.–पदावली 293, पृ. 140।
139. वही, पदावली 366, पृ. 158।
140. वही, पदावली 364, पृ. 158।
141. क. ग्र.–रमैणी 1, पृ. 169।
142. डॉ. रामनिवास चंडक–कबीर : जीवन और दर्शन, पृ. 143।
143. "Beauty is not monadic. It requires two unities, one visible and the other secret."
J. p. Sartie–Essays in Aesthetics, p. 76.
144. क. ग्र.–पदावली 116, पृ. 227 (परिशिष्ट)।
145. आचार्य परशुराम चतुर्वेदी–सन्त साहित्य की परख, पृ. 189-90।
146. राजमल वोरा–संवेदना और सौन्दर्य, पृ. 134।
147. क. ग्र.–साखी 2, पृ. 14, निहकर्मी पतिव्रता कौ अंग।
148. मं. म. गोपीनाथ कविराज–भारतीय संस्कृति और साधना, पृ. 344।
149. वही, पृ. 303।
150. ऋग्वेद–अ. 2, अ. 3, वै. 23, मं. 45।
151. तैत्तिरीयोपनिषद्–2। 1। 2।
152. क. ग्र. (बारह पदी रमैणी), पृ. 183।
153. "If anything is beautiful, it is beautiful for no other reason than that it partakes of absolute beauty."–Joseph T. Shipley–Dictionary of World Literature, p. 36.
154. डॉ. सुरेन्द्रनाथ दास गुप्त–सौन्दर्य तत्त्व, पृ. 18-19।
155. Hegel-Mystical Element in Religion, p. 298.
156. "St. John of course says, the spiritual man has greater joy and comfort in

creatures if he detaches himself from them; and he can have no joy in them if he considers them as his own—, he rejoices in their truth—in their substantial worth."—Hegel—Mystical Element in Religion, p. 68.

157. क. ग्र.–दुपदी रमैणी, पृ. 179।
158. क. ग्र.–दुपदी रमैणी, पृ. 181।
159. वही, परचा कौ अंग, पृ. 11, साखी 22।
160. डॉ. प्रतापसिंह चौहान–कबीर साधना और साहित्य, पृ. 192।
161. वेदान्त सूत्र, भाष्य–3। 1। 27।
162. मुंडक, 3। 2। 3।
163. क. ग्र.–साखी 7, गुरुसिब हैरा कौ अंग, पृ. 52।
164. वही, पद 170 (परिशिष्ट), पृ. 243।
165. गीता–12। 5।
166. डॉ. रामजीलाल सहायक–कबीर दर्शन, पृ. 148।
167. क. ग्र.–पद 180, पृ. 112।
168. वही, पद 3, पृ. 10।
169. सूरसागर।
170. 'तदेतत् ब्रह्म अपूर्व मन परमनन्तरम बाह्यम।' –बृहदा. उप.–2। 5। 19।
171. राहुल सांकृत्यायन–दर्शन-दिग्दर्शन, पृ. 368।
172. वही, पृ. 371।
173. वही, पृ. 302-303।
174. George Santayana–The sense of beauty, p. 53.
175. क. ग्र.–साखी 18, साध साषीभूत कौ अंग, पृ. 40।
176. श्री शंकर शुक्ल–क्रोचे का कलादर्शन, पृ. 33।
177. आचार्य हजारी प्रसाद द्विवेदी–मध्यकालीन धर्म-साधना।
178. भागवत्।
179. "Beauty, as I have already said is generally and most simply defined as that which give pleasure."—Herbert Read–The Meaning of Art, p. 20.
180. "That there is no excellent beauty that hath not some strangeness in the proportion."–Herbert Read–The Meaning of Art, p. 23.
181. राजेन्द्र प्रताप सिंह–सौन्दर्यशास्त्र की पाश्चात्य परम्परा (1), पृ. 69।
182. श्री शंकर शुक्ल–क्रोचे का कलादर्शन, पृ. 33।
183. 'कदाचिद्रमते स्वस्मिन् प्रपंचेपि क्वचित्सुखम्।'
यदा स्वस्मिन् रमते तदा प्रपंच भुपसंहरति। यदा प्रपंच रमते तदा प्रपंच विस्तारयति। प्रपंच भावो भगवत्येव लग्नः प्रकटीभवतीत्यर्वः।–तत्त्वार्थ दीप निबन्ध, प्रथम शास्त्रार्थ

प्रकरण, पृ. 115-6।

184. डॉ. प्रेमस्वरूप–हिन्दी वैष्णव साहित्य में रस-परिकल्पना, पृ. 139।

185. "If we think of a man, in the first moment that he becomes aware of theoritical life with mind clear of every abstraction and every reflection in that first purely intuitive instances he must be a poet."–B. Croce–aesthetics, p. 385.

186. द्विवेदी–कबीर, पद 21।

187. आचार्य हजारी प्रसाद द्विवेदी–मध्यकालीन धर्म-साधना, पृ. 11।

188. "The truth is that for any expression there must be presupposed a blind affection; which we can only figure to ourselves as an appaling nightmare, or intoxicating delirium of incoherence; but its expression what without would be the impossible expression of nothing, is the essential joy of spiritual life, vision and creation."–E.F. Carritt–The Theory of Beauty, p. 144-45.

189. आचार्य हजारी प्रसाद द्विवेदी–मध्यकालीन धर्म-साधना, पृ. 13।

190. डॉ. सुरेन्द्रनाथ दास गुप्त–सौन्दर्य तत्त्व, पृ. 122-123।

191. द्विवेदी–कबीर, पद 7।

192. इमैनुएल कांट–सौन्दर्य मीमांसा, पृ. 22।

193. वही, पृ. 22।

194. वही, पृ. 29।

195. शब्दावली, पृ. 103-4।

196. राजेन्द्र प्रताप सिंह–सौन्दर्यशास्त्र की पाश्चात्य परम्परा, पृ. 124।

197. चिते निवेश्य परिकल्पित सत्वयोगात्,
रूपोच्य येन मनसा-विधिना कृतानु।
स्त्री रत्न सृष्टिरपरा प्रतिभाति या ये
धातू विभूत्वं मनुचिन्त्य वपुश्च तस्याः ॥'–कालिदास, अभिज्ञान शाकुन्तलम्, 2/9।

198. डॉ. सुरेन्द्रनाथ दास गुप्त–सौन्दर्य तत्त्व, पृ. 96।

199. द्विवेदी–कबीर, पद 17, पृ. 210।

200. डॉ. सुरेन्द्रनाथ दास गुप्त–सौन्दर्य तत्त्व, पृ. 96।

201. क. ग्र.–साखी 3, परचा कौ अंग, पृ. 10।

202. शब्दा, पृ 104।

203. "The stranger the experience of being, the stranger the conviction and the feeling of ultimate concern, reverence and peace."—Prof. H. D. Lewis–Morals and Revelation, pp. 4-5.

204. क. ग्र.–साखी 16, बेसास कौ अंग, पृ. 46।
205. वही, साखी 21, वही।
206. 'श्रद्धावांल्लभते ज्ञानं तत्परः संयतेन्द्रियः
ज्ञानं लब्ध्वा परा शान्तियचिरैणाधि गच्छति ॥ 39 ॥
अज्ञश्चाश्रद्दधानश्च संशयात्मा विनश्यति।
नाय लोकोऽस्ति न परो न सुखं संशयात्मनः ॥ 40 ॥–गीता, अध्याय 4।
207. क. ग्र.–साखी 9, सूरातन कौ अंग, पृ. 54।
208. आचार्य हजारी प्रसाद द्विवेदी–कबीर, पृ. 169।
209. वही, पद 37, पृ. 259-60।
210. "Those intutions which we call Platonic one seldom scientific, they seldom explain the phenomena or hit upon the actual law of things, but they are often the highest expression of that activity, which they fail to make comprehensible."–George Santayana–The Sense of Beauty, p. 8.
211. क. ग्र.–रमैणी 3, पृ. 230।
212. वही, पद 47, पृ. 103।
213. वही, साखी 3, गुरुदेव कौ अंग, पृ. 1।
214. डॉ. केदारनाथ द्विवेदी–कबीर और कबीर पंथ, पृ. 96।
215. "Now, let me repeat the beauty is a embellishment, an added quality which penetrates the vision of reality to very core, and it belongs to whatever job or satisfaction we derive from it."–R. A. Scott James–The Making of Literature, P,. 334-335.
216. आचार्य रामचन्द्र शुक्ल–चिन्तामणि, भाग 1, पृ. 121।
217. R. K. Sen–Aesthetic Enjoyment, p. 218.
218. डॉ. केदारनाथ द्विवेदी–कबीर और कबीर-पंथ, पृ. 102।
219. डॉ. सुरेन्द्रनाथ दास गुप्त–सौन्दर्य तत्त्व, पृ. 88।
220. "The unity of a manifold-grasped immediately by perception, and lastly the expressiveness."–George Santayana–The Sense of Beauty, p. 53.
221. राजेन्द्र प्रताप सिंह–सौन्दर्यशास्त्र की पाश्चात्य परम्परा, पृ. 32।
222. द्विवेदी–कबीर, पद 44, पृ. 231।
223. राजेन्द्र प्रताप सिंह–सौन्दर्यशास्त्र की पाश्चात्य परम्परा, पृ. 60।
224. "The Manifestation of the aesthetic, principle is always found in an elevating excitement of the soul quite independent of that passion which is the satisfaction of the reason. For in regard to Passion, alas, its tendency is to degrade, rather than to elevate the soul."

225. कुमार विमल—सौन्दर्यशास्त्र के तत्त्व, पृ. 151।
226. द्विवेदी—कबीर, पद 93।
227. वही, पद 99।
228. वही, पद 60।
229. क. ग्र.—साखी 35, गुरुदेव कौ अंग, पृ. 4।
230. डॉ. दीवानचन्द—पश्चिमी दर्शन, पृ. 117।
231. वही, पृ. 119-120।
232. "It must be the experience whole and entire, both what I saw and what I felt in perfect combination."–L Abercrombe–Principle of Literary Criticism, p. 34.
233. क. ग्र.—पदावली 181, पृ. 112।
234. डॉ. हरद्वारीलाल—सुन्दरम्, पृ. 76।
235. वही, पृ. 77।
236. आचार्य परशुराम चतुर्वेदी—कबीर साहित्य की परख, पृ. 128।
237. डॉ. सुरेन्द्रनाथ दास गुप्त—सौन्दर्य तत्त्व, पृ. 94-95।
238. क. ग्र.—रमैणी 2, पृ. 170-171।
239. क. ग्र.—पदावली 159, पृ. 105।
240. श्वेताश्वतर उपनिषद।
241. द्विवेदी—कबीर, पद 167, पृ. 326।
242. क. ग्र.—पदावली 218, पृ. 120-31।
243. वही, पदावली 219, पृ. 121।
244. म. म. गोपीनाथ कविराज—भारतीय संस्कृति और साधना, पृ. 60।
245. म. म. गोपीनाथ कविराज—भारतीय संस्कृति और साधना, पृ. 260।
246. वही, पृ. 274।
247. हजारी प्रसाद द्विवेदी—ग्रन्थावली, भाग 7, पृ. 42।
248. 'ब्रह्मानुभव सम्पन्नाः शास्त्रज्ञाश्यानसूभवः।
तात्पर्यरस सारज्ञास्त एकात्राधिकारिणः ॥'—भागवत्, 2। 9। 31।
249. 'ता योगामिति मन्यन्ते स्थिरामिन्द्रिय धारणम् ॥' —कठो-2। 3। 12।
250. क. ग्र.—पदावली, पृ. 132।
251. वही, पदावली, 129, पृ. 99।
252. वही, पदावली 54, पृ. 83।
253. डॉ. रामजीलाल सहायक—कबीर-दर्शन, पृ. 297।
254. क. ग्र.—पदावली 118 (परिशिष्ट), पृ. 228।
255. वही, पदावली 134 (परिशिष्ट), पृ. 231।

256. नीलकान्त–सौन्दर्यशास्त्र की पाश्चात्य परम्परा, पृ. 86।
257. क. ग्र.–पदावली 134, (परिशिष्ट), पृ. 232।
258. 'यत्रोपरमते चित्तं निरुद्ध योगसेवया।
यत्र चैवात्मनात्मानं पश्यन्नात्मनि तुष्यति ॥' –गीता, 6। 20।
259. क. ग्र.–पदावली 158, पृ. 105।
260. म. म. गोपीनाथ कविराज–भारतीय संस्कृति और साधना, पृ. 160।
261. डॉ. हरद्वारीलाल शर्मा–सुन्दरम्, पृ. 134।
262. Robert Lechner–The Aesthetic Experience, p. 3.
263. द्विवेदी–कबीर, पद 33, पृ. 217।
264. क. ग्र.–पदावली 167, पृ. 108।
265. वही, पदावली 55, पृ. 82।
266. आचार्य हजारी प्रसाद द्विवेदी–मध्यकालीन धर्म साधना, पृ. 53।
267. R. K. Sen–Aesthetic Enjoyment p. 223.
268. "It should be clearly recognized that at the core of all aesthetic experience there is a sense of prefect balance, an attainment of state of mind the Indian analysis of the concept of sama is very similar to the Platonic self–sufficiency and the concept of one in Plotonius." –Ibid, p. 357, 358.
269. क. ग्र.–पदावली 47, पृ. 80।
270. क. ग्र.–पदावली 262, पृ. 132।
271. वही, साखी 2, करणी बिना कथणी कौ अंग, पृ. 29।
272. वही, पदावली 363, पृ. 157।
273. क. ग्र.–पदावली 336, पृ. 151।
274. डॉ. गोविन्द चातक–डॉ. पीताम्बर दत्त बड़थ्वाल के श्रेष्ठ निबन्ध, पृ. 57।
275. वही, पृ. 59।
276. आचार्य हजारी प्रसाद द्विवेदी–कबीर, पृ. 62।
277. क. ग्र.–पदावली 148, पृ. 102।
278. वही, पदावली 298, पृ. 141।
279. "Some call being 'God'. Being is the lightning process by which beings are illuminated as beings. Yet the light does not appear by itself as a being but only in the beings it enlightens. Being contracts into the beings it makes manifest and hides by the very fact that it reveals. The lightning of being is a hidden light, always immensed in darkness. Being is a congenital concealment that permeates everyself disclosure. This is the mystery of Being."–The Aesthetic Religious Experience, Religious Studies; Oct, 1968, pp. 3-4.

280. कुमार विमल–सौन्दर्यशास्त्र के तत्त्व, पृ. 90।
281. वही, पृ. 114।
282. क. ग्र.–पदावली 6, पृ. 71।
283. "When the coercive quality of this experience is strong, we have an awefull awareness and in turn belief in Being as in some sense ultimate and transcendent reality. This reality if felt...as the source of all enduring values."–The Aesthetic Religious Experience, Religious Studies, Oct, 1968. p. 7.
284. भिद्यते हृदयग्रंथिश्छिद्यंन्ते सर्वसंशयाः।
क्षीयन्ते चास्य कर्माणि तस्मिन दृष्टे परावरे ॥ मुंड. उ., 2-2-8।
285. राजमल बोरा–संवेदना और सौन्दर्य, पृ. 140।
286. आचार्य हजारी प्रसाद द्विवेदी–मध्यकालीन धर्म साधना, पृ. 142।
287. क. ग्र.–पद 6, पृ. 71।
288. वही, पदावली 54, पृ. 82।
289. क. ग्र., पद 152 (परिशिष्ट), पृ. 238।
290. वही, पदावली 72, पृ. 86।
291. डॉ. गोविन्द त्रिगुणायत–कबीर की विचारधारा, पृ. 253।
292. क. ग्र., पद 332, पृ. 150।
293. ऊँ पूर्णमदं, पूर्णामिदं पूर्णात पूर्णमुद्च्यते।
पूर्णस्य पूर्णामादाय पूर्णमेवावशिष्यते ॥–ईश. शान्तिपाठ, वृद्ध. 1। 5। 1। 1।
294. शांकर भाष्य, 2। 1। 11।
295. क. ग्र.–साखी 35, पृ. 4, गुरुदेव कौ अंग।
296. क. ग्र.–साखी 38, परचा कौ अंग, पृ. 12।
297. डॉ. गोविन्द त्रिगुणयत–कबीर की विचारधारा, पृ. 253।
298. डॉ. रामजीलाल सहायक–कबीर दर्शन, पृ. 113।
299. क. ग्र., पद 35 (परिशिष्ट), पृ. 208।
300. सर्वभूत एक करि जान्या चूके बाद बिवादा।–क. ग्र., पद, 100 (परिशिष्ट), पृ. 224।
301. एक अनेक होइ रह्यो सकल मंहि अब कैसे भर्माबहुगे ॥–वही, पद 100 (परिशिष्ट), पृ. 224।
302. 'राजविद्या राजगुह्यं पवित्रमिदमुत्तमम्।
प्रत्यक्षावगमं धर्म्यं सुसुखं कर्तुमव्ययम् ॥–गीता, 9। 2।
303. क. ग्र.–पद 205 (परिशिष्ट), पृ. 250।
304. तत्त्व–यज्ञदेव शल्य, परामर्श, दिसम्बर, 1984, पृ. 9।
305. "We know an excellent authority that beauty is truth, that it is the

expression of the ideal, the symbol of divine perfection, and the sensible manifestation of the good."–George Santayana–The Sense of Beauty, p. 14.

306. क. ग्र.–पदावली 51, पृ. 81।
307. नीलकान्त–सौन्दर्यशास्त्र की पाश्चात्य परम्परा, पृ. 138।
308. वही, पृ. 143।
309. वही, पृ. 63-64।
310. क. ग्र.–पद 67 (परिशिष्ट), पृ. 216।
311. नीलकान्त–सौन्दर्यशास्त्र की पाश्चात्य परम्परा, पृ. 48, 49, 50।
312. आचार्य परशुराम चतुर्वेदी–सन्त साहित्य की परख, पृ. 190, 191।
313. आचार्य हजारी प्रसाद द्विवेदी–कबीर, पद 22, पृ. 252।
314. वही, पद, 17-7, पृ. 246।
315. "It follows, besides, that beauty is not objective like the physical qualities of the things which confront us in experience, only the material conditions which lead to the creation of beauty by the act of imaginative perception are actually given."
Earl of Listowell–Modern Aesthetics, An historical Introduction. p. 52.
316. "The distinction between pleasure and the sense of beauty has sometimes been said to consist in the unselfishness of aesthetic satisfaction. In other pleasures, it is said we gratify and senses and passions; in the contemplation of beauty we are raised above ourselves, the passions are silenced and we are happy in the recognition of a good that we do not seek to possess."–George Santayana–The Sense of Beauty, p. 37.
317. डॉ. प्रतापसिंह चौहान–कबीर : साधना और साहित्य, पृ. 336।
318. "There is a world of difference between the knowledge of a thing, (Janana) and its imaginative or aesthetic apprehension. The cittavritti taking on the character of the object of sense, may be called the Jnana or knowledge of it."–R. K. Sen Aesthetic Enjoyment, p. 65.
319. आचार्य हजारी प्रसाद द्विवेदी–मध्यकालीन धर्म साधना, पृ. 240-241।
320. क.ग्र.–पद,169, 108।
321. आचार्य परशुराम चतुर्वेदी–सन्त साहित्य की परख, पृ. 191, 192।
322. क. ग्र.–पदावली 10, पृ. 62।
323. क. ग्र.–पदावली 10, पृ. 72।
324. तैत्तिरीयोपनिषद, 2। 1।
325. क. ग्र.–साखी 7, गुरुसिब हेरा कौ अंग, पृ. 52।

पंचम अध्याय

रहस्यवादी सौन्दर्य-चेतना

सौन्दर्य में एक चेतना, जीवन्तता, प्राणमयता, गतिशीलता निहित होती है। यह हमारी आन्तरिक ऊर्जा और मानसिक स्फूर्ति का ही परिणाम है। इसमें हमें कान्ति की कमनीयता, तेज, दीप्ति, चमक आदि की ध्वनि मिलती है। सुन्दर में प्रभा होती है, (Beauty is Brightness) भाव की पूर्णता में आत्मा का अखिल विलास कैसे प्रकट होता है, यही सौन्दर्य का रहस्य है। इसीलिए आत्मा के उत्कृष्ट और उदात्त निरूपण के लिए हम रूप की सीमाओं से मुक्त होकर अभिव्यक्ति करते हैं। पेट्रोनियस आकस्मिक उत्तेजना में ही आत्मा का उन्मोचन स्वीकार करते हैं। हामर्बेर जीवन्त अनुभूति की तेजस्विता को कला का प्राण मानती हैं, वह है Erelebnis अर्थात् जीवन की जीवन्तता।

विराट् लय रूप की सीमाओं में नहीं समाता। पाश्चात्य विद्वानों क्रैमरिश, हावेल, जिभेर के अनुसार सुन्दर में अरूप रूपित होने के लिए मचल रहा है। भारतीय दृष्टि से सौन्दर्य रूप की पूर्णता, उसकी शक्ति का स्रोत एवं स्वरूप है। सौन्दर्य गूढ़ एवं रहस्यमय होता है, वह उन्मीलन चाहता है, नवोन्मेष की अपेक्षा करता है, उसमें महान के लय की अनुभूति होती है, अन्तर्मन के ज्योतिर्लोक में अभूतपूर्व ज्योतियों का प्रकाश होता है, अननुभूत आनन्दों की अनुभूति, अदृष्ट दिशाओं का उन्मीलन, सद्यः प्रसूत रस-गन्ध-स्पर्श-रूप-ध्वनि का प्रवाह और अन्त में, अपने भीतर एक नूतन, आनन्द विभोर प्रभाओं से पोषित मानस का आविर्भाव, किन्तु शान्त, तृप्त और कृतकृत्य।[1] सौन्दर्य की शान्ति में शून्यता नहीं, पूर्णता होती है, माधुर्य का आस्वादन होता है।

सौन्दर्य को कुछ सौन्दर्यशास्त्रियों ने कलात्मक, कुछ ने भावात्मक और कुछ ने आध्यात्मिक स्वीकार किया है। किन्तु सौन्दर्य को वर्गबद्ध अथवा कोटिगत नहीं किया जा सकता, वह अखंड एवं पूर्ण होता है। उसमें सामंजस्य तथा सन्तुलन होता है। सौन्दर्य में एक आन्तरिक गुणात्मकता होती है। इसका उल्लेख करते हुए

आचार्य परशुराम चतुर्वेदी ने लिखा है, "सौन्दर्य की परिभाषा चाहे जो भी दी जाए, इतना स्वीकार कर लेने में कदाचित्त किसी को भी आपत्ति न होगी कि गुण से सम्पन्न वस्तु में कतिपय निजी विशेषताएँ पाई जाती हैं जो हमें सहसा आकृष्ट कर प्रायः अभिभूत-सा कर डालती हैं। किसी भी सुन्दर पदार्थ का प्रत्यक्षीकरण हमें अननुभूत या अपरिचित नहीं जान पड़ता है। उसके साथ हमारा कभी का कोई सम्पर्क तक रहा प्रतीत होता है। लगता है जैसे अब तक हम उसके किसी अभाव का कुछ न कुछ अनुभव भी करते आ रहे थे, जो उसके इस प्रकार उपलब्ध होने पर ही दूर हो सका।"[2]

प्रत्येक सौन्दर्य-भावना में एक प्रच्छन्न आकर्षण निहित होता है, जैसे हमसे कुछ छिपा होता है, जिसका शोध या अन्वेषण करने का हम प्रयास करते हैं। आध्यात्मिक अनुभूति और सौन्दर्य-भावना में यह जिज्ञासा-तत्त्व प्रधान होता है। ब्रह्म की अनुभूति इसी प्रकार की है, "हर एक मानव के हृदय में ऐसी अन्तश्चेतना वर्तमान है जो उसे अनायास इस विश्वास की ओर प्रेरित करती है कि एक ऐसी पराशक्ति है जो सृष्टि का संचालन कर रही है। स्वयं उस व्यक्ति का संचालन कर रही है। ईश्वर के प्रति आस्था तथा विश्वास बुद्धिगम्य नहीं होता, आत्मगम्य होता है।"[3] पराशक्ति के प्रति यह आस्था और विश्वास ही हमारी रहस्यभावना के रूप में विकसित हुआ। रहस्यवादी सौन्दर्यभावना का जन्म इसी ग्राह्य अन्तश्चेतना से हुआ है। जॉर्ज सांतायना ने कहा है कि हम आदि से अन्त तक अपनी धारणा और कल्पनात्मकता द्वारा अपने आन्तरिक अनुभव को एकता अथवा कोई निश्चित स्वरूप देने का प्रयत्न करते हैं, किन्तु इसका साक्षी किसी स्थूल आधार की सीमा से बाहर होता है।[4] इस अरूप को रूप, असीम को सीम बनाने के लिए हमारी मानसिक शक्तियाँ जब इस तक नहीं पहुँच सकतीं तो हम अपने अन्तर्ज्ञान और आध्यात्मिक शक्तियों का सहारा लेते हैं और अपने गूढ़ अनुभव को अभिव्यक्ति देने का प्रयत्न करते हैं, हमारे सम्मुख सबकुछ स्थूल और साकार रूप में होने पर भी हम उसके अन्तरतम में पहुँचना चाहते हैं, हमारी जिज्ञासा रहती है कि इस आनन्द और सौन्दर्य के पीछे, इसके मूल में कौन-सी सत्ता है। हम किस शक्ति से परिचालित हो रहे हैं। यह समस्त सृष्टि किस से संचालित हो रही है। इसका स्रष्टा कौन है? हम उस प्रच्छन्न सत्ता और उसके सौन्दर्य का उद्‌घाटन करने का प्रयत्न करते हैं।

ब्रह्म अनुभव की वस्तु है, रहस्य भी अनुभव की वस्तु है। कबीर की यह मान्यता उसकी आध्यात्मिकता का आधार स्तम्भ है। सुन्दर भी अनुभव की स्थिति है, यह एक दशा-विशेष है। चित्त का आनन्दमय वैशिट्य है। हमारा सुन्दर से गहन लगाव होता है। हमारी रुचि, वृत्ति सभी उसमें रम जाती है। कांट के मतानुसार रुचि, किसी भी कामना से स्वतन्त्र आनन्द अथवा विरक्ति द्वारा किसी

वस्तु (Object) अथवा प्रतिरूपण पद्धति के आकलन की मनःशक्ति (Faculty) है। ऐसे ही आनन्द की वस्तु सुन्दर कहलाती है।"[5] इस मत को और अधिक व्यापक बनाते हुए वे कहते हैं, "सुन्दरम् वह है जो किसी भी संकल्पना से स्वतन्त्र, सार्वभौम रूप से आह्लादित करता है।"[6]

कबीर का परमतत्त्व, रहस्यभाव की कल्पना भी सार्वभौम है। सर्वव्यापक है। वह अनन्त और असीम है। दिव्य है, अलौकिक है। सकल चराचर में अभिव्यक्त होकर भी अरूप है। अगम है। अनिर्वचनीय है, गुह्य है तो रहस्यमय क्यों नहीं होगा। वह पूर्ण और सत्य है। शुद्ध, निर्मल, विमल और आनन्दमय है। कबीर कहते हैं–

'बस अबस कथ्यौ नहीं जाई, सकल अतीत घट रह्यौ समाई ॥'[7]

इसी प्रकार से–

'अरचित अवगति है निरधारा, जाण्यां जाई वार न पारां।'[8]

और–

'तै तो आहि अनन्द सरूपा, गुन पल्लव विस्तार अनूपा।'[9]

यह कवि-हृदय की रुचि और मन की स्थिति है। उसकी मूल-संवेदना के स्वर की अभिव्यक्ति है। वास्तव में सौन्दर्य अपने-आप में एक सत्य है, आनन्द है, हमारा काम्य है, औदात्य है, वह पूर्णता का प्रतीक है। उसमें अनन्तता और असीमता का गुण निहित होता है, जो उसे रहस्यमय बनाकर हमारी चित्तवृत्ति को आकर्षित करता है। कबीर की ऐसी ही उक्तियाँ उसके रहस्यवादी सौन्दर्य की परिचायक हैं। इस सौन्दर्य की अनुभूति उनका मनन है। मन का मूल है मनन। मन अव्यवस्था व अपूर्णता में नहीं ठहरता। वह पूर्ण की ओर उन्मुख होता है। पूर्ण ही सुन्दर है : पूर्ण अर्थात् समग्र, सन्तुलित, लय-लोच व लहर में लहराता हुआ, संगीतात्मक संवाद से भरपूर। इसका अर्थ है कि सृष्टि की प्रेरक उर्जा सुन्दरम् है; सृष्टि की परिभाषा ही है : अव्यवस्था से व्यवस्था की ओर, अपूर्ण से पूर्ण की ओर, अपूर्ति से पूर्ति की ओर, गति एवं विकास।[10] रूसी सौन्दर्यशास्त्री केनोविच सौन्दर्य-चेतना को ही सर्जक ऊर्जा के रूप में स्वीकार करता है। उसके लिए सौन्दर्य का विधान ही सृष्टि का विधान है।[11] सुन्दर की कामना ने मानो एक बिन्दु में घनीभूत अखिल सत्ता को अपने कोमल स्पर्श से अनन्त में बिखेर दिया है जिसके कारण असंख्य ब्रह्मांड किसी विराट् व्यवस्था के अधीन रहकर लय, सन्तुलन, भारसाम्य, संगति आदि रूप के विधान का पालन करते हैं–

'करत कल्लोल दरियाव के बीच में
ब्रह्म की छौल में हंस झूलैं।
अर्ध और ऊर्ध्व की पेंग वाड़ा तहाँ,
पलट मन पवन को कंवल फूलै ॥
गगन गरजै तहाँ सदा पावस झरै,
होत झनकार नित बजत तूरा।
वेद कतेब को गम्य नहीं तहाँ,
कहै कबीर कोई रमै सूरा ॥
गगन की गुफा तहाँ गैब का चाँदना।
उदय और अस्त का नाम नाहीं।
दिवस और रैन तहं नेक नहिं पाइए,
प्रेम परकास के सिन्धु माहीं ॥
सदा आनन्द दुख-दर्द व्यापै नहीं,
पूरानन्द भरपूर देखा।
भर्म और भ्रान्ति तहं नेक आवै नहीं,
कहैं कबीर रस एक पेखा।'[12]

कबीर का उस अनन्त और रहस्यमय सत्ता का सौन्दर्य-विधान उनके हृदय में छिपे हुए गूढ़ सौन्दर्य का परिचय देते हैं। सौन्दर्ययुक्त होता है, भारमुक्ति का आनन्द है। देशकाल की सीमा से परे, वह परमसत्ता, पराशक्ति, सृष्टिकर्ता भी ऐसा ही है। इस प्रकार रहस्यवादी भावना और सौन्दर्य-भावना एक-दूसरे की पूरक, अभिन्न और अखंड हैं। कविवर रवीन्द्रनाथ इस अन्तहीन के विषय में लिखते हैं, "जो लोग अनन्त की साधना करते हैं, जो सत्य की उपलब्धि करना चाहते हैं, उन्हें बार-बार यह बात सोचनी होती है कि जो कुछ देखा और जान रहे हैं, वह चरम सत्य नहीं है। स्वतन्त्र नहीं है। किसी भी क्षण में वह अपने आपको पूर्ण रूप से प्रकाशित नहीं कर सकता। यदि वे ऐसा करते होते तो सभी स्वयंभू, स्वप्रकाश होकर स्थिर हो रहते। ये जो अन्तहीन स्थिति के द्वारा अन्तहीन गति का निर्देश करते हैं, वही हमारे चित्त का चरम आश्रय और चरम आनन्द है।"[13]

कबीर उस पूर्ण और अन्तहीन के ही चितेरे हैं। उनके हृदय के विराट् फलक पर उसके अनन्त चित्र अंकित हैं। वास्तव में ऐसा कोई कवि नहीं जो उस सकल अंग अनूप का वर्णन कर सके। उसका रूप एक बार कवि को भाव-मार्दर कर देता है। उस विराट का वर्णन करने के कारण अनेक विद्वान कबीर को रहस्यवादी सन्त कवि कहते हैं।[14] फ्रांसीसी विद्वान बोदविल के अनुसार, "परम्परागत अर्थ में कबीर भले ही कवि न हों, वह भारत के महानतम कवियों में

थे। एक रहस्यदर्शी कवि के रूप में उनका स्थान अन्यतम है।''[15]

भारत में प्राचीन काल से ही गुह्य, गोपनीय को जानने की, भेद को जानने की जिज्ञासा भावना मिलती है। विद्वानों ने इसे ही रहस्यवाद की संज्ञा प्रदान की है। उस अनन्त सत्ता को, पूर्ण को जानने की इच्छा ही रहस्यवाद है। वैसे भारतीय वाङ्मय में रहस्यवाद जैसा स्पष्ट शब्द नहीं मिलता। उसे 'गुह्यमार्ग', गुह्य तत्त्व और उपनिषद् कहा गया है। इसका आधार अद्वैत भूमि है। यद्यपि यह बाह्य रूप से द्वैतवादी लगता है, किन्तु आन्तरिक रूप से 'एकात्मक' और 'अखंड' है। इसको जानने के प्रयास होते हुए भी बुद्धि की सीमा से परे है, ''इसलिए कोई भी बौद्धिक प्रयास उस तथ्य का निरूपण नहीं कर सकता, क्योंकि बुद्धिगम्यता में रहस्य नहीं रह सकता, अर्थात् जिस तथ्य को हम बुद्धि द्वारा विचारने में समर्थ हैं, उसे रहस्य के रूप में हम कैसे स्वीकार कर सकते हैं। वस्तुतः वह तत्त्व अपनी अबोध्यता में ही समग्र है और चूँकि वह अबोध्य है, इसलिए वह 'रहस्य' है।[16] वैदिक साहित्य इसी अबोध्य का परिचय देने का प्रयास करता है, इसीलिए प्रो. मैक्समूलर ने इसे अतीत, परे (Transcendent Beyond) कहा है।''[17]

रहस्यवादी भावना के माध्यम से कवि हमें उस अलौकिक शक्ति का बोध कराता है जिसमें हम निमग्न हैं, जो हमें सम्मोहित किए हुए है। रहस्यवाद दैवी सत्य का वीक्षात्मक (प्रज्ञावान) अनुभव है। धारणा 'बुद्धि' से हम उस असीम को प्राप्त नहीं कर सकते।[18] वाल्टर हिल्टन (Walter Hilton) ने कहा है कि तुम्हारी आत्मा एक आध्यात्मिक दर्पण की भाँति है जिसमें तुम परमात्मा की झलक देख सकते हो। अतः सर्वप्रथम उस दर्पण को खोजो तथा उसे सांसारिक विकारों और अहंकार से मुक्त करके उज्ज्वल तथा स्वच्छ रखो।[19] वास्तव में यह अनुभव अकथनीय ही कहा जाता है।[20] इसमें संवेदना की घनीभूत गहनता मिलती है। इसमें भावुकता तथा सौन्दर्य का अद्भुत सामंजस्य मिलता है। प्रसिद्ध वैज्ञानिक आइनस्टाइन इसको ही रहस्यवाद कहते हैं।[21] विद्वानों ने रहस्यवाद का विश्लेषण करते हुए इसमें विराट एकता पर बल दिया है, 'अन्ततः' रहस्यवाद विश्व की समस्त वस्तुओं और प्राणियों की तात्विक एकता की अन्तः प्रज्ञात्मक धारणा है।[22] बरट्रेड रसल ने रहस्यवाद के सम्बन्ध में कहा है कि रहस्यवादी प्रदीप्ति का सर्वाधिक प्रत्यायक पक्ष समस्त तत्त्वों की एकता का स्पष्ट द्योतन है जो धर्म में सर्वेश्वरवाद का सम्बर्द्धन करता है तथा दर्शन में अद्वैतवाद की स्थापना करता है।[23] इस प्रकार रहस्यवाद वह भावना है जो मानव के अस्तित्त्व का केन्द्रबिन्दु है और प्राणीमात्र से एकता, उससे साक्षात्कार का, समस्त प्रकृति की एकसूत्रता का बोध कराती है। महान आत्मा इस सबका आनन्द लेती है।[24] वास्तव में रहस्यवाद रहस्यवादी के लिए रहस्य नहीं है, क्योंकि उसे अपने जीवन का परमोत्कृष्ट रूप उसी प्रकार स्पष्ट होता है जिस प्रकार हम भौतिक पदार्थों को देखते हैं। इस प्रकार

रहस्यवाद उनके लिए ही रहस्य है जो अपनी भाषा की अक्षयता के कारण अपने अनुभवों को ठीक प्रकार से अभिव्यक्त नहीं कर सकते। रहस्यवाद की जड़ धार्मिक-भावना में स्थित है परन्तु वह धर्म ऐसा नहीं है जो हठधर्मिता, जड़ता पर आधृत हो, अपितु जिसका स्रोत उदारभावना और समष्टिगत भावना है।

रहस्यवादी कवि परमसत्ता के सौन्दर्य दर्शन से परमानन्द का अनुभव करते हैं, इस आनन्द विभोर स्थिति में कवि प्रतीक द्वारा अपने गूढ़ विचारों की अभिव्यक्ति करता है। वह ईश्वर और आत्मा के सम्बन्धों की अभिव्यक्ति भी अपनी प्रेमभावना के कारण करते हैं, जिसमें उनके प्रणयोन्माद की मादकता झलकती है।[25] रहस्यवाद में उसे परमतत्त्व की, उस मूल सत्य की अभिव्यक्ति, अन्तिम स्रोत, पूर्ण शिव, शाश्वत ज्ञान, अनन्त ज्योति, परम सुन्दर, दैवी-प्रेम, ईश्वर इत्यादि का उल्लेख करके की गई है।

रहस्यवाद के ऐतिहासिक विकास और व्युत्पत्ति की दृष्टि से यह शब्द (Myste's) अथवा (Muste's) ग्रीक धातु से व्युत्पन्न है जिसका अर्थ है जीवन-मरण के रहस्यों को जानने के लिए दीक्षित व्यक्ति, यह दैवी शक्तियों का गुह्य-ज्ञान था, जिसको प्राप्त करके व्यक्ति को मौन रहना चाहिए।[26] रहस्यवाद के स्रोत और व्युत्पत्ति के विषय में डॉ. निकोल्स लिखते हैं, रहस्यवाद से तात्पर्य रहस्य से है जिसको यूनानी क्रिया म्यू (Muw) से लिया गया है, जो ओष्ठ, नेत्र, कर्ण को बन्द करने की ओर संकेत करता है तथा सभी प्रकार की अनुभूति, भावनाओं, संवेदन के द्वार बन्द करने का आग्रह करता है।[27]

लैटिन चर्चों में पहले इस शब्द के स्थान पर (Contemplation) शब्द का प्रयोग होता था। सेंट आगस्टाइन, ग्रेगोरी तथा बना ने इसी शब्द का प्रयोग किया है, जो आध्यात्मिक प्रवृत्ति का सूचक है।[28] पश्चिमी विचारकों के अनुसार रहस्यवादी परमसत्ता से तादात्म्य स्थापित करता है, उनकी दृष्टि में जीवात्मा और जगत सभी उस विश्वात्मक और विश्वातीत सत्ता में एकरस रहते हैं। कबीर का ब्रह्म सर्वनिखिल व्याप्त है–

'ऐ सकल ब्रह्मांड तैं पूरिया, अरु दूजा नहिं धान जी।
मैं सब घटि अंतरि पेखिया, जब देख्या नैनं समान जी।'[29]

प्लोटिनस ने कहा है कि सौन्दर्य वह है जिसे हम प्यार करते हैं। आत्मा प्रथम दर्शन में ही उसे सौन्दर्य कहकर पुकार उठती है।[30] प्राचीन काल में यह ज्ञान कुछ विशेष साधकों को ही प्रदान किया जाता था, अतः यह आध्यात्मिक ज्ञान की एक धारा विशेष या सम्प्रदाय बन गया।

इसमें कोई सन्देह नहीं कि इस रहस्य की भावना में सौन्दर्य और प्रेमभाव सन्निहित रहते हैं। प्रसिद्ध दार्शनिक और सौन्दर्यशास्त्री हीगेल (Hegel) ने कहा है

कि सौन्दर्य आध्यात्मिक अनुभूति का ऐन्द्रिय ज्ञान है।[31] इनके अनुसार सौन्दर्य भाव रूप प्रत्यय और ऐन्द्रिय पदार्थ का समन्वय है, क्योंकि विश्वात्मा जब भौतिक वस्तुओं को स्वयं व्यक्त करता है तो उसकी आभा को ही हम सौन्दर्य कहते हैं।[32] इसी प्रकार रुडोल्फ यूकेन ने लिखा है कि सत्यं, शिवं, सुन्दरम् में हम मूल सत्ता के गुणों की अभिव्यक्ति देखते हैं। यह आध्यात्मिक जगत के अभिन्न और सहायक अंग हैं।[33]

वास्तव में समुचित विश्लेषण करने पर रहस्यवाद की भावना सौन्दर्य-भावना के बहुत अधिक निकट सिद्ध होती है। रहस्यवाद के द्वारा सौन्दर्य की उन विशेषताओं का उन्मीलन होता है जो भेदातीत हैं और गहन-गुह्यता के विषय है।[34] सौन्दर्यशास्त्रीय सिद्धान्त और रहस्यवाद की एकरूपता और परस्परपूरक भावना का उल्लेख करते हुए रेकजाक (Recejaic) ने परम रहस्य के उद्घाटन के विषय में कहा है, ''यदि हमारा मस्तिष्क सौन्दर्यशास्त्र के मूल तथ्यों का अध्ययन करे तो हमें ज्ञात होगा कि ये तथ्य मस्तिष्क तथा वस्तुओं की एक आदर्श समरूपता पर आधारित है तथा एक विशेष स्थिति में यह सामंजस्य इतनी पूर्णता ग्रहण कर लेता है कि हमें इस निष्पत्ति से एक विशेष आनन्दातिरेक प्राप्त होता है। इस प्रकार सुन्दर उदात्त बन जाता है और आत्मा उस भावावस्था में परमतत्त्व से मिल जाती है। इस सौन्दर्यात्मक धारणा में हम अपने आन्तरिक उन्नयन की भावदशा को रोक नहीं पाते और उस तत्त्व दर्शन द्वारा परमतत्त्व से अभिन्न होने का अनुभव करते हैं।[35] अतः परम सौन्दर्य का दर्शन करके रहस्यदर्शी साधक भाव-विह्वल होकर उस सौन्दर्य की अनन्तता और नवोन्मेष के गुण से प्रणयोन्माद पूर्ण हो उठता है।

> "Oh, Beauty so old and so new,
> too late have I loved thee!"[36]

उस पारब्रह्म की आनन्द-ज्योति से साधक स्वयं पारदर्शी हो उठता है और उसे सर्वत्र एकरसतापूर्ण सौन्दर्य का ही अनुभव होता है।

आचार्य परशुराम चतुर्वेदी ने रहस्यवाद का चिन्तन अनेकबिध रूप से किया है, इसलिए उनकी रहस्यवाद विषयक परिभाषाएँ मनोवैज्ञानिक, साधनापरक और आध्यात्मिक दृष्टि और भावना से पूरित हैं। रहस्यवाद की परिभाषा करते हुए वे लिखते हैं, ''रहस्यवाद एक ऐसा जीवनदर्शन है जिसका मूलाधार किसी व्यक्ति के लिए उसकी विश्वात्मक सत्ता की अनिर्दिष्ट या निर्विशेष एकता या परमात्म तत्त्व की प्रत्यक्ष एवं अनिर्वचनीय अनुभूति में निहित रहा करता है, और जिसके अनुसार किए जाने वाले उसके व्यवहार का स्वरूप स्वभावतः विश्वजनीन एवं विकासोन्मुख ही हो सकता है।[37] अद्वयात्मक रहस्यमयी सत्ता का अनुभव करने वाला 'अव्यक्तवादी' अपने को तात्विक भूमि पर खड़ा देखता है। उपनिषद् में उस

अबुद्धि बोध्य रहस्यमय तत्त्व की पारस्परिक विरोधी विशेषताएँ कथित होने पर भी वह आधारभूत रूप से एकात्मक और अखंड है। ऋषियों ने सृष्टि के उसी महान सत्य को खोजा है–

'गुह्यं ब्रह्म तदिद ब्रवीभि।'[38]

अर्थात् ब्रह्म ही गुह्य या रहस्य है। वह ब्रह्म कही जाने वाली परमसत्ता इस सृष्टि के कण-कण में अपना सौन्दर्य स्फूर्त किए हुए है। कांट ने कहा है कि जिस प्रकार सौन्दर्यबोध की वेदना एकान्ततः बाह्य कारण-निरपेक्ष और व्यक्तिगत रुचि-निरपेक्ष होती है उसी प्रकार वह एक ओर सर्वनिष्ठ और सर्वजन-वेद्य तथा दूसरी ओर सभी मनुष्यों के अन्तर में स्थित एक ही प्रकार के आन्तरिक कारण से उत्पन्न भी होती है। अन्तःकरण, विकल्पवृत्ति और बुद्धितत्त्व का सामंजस्य है।[39] सौन्दर्य उत्पत्ति का संकेत करते हुए वह कहते हैं कि दृश्यमान वस्तु का जो गुण हमारी इन्द्रियों में प्रीति अथवा अप्रीति उत्पन्न करता है और जो भाव हमारी बुद्धि में उससे उपस्थित होता है–उसी प्रक्रिया में सौन्दर्यबोध का कारण भी छिपा रहता है। मेरेडिथ (Meredith) ने भी इस तथ्य को स्वीकार करते हुए कहा है कि बाह्य धर्मों से विनिर्मुक्त, जो स्वरूप हमारे चित्त में अवस्थित होता है, जिससे हमें आनन्द मिलता है। वही उस वस्तु कों सुन्दर बनाता है।[40] इस प्रकार रहस्यवादी अपने अन्तःकरण में, चित्त में इस सृष्टि को देखकर जिस आनन्द का अनुभव करता है वही उसकी बुद्धि-अगम्य अनुभूति को सुन्दर बनाता है।

हमारी आन्तरिक दृष्टि एक मूल सत्य को देखती है, वह मानसिक स्थिति से बदलकर आत्मा में स्थित हो जाती है। वास्तव में रहस्यानुभूति का होना, व्यावहारिक बुद्धि से परे किसी अन्तःप्रज्ञा एवं प्रकाश पर निर्भर करता है। इस अनुभूति के लिए जीवात्मा की प्रकृति का दिव्यकरण भी आवश्यक है। जॉर्ज सांतायना ने रहस्यवादी सौन्दर्य का वर्णन करते हुए कहा है कि सौन्दर्य के लिए यह आवश्यक हो जाता है कि वह हमारी समस्त चित्तवृत्तियों को केन्द्रित करके उस निर्द्वन्द्व आनन्द का अनुभव करे, जो हमारे सौन्दर्य आनन्द का आधार है और जिसे रहस्यवादी कहा जाता है।[41] कांट ने बुद्धि की सीमा से परे ज्ञान का संकेत करते हुए कहा है कि ज्ञानगत उपलब्धि की बहिःसत्ता के सम्बन्ध में हम कुछ भी नहीं कह सकते, परन्तु इस ज्ञान में ऐसे बहुत से लक्षण पाए जाते हैं जिनके द्वारा किसी-न-किसी रूप में अतीन्द्रिय सत्ता की सूचना मिलती है। इस अतीन्द्रिय सत्ता का जगत ज्ञानगत सीमा-रेखा से बाहर है एवं इसी कारण उसका स्वरूप बन्धनविहीन और स्वतन्त्र होता है।[42]

भारतीय साधना-साहित्य और कला में इस रहस्यमय इन्द्रियातीत सत्ता का विशद् विवेचन हुआ है, उपनिषदों से लेकर सन्त काव्य तक इस रहस्यमयी सत्ता

का वर्णन उपलब्ध होता है। चाहे बुद्धि, तर्क की दृष्टि से देखें, चाहे अन्तःकरण की दृष्टि से विचार करें, इसमें कोई सन्देह नहीं है कि उसके समान अन्य कोई नहीं है। नत्वत्सयो प्यस्त्यधिकः कुतोन्य; वह अनुभूति वेद्य है, 'ज्ञानताय विज्ञानं विज्ञान भविजानताम्', तब उसे शब्दों की सीमा में किसी प्रकार बाँधा जा सकता है, वह असीम होकर सीमा में कैसे अभिव्यक्ति हो सकता है। उसे अन्त में नेति-नेति कहकर ही बताया गया है। इसलिए अनुभवियों की वाणी में, भरमियों की भावनाओं में जो आश्चर्य वद वदति है वहाँ तर्क और बुद्धि का उपयोग निरर्थक ही सिद्ध होगा।

इस अनुभव-सिद्ध निरपेक्ष सत्य के लिए प्राचीन साहित्य में गुह्य, गोप्य, उपनिषद्, रहस्य जैसे शब्दों का प्रचलन रहा है। ऋग्वेद में रहसू शब्द का प्रयोग मिलता है जिसका अर्थ है अविवाहित माता।[43] रहस्य शब्द से 'यत्' प्रत्यय का सम्बन्ध होने से 'रहस्य' शब्द की निष्पत्ति हुई जिसका अर्थ है--जो एकान्त में हुआ हो। गोपनीय या निर्जनभाव। इस प्रकार इसमें बुद्धि-गम्य न होने का भाव मिलता है। क्षेमराज ने 'प्रत्यभिज्ञा हृदय' में एक बहुत ही सुन्दर द्रष्टान्त देकर रहस्यवाद को समझाया है, कि बुद्धि से उस तत्त्व को माप लेना उतना ही कठिन या असम्भव है जितना अपने ही पैर से अपने सिर की छाया। जितना ही पैर शिर की छाया को नापने के लिए आगे बढ़ेगा, सिर की छाया उसी मात्रा में आगे बढ़ती जाएगी।[44] श्रीमद्भगवद् गीता में भी 'योगी यु जीत सतत मात्मान रहसि स्थितः'[45] भी इसी गुह्य, गोपनीय अर्थ का बोधक है।

इस प्रकार रहस्यवाद धार्मिक साधना का एक ऐसा विशिष्ट रूप है जिसका सम्बन्ध आन्तरिक भावना से है, जिसमें गोपनीयता के साथ माधुर्य, प्रेम और सौन्दर्य का समन्वय होता है। वास्तव में रहस्यवाद का लक्ष्य है प्रकृति का भेद जानना। आचार्य रामचन्द्र शुक्ल ने कहा है, "ज्ञान के क्षेत्र में जिसे अद्वैतवाद कहते हैं, भावना के क्षेत्र में वही 'रहस्यवाद' कहलाता है।"[46] डॉ. रामकुमार वर्मा के अनुसार "रहस्यवाद जीवात्मा की उस अन्तर्हित प्रवृत्ति का प्रकाशन है जिसमें वह दिव्य और अलौकिक शक्ति से अपना शान्त और निश्चल सम्बन्ध जोड़ना चाहती है। यह सम्बन्ध यहाँ तक बढ़ जाता है कि दोनों में कुछ भी अन्तर नहीं रह जाता। जीवात्मा की शक्तियाँ इसी शक्ति के अनन्त वैभव और प्रभाव से ओत-प्रोत हो जाती हैं। जीवन में केवल उसी दिव्य शक्ति का अनन्त तेज अन्तर्हित हो जाता है और जीवात्मा अपने अस्तित्त्व को एक प्रकार से भूल-सा जाती है। एक भावना, एक वासना हृदय में प्रभुत्व प्राप्त कर लेती है और वह भावना सदैव जीवन के अंग प्रत्यंगों में प्रकाशित होती है। यही दिव्य संयोग है। आत्मा उस दिव्य शक्ति से इस प्रकार मिल जाती है कि आत्मा में परमात्मा के गुणों का प्रदर्शन होने लगता है और परमात्मा में आत्मा के गुणों का प्रदर्शन।"[47] डॉ. गोविन्द त्रिगुणायत ने रहस्यवाद की परिभाषा इस प्रकार की है, "रहस्यवाद ब्रह्म के आध्यात्मिक स्वरूप

से आत्मा की भावात्मक ऐक्यानुभूति के इतिहास का प्रकाशन है।''[48]

श्री जयशंकर प्रसाद ने रहस्यवाद का अनेकांगी विवेचन किया है जो उसमें निहित सौन्दर्य-भावना के तत्त्वों पर प्रकाश डालता है। वे लिखते हैं, ''काव्य में आत्मा की संकल्पात्मक मूल अनुभूति की मुख्यधारा रहस्यवाद है।''[49] प्रसाद जी अपने रचनाकाल के आरम्भ में शैव दर्शन से प्रभावित थे और भारतीय धर्म-साधना के प्रति उनकी आस्था और निष्ठा थी, उन्होंने रहस्यवाद के स्रोत का संकेत करते हुए लिखा है कि, ''शैवों के अद्वैतवाद और उनके सामरस्य वाले रहस्य सम्प्रदाय का वैष्णवों के माधुर्य-भाव और उनके प्रेम रहस्य का तथा काम-कला की सौन्दर्य-उपासना का उद्गम वेदों और उपनिषदों के ऋषियों की साधना-प्रणालियाँ हैं।''[50] अपने विचारों का स्पष्टीकरण करते हुए वे आगे लिखते हैं, ''आगम के अनुयायी सिद्धों ने प्राचीन आनन्द मार्ग को अद्वैत की प्रतिष्ठा के साथ अपनी साधना-पद्धति में प्रचलित रखा और इसे वे 'रहस्य-सम्प्रदाय' कहते थे।''[51]

महादेवी वर्मा ने रहस्यवादी भावना और उसके मूल तत्त्व की दृष्टि पर प्रकाश डालते हुए कहा है, ''माधुर्य भावमूलक प्रेम में आधार और आधेय का तादात्म्य अपेक्षित है और यह तादात्म्य उपासक-उपास्य का नहीं। इसीलिए तन्मय रहस्योपासक के लिए आदान सम्भव नहीं, पर प्रदान या आत्मदान उसका स्वभावगत धर्म है''...वह आगे लिखती हैं, ''रहस्योपासक का आत्मसमर्पण हृदय की ऐसी आवश्यकता है जिसमें हृदय की सीमा एक असीमता में अपनी ही अभिव्यक्ति चाहती है।''[52]

रहस्यवाद में आत्मा और परमात्मा का संयोग हो जाता है। आत्मा परमात्मा तक पहुँच जाती है। जरसन ने रहस्यवाद की मीमांसा करते हुए लिखा है, ''रहस्यवादी अभिव्यक्ति उसी समय होती है जब आत्मा प्रेम की अमूल्य निधि लिए हुए परमात्मा में अपना विस्तार करती है। पवित्र और उमंग से भरे प्रेम से परिचालित आत्मा का परमात्मा में गमन ही तो रहस्यवाद कहलाता है।''[53] इसीलिए डायोनिसस कहता है, ''परमात्मा से आत्मा का अत्यन्त गुप्त वागविलास ही रहस्यवाद है।''[54] रवीन्द्रनाथ टैगोर ने रहस्यवादी भावना का संकेत करते हुए कहा है कि कोई नहीं जानता, यहाँ तक कि स्वयं स्रष्टा भी नहीं जानता कि उसकी रचना, उसकी सृष्टि कैसी है। अतः यह एक अत्यन्त भेदभरी बात है और इसी रहस्य में सौन्दर्य की मूल-चेतना छिपी रहती है।

आचार्य हजारी प्रसाद द्विवेदी ने रहस्यवादी कविता पर विचार व्यक्त करते हुए लिखा है, ''मुझे ऐसा लगता है कि रहस्यवादी कविता का केन्द्रबिन्दु वह वस्तु है जिसे भक्ति-साहित्य में 'लीला' कहते हैं। यद्यपि रहस्यवादी कवि, भक्तों की भाँति पद-पद पर भगवान का नाम लेकर भाव-विह्वल नहीं हो जाता? परन्तु वह मूलतः है भक्त ही। ये भगवान अगम अगोचर तो हैं ही, वाणी और मन के अतीत

भी हैं; फिर भी रहस्यवादी कवि उनको प्रतिदिन प्रतिक्षण देखता रहता है। वह ज्ञान के अगम्य होकर भी प्रेम के वशीभूत हैं, क्योंकि ज्ञान सब मिलाकर हमारी अल्पज्ञता को ही दिखा देता है, पर प्रेम समस्त त्रुटियों और विच्युतियों को भर देता है। संसार में जो कुछ घट रहा है, और जो घटना सम्भव है, वह सब उस परम प्रेममय की लीला है—उसे खेलने में आनन्द आता है। भक्त उससे प्रेम करके अपनी समस्त त्रुटियों को पूर्ण करता है।" इसीलिए महादेवी वर्मा ने कहा है कि "मनुष्य के हृदय का अभाव तब तक दूर नहीं होता जब तक सीमाहीन के प्रति रागात्मक सम्बन्ध न हो। सीमाहीन अर्थात् परम प्रेममय भगवान। भगवान के साथ की यह निरन्तर चलने वाली प्रेम केलि ही रहस्यवादी कविता का केन्द्र है।"[55]

वास्तव में रहस्यवाद में इस जगत, इस गोचर दृश्यमान वस्तु जगत में निहित किसी अनन्त, असीम सत्ता की खोज है जो प्रेम, सौन्दर्य और माधुर्य से परिपूर्ण है। वह उज्ज्वल उदात्त, आलोकमय है, इसलिए उसे इसी रागात्मक भावना से शुद्ध चित्त से प्राप्त किया जा सकता है। उसे जाना जा सकता है। हमारी चित्तवृत्ति जिस प्रकार सौन्दर्य-ग्रहण में, उसकी अनुभूति में एकाग्रचित्त हो जाती है, उसी प्रकार से रहस्यवादी भावना में भी उस परमसत्ता को ग्रहण करने के लिए, उससे भावात्मक तादात्म्य स्थापित करने के लिए केन्द्रीभूत हो जाती है। योग में इस स्थिति को समाधि भी कहा गया है, सम्भवतः रसात्मक दृष्टि से यह मधुमती भूमिका भी हो सकती है।

विराट की भावना और कल्पना रहस्यवादी का मूलाधार है। उस परमसत्ता को अपने में अन्तर्निहित करके देखना और तत्पश्चात् स्वयं भी तद्वत हो जाना रहस्यवाद का सर्वप्रमुख गुण है। विराट से एक तान होने की प्रक्रिया बहुत ही विचित्र और सुखद होती है। यही परम सुन्दर का उद्घाटन है, "यहाँ आत्मा सत्य पुरुष का रूप देखकर मुग्ध हो जाती है। धीरे-धीरे आत्मा परमात्मा की ज्योति में लीन होकर विश्व की विशालता का अनुभव करती है और उस समय वह आनन्दातिरेक से परमात्मा के गुण वर्णन करने लगती है।"[56] पिराड में ब्रह्मांड की लीला देखना वास्तव में बड़ा रहस्यात्मक है। कबीर कहते हैं, "जिस समय मेरे मन का भ्रम, उसमें परिवर्तन आते ही दूर हो गया और हरि मेरे सामने सहज रूप में केलि करते दीख पड़े उस समय मुझे इस बात का बोध हो गया कि मैं 'वा' 'तैं' अथवा 'अहम्' 'वा' 'इदम्' नाम की भावनाओं में कोई अन्तर नहीं है और प्रत्येक घट में उस अखंड का ही अस्तित्त्व है।"[57] कबीर साहब के अनुसार "वह 'तत्त्व' ऐसा नहीं, जिसका अनुभव उसे केवल कहीं बाहर समझ कर किया जा सकता है। वह तत्त्वतः अपने 'निज' वा 'आप' की अनुभूति का विषय है; जिस कारण उसके अनुभव में हमारी प्रत्येक इन्द्रिय की मूल प्रेरक शक्ति स्वभावतः काम करती रह सकती है। इसी से कबीर साहब को भी उसका वर्णन करते समय विभिन्न प्रकार

के विशेषणों का प्रयोग करना पड़ता है तथा वैसी दशा में भी वे अपना तृप्त वा सन्तुष्ट होना नहीं प्रकट करते। उसकी अनुभूति के समय उनके भीतर एक ऐसे विचित्र सौन्दर्य की भावना जाग्रत होती है जिसका परिचय वे बार-बार देते हैं, किन्तु इसमें वे कभी अपने को कृत-कार्य नहीं समझते।"[58]

आत्मा का परमात्मा में एकभाव हो जाना, सौन्दर्य अनुभव का मूल स्रोत है। इस अन्तर्दृष्टि की एकतानता के मार्ग में बड़े विचित्र शब्द और दृश्य दिखाई देते हैं। उपनिषद् एवं तन्त्र ग्रन्थों में इन रहस्यपूर्ण शब्दों और दृश्यों का वर्णन है। श्वेताश्वतर उपनिषद् में लिखा है, कुहरे और धुएँ जैसे धूप, अग्नि और पवन जैसे जुगनू, स्फटिक और चन्द्रमा जैसे रूपों में योगी रमता है।[59] इसी प्रकार बृहदारण्यक में एक स्थल पर लिखा है कि आत्मा की खोज में बढ़ते योगी को केसरिया रंग के कपड़े, रक्त वर्ण की तितलियाँ, अग्नि-शिखाएँ, विकर्म कमल और आकाश में कौंधती हुई बिजलियाँ दिखाई पड़ती हैं। इस प्रकार के रहस्यपूर्ण वर्णन छान्दोग्य,[60] भराड्रूक[61] आदि अन्य उपनिषदों में मिलते हैं।

सौन्दर्य का उद्घाटन भी इसी प्रकार क्रमशः विभिन्न सोपानों द्वारा होता है। सौन्दर्य अपने को रहस्यमय बनाए रखता है और इस रहस्यमयता के बिना सौन्दर्य नहीं होता। प्रत्येक रचना में यही गुण होना चाहिए।[62] परमसत्ता की अनुभूति में, उसके सौन्दर्य-दर्शन में प्रतिच्छाया, संवेदना, भाव-संवेग, भावनाओं की तीव्रता के गुण होते हैं। इसी प्रकार एक विशेष भाव, सौन्दर्य-संवेदना है जो उस आनन्दात्मक अनुभूति में निहित होती है, जो सौन्दर्य की उस धारणा के साथ-साथ रहती है जिसके द्वारा अभिव्यक्ति के समस्त पक्ष और रूप में सौन्दर्य व्याप्त दिखाई देता है।[63] यही धारणा कला और काव्य को प्रेरित करती है, इसमें मानव-मनोवृत्तियों का बहुत योगदान होता है। कलाकार की विचारणा और सृजनात्मक कल्पना में मनोविज्ञान बहुत सहायक होता है। श्री के. एस. रामास्वामी ने सौन्दर्य में निहित उस विशेषता का जिसकी कला अपेक्षा करती है, उल्लेख करते हुए लिखा है कि सौन्दर्य में मानव विचारों की ऐसी क्रियाशीलता चाहिए, जो प्रकृति का मूल निकाल सके, उसे खींच सके। वह सौन्दर्य केवल एक अंश का अथवा एक व्यक्ति का नहीं होता, अपितु वह समष्टिगत होता है। वह रक्त और मांस का सौन्दर्य नहीं, अपितु मस्तिष्क कल्पना, अनुभूति का होना चाहिए। यह सौन्दर्य संश्लिष्ट मानसिक और आत्मातिक्रमण का होता है।[64]

मनुष्य सृजनशील है और यह निश्चित रूप से नहीं कहा जा सकता कि उसकी सृजनशीलता किस प्रकार, किस दिशा में गतिमान होगी और वह किस प्रकार व्याप्त होती है। जहाँ तक प्रेरणा का प्रश्न है, कला और चिन्तन के क्षेत्र में नवीन भावों तथा विचारों का स्फुरण रहस्यमय ढंग से होता है। कलाकार सदैव नवीन विचार देना चाहता है। वह प्राचीन विचारों को भी नया रूपाकार प्रदान करने

में भी अपनी सफलता मानता है। भरमी साधक इसी प्रकार के कलाकार थे। उनकी सौन्दर्य-भावना, उनका भाव-संवेग, संवेदनीयता, अभूतपूर्व कल्पनाएँ निरन्तर अपनी नव प्रतिभा का परिचय देने के लिए व्याकुल रहती थीं। हमारे मानसिक जीवन की सृजनात्मक प्रगति मुख्यतः अवचेतन की अँधेरी तहों में घटित होती है।[65] अवचेतन का प्रत्येक तत्त्व सचेत अनुभूति से प्राप्त होता है। व्यक्ति का अवचेतन उसकी अनुभूति के उन तत्त्वों से गठित होता है जिनका उसके जीवन में अभी तक उचित उपयोग नहीं हो पाया है। अब चेतन के गर्भ में दमित इच्छाएँ अथवा प्रतीतियाँ हो सकती हैं, किन्तु यह जरूरी नहीं कि वहाँ केवल वही चीजें हों। भिन्न-भिन्न व्यक्तियों की अवचेतन प्रतीतियाँ तथा वृत्तियाँ भिन्न-भिन्न होती हैं। इस प्रकार जैसे-जैसे चेतन के क्षेत्र में विस्तार होता जाता है, वैसे-वैसे अवचेतन का क्षेत्र घटता जाता है। रहस्यवादी आध्यात्मिक भावना से यही स्थिति होती है। अवचेतन, चेतन के माध्यम से अभिव्यक्त होता जाता है और साधक उससे एक हल्केपन, स्फूर्ति, सुखद अनुभूति का अनुभव करता है।

चेतन और अवचेतन दोनों ही मानवीय प्रतीतियों को आश्रय देते हैं, किन्तु अवचेतन की धर्म-सम्बन्धी वृत्तियाँ अथवा आध्यात्मिक प्रतीतियाँ, दूसरी अन्य प्रतीतियों से भिन्न होती हैं। धार्मिक-आध्यात्मिक अनुभूति का सम्बन्ध मनुष्य के सम्पूर्ण चेतना मूलक जीवन तथा अनुभूति से होता है। वस्तुतः वह अनुभव मनुष्य की समस्त अर्थवती अनुभूतियों की प्रतीयमान एकता-रूप होता है। धर्म-चेतना में जिस एकता की धुँधली प्रतीति होती है उसे दर्शन तर्कशास्त्रीय आलोक में समझने का प्रयत्न करता है।

यद्यपि धार्मिक-आध्यात्मिक चेतना की एक परम्परा होती है जिसका अनुकरण किया जाता है किन्तु इस पर विशिष्ट जन-समूह और व्यक्ति के स्वभाव का भी प्रभाव होता है और यह बात चेतना की विभिन्न भूमिकाओं में अथवा सोपानों पर भी लागू होती है। प्रसिद्ध रहस्यवादी लेखक रूडोल्फ आटो ने लिखा है, "पदावली की समानता के बावजूद और यह समानता आश्चर्यजनक हो सकती है—रहस्यवादी अनुभूति उतनी ही विविध होती है जितनी कि ये सामान्य धार्मिक चेतना।"[66] उन्होंने रहस्यभावना में अन्तर करते हुए एक ओर तो शंकर की शीतल एवं निरुद्वेग तथा फारस की उष्ण और आवेगपूर्ण रहस्यानुभूति में, और दूसरी ओर बुद्धिवादी वेदान्तीय रहस्यानुभूति तथा ज्योतिवादियों (Illuminists) की अभिचारन्वेषी, चमत्कार-प्रिय रहस्य-भावना में अन्तर किया है।[67]

रहस्य-भावना के विभिन्न आयाम हो सकते हैं। अनेक कोटियाँ हो सकती हैं। इस चेतना का विषय एक ऐसी कारण सत्ता हो सकती है जो सुख और दुःख उत्पन्न करती है। उसमें सौन्दर्य, कल्याणमय गुण, उपासना, प्रशंसा की भावना जगाने की शक्ति भी हो सकती है। वह चेतना का विषय शक्ति, शील, सौन्दर्य,

उदात्त-भाव, माधुर्य, आनन्द के साथ कृपाशीलता और रौद्र भाव का आधार भी हो सकती है। विभिन्न युगों में प्राप्त धार्मिक-आध्यात्मिक चेतना में कुछ समान, सार्वभौम गुण भी पाए जाते हैं जैसे शक्ति, विराटता, रहस्यमयता, आकर्षण। उन्होंने इसे विशुद्ध अथवा अतीन्द्रिय (Holy or Numenous) की धारणा कहा है।[68] हम वेदान्त के ब्रह्म को और कुछ न कहकर रहस्यपूर्ण कहना अधिक उचित समझते हैं, क्योंकि निर्गुण भावना में कारण होकर भी कारण नहीं है। उसे विराट, उदात्त, आकर्षक कहना भी किसी सीमा तक तर्क का विषय है। अतः उसकी अनुभूति रहस्यानुभूति है। यही कहना अधिक संगत होगा, वही उसमें निहित सौन्दर्य से हमारा परिचय कराती है।

इस प्रकार स्पष्ट है कि अवचेतन की सृष्टियाँ अन्ततः चेतन जीवन में ही उद्भूत होती हैं। रहस्यवादी की अधिकतर उक्तियों का सम्बन्ध, तत्कालीन धार्मिक और दार्शनिक वातावरण से भी होता है, जैसे कबीर पर सिद्धों, नाथों, बौद्धों, सूफियों के अतिरिक्त वैष्णव और सगुण मार्ग का प्रभाव पड़ा है, यद्यपि मुख्यतः वह अद्वैतवादी ही है। इसीलिए जी.ए. ने लिखा है कि "जिसे हम रहस्यवादी अनुभूति कहते हैं, वह केवल उन शिक्षाओं को उद्भासित करती है जो रहस्यवादी को पहले मिल चुकी है।"[69]

मध्यकालीन रहस्यवादियों पर एक लम्बी साधना, चिन्तन और तत्त्व-ज्ञान-दर्शन की परम्परा का गहरा प्रभाव था। वेदान्त दर्शन और सूफीयत प्रेरित रहस्यवाद ही मध्यकाल की रहस्यवादी भावना का आधार था। इन साधकों की एक विशेष मानसिकता गुरु-प्रदत्त ज्ञान से जो निर्मित हो ही चुकी थी, साथ ही तत्कालीन प्रचलित साधना-परम्पराओं का प्रभाव भी इन पर मिलता है। इसमें तत्त्व-ज्ञान के अतिरिक्त धार्मिक और सांस्कृतिक मूल्यों और मान्यताओं का भी योगदान था। धार्मिक अन्धविश्वास, कुत्सित अभिचार, कुरीतियों, बाह्याडम्बर और आध्यात्मिक खोखलेपन ने एक कुत्सा को जन्म दिया था, जिससे अनेक विकृतियाँ फैलती जा रही थीं। इसी कुरूपता ने, भय और त्रास की दशा ने अनिश्चितता और निराशामय भविष्य की मानसिक स्थिति ने जीवन को एक सौन्दर्य दिशा की ओर अग्रसर किया। यह स्वाभाविक है कि हमारे जीवन में हम जिस वस्तु का अभाव अनुभव करते हैं, उसी की प्राप्ति के लिए हम प्रयत्न और संघर्ष करते हैं, यही सत्य मध्यकालीन काव्य में उजागर हुआ। सन्त, साधक बाह्य और आन्तरिक विभीषिका से मुक्ति चाहते थे, बाह्य सौन्दर्य उपलब्ध न होने पर उनकी गति आन्तरिक सौन्दर्य की खोज की ओर हुई। सभी बन्धनों, संकीर्णताओं, कुंठा और व्यक्तिगत जीवन की जीर्णता को धकेल कर वह एक नई स्वतन्त्र दिशा की ओर बढ़ने लगे, उनकी मानसिकता, उनके आचार-विचार, उनका तत्त्व-चिन्तन किसी परम भव्य और सुन्दर की खोज में प्रवृत्त हो गए। उसी खोज का एक पक्ष रहस्यवाद के रूप

में मुखरित हुआ। कबीर जैसे साधकों ने बाहर कुछ न पाकर, अपने अन्दर कुछ खोजने का प्रयास किया और उनके संस्कार-परिष्कृत अवचेतन मन की शुद्धता, पवित्रता ने उन्हें एक अनभिव्यक्त सौन्दर्य की झलक दिखाई और वह उसी में रम गए, बाहर से अन्दर की तरफ मुड़ चले, उनकी सौन्दर्य-भावना साधना-मार्ग के सैन्सर्स से कट-छँटकर अनन्त विभूतिपूर्ण और तात्विकता से श्री सम्पन्न होने लगी।

यूनानी दार्शनिक प्लेटो ने इस आन्तरिक सौन्दर्य की स्थिति का अनुभव किया था और व्यावहारिक दृष्टि से उस परम रहस्यमय में अनन्त सौन्दर्य की खोज की थी, इनकी इस खोज का साधन था, उनकी अन्तःप्रज्ञा, उनका स्वसंवेद्य ज्ञान, जिसमें रहस्यवाद की भाँति अनेक विरोधाभास दृष्टिगोचर होते हैं। इस आन्तरिक दृष्टि से ही उस परम सुन्दर की विभूति का दर्शन होता है।[70] प्लेटो के इस कथन में तत्त्व दर्शन का सार निहित है, रहस्यवाद की अनुभूति उसी परम गुह्य सौन्दर्य का दर्शन है जिसे देखकर साधक आश्चर्य-विमुग्ध रह जाता है, कार्मेन्द्रियाँ और ज्ञानेन्द्रियाँ उसका दर्शन करके स्वयं मूक बन जाती हैं और यह अभिव्यक्ति गूँगे का गुड़ बनकर रह जाती है। रहस्यवादियों का सबसे बड़ा दावा यही है कि वे उस इन्द्रियातीत शक्ति से तुरन्त सम्पर्क स्थापित कर लेते हैं, उससे एकमेक हो जाते हैं।[71]

इस विषय में प्रायः सभी धर्म और दर्शन एकमत हैं कि इस सम्पूर्ण चराचर जगत के पीछे कोई परम सत्ता, कोई शक्ति कार्य कर रही है। ये सभी उस तत्त्व का ज्ञान प्राप्त करना चाहते हैं। ईसाई मतावलम्बी यह विश्वास करते हैं कि ईसामसीह ईश्वर के पुत्र थे, अतः उन्हें ईश्वर तथा उसके लोक का सम्यक् प्रत्यक्ष ज्ञान था। मुस्लिम इस्लामी मान्यता के अनुसार मोहम्मद साहब ईश्वर के दूत थे, अतः उस परमसत्ता के साथ उनका प्रत्यक्ष सम्पर्क था। बौद्धों के मतानुसार तथागत को उस परमतत्त्व की प्रत्यानुभूति थी और हिन्दू मानते हैं कि वेद शाश्वत हैं और उनमें जो ज्ञान शब्द-बद्ध है वह ईश्वर-प्रदत्त है। इस प्रकार ईश्वर, शक्ति या सत्ता के प्रत्यक्षानुभव का रहस्यवादी तत्त्व है।[72] उस परमतत्त्व से सम्पर्क होने पर भी उस भाव की अनुभूति को शब्दों में व्यक्त करना सम्भव नहीं है, इसलिए सन्त आगस्टाइन ने कहा है, "ईश्वर के सम्बन्ध में किसी व्यक्ति का सर्वोत्तम कथन यही हो सकता है कि वह अपने अन्तःविवेक और ज्ञान के बल पर उसके सम्बन्ध में मौन धारण कर ले।[73]

प्रसिद्ध रहस्यवादी विदुषी विद्वान एवलिन अंडरहिल, रहस्यवाद की परिभाषा करते हुए कहती हैं, "रहस्यवाद भगवत्सत्ता के साथ एकता स्थापित करने की कला है। रहस्यवादी वह व्यक्ति है जिसने किसी-न-किसी सीमा तक इस एकता को प्राप्त कर लिया है, अथवा जो उसमें विश्वास करता है और जिसने इस एकता की सिद्धि को ही अपना चरम लक्ष्य बना लिया है।"[74] प्रसिद्ध भारतीय दार्शनिक

डॉ. राधाकृष्णन का मत है कि "प्रत्येक धर्म का इंगित सामान्यतः किसी बाह्य वस्तु निषेधों और सांत्वनाओं की पद्धति विशेष की ओर होता है, जबकि आध्यात्मिकता सर्वोच्चसत्ता को जानने, उससे तादात्म्य स्थापित करने और जीवन के सर्वांगीण विकास की आवश्यकता की ओर संकेत करती है। आध्यात्मिकता धर्म और उसके अन्तर्तत्व का सार है और रहस्यवाद में धर्म के इसी पक्ष पर बल दिया गया है।"[75] प्रसिद्ध वैज्ञानिक डॉ. अलबर्ट आइन्स्टीन कहते हैं, "जिस किसी परम सुन्दर वस्तु की हम अनुभूति उपलब्ध कर सकते हैं वह रहस्यमयी हो सकती है और वही वस्तुतः सच्ची कला एवं सच्चे विज्ञान के लिए मूलस्रोत भी ठहराई जा सकती है।"[76] भक्ति साहित्य-विशेषज्ञ डॉ. आर. डी. रानाडे का कथन है कि "रहस्यवाद का अभिप्राय ईश्वरैक्य-सुख का मौन उपभोग करना है।"[77] प्रसिद्ध सौन्दर्यशास्त्री डॉ. दास गुप्ता ने लिखा है, "मैं तो रहस्यवाद को एक ऐसा सिद्धान्तवाद या मत कहूँगा जो बुद्धि को परमात्मा का स्वरूप चाहे उसका स्वरूप कुछ भी हो—समझने या अनुभव करने के लिए असमर्थ मानता है किन्तु साथ ही उस तक पहुँचने के लिए किसी अन्य साधन की अमोघता में विश्वास रखता है।"[78] रहस्यवाद की विवेचना करते हुए श्री महेन्द्रनाथ सरकार ने कहा है, "रहस्यवादी परम साहसिक होता है। वह सत्यान्वेषण की परम्परागत विचार-पद्धति की उपेक्षा करता है, और अपने मन को पूर्वग्रहीत विचारों और भावों को पूर्णतः शून्य करके, दिव्य एवं अलौकिक प्रकाश की प्रतीक्षा करता है। वह अपने आपको इन्द्रिय ज्ञान और बुद्धिजन्य विचारों से मुक्त करके जीवन-आश्चर्यों के मौन स्वागत के लिए प्रस्तुत रहता है।"[79] श्री सरकार अपने विचारों को स्पष्ट करते हुए कहते हैं कि "रहस्यवाद परमसत्ता के सौन्दर्य का उद्घाटन करने का जिज्ञासा भाव है। रहस्यवाद हमें लौकिक बन्धनों और सीमाओं से मुक्त करके आनन्दाभिभूत कर देता है, हम भावातिरेक से उद्भासित हो उठते हैं, हम प्रकाशमय, आलोकमय होकर आत्मनिमज्जित होकर अपने अन्तर्लोक में मुस्करा उठते हैं, आह्लादित हो जाते हैं। यह सौन्दर्य-प्रज्ञा, लोकातीत तथा लोकोत्तर सहजानुभूति, हमें सामान्य बन्धनों से मुक्त कर देती है। हम सभी प्रकार के द्वन्द्व, इन्द्रिय-क्रिया से स्वतन्त्र हो जाते हैं और आत्म-विस्मृति के अथाह सागर में डूब जाते हैं।"[80]

रहस्यवाद विषयक इन सभी परिभाषाओं के विवेचन से स्पष्ट होता है कि इस धारणा में भेद, गुह्यता, अविगत, अनुपमभाव, आध्यात्म, सौन्दर्य, सत्य और आनन्द जैसे तत्त्वों का संकेत मिलता है, किन्तु इन सभी प्रयोजनों को एक ही परिभाषा में प्रस्तुत करना कठिन है सम्भव नहीं है, परन्तु साधक और परमसत्ता के पारस्परिक तादात्म्य का भाव सब में ही समान रूप से मिलता है। वह रहस्यमयी सौन्दर्यपूर्ण परमसत्ता अपने आपको विभिन्न माध्यमों से विभिन्न रूपों में अभिव्यक्त करती है, अतः साधक को वह माध्यम और रूप प्रभावित करते हैं,

किसी एक तत्त्व से उसकी व्यक्तिगत अन्तर-चेतना प्रभावित होती है, इसलिए वही विशेष तत्त्व उसकी भावना में प्रमुख हो जाता है। सौन्दर्यानुभूति भी हमें विभिन्न प्रकार से उद्वेलित करती है। रिचर्ड्स ने कहा है कि "मन की कोई ऐसी विशिष्ट दशा नहीं है, जिसे हम सौन्दर्यानुभूति की दशा (Aesthetic State) कह सकें, क्योंकि मानव मन अत्यधिक संवेदनशील और सक्रिय है। वह निरन्तर क्षण-क्षण परिवर्तित होता रहता है। अनुभूतियों का क्रम चलता रहता है। अतः परमसत्ता की आत्मिक अनुभूति भी उससे प्रभावित रहती है।"[81] इसीलिए डॉ. राममूर्ति त्रिपाठी ने रहस्यवाद का व्यापक विश्लेषण करते हुए उसमें निहित विशेषता का उल्लेख करते हुए कहा है, "रहस्यवाद रहस्यदर्शियों का वह सांकेतिक कथन या 'वाद' है–जिसके मूल में अखंडानुभूति और तत्त्वानुभूति निहित है।"[82] अतः सौन्दर्यानुभूति और रहस्यानुभूति के मूल में अखंडानुभूति का तत्त्व समान रूप से उपलब्ध होता है। रहस्यानुभूति की दशा भी आत्मिक अनुभूति के अनुसार निरन्तर परिवर्तित होती रहती है।

रहस्यवादी साधक सदैव ही अपने अन्दर किसी पूर्णता की खोज करता है, उसकी प्राप्ति के लिए वह उद्विग्न रहता है। हमारा द्वैतभाव एकत्व की खोज करता रहता है जो अपूर्णता से उत्पन्न उसकी उद्विग्नता को समाप्त कर उसे उस पूर्णता का आनन्द प्रदान कर सके जिसके पश्चात् और कुछ प्राप्त कर लेने की इच्छा शेष नहीं रहती।

रवीन्द्रनाथ टैगोर ने इस तथ्य का विश्लेषण करते हुए लिखा है, "द्वैतभाव के अस्तित्त्व से हमारे मन में तुरन्त ही एक प्रश्न उठता है कि हम अद्वैत में उसका समाधान खोजते हैं। अन्ततः जब हमें इन दोनों के सम्बन्ध का ज्ञान होता है तो हम जान पाते हैं कि वे तत्त्वतः एक ही हैं। तब हम अनुभव करते हैं कि हमने सत्य को पा लिया है और तब हमारे मुख से इस महान विस्मयकारी विरोधाभास का उच्चारण होता है कि एक ही अनेक दृष्टिगोचर होता है, कि जो कुछ दृष्टिगोचर होता है वह सत्य के बिल्कुल विपरीत है और फिर भी उससे अविच्छेद्य रूप से सम्बद्ध है।"[83] आचार्य हजारी प्रसाद द्विवेदी के अनुसार, "छोटी-से-छोटी वस्तु में उसकी विभिन्नता और क्षुद्रता के बावजूद एक ऐसा सत्य है जो सारी वस्तुओं में समान रूप से पाया जाता है। उसी को रवीन्द्रनाथ 'एक' कहते हैं। जहाँ 'एक' के साथ किसी वस्तु का सामंजस्य है, वही सौन्दर्य और कला है।"[84]

रहस्यवाद में अद्वैतवाद की भाँति ब्रह्म, जीव, जागतविषयक चिन्तन की दुरूहता नहीं है। उसमें अनुभूति की स्वतन्त्र शक्ति है जो परमसत्ता के अलौकिक सौन्दर्य के प्रति उसमें उत्पन्न होती है। यही अव्याहत, निर्बाध, इन्द्रियातीत संवेदनीयतापूर्ण, मौन-अनुभूति उसकी सौन्दर्यभावना का आधार है जो एक परम चेतना के प्रति आकर्षण से पूर्ण होती है। आचार्य हजारी प्रसाद द्विवेदी के अनुसार

"कबीर ने इसी एक के सौन्दर्य के अनुभव और उद्घाटन का प्रयत्न किया है। वही सहृदय का आकर्षण बन जाता है, क्योंकि वह अतीन्द्रिय है। उसकी अनुभूति का आनन्द इन्द्रिय सुख से गहन और व्यापक है।"[85] सौन्दर्यशास्त्र में जिस स्वानुभूति-जन्य-भाव-संवेग का वर्णन किया गया है, वही रहस्यवाद का मूलाधार बनती है जिसकी ज्ञान प्राप्ति के पश्चात् साधक को अपनी अनुभूति के समर्थन में कुछ कहने की आवश्यकता नहीं रह जाती। इच्छा, क्रिया और ज्ञान एक रूपता, आनन्द रूपता को ग्रहण कर लेते हैं और तब सौन्दर्य-वेदना उत्पन्न होती है। इस ईश्वरीयानुभूति के सम्बन्ध में श्री टी. एम. वाट का कथन है, "रहस्यवादी अपनी साधना में ऐसी राहों से गुजरता है जहाँ से कोई न गुजरता हो, उसे वह चीज प्राप्त होती है जो केवल परम्परा-पालन से नहीं मिल सकती—तीव्र और प्रत्यक्ष अन्तर्दृष्टि के एक क्षण में ईश्वर की सानुराग स्वानुभूति।"[86]

रहस्यवादी उन्मुक्त साधक होता है जो परम सौन्दर्य के अनुराग में, उसके प्रेम, विरह और मिलन की इच्छा में अहर्निश लीन रहता है, वह आत्मराम बन जाता है, अतः अन्य साधकों की भाँति, वह कट्टर-पंथी नहीं होता, उसमें तपस्या, साधना के साथ उत्सर्ग, माधुर्य, प्रेम और समर्पण की सतत इच्छा उपस्थित रहती है। उसका निवेधात्मक पक्ष केवल ऐन्द्रिक-वासनाजन्य सुख है। प्रत्येक रहस्यवादी के लिए यह सर्वप्रथम आवश्यक है।

रहस्यवादी साधक अत्यन्त भावुक और रागात्मक वृत्ति प्रवण होता है। वह अपनी अन्तःप्रज्ञा द्वारा इस लौकिक जगत में अलौकिक सौन्दर्य का प्रतिबिम्ब अनुभव करता है। यह समस्त सृष्टि एक नूर से, ज्योति से उद्भासित है। उस परमज्योति का प्रतिबिम्ब है, इस सृष्टि के समस्त जड़-चेतन में उस अलौकिक तत्त्व की ही सौन्दर्य-चेतना का आभास होता है। उस सौन्दर्य से तादात्म्य करने के लिए, उसकी सान्निध्य प्राप्ति के लिए वह निरन्तर प्रयत्नशील रहता है। उसके ध्यान में मग्न रहता है। जब ज्ञान असफल हो जाता है तो प्रेम द्वारा वह प्राप्त होता है। गीता में कहा गया है कि उस परम पुरुष को जिससे समस्त चराचर जगत की उत्पत्ति होती है और जिसमें उसका विलय होता है तथा सकल संसार जिससे परिव्याप्त है, अनन्य भक्ति द्वारा ही प्राप्त किया जा सकता है।[87] यह कथन हमें आस्तिकता का संकेत देता है, "आस्तिकता रहस्यवाद का प्रथम परमावश्यक आधार स्तम्भ है। आध्यात्मिक सत्य में आस्था रखे बिना रहस्यवादी की साधना आगे बढ़ ही नहीं सकती।"[88] इस भावना के लिए भक्ति आवश्यक है। उन्होंने भक्ति के उपास्य आधिदैविक स्वरूप को स्वीकार न करके आध्यात्मिक स्वरूप की अनुभूति की है। प्रेम के सहारे की हुई आध्यात्मिक ब्रह्म की अनुभूतियों की अभिव्यक्ति अपने आप रहस्यात्मक हो जाती है।[89] रहस्यवादी की साधना भावना पर आधारित होती है। भावना का सम्बन्ध हृदय से है। रहस्यवादियों के

अनुसार इस रसरूप ब्रह्म की अनुभूति हृदय से ही सम्भव है। यहाँ इनका संकेत हृदय की रागात्मक वृत्तियों से ही है, शुष्क ज्ञान मूलक दार्शनिक बुद्धिमूलक चिन्तन से नहीं। यह कार्य भक्त हृदय ही सम्पन्न कर सकता है। कबीर भक्त थे और उन्होंने भी ब्रह्म की व्यावहारिक सत्ता को स्वीकार किया है। भक्ति के आवेश में कबीर ने भगवान में विशिष्ट गुणों का आरोप करके भावना एवं बुद्धि द्वारा उसके दिव्य एवं विराट स्वरूप की कल्पना की है–[90]

"हम सब मांहि सकल हम मांही, हम थैं और दूसरा नांही।
तीनि लोक में हमारा पसारा, आवागमन सब खेल हमारा।
षट दरसन कहिमत हम भेरवा, हम ही अतीत रूप नहीं रेखा।
हम ही आप कबीर कहावा, हम ही अपना आप लखावा ॥"[91]

कबीर ने निर्गुण ब्रह्म का वर्णन सभी सम्भावित युक्तियों से किया है–

भेष विवर्जित भीख विवर्जित, विर्जित रूप।
कहै कबीर तिहूँ लोक विवर्जित, ऐसा तब अनूप ॥[92]

निर्गुण रूप कबीर को आत्म विमुग्ध कर देता है। सौन्दर्य में एक सहज आह्लादकारी शक्ति होती है। ब्रह्म की अद्‌भुत गति का विस्तार कबीर देख रहे हैं। सौन्दर्य की विराटता बढ़ती जा रही है। यह भक्ति प्रेम का ही गुण है कि भक्त उसके मनोहर रूप के सौन्दर्य से अभिभूत हो उठता है। कांट ने कहा है कि सुन्दरम् वह है जिसे संकल्पना से स्वतन्त्र, सार्वभौम आनन्द की वस्तु के रूप में प्रतिरूपित किया जाता है।[93] कबीर ने रहस्यवाद में इसी सौन्दर्य के स्वतन्त्र रूप को देखा है। कांट कहते हैं कि सुन्दर कल्पना को एक आकर्षण प्रदान करता है जो स्वच्छन्द व्यापार का रक्षण-पोषण करती है,[94] कबीर के रहस्यवादी वर्णन में इस प्रकार के उदाहरण सुलभ हैं।

कबीर का मत हृदय अत्यन्त उज्ज्वल, कोमल और स्नेह-सिक्त है। उसकी स्निग्धता उनके पूरे काव्य में व्याप्त है। भक्ति में सच्चा प्रेम होता है और इसी से आत्म-शुद्धि सम्भव है। भक्त का उदार-हृदय ही परमतत्त्व के विराट रूप को अपने अन्दर समाहित कर सकता है, "मनस्वी रहस्यवादी मनन द्वारा उस अखंड सत्ता की अनुभूति का प्रयत्न करेगा। भक्त रहस्यवादी भक्ति द्वारा। योगी-रहस्यवादी सर्वप्रथम उस परमसत्ता का अन्तर में साक्षात्कार करेगा और तब इस निष्कर्ष पर पहुँचेगा कि बाह्य जगत उस अखंड परमसत्ता की ही छाया है जो उसके व अन्य सभी के अन्तर में विद्यमान है। प्रकृति रहस्यवादी अपने अन्तर में व प्रकृति के समस्त व्यापारों में समान रूप से प्रवाहित होने वाली एक ही जीवनधारा का पता लगाने का प्रयत्न कर सकता है।"[95]

निर्गुण भक्ति साहित्य में सन्त कबीर एक प्रमुख रहस्यवादी कवि हैं। कबीर के काव्य में उपदेशात्मक, नैतिकता का स्वर प्रमुख रूप से मिलता है, किन्तु अगम, अगोचर, परमसत्ता की अनुभूति और सौन्दर्य-भावना उनमें व्याप्त मिलती है। वे उस अनन्त, अखंड, तत्त्व से तादात्म्य का अनुभव करते हैं, उनका अवचेतन, चेतन में अभिव्यक्त होने लगता है परन्तु शब्द उसके लिए असमर्थ से प्रतीत होते हैं। कबीर का सौन्दर्यानुभव एक रहस्यमय चैतन्य का अनुभव है जिसमें उनकी आत्मा की दिव्य उज्ज्वलता प्रतिबिम्बित होती है। शब्दों की प्रांजलता उसका आधार नहीं है। उसमें निहित औदात्य अरूप है। उसको सम्पूर्णता एवं संवेद्य है। स्वयं-प्रकाश्य है। वह आत्मा की प्रतिभा है, बुद्धि वहाँ अपना कौशल नहीं दिखला सकती–

'भाई रे अद्‌भुत रूप अनूप कथा है, कहाँ तो को पति पाई।
जहं जहं देखौ यतहं तहं सोई, सब घट रहा समाई ॥'[96]

उस अनन्य सौन्दर्य राशि को कोटियों में सीमाबद्ध नहीं कर सकते, क्योंकि कबीर के अनुसार तो वह सौन्दर्य तो सौन्दर्य को भी सौन्दर्य प्रदान करने वाला है। सौन्दर्य में जो सुडौलपन और प्रेमाकर्षण होता है, वह चकित ही नहीं करता हमारे हृदय को, चेतना को अभिभूत करके वशीभूत कर लेता है, अतः उस अनुभूति की अभिव्यक्ति ही सम्भव नहीं होती, इसीलिए कबीर कह उठते हैं–

'जस कथिए तस होत नहीं, जस है तैसा सोइ।
कहत सुनत सुख उपजै, अरु परमारथ होइ ॥[97]

इसी प्रकार उसकी रहस्यमयता का वर्णन करते हुए वह कहते हैं–

'आप आप थैं जानि यै, है पर नाही सोइ।
कबीर सुपिनै केर धन ज्यूं, जागत हाथि न होइ ॥'[98]

कैसी मधुर अनुभूति है। वह अलौकिक सौन्दर्य भौतिक सुख से परे है। उसका अनुभव विचित्र होकर भी वह केवल एक क्रीड़ा मात्र नहीं है। उसकी कौतूहल भावना में एक स्निग्ध आकर्षण है जो साधक को सम्मोहित किए रहता है। उसकी समस्त चेतना उसी में अन्तर्भूत हो जाती है। वास्तव में वह मन के बन्धन से परे है। मन के विषयीभूत विषय ससीम होते हैं और हम उसी विषय को जान सकते हैं, जो मन की परिधि में आ जाय। जो मन का अविषय है, उसे समझना अत्यन्त कठिन है।[99] मन के द्वारा उस परमतत्त्व की अनुभूति असम्भव होने से ही उसे अज्ञेय कहा गया है–

'जस तू तस तोहि कोई न जान। लोक कहैं सब आनहिं आन।[100]

मन चंचल होता है। बुद्धि उस तक पहुँच नहीं सकती। इसका अनुभव हृदय का विषय है, बुद्धि का नहीं। यह प्रेम है, तर्क-वितर्क नहीं है। इसलिए वह निश्चित रूपाकार और अनुभव से सर्वथा मुक्त है, "स यो ह वै तत्परम ब्रह्म वेद ब्रह्मैव भवति" जो कोई भी उसे जान लेता है, वह वही हो जाता है। सौन्दर्य का रस भी यही है। जैसे मन सौन्दर्य में रम कर उससे तद्वत हो जाता है, इसी प्रकार तत्त्वान्वेषी साधक उस रहस्य को जानकर वैसा ही हो जाता है—

कहै कबीर भव बन्धन छूटे, जो तिहि जोति समाना ॥[101]

सौन्दर्य सौन्दर्य से अलग कैसे हो सकता है। ज्योति से ज्योति का मिलन कितना सुखद और रोमांचकारी होगा। प्रहर्ष को एक विचित्र भावदशा, रसानन्द से प्लावित, सौन्दर्य सौन्दर्य में मिलकर ही यह आनन्द ऊर्ज्वसित कर सकता है। एक नवोन्मेष को, उत्पन्न कर सकता है। कवि की यह कल्पना उस सौन्दर्य का मूल्य बताती है जो किसी विषय की धारणा नहीं, न ही किसी सम्बद्धता का आधार, वह तो हमारी एक भावना है। भाव-उद्वेलन है तथा मूलसत्ता की प्रभावशीलता है। वास्तव में सौन्दर्य एक अन्तर्भावनात्मक मूल्य है।[102] इस आन्तरिक भावना की अभिव्यक्ति सहज नहीं है, जटिल विषय है। वह इतनी गूढ़ होती है कि चेतन तक आकर उसका मौलिक-स्वरूप परिवर्तित हो जाता है क्योंकि हमारी वृत्तियाँ निरन्तर परिवर्तित होती रहती हैं।

रहस्यवाद का आधार सौन्दर्य के उस गुण में है जो हमारी अन्तश्चेतना को जाग्रत करता है। हमारे अन्दर अनेक उच्च और निम्न वृत्तियाँ विद्यमान रहती हैं। इनमें हम उच्च वृत्तियों का उन्नयन करके अपने आन्तरिक संस्कारों का परिष्कार करते हैं। तब हमारे अन्दर विकारों की शुद्धि होती है और हमारी प्रज्ञा हमें शाश्वत ज्ञान और सत्य से परिचित कराती है, यह योग की एक स्थिति है—[103]

'निज सरूप निरंजना, निराकार अपरंपार अपार ॥'[104]

× × ×

'एक तै सब होत है, सब तै एक न होइ ॥'[105]

कबीर ने इसे ही अन भै पद की संज्ञा प्रदान की है। हम अपनी इन्द्रियों द्वारा ही कुछ अनुभव करते हैं। हमने इन इन्द्रियों के इस सामान्य मूलस्रोत अथवा मूलभूत अनुभवेन्द्रिय को अन्तर्दृष्टि का नाम दिया है। इसे ही (Intuition) सहज ज्ञान, प्रातिभज्ञान, अध्यात्मदर्शन, ईसावृत्ति कहा गया है। गुह्य ज्ञान युक्त रहस्यानुभूति की दशा में इस ज्ञान-शक्ति विशेष द्वारा ही काम लिया जाता है, इसीलिए उस अनुभव की अभिव्यक्ति में कठिनाई आती है। इसी प्रकार जब हम किसी कलात्मक अभिव्यक्ति पर विचार करते हैं और उसके मूल स्रोत तक

पहुँचना चाहते हैं तो उसके मूलाधार सौन्दर्य-तत्त्व का बोध भी उसी अनुभूति की भाँति जाग्रत होगा। आचार्य परशुराम चतुर्वेदी इस अनुभव के सम्बन्ध में लिखते हैं—"सौन्दर्य तत्त्व को विद्वान लेखकों ने अनेक प्रकार से समझाने की चेष्टा की है और उन्होंने इसकी विभिन्न परिभाषाएँ भी प्रस्तुत की हैं। परन्तु जिस एक बात में वे सभी सहमत जान पड़ते हैं वह यह कि ऐसा बोध अथवा अनुभव सदा किसी-न-किसी ध्यानपरक स्तर पर ही हुआ करता है। वह किसी साधारण इन्द्रियजन्य अनुभव के जैसा केवल संचरणशील व क्षणिक भाव ही नहीं हुआ करता—"[106]

'दसवाँ द्वारा देहुए, तामै जोति पिछांणी ॥'

यह अनुभव विशेष दसवें द्वार द्वारा ही होता है। इसलिए कठोपनिषद् में कहा गया है कि परमात्मा ने इन्द्रियों को बहिर्मुखी बनाया है। हम इनमें केवल बाह्य विषयों को देखते हैं, अन्तरात्मा को नहीं। जो अन्तरात्मा को देखना चाहता है, वह धीर पुरुष आँखों को उलटकर देखता है, अन्तर्मुखी होकर देखता है, वही प्रत्यगात्मा होकर देख पाता है।[107] गीता में भी यह तथ्य प्रतिपादित किया गया है, "जिस ज्ञान से यह प्रतीत होता है कि विभक्त अर्थात् भिन्न-भिन्न सब प्राणियों में एक ही अविभक्त और अव्यय-भाव आत्मा है वही सही और सात्विक ज्ञान है।"[108] कबीरदास भी ऊपर की बात से, बाह्य ज्ञान से सन्तुष्ट नहीं हो पाते। वह तो उस अन्तरात्मा के सौन्दर्य को देखकर आनन्द विभोर हो उठते हैं और उसको अभिव्यक्त करने का प्रयत्न करते हैं किन्तु कुछ कह नहीं पाते और बिना साक्षात्कार के बिना परिचय के मर्म को, रहस्य को, उस सौन्दर्य को कौन जान सकता है—

'ऊपर की मोहि बात न भावै, देखै गावैं तो सुख पावै।
कहै कबीर कछू कहत न आवै, परचै बिना भरम को पावै ॥'[109]

कबीर उस सौन्दर्य को अपनी आँखों से देखकर ही सन्तुष्ट होते हैं। किसी के बताने, सुनाने से उनको कोई सन्तुष्टि नहीं होती। वह सौन्दर्य जिसमें निहित है, वह तत्त्व लौकिक वाणी से परे है, "वे जिस चरम सत्य को समझने का प्रयास कर रहे थे, वह पुस्तकीय ज्ञान की सीमित परिधि में नहीं आ सकता, अतः इसके लिए कबीर ने अनुभूति को आधार बनाया और एतद्विषयक अनुभूति को यथासाध्य अभिव्यक्त करने का भी उन्होंने प्रयास किया। पूर्ण ब्रह्म वा परमतत्त्व की पूर्ण अभिव्यक्ति लौकिक शब्द शक्ति से परे होती है।"[110] रस्किन ने यद्यपि सौन्दर्य के सम्बन्ध में केवल बाह्य जगत की कल्पना को ही आनन्द स्वीकार किया है, किन्तु ऐसा नहीं है कि उन्होंने बुद्धि वृत्ति की नितान्त उपेक्षा की हो। साथ ही रस्किन ने यह भी कहा कि "सौन्दर्यबोध का आनन्द प्रायः अति सूक्ष्म और अज्ञेय

सामंजस्य-बोध से उत्पन्न होता है। वे कहते हैं चाहे फिर उस बोध के समय दृष्ट रूप में बुद्धि संचालन का संकेत न हो। यदि किसी वस्तु को अखंड रूप में देखते हुए भी उसके अन्तर्निहित सम्बन्धों का स्पष्ट पता लग सकता है तो हमें सम्बन्ध ज्ञान को भी स्वीकार करना पड़ेगा। सौन्दर्यबोध के साथ ही नाना सम्बन्धों का भी बोध होता है किन्तु वह स्पष्ट न रहकर बहुत कुछ अस्पष्ट रहता है। वस्तुतः सम्बन्ध-परम्परा गौण हो जाती है और उसके द्वारा उपस्थापित अखंड स्वरूप ही प्रधान हो जाता है।''[111] मत साधक चैतन्य की ऊष्मा का अनुभव करता है। वह अपने अन्दर और बाहर प्रकाश ही प्रकाश देखता है और इस प्रकार वह अनुभव करता है जैसे वह प्रकाश के अन्दर ही बैठा हो, अथवा स्वयं प्रकाश रूप हो गया हो।[112] आत्मा आभापूर्ण हो उठती है, व्यक्तित्त्व प्रकाश से भर उठता है–

'नूर ओढ़न नूरे डासन, नूरै का सिरहान।
कहै कबीर सुनो भाई साधो, सतगुर नूर तमाम ॥'[113]

क्रोचे ने सौन्दर्य को प्रकाशभंगिमा कहा है। आत्मा भी ज्योति स्वरूप है। बृहदारण्यकोपनिषद् में कहा गया है ''अज्ञायं पुरुषः स्वयं ज्योतिः''।[114] इसी प्रकार तैत्तिरीयोपनिषद् का कथन है–पश्चाय पुरुषेयश्चासावादिए स एकः[115]–अर्थात् यह जो पुरुष और सूर्य में प्रकाश, वह एक ही है। कबीर ने इस प्रकाश अथवा ज्योति का वर्णन उपनिषद् के अनुरूप ही किया है–

'एक जोति एक मिली किवा होइ न होइ।'[116]

कबीर का लक्ष्य तो उस ज्योति में मिल जाना, एक रूप हो जाना है, स्वयं सौन्दर्य रूप हो जाना है–

'जहाँ बहु हीरा धन मोती, तहाँ तत्त लाइ लै जोती।
जिस जोतिहिं जोति मिलाऊँगा, तो मैं बहुरि न मौ जलि आऊँगा ॥'[117]

रहस्यवाद में इस दशा को ही ज्योतिस्वरूप हो जाना (Self Illumination) कहा गया है। इसे 'उद्भासन' अथवा 'ईश्वरीय सत्ता के सान्निध्य का सूचक प्रकाश' कहा जा सकता है।[118] श्री अरविन्द ने इसे प्रदीप्त मानस (Illumine Mind) कहा है।[119] इस अनुपम स्थिति को 'ऋतम्भए प्रज्ञा' भी कहा गया है। रहस्यवाद के अनुसार जब आत्मा अपने विकास के पथ पर परमात्मा की दिव्य शक्तियों को देखती है तो उसे एक प्रकार के अलौकिक आनन्द का प्रवाह संसार से विमुख कर देता है।...वे जब एक बार परमात्मा के अलौकिक सौन्दर्य को अपनी दिव्य आँखों से देख लेते हैं तब उनके हृदय में संसार के लिए कोई आकर्षण नहीं रह जाता। संसार की सुन्दर से सुन्दर वस्तु उन्हें मोहित नहीं कर

सकती।[120] कबीर इस दशा का, अनुभूति का, माधुर्य का, मादक प्रेम रस का चित्र वर्णित करते हुए बताते हैं कि वहाँ सुरति रूपी सुहागिन बिना डोरी के ही पानी भरती है। बिना बादल ही रिमझिम वर्षा होती है। वहाँ नित्य पूर्णिमा का उजियाला रहता है। अँधेरा नहीं होता। एक सूर्य नहीं, वहाँ करोड़ों सूर्य का प्रकाश फैला रहता है–

'चल हंसा वा देस जहं पिया बसै चित्त चोर।
सूरत सोहागिन है पनिहारिन, भरे ठाढ़ बिन डोर ॥
वहि देसवां बादर ना उमंडे रिमझिम बरसै मेह।
चौबारे में बैठ रहो ना, जा भीजहु निर्देह ॥
वहि देसवा में नित्त पूर्निमा, कबहुँ न होय अँधेर।
एक सुरज के कवन बतावे, कोटिन सुरज उंजेर ॥'[121]

ऐसी अवस्था में आत्मा ईश्वरीय दिव्यता से आलोकित हो संगीतमय हो उठती है। हृदय तन्त्री झंकृत हो उठती है। आनन्द और उल्लास की एक मतवाली धार बहने लगती है। प्लोटिनस के अनुसार "आध्यात्मिक क्षेत्र का ज्ञान ही उच्चतम ज्ञान है। अद्वय के साथ एकता स्थापित कर लेने पर ज्ञान अपनी चरमसीमा पर पहुँच जाता है। प्लोटिनस इसी स्थल पर सहजानुभूति, रहस्यानुभूति और आनन्दातिरेक को बौद्धिक से अधिक महत्त्व देते हैं। सौन्दर्य का प्रत्यय भी अद्वय और वह स्वयं सम्पूर्ण है।" प्लेटो की तरह प्लोटिनस भी मानते हैं कि "सारी भौतिक और आध्यात्मिक सुन्दर वस्तुएँ उसी अद्वय सौन्दर्य में भाग लेती हैं और उसी के प्रकाश में चमकती हैं।"[122]

उस सौन्दर्य को देखकर साधक उसी में लीन हो जाता है। वह उससे पृथक् नहीं होना चाहता। यदि वह होना भी चाहता है तो भी नहीं हो सकता। यही रहस्य है। इस रहस्य में, गुह्यता में प्रवेश करके उससे बाहर आना कठिन ही नहीं होता, साधक स्वयं ही आना नहीं चाहता। कबीर तो इसकी मस्ती में डूब जाते हैं। सराबोर हो जाते हैं। दिव्य सौन्दर्य से आत्मस्नात हो उठते हैं। कैसी विचित्र दशा उनकी हो जाती है। रस ही रस बरस उठता है–

'कोई सुनता है अपनी राग रागन में, आवाज होती पानी।
सब घट पूरन पूर रहा है, सब सुरन के रवानी ॥
जो तन पाया खंड देखाया, तृस्ना नहीं बुझानी।
अमृत छोड़ खंडरस चाखा, तृस्ना ताप तपानी ॥
ओ अंग सो अंग बाजा बाजे, सुरत-निरत समानी।
कहै कबीर सुनो भाई साधो, यही आपकी बानी ॥'[123]

यह मनुष्य परमानन्द की अवस्था है, जिसमें मनुष्य का लौकिक अंश, जो

अज्ञानावस्था में प्रधान रहता है किसी गिनती में नहीं रह जाता। उसे अपने में अन्तर्हित आत्मतत्त्व का ज्ञान हो जाता है और उस ब्रह्म के साथ तादात्म्य की अनुभूति हो जाती है। इसी को साक्षात्कार होना कहते हैं।[124] इसीलिए उपनिषदों में कहा गया है कि जिसने रहस्य को जान लिया वह आत्मराम हो जाता है। वह निरीह हो जाता है—उसकी सभी इच्छाएँ शान्त हो जाती हैं। उसके हृदय की सभी ग्रन्थियाँ टूट जाती हैं। उसके सभी संशय विनष्ट हो जाते हैं।[125] यही सौन्दर्य-दर्शन, सौन्दर्यानुभूति की सर्वोत्कृष्ट दशा है—

'भागा भ्रम दसौं दिस सुझ्या, परम जोति प्रकासा।
× × ×
आपै मैं तब आपा निरदृष्या, अपन पै आपा सूझया।
आपै कहन सुनत पुनि अपना, अपन पै आया बूझया ॥
अपनै परचे लागी तारी, अपन में आप सम्माना।
कहै कबीर जो आप बिचारै, मिटि गया आवन जानां ॥[126]

यह स्थिति परम पद की है, रहस्यदर्शी की है। मनुष्य की बुद्धि सीमित होती है। वह आत्मिक जागृति के लिए संघर्ष करती है। आत्मान्वेषी उसी के द्वारा ईश्वर और आन्तरिक सौन्दर्य को खोज लेता है और गुह्य तत्त्व के साथ एकतानता स्थापित कर लेने में सफल होता है।[127] महर्षि अरविन्द और म. म. पं. गोपीनाथ कविराज जैसे विद्वानों ने इस ज्ञान के कारण वैदिक ऋषियों को रहस्यदर्शी कहा है, वे 'गुह्य' अर्थ को प्रतीकों की अपनी भाषा में प्रस्तुत करते थे। उनकी वाणी सत्यद्रष्टा की अपेक्षा 'निव्यां वचासि' गुह्य वाणी है। वेदों में रहस्यानुभूति के विविध रूपों का अस्तित्त्व मिलता है।[128]

कबीर की रहस्य भावना विश्वातीत अनुभूतिपरक अखंड चेतना ही मानी जा सकती है। वे चेतन की चौकी पर बैठकर परमपद का आनन्दास्वादन करते थे। उनकी चेतना शून्य में पहुँच जाती थी। योगी की भाँति अपने आसन पर अचल, अडिग बैठकर वे अनुपम स्थिति का, आध्यात्मिक सौन्दर्य का रसास्वादन करते थे। आत्मारूपी दर्पण को मांजकर आत्मरूप का दर्शन करते थे—

'बाहरि बोजत जनम गँवाया। उनमनी ध्यानं घट भीतरि पाया ॥'[129]

चेतन भाव ज्योति ही सभी मनोवृत्तियों को एकाग्र कर उज्ज्वल बनाती है। यह तमोनिवृत्ति करती है। सात्विकता के उन्मेष द्वारा साधक को सतत स्थिर करने का कार्य करती है। जब हृदय पूर्ण तथा निर्मल हो जाता है, तब वह विशुद्ध ज्योति मंडल दिखाई पड़ने लगता है। वह ज्योति-मंडल देखने में सूर्यमंडल के सदृश होता है।[130] वह अनुभूति इतनी दिव्य, इतनी अलौकिक होती है कि संसार के शब्दों में उसका स्पष्टीकरण असम्भव नहीं तो कठिन अवश्य है। वह कान्ति दिव्य है,

अलौकिक है। उसे साधारण आँखों से नहीं देख सकते।[131] लाइबनीज के अनुसार ''सम्पूर्ण सौन्दर्य उसी की रोशनी से निःसृत होता है। सौन्दर्य और कुछ नहीं, सिर्फ ईश्वर का प्रकाश है।''[130] इस प्रकाश को देखने से मन उन्मन हो जाता है और द्वैत के स्थान पर अद्वैत की भावना प्रतिष्ठित होती है। साधक को अपने चित्त को इस चेतन में लीन कर देने पर ही उस अनन्त रहस्यमय का परिचय प्राप्त होता है–

'चित चेतनि मैं गरक है, चेत्य न देखें यत्त।
कत कत की सालि पाड़िए, गल बल सहर अनन्त ॥[133]

यह स्थितप्रज्ञ की स्थिति है। गीता में कहा गया है, ऐसे रागों तथा भय, क्रोधादि से वीतराग व्यक्ति की, स्थिति को मुनि कहा जाता है।[133] यही द्वैतहीन भाव की सर्वोच्च स्थिति है। आध्यात्मिक उपलब्धि है जो रहस्यदर्शी साधक के लिए अपेक्षित है।

योगी रहस्यवादी सहज शून्य की साधना करता है। बौद्ध दार्शनिक नागार्जुन ने शून्यवाद का सिद्धान्त स्थापित किया था, उनके अनुसार जो परमतत्त्व है, जो चरम सत्य है उसका मानवीय भाषा में वर्णन नहीं हो सकता। यह भावाभावविनिर्मुक्त है। मानवीय भाषा में हम उसे केवल 'शून्य' ही कह सकते हैं। कबीर उस शून्य को परमतत्त्व प्राप्ति की स्थिति मानते हैं–

'ऐसा ग्यान विचारि लै, लै लाइ लै ध्यानां।
सुनि मंडल में घर किया, जैसे रहे सियानां ॥'[135]

नागार्जुन का शून्य भाव कबीर से बहुत मिलता-जुलता है। इतना ही नहीं वह रहस्यवादी भावना के भी बहुत अधिक निकट है, क्योंकि शून्य भावातीत है। वह ऐसा है जिसका अनुभव दूसरे द्वारा प्राप्त नहीं किया जा सकता। वह वाणी के द्वारा वर्णन और चित्त की कल्पना से परे है, जिसमें नानात्व नहीं है वही परमतत्त्व है। वह परमतत्त्व मन और वाणी के लिए अगम अगोचर होकर रहस्यवादी के भाव तत्त्व की वस्तु है।[136] सौन्दर्य सापेक्ष होता है। सौन्दर्य-भावना का अनुभव दूसरे के अनुभव द्वारा प्राप्त नहीं किया जा सकता। यही स्थिति उस रहस्यमय के अनुभव की है। सौन्दर्य की अनुभूति भी अपनी स्वयं की ही अनुभूति है। कबीर इसे स्वयं का अनुभव स्वीकार करते हैं। इस अनुभूति में एक विचित्र सुख और आनन्द का अनुभव करते हैं–

'तन रंजित तब देखियत दोई, प्रगट्यौ ग्यान जहाँ तहाँ सोई।
लीन निरन्तर बपु बिसराया, कहै कबीर सुख सागर पाया ॥[137]

सौन्दर्य की अनुभूति में आत्मा आनन्द-विभोर हो उठती है। वह उस तत्त्व से

अपना तादात्म्य स्थापित कर लेती है। इस भावना में आत्मा को उस परमतत्त्व के साथ अपनी एकता की आदर्श स्थिति तथा दिव्यता का ज्ञान हो जाता है। सौन्दर्यशास्त्र में यह स्थिति रहस्यवाद तथा स्वच्छन्दतावादी भावना का ऐतिहासिक स्रोत है।[138] इरविन एडमैन ने ललितकलाओं का विवेचन करते हुए इस एकता की अनुभूति के विषय में लिखा है, ''रहस्यवादी लोग अस्तित्त्व के अवर्णनीय अभ्यन्तर को 'एक' कहते हैं, किन्तु उस 'एक' ने अनन्त भिन्न रूप धारण किए हैं। कलाकार उस रहस्य का सच्चा उद्घाटनकर्त्ता है, कलात्मक अभिरुचि का प्रेक्षक, जब वह दर्शन और बोध में सचमुच सजग होता है, सच्चा रहस्यवादी होता है—कारण कि कलाकृति में उसने उस 'एक' के पक्ष को—स्पष्ट, आवेशमय और तीव्र रूप को पहचान लिया है। अनुभव उसके लिए, सत्ता, विमल ज्योति बन जाता है। यह विश्व, जिसके साथ वह अपने आपको एकाकार कर लेता है। एक जीवन्त व्यवस्था, एक अखंड व्यवस्थित जीवन बन जाता है, जैसा कि वह विश्व स्वयं में नहीं भी होता। प्लोटिनस की घिसी-पिटी भाषा में कहा जाय तो सौन्दर्य को अनुभव करते समय वह उस 'एक' के साथ एक, उस निरपेक्ष में स्थित हो जाता है और चाहे वह दर्शन की भाषा हो या कला की दोनों ही मर्त्यरूप में मौजूद एक मानव ने, उस चिरन्तन की एक झलक ग्रहण कर ली और उसे ही सम्प्रेषित किया।''[139] शून्य अथवा परमतत्त्व की रहस्यमय सत्ता का ज्ञान बहुत ही दुष्कर है। उसकी अभिव्यक्ति करते हुए हम केवल वही जानते हैं जो अभिव्यक्त हुआ है, इसके अतिरिक्त अन्य कुछ भी नहीं जानते। सम्भवतः यह अभिव्यक्ति उस एकमात्र सृष्टि शक्ति के प्रति हमारी भावुकता हो अथवा हमारी व्यक्तिगत प्रीति या भय की भावना हो, दोनों ही स्थितियों में यह अभिव्यक्ति कला और सौन्दर्य है और सौन्दर्य-भावना की दृष्टि से सत्य है।[140] कैरिट के यह विचार सौन्दर्य-भावना में निहित रहस्यवादी भावना की ओर स्पष्ट संकेत करते हैं, क्योंकि हमारी अभिव्यक्ति की समस्त प्रतिभा और शक्ति इसमें प्रयुक्त होती है, जो सुन्दर से सुन्दरतम की भावना से परिपूर्ण होती है। कबीर का सौन्दर्यबोध दोहरा है। मानव सौन्दर्यबोध का एक छोर बाह्य जगत से सम्बद्ध है और दूसरा अन्तर्जगत से।[141] अन्तः बाह्य जगत, मनोदशा की दृष्टि से सौन्दर्य-भावना का विश्लेषण करते हुए महादेवी वर्मा लिखती हैं, ''मानव के पास बाह्य जगत के समान एक सचेतन अन्तर्जगत भी है। अतः उसका सौन्दर्यबोध दोहरा और अधिक रहस्यमय हो जाता है। वह केवल परिवेश के सामंजस्य पर प्रसन्न नहीं होता, वरन् विचार-भाव और उनसे प्रेरित कर्म की सामंजस्यपूर्ण स्थिति पर भी बाह्यजगत में अपनी अभिव्यक्ति चाहता है और बाह्य जगत का सामंजस्य, अन्तर्जगत में अपनी प्रतिच्छवि आँकना चाहता है।''[142]

सौन्दर्य का विवेचन करते हुए हीगेल ने हमारी अन्तःबाह्य के सम्मिलन में

प्राप्य वस्तु को ही निरपेक्ष (Absolute) कहा है। ऐक्य कहने का अभिप्राय यह नहीं है कि निरपेक्ष न तो आन्तर है न बाह्य, बल्कि इनका मध्यवर्ती एक विशेष बिन्दु है। अन्तःबाह्य के मिलन में प्रकाशित नाना विचित्रताओं में ही निरपेक्ष का ज्ञान प्राप्त होता है। केवल अन्तर्लोक का विचार करते समय उसे सत्ता कहते हैं। इसी सत्ता (Subjective Spirit) के विचार के लिए हमारे मनोलोक के नाना व्यापार विषय स्वरूप बन जाते हैं। इसे प्रचलित रूप में मनोविज्ञानशास्त्र (Psychology) कहा जाता है, "इस मनोशास्त्र के व्यापार को ही हीगेल ने उसी सत्ता, असत्ता, सत्ता भाव और विशिष्ट सत्ता की लीला के परस्पर सम्बन्ध और परस्पर परिणत भाव से दिखाने की चेष्टा की है।"[143]

कबीर ने मनोवृत्ति चित्तवृत्ति का वर्णन करते हुए परमसत्ता की अनुभूति के मनोवैज्ञानिक पक्ष पर प्रकाश डाला है। योग और सहज साधना द्वारा अपनी इन्द्रियों को संयमित कर उनके चांचल्य को वश में करके हम अनन्त सौन्दर्य का दर्शन कर सकते हैं–

'मन गोरख मन गोविन्दो? मन ही औघड़ होइ।
जे मन राखि जतन करि, तौं आपै करता सोइ ॥'[143]

इस एकाग्रता की स्थिति को प्राप्त करके ही हम सत्ता, असत्ता और उसकी लीला का ज्ञान प्राप्त कर सकते हैं। द्विवेदी जी ने भी रहस्यवादी भावना को परमतत्त्व की लीला कहा है, कबीर ने उसे क्रीड़ा कहा है, किन्तु सबका एकमात्र लक्ष्य सौन्दर्य ही है। प्लोटिनस की प्राकृतिक सौन्दर्य-भावना में भी इस रहस्यवादी लीला का संकेत मिलता है–

'तीनि लोक पूरा पेषना, नांच नचावै एकै जनां ॥
कहै कबीर संसा करि दूरि, त्रिभवन नाथ रहना भरपूरि ॥'[145]

वह सौन्दर्य-स्रष्टा एक नट की भाँति अनेक प्रकार की क्रीड़ा में रहता है, वह अनेक लीला करता है–

'लीला करि करि भेख फिरवा ओट बहुत कछू कहत न आवा ॥'[146]

× × ×

'नट बहु रूप खेलै सब जानै, कला केर गुन ठाकुर माने ॥
ओ खेले सब ही घट मांहीं, दूसर के लेखै कछु नाहीं ॥'[147]

हमारे सामने नाम रूपात्मक जगत एक चित्र के समान है। यह नानाविध बना है। इसका चित्रकार, चितेरा अत्यन्त रहस्यमय है। समस्त सृष्टि उसके अगम सौन्दर्य से आविष्ट है। वह अपनी इच्छाशक्ति से इस जगत-चित्र का सृजन करता है–

'जिनि नटवै नरसारी सा जी, जो खलै सो दीसे बाजी ॥'[148]

इस विश्व सौन्दर्य की समस्त सृष्टि पंचतत्त्वों की है। प्रत्येक तत्त्व का निश्चित उत्स है। उसी से उसकी रचना और विकास का क्रम चलता है। हमें जीवतत्त्व की परीक्षा करनी चाहिए कि यह किस रूप का आभास है–

'रंगहि ते रंग उपजै, सभ रंग देखा एक।
कवन णं है जीव का ताका करहु विवेक ॥'[149]

कबीर अन्तःबाह्य सभी स्थितियों में अपने को उस पूर्ण प्रकाश से व्याप्त अनुभव करते हैं–

'बाहरि भीतरि भया प्रकाश, तहाँ भया सकल करम का नास ॥'[150]

सौन्दर्य एक प्रकाश है। एक ज्योति है, नूर है, जिससे समस्त सृष्टि परिव्याप्त है। यह समस्त सृष्टि उसी परमसत्ता का प्रतिबिम्ब है। इब्नेसिना के मतानुसार ब्रह्म शाश्वत सौन्दर्य का रूप है। संसार एक दर्पण है जिसमें वह अपना प्रतिबिम्ब देखता रहता है। यह मत भारतीय प्रतिबिम्बवाद से बहुत मिलता-जुलता है। फारसी के प्रसिद्ध कवि जामी इसी सौन्दर्यवाद के अनुयायी हैं।[151] इब्नेसिन के सौन्दर्यवाद का प्रभाव कबीर पर स्पष्ट परिलक्षित होता है। परचा कौ अंग में अनिर्वचनीय सौन्दर्य-भावना की झलक देखने को मिलती है, किन्तु उसमें सूफियों जैसा माधुर्य और रागात्मक तत्त्व नहीं मिलता। सूफियों ने परमसत्ता के जलाल (ऐश्वर्य) का विस्तृत और व्यापक वर्णन किया है। कबीर भी उस अनन्त तेज के सौन्दर्य से प्रभावित हैं–

'कबीर तेज अनन्त का, मानौ ऊगी सूरज सेणि।
पति संगि जागी सुन्दरी, कौतिय दी तेणि ॥'[152]

रहस्यवादी चिन्तकों और साधकों की दृष्टि से रहस्यमय तत्त्व का स्वरूप दार्शनिक दृष्टि से 'अद्वयात्मक' ही कहा जा सकता है। यह समरसता की स्थिति है। इसे पूर्ण कहा गया है। साधना क्षेत्र में इसे शिव, शक्ति, प्रकाश, विमर्श, शून्य, प्रज्ञा, परमसत्ता, परमपद, गुह्य-तत्त्व कहा गया है। यही उस परमसत्ता का लीलात्मक विस्तार विश्व है। रहस्यदर्शी इस रहस्य को जानना चाहता है। उसका यह अनुभूत सत्य ही अनिर्वचनीय कहलाता है। रहस्यवाद में जिज्ञासा तत्त्व प्रमुख वस्तु है। डॉ. राममूर्ति त्रिपाठी ने रहस्यात्मक अनुभूतियों का इस प्रकार वर्गीकरण किया है[153]–

(क) जिज्ञासात्मक अनुभूतियाँ, परतत्त्व सम्बन्धी अनुभूतियाँ
(ख) भावनात्मक अनुभूतियाँ–(संयोग, वियोग)
(ग) साधनालब्ध रहस्यमय लोक की अनुभूतियाँ

वेदों का रहस्यमय, गुह्य, सृष्टि के रचना के प्रति जिज्ञासा भाव है–

'कासीत प्रभा। प्रतिभा! किंनिदानम्?'[154]

सृष्टि क्यों है? इसकी प्रभा क्या है? किस प्रतिभा को लेकर सृष्टिकर्ता ने इसका सूत्रपात किया? इसका निदान या मूल कारण क्या है? कहाँ से यह निकल पड़ी। नासदीय सूक्त में यही जिज्ञासा मिलती है, 'कुत इयं विसृष्टिः' यह संसार किससे और कहाँ से आया? यह सब रहस्य का भाव है? यह विचार मानव के विचारों की पहुँच से बाहर है। उसकी रहस्यमयता का संकेत ऋग्वेद में किया गया है–

'न नून मस्ति नो श्वः कस्त्द वेद यद्दुमतम्।
अन्यस्य चित्त मचिस चरेण्य मुता धातं विनश्यति ॥'[155]

अर्थात् वह न अब है न कल होगा। उसे कौन जानता है जो सर्वोच्च और अद्भुत है। अन्यों की चेतना इसी की गति और क्रिया से संचरित तो होती है, पर जब विचार द्वारा इसके समीप पहुँचा जाता है, तब वह लुप्त हो जाता है।

कबीर में भी यह जिज्ञासाभाव प्रचुरमात्रा में मिलता है। स्थान-स्थान पर वे उस सृष्टिकर्ता के प्रति, परमसत्ता के प्रति अपनी जिज्ञासा का संकेत करते हैं। वह जानना चाहते हैं कि इस समस्त लीला का रचयिता, चितेरा कौन है–

'तू सकल गहगरा, सफ सफा दिलदार दीदार।
तेरी कुदरति किन हूँ न जानी, पीर मुरीद काजी मुसलमानी।
× × ×
जिहि धर चाल रची ब्रह्मंडा, पृथ्भी भारित करि नव खंडा।
अविगत पुरिस की गति लखि न जाई, दास कबीर अगह रहे त्यौं लाई ॥'[156]

कबीर की रहस्यवादी सौन्दर्य-भावना का मूल आधार यही जिज्ञासा भावना है जो अव्यक्त और अज्ञात के प्रति हमारे हृदय में रागात्मक वृत्तियों का उन्मेष करके उसे माधुर्य-पूरित करती रहती है। परमात्मा का अनभिव्यक्त रूप सर्वत्र व्याप्त अनुभव होने पर भी उसका लौकिक दृष्टि से हमारे लिए कोई उपयोग नहीं है। जो रूप, रेख, गुन जाति जुगुत बिन है वह हमारे सौन्दर्य भाव का आश्रय किस प्रकार हो सकता है।[157] वहाँ तो 'निरालम्ब मन चकृत धावै' की विचित्र स्थिति है, यही गुह्यता रहस्यवादी सौन्दर्य को द्विगुणित करती है। अतः वह परमतत्त्व रहस्यमय है–

'नाचमात्मा प्रवचनेन लभ्यो न मेध यान बहुना श्रुतेन।
यये वैष बृणुते तेन लभ्यस्तस्यैव आत्मा विवृणुते तनु स्वाय ॥'[158]

यह आत्मा न तो वाणी द्वारा गम्मय है, न बुद्धि वहाँ तक पहुँच पाती है और न इसे विस्तृत श्रवण या अध्ययन द्वारा ही उपलब्ध किया जा सकता है। वह जिसे स्वयं अपना लेता है वही उसे प्राप्त कर पाता है तथा उसी के प्रति वह अपने शरीर को पूर्ण रूप में अनावृत्त भी किया करता है।

मानव ज्ञान में परमात्मा की यह भावना सनातन रूप से चली आ रही है। इसीलिए वेदों में उसे 'हिरण्यगर्भ' 'अग्नि' अथवा 'पुरोहित' कहकर रूप दिया गया है। वास्तव में वैदिक ऋषि कवियों ने ही सर्वप्रथम उस अरूप में रूप की कल्पना की है। उपनिषद् में अग्नि-विद्या, मधु-विद्या, समोपासना, प्राणोपासना सभी माध्यम उस अतीन्द्रिय को इन्द्रिय ग्राह्य बनाने की चेष्टा करते रहे। उस परमतत्त्व की निराकारता को खंडित किए बिना ही उसमें साकारता स्थापित करने की चेष्टा करते रहे। उस परमतत्त्व की निराकारता को खंडित किए बिना ही उसमें साकारता स्थापित करने की चेष्टा रहस्य-भावना का मूल है। यह अद्वैतवाद का सिद्धान्त है, आचार्य शुक्ल ने इसे स्पष्ट करते हुए लिखा है, "अद्वैतवाद मूल में एक दार्शनिक सिद्धान्त है; कवि-कल्पना या भावना नहीं। वह मनुष्य के बुद्धि प्रयास या तत्त्व-चिन्तन का फल है। वह ज्ञान क्षेत्र की वस्तु है। जब उसका आधार लेकर कल्पना या भावना उठ खड़ी होती है अर्थात् जब उसका संचार भावक्षेत्र में होता है तब उच्चकोटि के भावात्मक रहस्यवाद की प्रतिष्ठा होती है।[159]

इस प्रकार अद्वैतवाद या ब्रह्मवाद की भावना से सूक्ष्म और उच्चकोटि के रहस्यवाद की प्रतिष्ठा होती है, "तात्पर्य यह कि रहस्य-भावना किसी विश्वास के आधार पर चलती है। विश्वास के लिए कोई नया तथ्य या सिद्धान्त नहीं उपस्थित कर सकती। किसी नवीन ज्ञान का उदय उसके द्वारा नहीं हो सकता। जिस कोटि का ज्ञान या विश्वास होगा उसी कोटि की उससे उद्भूत रहस्य-भावना होगी।"[160]

कबीर की रहस्य-भावना उसकी अन्तर्नुभूति से उद्भूत है। वह तो उस गुह्य को गुह्य रूप में अनुभव करके भी प्रकट करने का उल्लासमय प्रयास करते हैं–

'आधा है कछू लाधा है, ताकी पारि को न लहै।
अवरन एक अकल अविनासी, घटि-घटि आप रहै ॥
तोल न मोल माप कछु नाहीं, गिणंती ग्यान न होई।
ना सो भारी ना सो हलका, ताकी पारिष लषै न कोई ॥
जामैं हम सोई हम ही मैं, नीर मिले जल एक हूवा।
यौं जाणैं तो कोई न मरिहै, बिना जाणै थै बहुत भूवा ॥
दास कबीर प्रेम रस पाया, पीवण हार न पाऊँ।
विधना बचन पिछाणत नाहीं, कहु क्या काढ़ि दिखाऊँ ॥'[161]

यह उस गुह्य अखंड तत्त्व की सौन्दर्यानुभूति है–क्रोचे के अनुसार "यह

अभिव्यंजना ही सौन्दर्य है। कलाकार के प्रातिभज्ञान के संस्पर्श से साधारण से साधारण शब्दों में नया आर्थी सौन्दर्य भर उठता है...हम निस्तरंग सौन्दर्य सागर में डूबने लगते हैं।"[162] कबीर भी उस असीम सौन्दर्य में लीन हो जाते हैं। हे सखी! मैं उस परम, अनन्त सौन्दर्य को देखकर आश्चर्याभिभूत रह गया, जब बूँद असीम सागर में मिल गई तो उसे कैसे देखा जा सकता है—

'हेरत-हेरत हे सरखी, रह्या कबीर हिराइ।
बूँद समानी सामन्द मैं, सो कत हेरी जाइ ॥'[163]

वह सौन्दर्य एक मादकता से परिपूर्ण है। उसकी मस्ती कभी नहीं जाती। कबीर मस्त होकर उसके सौन्दर्य में लीन है। ऐसी स्थिति में शरीर की सुध-बुध नहीं रहती।

'हरि रस पीया जां पीए, जे कबहूँ न जाइ खुमार।
मैं मता घूमत रहै, नांही तन की सार ॥'[164]

उससे परिचय होने पर दोनों एकात्म हो जाते हैं। द्वैतभाव, अहंकार की स्थिति उससे एकमेक होना सम्भव नहीं है। एक होने पर सभी प्रकार का अन्धकार, वेदना, विषाद, विकार नष्ट होकर जीव सौन्दर्य से भर उठता है—

'जब मैं था तब हरि नहीं, अब हरि हैं मैं नांहि।
सब अँधियारा मिटि गया, जब दीपक देख्या मांहि ॥'[165]

वह एक अमूल्य रत्न है, जिसने उसे प्राप्त कर लिया उसके लिए अब अन्य कुछ प्राप्त करना शेष नहीं है—

'जिनि पाया तिनि सूँ गह गह्या, रसना लागी स्वादि।
रतन निराला पाइया, जगत ढंढाल्या बादि ॥'[166]

कबीर उस असीम सौन्दर्य में लीन हो जाते हैं। आत्मा देदीप्यमान हो उठती है। उस रत्न प्रभा से वे आलोकित हो उठते हैं, किन्तु ऐसा अन्य कोई नहीं मिलता जो उस अनन्त सौन्दर्य के आनन्द का रसपान कर सके। इसका कारण यह है कि वह सौन्दर्य कहीं बाहर नहीं है। वह हमारे अन्तर्मन में ही है। इसीलिए कबीर को कोई ऐसा मापदंड नहीं मिल रहा, जिसके द्वारा वह उस सौन्दर्यानुभूति को माप सके। असीम को ससीम से नहीं मापा जा सकता। प्लोटिनस के अनुसार, "ऊँची धारणा और तर्क का सम्मिश्रण सौन्दर्य है। पुनः ऊँची धारणा और तर्क के सम्मिश्रण को सौन्दर्य ही रूप-विधान प्रदान करता है। अर्थात् सौन्दर्य पूर्णतः भावगत है, अल्पांश में भी वस्तुगत नहीं।"[167] बोसाँके ने कहा कि "बुद्धि द्वारा

हमारे अन्तर्लोक में कुछ विषयों में एक लोकातिक्रान्त दृष्टि का उन्मेष हो जाता है, जिसके बल पर हम कुछ तत्त्वों की सत्यता अंगीकार तो करना चाहते हैं किन्तु प्रमाणित नहीं करना चाहते। उन्होंने कहा कि हम किसी वस्तु को कोटि-कोटि विशेषणों से युक्त करके देख सकते हैं। हम कह सकते हैं कि यह वस्तु या तो यह है या वह है। इस प्रकार जिसे जगत के असंख्य, अनन्त काल्पनिक विशेषणों से युक्त देखते हैं उसमें एक साथ सारे विशेषणों का आरोप करके एक सर्वाधार की कल्पना की जा सकती है।"...इसी को 'आइडियल ऑव रीज़न अर्थात् अतीन्द्रिय अनुभव कहते हैं।'[168]

कबीर में अतीन्द्रिय अनुभव की लोकव्यापी भाव दृष्टि थी। उन्होंने उस सर्वोपरि सौन्दर्य की, आदर्श की निराकार अवस्थिति बनाए रखते हुए, उस गुह्य, रहस्यमय तत्त्व के सगुण संकेत देने का भी प्रयत्न किया है, क्योंकि उनके विश्वास का एक आधार था। वह नवीन न होकर भी अभिव्यक्ति में नवीन ही उद्भासित होता है। उनकी माधुर्य भावना, शुष्क अद्वैतवादी ज्ञान को रससिक्त कर देती है–

'रे मन बैठि कितै जिनि जासी,
हिरदै सरोवर है अविनासी ॥
काया मधे कोटि तीरथ, काया मधे कासी।
काया मधे कवलापति, काया मधे बैकुंठ वासी ॥'[169]

इसी प्रतिभा को सौन्दर्यशास्त्र में अन्तर्बोध, अन्तःप्रज्ञा कहा गया है। कबीर ने अनन्त को, असीम को शान्त या ससीम करने का प्रयत्न किया है, उसे सब ओर से समेट कर हृदय-सरोवर में अवस्थित कर दिया,[170] तब सौन्दर्य का सृजन उनकी कविता में होता है, इसलिए हरबर्ट स्पेन्सर ने कहा है, "जब अनन्त परिमित हो जाता है तो उसे सुन्दर कहते हैं। किन्तु जब पुनः यही परिमित अपरिचित में परिवर्तित हो जाता है तब उस सौन्दर्य के लिए मानवीय शब्दावली नितान्त असमर्थ हो जाती है।" आचार्य हजारी प्रसाद द्विवेदी इस सीमातीत का परिचय देते हुए कहते हैं, "वह लावण्यनिधि है, शोभानिधि है, गुण निधि है। कवि इस रूपातीत को एक नाम देकर, एक मोहक व्याख्या देकर अपने कवि स्वभाव के औचित्य की सीमा तक जाकर रुक जाता है। साधक आगे बढ़ता है और उत्सर्ग कर देता है अपने को उस मनोहारी सैन पर, उस रमणीय बोल पर–सो भी बिना मोल–"[171]

'जाइ पूछो गोविन्द पढ़िया पंडिता, तेरां कौन गुरु कौन चेला।
अपणों रूप को आपहिं जाँणे, आपै रहै अकेला ॥'

× × ×

दीपक बिन जोति जोति बिन दीपक, हद बिन अनाहद सबद बागा।
चेतनां होइ सु चेति लीज्यौं, कबीर हरि के अंगि लागा ॥'[172]

कबीर असीम के उस अनुभव और सौन्दर्य को अनन्त रूपों में अनुभव करते हैं। वह समस्त प्रकृति में व्याप्त होकर भी अव्याप्त दिखाई देता है। प्रकृति में समाकर भी वह उसमें स्पष्ट अभिव्यक्त नहीं होता, अतः वह रहस्य ही रह जाता है। उसे जानकर भी हम नहीं जान पाते। यह इस सृष्टि का रहस्य है, इसकी गोपनीयता है, मर्म है। यही इसका सौन्दर्य है। वास्तव में सौन्दर्य की परिभाषा ही रहस्यमयता है जिसको हम नहीं जानते उसको जानने का प्रयास करना और जिसे जानते हुए भी हम उसकी सत्यता से अनभिज्ञ रहते हैं–

'बिन नैनन के सब जग देखैं, लोचत अछते अन्धा।
कहै कबीर कछु समझि परी है, यहु जग देखा धन्धा।'[173]

बॉउमगार्तेन सौन्दर्य और प्रकृति का सम्बन्ध बताते हुए लिखते हैं–"प्रकृति सौन्दर्य का चरम प्रतिमान है। इसलिए प्रकृति का अनुकरण ही सौन्दर्य सृजन है–"[174]

'बनमाली जानै बन की आदि, रामनाम बिना जनम बादि।
फूल जु फूले रुति बसन्त, जामैं मोहि रहे सब जीव जन्त ॥
फूलनि मैं जैसै रहै बास यूँ घटि घटि गोविन्द है निवास।
कहै कबीर माने भया अनन्द, जगजीवन मिलयौ परमानन्द ॥'[175]

वह परमतत्त्व समस्त प्रकृति में व्याप्त है। वही इसका पालक है। वह घट-घट में इस प्रकार से व्याप्त है कि जैसे कि फूल में सुगन्ध होती है। कबीर में इस प्रकार के उदाहरणों का सौन्दर्य छिटका हुआ मिलता है–

'ज्यूँ जल में प्रतिव्यंब, त्यूँ सकल रामहिं जाजे।'[176]

× × ×

'कबीर मन मधुकर भया, रहया निरन्तर वास।
कवल ज फूल्या जलह बिन, को देखैं निज दास ॥'[177]

× × ×

'तारे अगिनत गुनहि अपारा, तऊ कहूँ नहीं हौत अधारा।'[178]

× × ×

'धरनि अकास अधर जिनि राखी, ताकी मुगधा कहैं न साखी।'[179]

अनेक सूक्ष्म, लघु एवं विराट भावपूरित चित्रण कबीर की रहस्यवादी सौन्दर्य-भावना के परिचायक हैं। कबीर ने इस भावप्रवण मनोदशा को भी एक वैज्ञानिक की भाँति तर्क-सम्मत आधार देने का प्रयत्न किया है। उनकी रहस्यवादी उपमाएँ रहस्यपूर्ण ही नहीं मर्मस्पर्शी भी हैं। पाठक एक आह्लाद और रोमांच से परिपूरित हो उठता है–

'ज्यों रबि मद्धे किरिन देखिए, किरिन मद्ध परकासा।
परमातत्म में जीव ब्रह्म इमि जीव मध्य तिमि स्वाँसा ॥
× × ×
आपहि बीज बृच्छ अंकुरा, आप फूल फल छाया।
आपहि सूर किरिन परकासा, आप ब्रह्म जीव माया।'[180]

कबीर भी अभिव्यंजना शक्ति, उनकी आध्यात्मिक उच्च दशा, रहस्यवादिता, गूढ़ ज्ञान, भावप्रवणता, माधुर्य, प्रकृति-सौन्दर्य का ज्ञान, विराट तत्त्व की भावपूर्ण कल्पना सभी का परिचय हमें उनकी सौन्दर्य अनुभूति में परिलक्षित होता है। बूँद से लेकर सागर तक, तरु से लेकर वन तक, शिला से लेकर पर्वत तक, प्रभामंडल से लेकर किरण तक, सभी प्राकृतिक वस्तुएँ उनकी सौन्दर्यमयी रहस्य भावना का माध्यम बनी हैं तथा विराट के सर्वव्यापक सौन्दर्य का परिचय देने वाली हैं।

शैलिंग के अनुसार ''सौन्दर्य ससीम में उपस्थित असीम का लघुचित्र है। इस तरह कला की मूल विशेषता असीम का निरूपण है। शैलिंग ने कहा कि यह विश्व कला के व्यापक रूप में एवं सौन्दर्य के व्यापक अर्थ में ईश्वर ही है।''[181] ईश्वरीय सत्य से अनभिज्ञता की स्थिति जिज्ञासात्मक अनुभूतियों अथवा परमतत्त्व सम्बन्धी अनुभूतियों में होती है और इनका मूलाधार प्रकृति ही है। इस सृष्टि में अनन्त लोक हैं। प्रकृति उनको जानने का माध्यम है। महादेवी वर्मा ने इस तथ्य का वर्णन करते हुए लिखा है, ''जब प्रकृति की अनेक रूपता में परिवर्तनशील विभिन्नता में कवि ने एक ऐसा तारतम्य खोजने का प्रयास किया, जिसका एक छोर किसी असीम चेतन और दूसरा उसके ससीम हृदय में समाया हुआ था तब प्रकृति का एक-एक अंश एक अलौकिक व्यक्तित्त्व लेकर जाग उठा। परन्तु इस सम्बन्ध से मानव हृदय की सारी प्यास न बुझ सकी, क्योंकि मानवीय सम्बन्धों में जब तक अनुराग-जनित आत्म-विसर्जन का भाव नहीं धुल जाता, तब तक वे सरस नहीं हो पाते और जब तक यह मधुरता सीमातीत नहीं हो जाती, तब तक हृदय का अभाव दूर नहीं होता। इसी से इस अनेक रूपता के कारण पर एक मधुरतम व्यक्तित्त्व का आरोपण कर उसके निकट आत्मनिवेदन कर देना, इस काव्य का दुहरा सोपान बना, जिसे रहस्यमय रूप के कारण ही रहस्यवाद का नाम दिया गया।''[182] इसमें कोई सन्देह नहीं कि प्रकृति में अनन्त सौन्दर्य निहित है, उसका सौन्दर्य हमें प्रभावित करता है। प्रकृति के विभिन्न रूप हमारे हृदय की रागात्मकता के वास्तविक स्रोत हैं,[183] कबीर की आध्यात्मिक कल्पना ने उन्हें और भी शुभ्र एवं हृदयग्राही बना दिया है।

प्राचीनकाल में रहस्यवाद को ही ब्रह्म विद्या कहा गया है, परन्तु उसमें रागात्मकता के लिए इतना स्थान नहीं था, जितना कि रहस्यवाद की माधुर्य-भावना में था। यह माधुर्य भाव ही कबीर में प्रेम-तत्त्व के रूप में अभिव्यक्त हुआ है।

साधनात्मक अथवा योगपरक, भावमूल का रहस्यवाद बुद्धि से अधिक और हृदय से कम सम्बन्धित था, जो इन्द्रियों को पूर्णतः वश में करके शुद्ध चेतना से एकाकार हो जाता है जिसे कबीर ने सहज-समाधि या सुरति की अवस्था भी कहा है। किन्तु इस योगात्मक रहस्यवाद में वैष्णव प्रणय-भावना, पौराणिक प्रभाव आ जाने से यह आत्मा और परमात्मा के मानवीय प्रेम-सम्बन्ध के कारण सरस बन गया। वह परमसत्ता त्रिभुवन का राजा है। सभी मनोकामनाओं को पूरा करने वाली है। हे हरि! तुम हमें अपना दर्शन दो, या तो हमें बुला लो अथवा तुम स्वयं चले आओ।

'तुम्ह कहियतु त्रिभुवनपति राजा, मनवंछित सब पुखन का जौ।
कहै कबीर हरि दरस दिखावौ, हमहि बुलावौ कै तुम चलि आवौ ॥'[184]

सूफी काव्य में वेदान्त के इस प्रभाव का मधुर रूप देखा जा सकता है। उनकी प्रेमजनित आत्मानुभूति में चिरन्तन प्रियतम का विरह समाविष्ट होने के कारण सौन्दर्य और माधुर्य उसकी अन्यतम विशेषता बन गए। कबीर ने सूफियों की भाँति आत्मा-परमात्मा के प्रणय सम्बन्धों को दाम्पत्य भावसूत्र में बाँधकर रहस्यवाद की साधनात्मक दिशा को भावात्मकता प्रदान की है। इस प्रकार सूफियों के प्रभाव से जो रहस्यानुभूति हमारे ज्ञान क्षेत्र में एक सिद्धान्त मात्र थी, वही हृदय की कोमलतम भावनाओं में प्राण-प्रतिष्ठा पाकर माधुर्य सम्पन्न बन गई। बोसांका ने इस माधुर्य भावना को सौन्दर्य का स्रोत माना है। उनके अनुसार जब इन्द्रियगम्य उपकरणों द्वारा जब कोई विचार चमक उठता है तो वही सुन्दर हो जाता है।

कबीर ने वैष्णव-भावना को मान्यता दी है। उसके प्रेमतत्त्व के प्रभाव को ग्रहण किया है। इसलिए उन्होंने भावात्मक शैली का अवलम्ब ग्रहण किया है—

'मिलना कठिन है, कैसे मिलौंगी पिय जाय?
समुझि सोचि पग धरौ जतन से, बार-बार डगि जाय।
ऊँचा गैल, राह रपटीली, पाँव नहीं ठहराय ॥'[185]

कबीर में ऐसा माधुर्य भाव बिखरा पड़ा है। पति या प्रियतम के रूप में भगवान की भावना को वैष्णव भक्ति मार्ग में 'माधुर्य भाव' कहते हैं। इस भाव की उपासना में रहस्य का समावेश अनिवार्य और स्वाभाविक है। भारतीय भक्ति का सामान्य स्वरूप रहस्यात्मक न होने के कारण इस माधुर्य भाव का अधिक प्रचार नहीं हुआ।[186] कबीर ने भारतीय ब्रह्मवाद और सूफियों की प्रेम भावना को अपने रहस्यवाद में प्रस्तुत किया है। श्री चन्द्रवली पांडे ने लिखा है कि "सूफियों की मंडली में कुछ ऐसे उपचारों का स्वागत बराबर होता रहा है, जिनसे किसी उल्लास में सहायता मिलती है।"[187] वे आगे लिखते हैं, "सो माधुर्यभाव के नामकरण का प्रधान कारण रति-भाव के आस्वादन की मधुरता ही है।"[188] उल्लास की भावना

तथा रति-भाव की मधुरता ने उसमें सौन्दर्यानुभूति का निश्चित रूप से अभिवर्द्धन किया है, कहीं-कहीं यह मादनभाव में भी अभिव्यक्त हुआ है। मंसूर और जामी के काव्य में ये तत्त्व उसका मूलाधार हैं। सूफियों ने कर्मकारण और आचार को इतना अधिक महत्त्व नहीं दिया था, जितना हृदय की अनुभूति से आत्म-समर्पण को। सूफीमत का ब्रह्म हस्तिए मुतलक है। वह रूप-आकार रहित, सर्वव्यापी है। किसी वस्तु विशेष में केन्द्रीभूत नहीं है। उसके अतिरिक्त अन्य कुछ भी सत्य नहीं है। उसका ज्ञान भौतिक साधन से न होकर आत्मानुभूति से ही होता है। हम ब्रह्म के अनन्त गुणों को जानकर उसके सम्बन्ध में अपनी कल्पना कर सकते हैं। उसके विभव में ही हम उसके लोकोत्तर रूप का अनुमान कर सकते हैं।[189] कबीर ने उसके गुणों के वर्णन के अतिरिक्त प्रेम तत्त्व के माधुर्य का भी अनुभव किया है–

'अब कै जो साई मिलैं, तौ सब दुख आपौं रोइ।
चरनूँ ऊपर सीस धरि, कहूँ ज कहणाँ होई।'[190]

मन की कैसी सहज, सरल और सौम्य भावमयी अभिव्यक्ति है अपनी समस्त माधुर्य भावना को, ब्रह्म की गुह्यता को कबीर ने अपनी सहज वाणी से कितना मर्मस्पर्शी बना दिया है। समर्पण का उदात्त रूप पाठक को उल्लास तथा माधुर्य से भर देता है। कबीर ने इसी प्रकार अपनी और अपने प्रियतम की एकात्मकता का वर्णन किया है–

'सुनु सखी पिउ भहि जिउ बसै जिउ भहि बसै कि पीउ।
जीउ पीउ बूझौ नहीं घट भहि जीउ कि पीउ ॥'[191]

सूफियों के प्रभाव से इस प्रकार की भावाभिव्यक्ति इनके प्रणय-निवेदन और विरह-वर्णन में प्रचुर मात्रा में मिलती है–

'कबीर सुपिनै हरि मिल्या, सूताँ लिया जगाइ।
अबिन मीचौं डरपता, मति सुपिनां है जाइ ॥'[192]

यह सौन्दर्य में भ्रम की स्थिति है, जो उसे अधिक सुन्दर बना देता है। इससे जिज्ञासा और अधिक बढ़ जाती है। हीगेल के लिए सौन्दर्य एक भ्रम था, किन्तु क्रोचे के लिए वह सत्य है। कल्पना कलात्मक बिम्बों को उत्पन्न करती है, बुद्धि प्रत्ययों का अन्वेषण करती है। कला स्वप्न या सहजानुभूति है। कलाकार एक बिम्ब या स्वप्न को अभिव्यक्ति देता है, यही सहजानुभूति है। यही अभिव्यंजना मूलक ज्ञान है जो देखा या सुना जाए, वही सत्य नहीं है। सत्य सीमित नहीं होता। वह असीम, अनन्त और अथाह होता है। क्या हमारे विचार, इच्छाएँ, कामनाएँ, कल्पनाएँ, निष्ठा, आस्थाएँ, आशाएँ व आकांक्षाएँ सत्य नहीं हैं।

स्वप्न भावना का प्रतिरूप है। भावना सत्य है तो स्वप्न क्यों नहीं। कबीर का सत्य आध्यात्मिक है। वे उस स्वप्न प्रदत्त उल्लास उमंग के साक्षी हैं। यह उनके मर्म का सत्य है। इसीलिए प्लाटिनस ने कहा था, "सौन्दर्य रूपात्मक नहीं होता। वह आध्यात्मिक है। सौन्दर्य सामंजस्य, सन्तुलन से ऊपर की वस्तु है। यह सौन्दर्य इन्द्रिय का विषय नहीं है। प्रज्ञा का विषय है। हीगेल भी सौन्दर्य को आध्यात्मिक मानते हैं। आत्मा ही सुन्दर तत्त्व है, प्रकृति नहीं। क्योंकि वह अचेतन है, किन्तु कबीर तो उस सत्ता को सर्वव्यापी मानते हैं। कबीर और हीगेल इस बात में एकमत हैं कि बाह्य तत्त्व भ्राँति है, माया है। ईश्वर का कोई स्वरूप नहीं है। वह अतीन्द्रिय और विचारस्वरूप है, किन्तु वह स्वयं को प्रकृति और कला में सौन्दर्य के रूप में प्रकट करता रहता है। कबीर को यह रहस्यवादी सौन्दर्यानुभूति प्रत्यक्षतः भावना के स्तर पर स्वप्न में, ध्यान में, सभी स्तरों पर हुई है। उसकी अनन्य-गुह्यता उन्हें उसकी महिमा से अभिभूत किए रहती है। कबीर सर्वदा परमानन्द में डूबे रहते हैं। उस सत्ता की अपरिचित असीमता का अनुभव करके आत्ममुग्ध रहते हैं—

'कबीर कंवल प्रकासिया, ऊग्या निर्मल सूर।
निस अँधियारी मिटि गई, बाजे अनहद तूर ॥'[193]

आत्मा में उद्भासित होने वाला प्रकाश कबीर के लिए अनन्त आनन्द का स्रोत है। वह परमसत्ता ज्योतिर्मय है। उपनिषदों में कहा गया है, यह पुरुष स्वयं ज्योति है,[194] आत्मा को प्रकाश कहा गया है, "स्वप्रकाशित आत्मा के समीप सूर्य नहीं चमकता। उसके तेज के सामने चन्द्रमा तारे तथा विद्युच्छराएँ लुप्त हो जाती हैं। अग्नि भी प्रज्वलित नहीं होती। उस आत्मा की प्रकाशता को पाकर ही सब प्रकाशित होते हैं। वह प्रकाश रूप आत्मा सबको प्रकाशित करता है।[195] वेद में आत्मा के लिए कहा गया है, तू शब्द तेजस्वी, आनन्दमय एवं प्रकाशमान है।[196]

कबीर ने आत्मा को आनन्दमूल कहा है—

'आनन्द मूल सदा पुरोषत्तम, घट बिन सै गगन न जाइले।'[197]

वह चन्द्र और सूर्य की ज्योति का स्वरूप है। जीव के अन्तर में वह अनूप तल रहता है—ज्ञानी उसका विचार करते हैं। वह अलख निरंजन हीरे की भाँति है—

'चन्द सूरज दुइ जोति सरूप। जीता अन्तरि ब्रह्म अनूप ॥
करु रे ज्ञानी ब्रह्म विचारु। जोति अन्तरि धरि आप सास ॥
हीरा देखि हीरै करो आदेस। कहै कबीर निरन्जन अलेखु ॥'[198]

अलख निरंजन का प्रणयभाव समस्त प्रकृति के कण-कण को आलोकमय

कर देता है। क्रोचे का कहना है कि पूर्ण अभिव्यक्ति ही पूर्ण सौन्दर्य है। प्रकाशभंगिमा सौन्दर्य का प्राण है। किसी ने विषयवस्तु को और किसी ने प्रकाशभंगिमा (फार्म) और किसी-किसी ने इन दोनों को ही सौन्दर्य का आधार बताया है। वास्तव में पूर्ण ही सुन्दर होता है। अपूर्ण न सुन्दर होता है और न सत्य। सुन्दर मात्र विवेचन की वस्तु नहीं है। वह रस है जिससे प्राण पलते हैं, जीवन में सरसता आती है। कबीर भी रसमय होकर सुन्दर का अनुभव करते हैं–

'ईश्वर गौरी पीवन लगै रात्र तनी मतिवारी रे ॥'[199]

यह रस बहुत महँगा है। सच्चा साधक ही इसका आस्वादन कर सकता है–

'कहै कबीर महारस महँगा, कोई पीवैगा पीवणहार रे ॥'[200]

सुन्दर की रसमयता ही ब्रह्म की रसमय स्थिति है। उपनिषद् में ब्रह्म को रसरूप बताया गया है। तैत्तिरीयोपनिषद में कहा गया है–''निश्चय ही जो यह सुकृत है वही रस है क्योंकि इस ब्रह्मानन्द-रस को पाकर जीवात्मा आनन्दयुक्त होता है।''[201]

वास्तव में रहस्यवाद में विषयगत सौन्दर्य की अपेक्षा विषयीगत सौन्दर्य मिलता है। भारतीय विद्वानों ने विषयगत सौन्दर्य को स्वीकार नहीं किया है इसलिए यूनानी दार्शनिक प्लेटो ने कहा है कि, ''सम्पूर्ण प्रकृति निरपेक्ष रूप से सुन्दर है और निरपेक्ष सुन्दरता से ही संसार की वस्तुएँ सुन्दर हो जाती हैं।''[202] कबीर ने उस परम सौन्दर्य की इसी निरपेक्षता का वर्णन किया है। उसकी उत्पत्ति का पता नहीं, वह भाव-अभाव निरपेक्ष है। उसके उदय-अस्त का ज्ञान साधारण बुद्धि से नहीं हो सकता। जो साधक सहज-भाव से उस परमतत्त्व में रम जाता है, वही उसको जान सकता है। जैसे बिम्ब-प्रतिबिम्ब का अभिन्न सम्बन्ध होता है, जैसे जल घट में रहता है, जब आत्मा-परमात्मा में एकमेक हो जाता है तो सभी अज्ञान और भेद-भाव दूर हो जाते हैं–

**'कहयाँ न उपजै उपज्यां नहीं जाणै, भाव अभाव विहूनां।
उदै अस्त जहाँ मति बुधि नाहीं, सहजि रायं यो लीनां ॥
ज्यूँ बिंबहि प्रतिबिम्ब समांना, उदिक कुम्भ बिगरांनां।
कहै कबीर जांति भ्रम भागा, जीवहि जीव समांना ॥'**[203]

उस परम सौन्दर्य के दर्शन के लिए साधक को अपने आपको विषय-विकार रहित और निर्मल बनाना पड़ता है, ''भगवान की झाँकी पाने के लिए हृदय को निर्मल दर्पण के समान बनाना होगा। हृदय पवित्र हो और भगवान की ओर से तभी हरि के दर्शन होंगे। साधना का प्रधान लक्ष्य है ईश्वरोन्मुख होना।''[204] हरि

का सच्चा भक्त तो हंस की भाँति है, वह उसके निर्मल नाम का सुमिरन करता रहता है–

'हरिजन हंस दसा लिए डोले, निर्मल नाँव चवै जस बोले ॥
कउवा कुवधि निकट नहीं आवै, सो हंसा निज दरसन पावै ॥'[205]

ऐसा भक्त आत्मदृष्टि सम्पन्न होता है। वही उस परम रहस्यमय को जान सकता है–

'जाकै आत्मद्रिष्टि है, साचा जन सोई ॥'[206]

कबीर ने उस रहस्यमय का उद्घाटन करने का, उसकी अभिव्यक्ति करने का अगाध प्रयत्न किया है, किन्तु रहस्यमयता और बढ़ती जाती है, यही उनकी भावना का सौन्दर्य-विधान है। जिज्ञासा और माधुर्य का विचित्र रसायन कबीर में उपलब्ध है–

'अबधू अगनि जरै के काठ।
पूछौ पंडित जोग सन्यासी, सतगुर चीन्है बाट ॥
अगनि पवन मैं पवन कवन मैं, सबद गगन के पवनां ॥
निराकार प्रभु आदि निरंजन, कत खेत यवनाँ ॥
उतपति जोति कवन अँधियारा, धन बादल का बरि ॥
प्रगटयो बीज धरनि अति अधिकै, पारब्रह्म नहीं देखा ॥'[207]

वह सर्वव्यापक होकर भी अदृष्ट है, कैसा विरोधाभास है, जो सर्वव्याप्त है उसे किसी भी सृष्टितत्त्व से अलग करके कैसे देखा जा सकता है। रहस्यवादी कविता में अस्पष्टता का दोष है। सम्भवतः इसका कारण है कि वह भाव जो कवि पाठक तक पहुँचाना चाहता है, स्वयं उसे भी स्पष्ट नहीं होता अथवा वह उसकी समुचित अभिव्यक्ति करने में असमर्थ होता है।[208] रहस्यवाद में प्रायः भाव और भाषा में सामंजस्य नहीं हो पाता, किन्तु उसमें अर्थ होता है और हृदय को उद्वेलित करने की अनुपम शक्ति–

'सुनि मंडल मैं सोधि लै, परम जोति परकास।
तहूँवा रूप न रे है, बिन फूलनि फूल्यो रे आकास ॥'[209]

शून्य मंडल में उस परम ज्योति को पहचान लेना, हर किसी के बस की बात नहीं। उसके रूप, रेखा कुछ नहीं है। वह तो आकाश में बिना फूलों के ही विकसित हो रहा है। कवि की कल्पना में कितनी अनुपमता, उज्ज्वलता और निरपेक्ष सौन्दर्य की अभिव्यक्ति है। सुन्दर अनुभव के, अन्तर्भावना की प्रवृत्ति के

कारण, तन्मयता पूर्ण, पुष्ट एवं परिपक्व हो जाती है। वास्तव में सुन्दर के अनुभव के लिए आवश्यकताओं से मुक्त होने की आवश्यकता होती है। वरननली वुंट जैसे विद्वानों ने प्रत्यक्ष के मूल में जाकर ऐसी आधारभूत क्रियाओं का पता लगाया है, जिनसे उसके आनन्द व आश्चर्य से परिपूर्ण रूप को समझने में सहायता मिली है यह है (Einfuhlung, Infeeling, Empathy) अथवा अन्तर्भावना। वस्तुतः यह मन ही एक मौलिक प्रवृत्ति है जिसका अर्थ है कि हम किसी वस्तु का मात्र प्रत्यक्ष-बोध एवं इन्द्रिय-संस्पर्श ही नहीं करते, वस्तु उसमें रम जाने को भी प्रवृत्त होते हैं।[210] इस अन्तःप्रवेश में देखना मात्र धरातलीय नहीं रहता, वह गम्भीर हो जाता है। प्रमाता-प्रमेय के बीच की दूरी एवं भेद का विलय हो जाता है।

कबीर अन्तः प्रवेश में देखने, सौन्दर्य-ज्योति का दर्शन करने के लिए मन की निर्मलता आवश्यक मानते हैं–

'जब मन निरमल करिजानाँ, तब निरमल भांया मांहि समाना ॥'[211]

रहस्यमय सौन्दर्य का दर्शन करने के लिए मन में दृढ़ विश्वास होना चाहिए। सच्चा ज्ञानी ही उसको देखने में समर्थ है। अज्ञानी, अविश्वासी, अन्धे के समान होता है। ऐसा व्यक्ति अप्रत्यक्ष सौन्दर्य का दर्शन कैसे कर सकता है। विश्वास रूपी अन्तर्मन की ज्योति ही उसे दर्शन करा सकती है–

'कहै कबीर मैं जाना, मैं जाना मन पतियानां ॥
पतियानां जौ न पतीज, तो अन्धै कूँ का कीजै ॥'[212]

कबीर ने अस्पष्टता के दोष का दो टूक उत्तर दे दिया है। उनकी दृष्टि में रहस्यवाद अस्पष्ट न होकर, स्पष्ट और देदीप्यमान तत्त्व है। संसार में अनेक साधारण तथ्य हैं जिनको अज्ञानी व्यक्ति नहीं समझ सकते। वास्तव में रहस्यवाद की अस्पष्टता में ही उसका समस्त सौन्दर्य निहित है जो जिज्ञासा की भावना को निरन्तर बनाए रखती है। डॉ. वि. मैन ने अस्पष्टता को रहस्यवाद का गुण बताते हुए कहा है, "कि पराविश्व और उसकी आध्यात्मिक सत्ता आत्मा के सूक्ष्म शरीर और उनके पारस्परिक सम्बन्ध, जो तर्क या कल्पना पर आधारित न होकर आत्मानुभव पर आधारित हैं ये सब पराभौतिक अध्ययन रहस्यवाद की परिधि में सम्मिलित हैं।"[213] अतः आलोचकों को यह ध्यान रखना चाहिए कि आध्यात्मिक क्षेत्र में गुह्यता और जटिलता ही उसके सौन्दर्य को बनाए रखते हैं, स्थूलता और स्पष्टता उसके प्रति आकर्षण और श्रेष्ठता की भावना को नष्ट कर देते हैं। इस सन्दर्भ में क्रोचे का यह विचार तर्क संगत ही लगता है कि वीक्षावृत्ति के द्वारा आत्मस्वरूप में प्रकाशमय रूप की भावस्थिति ही सौन्दर्य-विधायक होती है।"[214] संग्रह मनुष्य की प्रकृति है और सुन्दर के प्रति आकर्षण उसकी सहज प्रवृत्ति।

संग्रह की वह स्वयंभू मनोवृत्ति जिसे एकत्र करना चाहती है, उसमें आकर्षण, गुणों की प्रतिष्ठा करती है। इसीलिए अरूप में रूप, अनाम में नाम, अरेख में रेख, अगुण में गुण और अजाति में जाति की कल्पना उत्पन्न हो जाती है।[215] कबीर ने बार-बार इस तथ्य का वर्णन किया है कि उसका परमतत्त्व, गुह्यतत्त्व, रूपाकार-रहित, गुण-रहित है। उसका आदि-अन्त पता नहीं। वह सर्वव्यापक होकर भी अदृष्ट है। अब कबीर की मस्ती और सौन्दर्य-भावना, उसकी प्रेम-विह्वलता, प्रणयोन्माद, आत्मानन्द देखिए। उस प्रियतम के प्रति उनकी भावना देखिए, जिसको उन्होंने कभी देखा तक नहीं। वह दुल्हा बन गया और कबीर दुलहिन बन गए। कौन विश्वास करेगा, कबीर के सिवाय, क्योंकि उन्हें आत्मदृष्टि प्राप्त है–

'मैं सामने पीव गौहाने आई।
सांई संगी साध नहीं पूगी, गयौ जोबन सुपिनाँ की नांई ॥
पंच जाना मिलि मंडप छायौ, तीन जनां मिलि लगन लिखाई।
सखी सहेली मंगल गावैं, सुख दुख माथै हलदी चढ़ाई।
मांना रंगै भाँवरि फेरी, गाँठि जोरि जावै पति ताई।
पूरि सुहाग भयो बिन दूलह, चौक कै रंगि धरयौ सगौ भाई ॥
अपने पुरिष मुख कबहूँ न देख्यौ, सती होत समझी समझाई।
कहै कबीर हूँ सरि रचि भरिहूँ, तिरौं कन्त ले तूर बजाई ॥'[216]

यह सुहागिन सती तो पहले ही समस्त रहस्य को समझे हुए है। उसे बताने की आवश्यकता नहीं है। कबीर तो रहस्य का उद्‌घाटन करना ही नहीं चाहते। रहस्य रहस्य ही बना रहे, इसी में उसका सौन्दर्य द्विगुणित होता है। प्लोटिनस ने भी इस तथ्य की ओर संकेत किया है, "कि तर्क की स्थिति तभी उत्पन्न होती है जब कलाकार किसी बाधा से विचलित होता है और वह किसी सन्देह या आशंका का संकेत करता है।"[217] कला का सम्बन्ध किसी निश्चित रंग-रूप ध्वनि से नहीं है। मनुष्य का मन सौन्दर्य प्रेमी होने के कारण, सौन्दर्य के कारणों को प्रकृति या भौतिक तथ्यों में ढूँढ़ने लगता है। कला भौतिक विज्ञान की सीमा से बाहर है। इन्द्रियानुभूति मूलक या सहजानुभूति मूलक चेतना, तार्किक या बौद्धिक चेतना से भिन्न है। सहजानुभूति द्वारा क्रोचे ने सौन्दर्य-भावना में तर्क रहित रहस्यवादी तत्त्व को महत्त्व दिया है। क्रोचे के अनुसार विशेष ही कला है। क्रोचे ने सौन्दर्य रचना को ज्ञान प्रक्रिया कहा है, किन्तु सौन्दर्य रचना के सम्बन्ध में यह तो बताना ही होगा कि एक व्यक्ति जिस सौन्दर्य का अनुभव करता है, उसे दूसरा व्यक्ति कैसे ग्रहण कर लेता है। यदि वह नहीं बता सकता तो उसका सौन्दर्य-विषयक मत व्यर्थ है। क्रोचे ने इस समस्या का समाधान किया है कि मन के अस्फुट संस्कारों

को अनुभूति योग्य बनाने के लिए स्रष्टा अपनी वीक्षावृत्ति से एक के बाद एक शब्द शोध कर सकता है और उस शब्द-विन्यास के द्वारा अस्पष्ट अनुभूति को स्पष्ट बनाने का प्रयत्न करता है।[218] किन्तु हीगेल ने कहा है कि कला की सृष्टि हमारे जीवन में से ही व्यक्त होती है। वह हमारी आत्मा का चैतन्य धर्म है। स्वतन्त्र रूप ग्रहण कला ही कला की सृष्टि की विशेषता है। इसी कारण कला के अभियान को पूर्णता की प्राप्ति का प्रयत्न कहा जाता है।...इस प्रकार पूर्णता से पूर्णता की ओर चलना ही चित्तशक्ति की गति है।[219]

कबीर ने अपने काव्य में सौन्दर्य-अभिव्यक्ति के लिए यह पूर्णता का प्रयत्न किया है। उन्होंने साखियों के अंगों में इस स्थिति को ध्यान में रखा है। पद-रचना में भी उनका लक्ष्य यही रहा है। प्रत्येक भाव को वह अगले कथन में स्पष्ट करने का प्रयत्न करते हैं। इसके अतिरिक्त एक ही तथ्य को बार-बार विभिन्न ढंग, दृष्टि से स्पष्ट करने का प्रयास किया है। यह पूर्णता का भाव उनमें सर्वत्र व्याप्त है; सौन्दर्य पूर्णता है। उन्होंने इस तथ्य का भी स्पष्ट संकेत किया है कि इस रहस्यवादी सौन्दर्यभावना को समझना सरल नहीं है। इसके लिए साधना करनी पड़ती है। इसी प्रकार बिना प्रतिभा, प्रज्ञा, दैवी-स्फुरण, अन्तर्ज्ञान के सौन्दर्य को कोई नहीं समझ सकता है। रहस्यवाद की मूल समस्या है उसकी आध्यात्मिकता और सौन्दर्य की समस्या है अन्तर्दृष्टि। लगभग दोनों का भाव समान ही है।

इसमें सन्देह नहीं है कि मनुष्य में अनन्त स्वतन्त्रता और अमरता को प्राप्त करने की दृढ़ अभिलाषा वर्तमान है। यह अभिलाषा भौतिक नहीं है। इस अभिलाषा को तृप्त करने के लिए परम तात्विक ज्ञान का उन्मेष होता है। भौतिक द्वैतवादी ज्ञान प्रक्रिया के अतिरिक्त ज्ञान की ऐसी भी स्थिति है, जब तक समस्त द्वैत का निराकरण करने के लिए अनन्तर शेष से ज्ञान का निरविच्छिन्न तादात्म्य रहता है। इसी को असम्प्रज्ञात समाधि की अवस्था कहते हैं। सर्वव्यापक अनन्त चेतन-शक्ति का ही जगत में नियन्तृत्व है और मनुष्य का परम कर्त्तव्य इस परम तत्त्व की अनुभूति है। यही रहस्यवाद का मूल अर्थ है।[220] कबीर सामान्यजन को समझाते हुए कहते हैं–

> **'हमं तौ एक एक करिजांना।**
> **दोइ कहै तिनही कौ दोजग, जिन नाहिन पहिचानां ॥''[221]**

सब एक ही ज्योति से उत्पन्न हुआ है–

> **'एक जोति कैं सब उतपनाँ।'[222]**

वह इतना ही कहकर सन्तुष्ट नहीं होते। उनका परमतत्त्व की श्रेष्ठता के सम्बन्ध में मत बहुत ही गहन और चिन्तनपरक है–

'रामै राइ अविगत विगति न जानै।
कहि किम तोहि रूप बषानैं ॥
प्रथमे गगन कि पुहमि प्रथमें प्रभू प्रथमे पवन कि पाँणी।
प्रथमे चन्द कि सुर प्रथमे प्रभू, प्रथमे कौन बिनाँणी ॥
प्रथमे प्राँण कि प्यंड प्रथमे प्रभू, प्रथमे रक्त कि रेत।
प्रथमे पुरिष कि नारि प्रथमे प्रभू, प्रथमे बीज की खेत ॥
प्रथमे दिवस कि रैणि प्रथमे प्रभू, प्रथमे पाप कि पुन्य।
कहै कबीर जहाँ बसहु निरजन, तहाँ कछु आहि किसुन्य ॥'[223]

इस प्रकार प्रकृति, सृष्टि, तत्त्वज्ञान, अनन्त तत्त्व के प्रति कबीर की जिज्ञासा, उनकी कौतूहल वृत्ति, रहस्यज्ञान की भावना निरन्तर बनी रहती है। जिस प्रकार सौन्दर्य प्रेमी, सौन्दर्य से अघाता नहीं है, उसी प्रकार अनन्त तत्त्व के ज्ञान का प्रेम तृप्त नहीं होता। उसकी आत्मा सदैव परमात्मा से मिलने के प्रयास में लीन रहती है। उससे तादात्म्य चाहती है। दर्शन का परम प्रयत्न सर्वव्यापक तत्त्व का ज्ञान प्राप्त करना है, जिससे दृश्य वस्तु-समूहों की समष्टिगत समन्वयात्मक व्याख्या हो सके। उपनिषद् के ऋषि उस सत्य को जानना चाहते थे जिसके जानने पर अन्य वस्तुएँ ज्ञात हो जाएँ—

'कस्मिन्नु भगवो विज्ञाते सर्वमिदं विज्ञातं भवतीति।'[224]

ऋग्वेद में भी स्पष्ट वर्णन है, ''आनीद वातं स्वधया तदेक तस्माद्धान्यन्न पर किं च नास'' इस सृष्टि में एक ही सत् है और 'सो अंग वेद यदि वा न वेद' यहाँ पर समस्त विश्व-विसृष्टि को रहस्यमय बताया गया है। हमारी आत्मशक्ति का प्रसार ही इस जगत में दिखाई देता है। इसे हम जैसा चाहें बना सकते हैं। तात्पर्य यह है कि बाह्य जगत के मूल में रहने वाली अतीन्द्रिय सत्ता तथा अन्तर्जगत में स्वाधीनता बोध कराने वाली अज्ञात सत्ता में इस प्रकार का ऐक्य या मिलन सूत्र दिखाई देता है जिसके द्वारा अन्तःसत्ता के द्वारा प्रेरित इच्छाशक्ति को बाह्य जगत में अनुकूल भाव से प्रेरित किया जा सकता है।...इस सामंजस्य या ऐक्य बोध जनित आनन्द को ही सौन्दर्यबोध का आनन्द कहते हैं।[225] कबीर वेदान्त, ब्रह्म ज्ञान से प्रभावित थे। सर्वत्र इसकी झलक उनकी रहस्य-भावना में मिलती है। वेदों में पुरुष सूक्त में अद्वैत-तत्त्व के विश्वातीत और विश्वात्मक रूप (Transcendent and Immanent) का स्पष्ट वर्णन है—

'पुरुष एबेद सर्व यदभूतं यच्च भाकम्।
× × ×
पादो स्य विश्वा भूतानि त्रिपादस्यामृतं दिवि।'

वह सर्वव्याप्त पुरुष स्वयं ही एक गूढ़ रहस्य है। अतः रहस्यवादी भावना के मूल में वैदिक आध्यात्मिक मूल तत्त्व की भावना निहित है, जहाँ अन्न की अपेक्षा प्राण और प्राण की अपेक्षा मन को शक्तिशाली माना जाता था।[226] उपनिषद में सत्य, ज्ञान, अनन्त ब्रह्म का सिद्धान्त स्वीकृत है।[227] हीगेल ने लिखा है कि बाह्य अनुभूति के बाद आन्तर अनुभूति का उदय होता है।

आन्तर अनुभूति मानव हृदय में निहित सौन्दर्य का स्रोत है। कवि की कल्पना उसे अनन्त विचित्र लोकों में ले जाती है। कबीर ने इस अलौकिक विचित्र अनुभूति का वर्णन किया है–

'हम वासी उस देश के, जहाँ बारह मास विलास।
प्रेम झरै विकसै कंवल, तेज पुंज परकास ॥
हम वासी उस देश के, जहवाँ नहिं मास वसन्त।
नीझर झरै महा अमी, भीजत है सब सन्त ॥
हम वासी उस देश के, जहाँ जाति-बरन कुल नाहिं।
शब्द मिलावा होय रहा, देह मिलावा नाहिं ॥
हम वासी उस देश के, जहाँ पारब्रह्म का खेल।
दीपक जरै अगम्य का, बिन बाती बिन तेल ॥'[228]

यह कवि का अतिक्रान्त अपना ही संसार होता है। उस लोक के प्रत्येक तत्त्व का निर्माणकर्ता वही होता है। इसीलिए कवि को प्रजापति की संज्ञा दी गई है। आनन्द वर्धन ने कहा है–"अपारे काव्य संसारे कवि देव प्रजापति, जिस प्रकार दर्शनशास्त्र अन्तःबाह्य के संयोग में निहित महासत्य की नियम शृंखला का आविष्कार करने में आनन्द प्राप्त करता है। उसी प्रकार कला भी अन्तःबाह्य के संयोग से जागतिक सृष्टि के समान ही एक नूतन सृष्टि के सत्य का आविष्कार करने में आनन्द प्राप्त करती है।...जागति के तथा आध्यात्मिक समस्त वस्तुओं को उपादान बनाकर एक नूतन सृष्टि उपस्थित हो जाती है।"[229]

द्विवेदी जी ने इस नूतन सृष्टि की भावना को सिक्षावृत्ति कहा है। कला आन्तर है भी और नहीं भी। वह दोनों क्षेत्रों को ग्रहण करती है। अतः हम उसमें मनुष्य की सिक्षावृत्ति का चरम निदर्शन पाते हैं। यही काव्य की सौन्दर्य-भावना है। क्रोचे के अनुसार अस्पष्ट संस्कार ही अनुभूतिगत विचित्र भावों को जन्म देते हैं। कबीर ने एक ऐसे विचित्र लोक की कल्पना की है जो इस दृश्यमान संसार में सहज सम्भाव्य नहीं है। एवलिन अंडरहिल तथा विलियमजेम्स ने आध्यात्मिक अनुभूतिपरक ऐसे दृश्यों के उदाहरण दिये हैं, सूफियों और ईसाई सन्तों में इस प्रकार के अद्‌भुत दृश्यों और लोकों का वर्णन प्रचुर मात्रा में मिलता है। इस अनुभूति का विश्लेषण करते हुए कांट ने कहा है कि अन्तःकरण हमारी

विकल्पवृत्ति और बुद्धिवृत्ति का सामंजस्य है। सौन्दर्यबोध या सौन्दर्य वेदना इसी का फलीभूत व्यापार है।[230] इस भाव के आध्यात्मिक पक्ष को स्पष्ट करते हुए वे कहते हैं कि हम अपने ज्ञान में जो कुछ प्राप्त करते हैं, उसकी सीमा ज्ञान तक ही है। क्रिटिक ऑफ प्योर रीजन में उनका यह कथन बड़ा महत्त्वपूर्ण है। वे कहते हैं कि यदि हम ज्ञान के बाहर उसकी सत्ता या असत्ता मानें तो अन्तर्विरोध उत्पन्न होता है। यही कारण है कि ज्ञानगत उपलब्धि की बहिःसत्ता के सम्बन्ध में हम कुछ भी नहीं कह सकते, परन्तु इस ज्ञान में ही ऐसे बहुत से लक्षण पाए जाते हैं जिनके द्वारा किसी-न-किसी रूप में अतीन्द्रिय सत्ता की सूचना मिलती है। इस अतीन्द्रिय सत्ता का जगत ज्ञानगत सीमा-रेखा के बाहर है एवं इसी कारण उसका स्वरूप बन्धन विहीन और स्वतन्त्र होता है। यही तथ्य अतीन्द्रिय सत्ता की रहस्यवादिता का कारण है। महादेवी वर्मा के अनुसार रहस्यवाद आत्मा का गुण है, अथवा काव्य का, यह निश्चय करना कठिन है। एक ओर तो कबीर में यह हठयोग की साधना-रूपी सम-विषम शिलाओं से बँधा हुआ है और दूसरी ओर जायसी जैसे प्रेम के कवि के विशद प्रेम विरह की कोमलतम अनुभूतियों की वेला में उन्मुक्त है। यह मनुष्य की रहस्योन्मुख प्रवृत्ति भी हो सकती है और उसकी लौकिक रूपकों में सुन्दर अभिव्यक्ति।[231] कवि का व्यष्टि और समष्टि दोनों से ही समान सम्बन्ध होने से उसके अन्तर्जगत का ऐसा विकास होना चाहिए जो उसके व्यष्टिगत जीवन का विकास और परिष्कार करते हुए, समष्टिगत जीवन के साथ उसका सामंजस्य स्थापित कर दे। यह बुद्धि के विकास और भावना के परिष्कार से ही सम्भव है। कबीर में कवि की यह प्रतिभा मिलती है—

'मन का भ्रम मन ही कैं भागा, सहज रूप हरि खेलण लागा।
मैं तैं तैं मैं ए द्वे नाहीं, आपै अकल सकल घट मांही।
जब थै इनमन उनमन जांनां, तब रूप न रेष तहाँ ले बांना ॥'[232]

यह कबीर के कवि मन की परिष्कृति है। वह शुद्ध-बुद्ध आत्मचैतन्यपूर्ण प्रबुद्ध हो गए हैं। यह आत्मदशा का सुन्दर, भव्य वर्णन है। वे भावातिरेक के कारण एक ही क्षण में अपने सम्पूर्ण अन्तर्जगत को स्पर्श करके बाह्य जगत में उसकी अभिव्यक्ति करने के लिए आतुर हो उठते हैं—

'राम राई तूँ ऐसा अनभूत अनूपम, तेरी अनमै वैं निस्तरिए ॥
जे तुम्ह कृपा करौ जगजीवन, तौं कतहूँ न भूलि न परिए ॥
हरि पद दुरलभ अगम अगोचर, कथिया गुर गाए विचारा।
जा कारंनि हम ढूँढ़त फिरै, आथि भरयो संसारा ॥
प्रगटी जोति कपाट खोलि दिए, दगधे जम दुख द्वारा।
प्रगटे बिस्वनाथ जगजीवन, मैं पाए करत बिचारा ॥'[233]

रहस्यवादी अनुभूति में अन्तर्जगत के सुन्दर दृश्य स्पष्ट होते जाते हैं। तसव्वुक की दृष्टि से यही परमसत्य का ज्ञान है। साधकों ने रहस्य से सभी परमात्मा सम्बन्धी ज्ञान और उसको जानने की प्रक्रिया को तो समझा ही, उसके दर्शन से प्राप्त दिव्य-ज्योति के अनुभव का भी आनन्द उठाया है। ज्योति प्रगट होने पर ज्ञान द्वारा खुल गए का भाव यही है कि रहस्य से परिचय हो गया। साधना के द्वारा ही परमात्मा की अनुभूति रहस्यवादी को होती है। यही सौन्दर्य का उद्घाटन करती है और साधक प्रेम सरोवर में डूब जाता है। रहस्यवादी अनुभव करता है कि प्रकृति के कण-कण में परमात्मा की सत्ता प्रकाशित है। वह परम अनुपम तत्त्व है। उसके अनुभव से ही मोक्ष मिलता है। वह समस्त मल और विकार को दूर कर देता है। आत्मा निर्भय, निःशंक हो जाती है। अन्तःकरण की शुद्धता, वासनाओं का त्याग ही उस अनुभूति के निकट साधक को ले जाता है। यही साधन सौन्दर्य की अनुभूति में सहायक होते हैं। उसमें स्व का अहं खोने पर ही परम अनुभूति का सापेक्ष होता है। सुन्दर परम विवेक का प्रकट रूप है। सुन्दर आश्चर्य है। कबीर ने अपने रहस्यवाद में ऐसे ही सुन्दर की अनुभूति की है। सुन्दर में चेतना की स्फूर्ति रहती है। वही अद्भुत आनन्द है। संवेदना से ही कवि में यह जागृति आती है। कबीर में यह जागृति सदैव ही स्थित रहती है–

'अवधू जागत नींद न कीजै।'[234]

कबीर को इस ज्ञान जागृति से राम राइ की कहानी का पता लग जाता है। समग्र रहस्य को वे जान लेते हैं–

'अब मैं जांणि बौ रे केवल राइ कौ कहांणी।
मझा जोति राम प्रकासै, गुर गमि बांणि ॥'[235]

तभी साधक को यह स्थिति प्राप्त होती है 'सोऽहमस्मि' मन के व्यापारों में मार्मिक उन्मीलन होता है। पट पर पट खुलते चले जाते हैं। साधक सौन्दर्य के रस में डूबता चला जाता है। कला का अपना दर्शन है, स्वकीय दृष्टि। सृजन की परिभाषा है अरूप का रूपित होना। किसी मनीषा की अभिव्यक्ति चेतना का साक्षात्कार।[236] रहस्यवादी सौन्दर्य चेतना में न केवल प्रेक्षक अपितु स्रष्टा को भी आश्चर्य होता है। वह स्वयं ही आत्मविमुग्ध रह जाता है।

वह परमतत्त्व अनुभव की अनुपम वस्तु है। उसके आत्मानुभव से ही ज्ञान प्राप्त होता है। सत्य का पता चलता है, इसके लिए उसकी कृपा चाहिए। उसका अनुभव ज्ञान अत्यन्त दुर्लभ है। गुरु ने यही उपदेश दिया है, जिसको कबीर ढूँढ़ता-फिरता है। वह तो समस्त संसार में व्याप्त है। कवि इस अरूप रूप की अभिव्यक्ति, जो स्थूल, व्यक्त, प्रत्यक्ष और यथार्थ नहीं है। जो सौन्दर्यशील, शक्ति,

प्रेम की सूक्ष्म भावनाओं में फैला हुआ है। लौकिक रूपकों में करता है। महादेवी वर्मा मानव अन्तःकरण की रहस्यमय शक्ति का वर्णन करते हुए लिखती हैं, "हमारी अन्तःशक्ति भी एक रहस्य से पूर्ण है और बाह्य जगत का विकास-क्रम भी। अतः जीवन में ऐसे अनेक क्षण आते रहते हैं, जिनमें हम इस रहस्य के प्रति जागरूक हो जाते हैं। इस रहस्य का आभास या अनुभूति मनुष्य के लिए स्वाभाविक रही है।"[237] वे आगे लिखती हैं, "हमारे मूर्त्त और अमूर्त्त जगत एक-दूसरे से इस प्रकार मिले हुए हैं कि एक का यथार्थदर्शी दूसरे का रहस्य द्रष्टा बनकर पूर्णता पाता है।"[238]

आचार्य शंकर ने ब्रह्म सूत्र के भाष्य में बताया है कि योगीजन समाधिस्थ अवस्था में सत्य का साक्षात्कार करते हैं। श्री हरिवंश सिंह शास्त्री ने शांकर अद्वैत सिद्धान्त को सौन्दर्य का आधार माना है। सौन्दर्य के अन्तरंग गुण को प्रधानता देने के कारण इन्होंने सौन्दर्यानुभूति और सौन्दर्याभिव्यक्ति का सम्बन्ध सम्प्रज्ञात समाधि की अवस्था से जोड़ा है। इनके अनुसार, "सम्प्रज्ञात समाधि के अन्तर्गत सवितर्क योग, सविचारयोग और आनन्दयोग की अवस्था में सौन्दर्यानुभव होता है तथा सम्प्रज्ञात समाधि की अन्तिम अवस्था अस्मिता योग में सौन्दर्याभिव्यक्ति होती है।"[239] कबीर ने सहज समाधि का बहुत गुणगान किया है। गुरु की कृपा से जिस दिन से वह उत्पन्न हुई है, वह दिन-प्रतिदिन बढ़ती ही जा रही है–

'साधो, सहज समाधि भली।
गुरु प्रताप जा दिन तैं उपजो, दिन-दिन अधिक चली ॥'[240]

सहज समाधि की तुरीय अवस्था की पुष्टि करते हुए महर्षि अरविन्द कहते हैं कि संसार में तर्कणात्मक दर्शन के आरम्भ से पहले रहस्यवादात्मक दर्शन का आरम्भ था।[241] यही हीगेल की पूर्ण अनुभूति का सिद्धान्त है, जिसे उपनिषद् बहुत पहले ही बता चुके थे, "ब्रह्म विद् ब्रह्मेव भवति।" यही बात कबीर कहते हैं, जो उसे जान लेता है, वह वही हो जाता है। किन्तु इस रहस्य को वही जान सकता है जो आत्मद्रष्टा है, जिसकी बुद्धि और भावना स्थूल आयामों को पार कर जाती है। तर्कणा द्वारा ज्ञात तत्त्वों का विश्लेषण किया जा सकता है, किन्तु तर्कातीत स्वयं संवेद्य अवस्था का साक्षात्कार करने के लिए इतर साधन अपेक्षित हैं। रहस्यवाद का मूल लक्ष्य परमसत्ता से तादात्म्य स्थापित करना है। कबीर तो उसका सर्वव्यापक दर्शन करके भावाभिभूत होकर प्रत्येक प्रकार से उसमें ही लीन हो जाना चाहते हैं। उन्होंने इस भावना की अभिव्यक्ति भाव और प्रमाण दोनों ही दृष्टि से की है। स्थूल और सूक्ष्म का एकीकरण अत्यन्त उदात्त भाव से किया है–

'बहुरि हम काहै कूँ आवहिंगे।
बिछुरे पंच तत्त्व की रचना, तब हम रामंहि पाँवहिंगे ॥

पृथी का गुण पाँणी सोष्याँ, पांनी तेज मिलावहिंगे ॥
जैसे बहु कचन के भूषण, ये कहि गलि तवाँवहिंगे।
ऐसैं हम लोक वेद के बिछुरै, सुनिहि भाँहि समाँवहिंगे ॥
जैसे जलहि तरंग तरंगनी, ऐसे हम दिखलावहिंगे।
कहें कबीर स्वामी सुख सागर, हंसहि हंस मिलावहिंगे ॥'[242]

कबीर इस एकात्मता की भावना से आपूरित होकर आनन्द मग्न हो जाते हैं। यह उनके आन्तर धर्म की चेतन अवस्था है। उपचेतन के संस्कार भावनाएँ, व्यक्त रूप ग्रहण करने लगती हैं। यह प्रज्ञामय अभिव्यंजना ही उन्हें सौन्दर्यानुभूति का सफल चितेरा बनाती है। अव्यक्त निर्गुण स्वरूप के साक्षात्कार का वर्णन वेदान्त धर्म में तथा वेदान्त-सांख्य-प्रभावित नवाफलातुनीय प्लोटिनस के धर्म में पाया जाता है। व्यक्त सगुण विश्वात्मक के रूप का वर्णन भगवद्गीता में आता है—

'सर्वेन्द्रिय गुणाभासं सर्वेन्द्रिय विवर्जितम्
असक्तं सर्वभूच्चैव निगुण गुण भोक्तृ च ॥'[243]

उसमें सभी इन्द्रियों का आभास है, पर उसके कोई भी इन्द्रिय नहीं है। वह सर्वातीत है, पर सबका पालनकर्ता है। वह निर्गुण है, पर गुणों का उपभोग करता है। सांख्य दर्शन का कहना है, "सामान्य पदार्थ प्रत्यक्ष के द्वारा, तथा अतीन्द्रिय को अनुमान के द्वारा, परन्तु जो इन दोनों कोटियों से भिन्न है उसके लिए तो श्रुति वाक्यों से ही सिद्ध किया जाता है।"[244] पातंजल योग दर्शन में परमसत्ता की रहस्यमयता को इस प्रकार वर्णित किया गया है, उस ईश्वर में सर्वज्ञता का बीज तथा ज्ञान निभिशय है। वह अबाधित है। ज्ञान की पराकाष्ठा, धर्म, वैराग्य, यश, ऐश्वर्य आदि का आधार भी वही है।[245] अद्वैत वेदान्त दर्शन में ब्रह्म को पारमार्थिक सत्य कहा गया है। आचार्य शंकर ने कहा है, "जिसका स्वरूप सदा सर्वदा अखंड रूप में एक ही-सा बना रहे, वही पारमार्थिक सत्ता हो सकती है।"[246] रामानुजाचार्य[247] तथा हीगेल ने सगुण ब्रह्म को ही सर्वोत्कृष्ट तत्त्व कहा है।[248] विष्णुपुराण में श्री, बल, वीर्य इत्यादि गुणों को विष्णु की पूर्णता का वाचक कहा गया है।[249] कबीर भी निर्गुण-सगुण के चक्कर में पड़ जाते हैं, परन्तु मूल प्रवृत्ति निर्गुण ब्रह्म की ही ओर थी। रहस्यात्मक तत्त्व ज्ञान की अनुभूति विलक्षण होती है। साधारण अनुभूतियों से नितान्त भिन्न। अनुभूति की विलक्षणता से अनुभवकर्ता इतना आनन्द-विभोर (Ecstatic) हो जाता है कि वह उसे शब्दों में व्यक्त करना उस दिव्य अनुभूति का अवमूल्यन करना समझता है। यही कारण है कि सन्त अपनी अनुभूतियों को अनिर्वचनीय (Ineffable) कहते हैं और सन्त साहित्य में सर्वत्र यह अनुभूति मन और वाणी से परे कही गई है। कबीर निर्गुण-सगुणमय इसी भावना से आनन्द विभोर हैं—

'निरगुन आगे सरगुननाचैं,
बाजे सोहंग तूरा।
चेला के पाँव गुरुजी लागें,
यही अचम्भा पूरा ॥'[250]

कबीर को अपने निर्गुण की सगुणात्मक गहन अनुभूति थी। वही उनका भावनात्मक रहस्यवाद बन गया। कबीर विचित्र से विचित्र कल्पना का इस सम्बन्ध में सृजन करते हैं। यह कल्पना की अद्भुत गहनता उनके रहस्यवाद को परम आकर्षक बना देती है। रहस्य और घनीभूत हो जाने पर भी उसके सौन्दर्य में किसी प्रकार की न्यूनता नहीं आती, अपितु वह अधिकाधिक पूर्णता को प्राप्त करता है–

'ओंकार सबै कोई सिरजै, राग स्वरूपी अंग।
निराकार निर्गुन अविनासी, कर वाही को संग ॥
नाम निरंजन नैननन्भद्धे, नाना रूप धरत।
निरंकार निर्गुन अविनासी, अपार अथाह अंग ॥
महासुक्ख मगन होई नाचै, उपजै अंगतरंग।
मन और तन थिर न रहतु है, महासुक्ख के अंग ॥
सब चेतन सब अनन्द सब हैं दुःख गहन्त।
कहाँ आदि कह अन्त आप सुक्ख बिच धरतं ॥'[251]

आनन्दातिरेक की यह स्थिति, रहस्यवादी आनन्द का यही स्वरूप है जो सगुण-निर्गुण सम्मिश्रित है। कबीर की कल्पना शक्ति ही अनुभूति से मिलकर उनके रहस्यमय सुन्दर का सृजन करती है। डॉ. कुमार विमल के अनुसार "मनोवैज्ञानिक दृष्टि से कल्पनाशील व्यक्ति उस सतही असन्तुलन और अपूर्णता को अधिक पसन्द करता है जिसके अन्तराल में अखंड पूर्णता और सन्तुलन छिपे रहते हैं। कल्पनाशील व्यक्ति की कई विशेषताएँ होती हैं–1. इनमें सामान्यजनों से अधिक पर्यवेक्षणप्रियता रहती है। 2. इनमें प्रत्येक वस्तु-विभाजन अथवा धारणा के किसी एक खंड सत्य को अन्य की अपेक्षा ज्वलन्त रूप में उभार कर रखने की प्रवृत्ति होती है। 3. इन्हें अनदेखे को देखने और उसके अभिज्ञान को प्रस्तुत करने में विशेष आनन्द मिलता है। 4. इनकी वृत्तियों में स्वार्थ की सद्यतुष्टि के बदले सांस्कृतिक शील की ओर विशेष झुकाव रहता है। 5. इनके पास अनेक विचारों की एक साथ धारणा करने और उनके तुलनात्मक अवगाहन से किसी वृहत् समन्वय को पाने की विशेष शक्ति रहती है। 6. इन्हें अचेतन या अवचेतन में दबी हुई कुंठाओं और दमित वासनाओं को पुचकारने में विशेष आनन्द मिलता है।"[252] कबीर का रहस्यवादी सौन्दर्य कल्पना के इन्हीं गुणों से प्रभावित है।

बोसांका के अनुसार जो वस्तु हमारी मानसी कल्पना में उपस्थित होकर हमें आनन्द प्रदान करती है, वही सौन्दर्य के वास्तविक प्राकृत क्षेत्र की वस्तु होती है। इस कारण जब हम बाह्य प्राकृत जगत को सौन्दर्य सृष्टि के क्षेत्र में खींच लाते हैं, उस समय उसके बाहरी रूप में जो कुछ असुन्दर या आनन्द न देने वाला होता है। यदि कल्पना के द्वारा उसका भी वर्णन किया जाय तो भी सौन्दर्य की उपयोगी प्राकृतता की हानि नहीं होती। इसी कारण उन सब लोगों का सौन्दर्य कल्पना में परस्पर भेद रहेगा जो या तो प्रकृति में केवल जड़ता का आरोप करते हैं। उसमें गति और जीवन का दर्शन करते हैं अथवा उसमें देवता का प्रकाश देखते हैं।[253] क्रोचे सौन्दर्य को केवल मानस व्यापार मानते हैं। वह प्राकृतिक वस्तु में सौन्दर्य ही नहीं देखते। बोसांका का कथन है कि आनन्द की अभिव्यक्ति अनुरूप रूप की उपस्थिति के बिना नहीं हो पाती। मनोयोग के बिना सौन्दर्य का उत्पन्न होना सम्भव नहीं। यही कारण है कि सौन्दर्य को आन्तर धर्म कहते हैं।[254] क्रोचे के मतानुसार "अन्तः प्रकाश मूलक होने के कारण शिल्प का पृथक्-पृथक् विभाजन नहीं किया जा सकता। कला एक अखंड अन्तःप्रकाश है।"[255]

सौन्दर्य में मनोयोग का तत्त्व कबीर की सौन्दर्यसृष्टि का आधार है, ध्यान, सुरति-योग, समाधि, सुमिरन उनके साधन हैं–

'अवधू, भूले को घर लावै,
सो जन हमको भावै ॥
घर में जोग भोग घर ही में, घर तज बन नहिं जावै।
घर में जुवत मुक्त घर ही में, जो गुरु अलख लखावै।
सहज सुन्न में रहै समाना, सहज समाधि लगावै।
उन्मुनि रहै ब्रह्म को चीन्है, परम तत्त्व को ध्यावै।
सुरति-निरत सों मेला करके, अनहद नाद बजावै।
घर में वसत वस्तु भी घर है, घर ही वस्तु मिलावै ॥
dgSdchjk lqjsgksllkW T;ladk R;laBgjkSI*[256]

इतना ही नहीं, वे निरन्तर उसी परम सुख के आनन्द में निमग्न रहते हैं। यही कबीर की वीणवृत्ति है, प्रकाशभँगिमा है–

'शब्द निरन्तर मनुआ राता, मलिन बचन का त्यागी।
ऊठत-बैठत कबहुँ न बिसरै, ऐसी तारी लागी ॥
कहैं कबीर यह उनमुनि रहनी, सो परगट कर गाई।
सुख-दुख के इक परे परम सुख, तेहि मैं रहि समाई ॥'[257]

कबीर का मनोयोग ही उनके रहस्यानुभव को अद्‌भुत आनन्दातिरेकपूर्ण

रूपाकार प्रदान करता है। वैसे आदिम युग से ही रूप को रहस्य से जोड़ने की प्रवृत्ति मिलती है। यूनानी भूमितिवेत्ता रहस्यवादी थे और प्लेटो भी। रूप में विशेषतः वृत्त, वर्ग, गोला, त्रिभुज आदि इनसे बने विविध आकारों में, ध्यान की क्रिया से, मानव-मन की इन्द्रियातीत, लोकोत्तर, यहाँ तक कि मनसा अगोचर एवं बुद्धि के लिए अगम्य, मनुष्य को निरहंकार स्थिति में लाने में समर्थ, भावों तक पहुँचाने की शक्ति होती है।[258]

कबीर ने कल्पना और प्रतीक द्वारा अपने रहस्य-संसार की सृष्टि की है। रहस्य प्रतीक का प्राण है। रूप में ऊर्जा रहती है। वही कबीर की अग्नि परजली है। वह ब्रह्म अग्नि काया को ऊर्जा प्रदान करती है। त्रिकुट में आसन स्थापित हो जाता है। त्रिवेणी की विभूति में वह स्नान करते हैं, तब वह अलख निरंजन तत्त्व उन्हें दिखाई देने लगता है–

'आत्मां अनन्दी जोगी पीवै महारस अमृतं भोगी॥
ब्रह्म अग्नि काया परजारी, अजपा जाप जनमनी तारी॥
त्रिकुट कोट मैं आसण भाडै, सहज समाधि बिषे सब छाडै॥
त्रिवेणी विभूति करै मन मंजन, जन कबीर प्रभु अलष निरंजन॥[259]

सुन्दरम् में जहाँ भी रूप अभिव्यक्त होता है, वहाँ ऊर्जा और रहस्य दोनों मिलती हैं। कहीं ऊर्जा, कहीं रहस्य उसमें प्रमुख हो जाते हैं। भावात्मक कला में, काव्य में रूप, रहस्य और ऊर्जा कल्पनाशक्ति के द्वारा एक साथ चमक उठते हैं। सीजाने के अनुसार समूची सत्ता को, चेतन, अचेतन विश्व को विशेष आकार में जैसे 'शून्य, वृत्त, त्रिकोण, षटकोण में बदला जा सकता है। ये रूप विशेष, आकार विशेष जीवन अथवा मन के सतही भाग से नहीं निकलते, इनका मूलोद्गम मन का गम्भीरतम अन्तराल है। अचेतन अन्तर्द्वन्द्वों से प्रतीक के रूप में प्रकट होता है।[260]

वास्तव में प्रत्येक वै या सौन्दर्यानुभूति में एक ओर अन्तर जगत की सृष्टि प्रक्रिया चलती है और दूसरी ओर बहिर्जगत का उद्बोधन चला करता है। इन दोनों से मिलकर एक ओर सौन्दर्यानुभव होता है और दूसरी ओर सौन्दर्य सृष्टि होती है।[261]

प्रसिद्ध रहस्यवादी विद्वान इंग ने रहस्यवादी साधना की चार प्रणालियों का उल्लेख किया है[262]–

1. Esoteric Knowledge
2. Quietism
3. Introspection
4. Contempt and neglect of material beings

भौतिक वस्तुओं का तिरस्कार और निषेध, आत्मोन्नयन, मनोयोग,

आत्मपरिष्कार तथा अविकारी स्थिति के लिए इनका प्रयोग होता है। कबीर के काव्य का अध्ययन करने पर स्पष्ट होता है कि उसमें इन चारों प्रणालियों का प्रयोग मिलता है। अद्वैतवादी मायावाद के अतिरिक्त बौद्धदर्शन का प्रभाव भी उनमें मिलता है। जहाँ वह भौतिक वस्तुओं का निषेध करते हैं। बज्रयानी साधना का तथा सहजयान का प्रभाव कबीर पर परोक्ष तथा प्रत्यक्ष रूप से पड़ा है, जिससे गुह्य-साधना, शून्य साधना, मानसिक साधना, निराकार आत्मिक साधना की विशेषताएँ इनके रहस्यवाद में उपलब्ध होती हैं। कबीर में स्वानुभूत तत्त्वानुभूति को ही अधिक महत्त्व है। उनके अनुसार परमसत्ता का शून्य पुरुष के लिए अत्यन्त व्यापक कथन भी अधूरा ही रहता है। रहस्यानुभूति सांसारिक न होकर लोकोत्तर होती है। प्लेटो ने जिस दैवी-आवेश का उल्लेख किया है, जिससे आविष्ट होकर मनुष्य नूतन ज्ञान-रत्न को प्राप्त करने में समर्थ होता है। कबीर ने उसका उन्मनी अवस्था के रूप में उल्लेख किया है–

'मन लागा उन मन्न सौं, गगन पहुँचा जाइ।
देख्या चन्द बिहूँणाँ, चाँदिजाँ, तहाँ अलख निरंजन राइ ॥'[263]

कबीर ने ऐसे वर्णनों में सौन्दर्य-भावना की समवेदना को ध्यान में रखा है। सूफियों में यह भावदशा हाल या इलहाम की अवस्था कही जाती है। गिव्सन ने इस अवस्था का उल्लेख करते हुए लिखा है कि, "कभी-कभी एक शक्ति उत्पन्न होती है। एक उच्च चेतना, जो धीरे-धीरे बढ़ती जाती है। समस्त स्नायु तथा अवयव तथा शरीर पर एक व्यवस्थित आत्मिक शक्ति का प्रभाव बढ़ता जाता है। इस स्थिति में रहस्यवादी भाववेत्ता अपनी शारीरिक स्थिति को विस्मृत कर बैठता है। यह आत्मविस्मृति की स्थिति होती है।"[264]

यह स्थिति ध्यानावस्था (Contemplation) की ही एक विशेष भाव दशा है, जिसे इन्द्रियातीत भावदशा (Transcendental Sense) कहा गया है। कांट ने इस भाव दशा के महत्त्व को परमतत्त्व के अनुभव और साक्षात्कार की दृष्टि से अस्वीकार किया है। उनके अनुसार प्लोटिनस, सेंट बर्नार्ड, कैथरीन, सेंट टेरेसा, सेंट जॉन आफ दि क्राल, सूफी कवि जामी, जलालुद्दीन रूमी, इस प्रकार के आवेश तथा भाव-दशा से रोगग्रस्त हो गए थे।[265] इसका रहस्य यही है कि ध्यानावस्था में जो चेतना परिवर्तन होता है उसकी जड़ें आत्मा के मूल में निहित हैं।[266] इसीलिए हृदय की रागात्मक अवस्था को शरीर की बुद्धिपरक अवस्था से श्रेष्ठ स्वीकार किया गया है।[267] इसका स्पष्टीकरण यही दिया जा सकता है कि अवचेत में ईश्वर मनुष्य को सम्बोधित करता है।[268] मनोविज्ञान के अनुसार यह मनुष्य की दमित इच्छाएँ होती हैं जिनकी अभिव्यक्ति इस भाव दशा में होती है।

चीनी रहस्यवाद में साक्षात्कार के लिए तीन साधनों का उल्लेख मिलता है–1.

शुद्धि (Purgation), 2. आत्मज्योति की प्राप्ति (Illumination), 3. परमसत्य से तादात्म्य[269] (Tao)।

वेदान्त के श्रवण, मनन, निदिध्यासन और साक्षात्कार का तत्त्व दर्शन कराया गया है। महादेवी वर्मा इस साक्षात्कार के विषय में लिखती हैं कि, "अखण चेतना से तादात्म्य का रूप केवल बौद्धिक भी हो सकता है, पर रहस्यानुभूति में बुद्धि का क्षेत्र ही हृदय का प्रेम हो जाता है।"[270] कुछ विद्वान् यह भी मानते हैं कि बौद्धिकता रहस्यवाद की भावप्रवणता के लिए घातक है।[271] किन्तु इस प्रकार का विचार भ्रान्तिजनक है, क्योंकि रहस्यवादी अनुभूति के लिए ज्ञानात्मक चेतना अपेक्षित है जिससे बुद्धि और हृदय का समन्वय होता है। इस स्थिति को और अधिक स्पष्ट करते हुए विलियम जेम्स लिखते हैं कि अद्वैतवाद और रहस्यवाद का गहरा सम्बन्ध है,[272] जिससे रहस्यवाद में तर्क, बुद्धि, ज्ञान का समन्वित रूप अपेक्षित प्रतीत होता है। श्री अरविन्द भी यही मानते हैं। कबीर ने इस विरोध को बड़े सहज ढंग से सुलझा दिया है–

'कहै कबीर यह अकथ कथा है कहतां कही न जाई।
सहज भाई जिहि ऊपजै, ते रमि रहै समाई ॥'[273]

इस सहज भाव से साधक में एक विचित्र आत्मशुद्धि और भावना का परिवर्तन आता है। उसकी चित्तवृत्तियाँ अन्तर्मुखी होकर सुरति-निरति में चली जाती हैं। काया कंचन बन जाती है। शरीर एक स्निग्ध ज्योति से स्नात हो उठता है–

'अब घटि प्रगट भए राम राई, सांधि सरीर कनक की नाई ॥'[274]

शरीर का अन्तः, बाह्य अंग, प्रत्यंग सौन्दर्य में प्रकाश से आलोकित हो उठता है। काया आत्म-मुग्ध हो जाती है–

'ज्यूँ दरपन प्रतिव्यव देखिए, आप दवासूँ सोई ॥'[275]

काया परम पवित्र ज्योति से परिपूर्ण हो जाती है। मन का संशय, द्वन्द्व, विकार, शंका, द्वैत, भ्रांति सभी मिट जाते हैं। काया नए-नए गुणों का अनुभव करने लगती है–

'सोह हंसा एक समान, काया के गुण आनहि आन ॥'[276]

जैसे स्वर्ण को तपा-तपा कर शुद्ध किया जाता है, उसी प्रकार शरीर की, मन की शुद्धि करनी चाहिए। यह आत्मविरेचन ही परमात्मा का साक्षात्कार कराता है, तभी सौन्दर्यपूरित आत्मज्योति को दर्शन होते हैं। आचार्य परशुराम चतुर्वेदी इस भाव दशा की तात्विकता के सम्बन्ध में कहते हैं, "रहस्यवाद को विशुद्ध चेतना का रूप देने वाली परिभाषा इसे अपनी मानसिक वृत्तियों के मूल स्रोत अथवा अन्तिम

सूक्ष्म ज्ञानपरक स्थिति तक ले जाकर इसे काणतत्त्व-चिन्तन मात्र कराने लग जाती है।"[277] मानवीय जीवन के सौन्दर्य को ध्यान में रखते हुए अंडर हिल ने लिखा है कि रहस्यवाद तत्त्व की खोज विषयक उस प्रणाली का एक सुनिर्दिष्ट रूप है जो उत्कृष्ट एवं पूर्ण जीवन के लिए काम में लाई जाती है और जिसे हमने अब तक मानवीय चेतना की एक सनातन विशेषता के रूप में पाया है।[278] मानवीय चेतना की विशेषता होने के कारण इसमें सौन्दर्य, अक्षयता, विराटता, उदात्त-भावना, गम्भीरता और व्यापकता के गुण समान रूप से मिलते हैं। आत्मसमर्पण, आत्मनिवेदन इसमें निकटता, माधुर्य का गुण समाविष्ट कर देते हैं। कबीर में इस माधुर्य का भाव-सौन्दर्य देखते ही बनता है–

'तारण तिरण तिरण तूँ तारण, और न दूजा जानौं।
कहै कबीर ससाई आयौ, अपनां देव नहीं मानौं ॥'[279]

इतना ही नहीं कबीर की रहस्यवादी अभिव्यक्ति में विनम्र वेदना का भाव-स्पर्श अवलोकनीय है–

'जियरा मेरा फिरै रे उदास।
राम बिन निकसि न जाई साँस, अजहूँ कौन आस ॥
जहाँ-जहाँ जाऊँ राम मिलावै न कोई, कहौ सन्तौ कसे जीवन होई।
जैसे सरीर यहु तन कोई न बुझावै, अनल दहै निस नींद न आवै ॥
चन्दन घसि घसि अंग लगाऊँ, रामं बिना दारुन दुख पाऊँ।
सन्त संगति मति मनकरि धीरा, सहज जानि रामहि भजै कबीरा ॥'[280]

रहस्यवादी भावदशा में साधक की यह स्थिति सामान्य ही है। वह प्रेम दशा में ही रमण करता है। उसका लोक यह संसार नहीं, परम प्रियतम का संसार है। उसके बिना चैन कहाँ। यह प्रेम क्षण भर का भावावेश नहीं है, यह तो कबीर जैसे प्रेमी साधक का जीवन आधार है। उसका प्राणतत्त्व है। भगवान भक्त के साथ प्रेम-केलि करने के लिए व्याकुल रहते हैं। कबीर अभिसारिका नायिका की भाँति उनसे मिलने के लिए अधीर रहता है। वह उस अगम, अगोचर, अगाध, आनन्द रूप प्रियतम से कैसे मिले। यही उसकी समस्या है। यह पीड़ा अभाव-जन्य नहीं है। भाव स्वरूप है, यही सुख रूप है।

कबीर की प्रेममय व्याकुल स्थिति में सौन्दर्य में माधुर्य का उन्मेष होता है। अन्तःबाह्य की युगपत् क्रिया के द्वारा ही सौन्दर्य की सृष्टि होती है।[281] अन्तः घट में अपने साध्य की खोज करने वाले कबीर की आध्यात्मिक दशा में यह विचार अत्यन्त सार्थक सिद्ध होता है।

पश्चिम में प्लेटो ने तत्त्व-चिन्तन की दृष्टि से सौन्दर्य का विवेचन किया

है। भारत में तत्त्व-चिन्तन के अन्तर्गत ब्रह्म, जीव, जगत, माया, मोक्ष का विवेचन किया गया है, सौन्दर्य का नहीं। इसीलिए उसमें आत्मा अथवा सत्य के सौन्दर्य का साक्षात्कार किया गया है। सौन्दर्य का भावात्मक रूप आनन्द ही चिन्तन का केन्द्र-बिन्दु रहा, उसका वस्तु रूप नहीं।[282] सौन्दर्यबोध स्वयं एक भाव है, अतः उसकी अनुभूति के लिए, बाह्य रेखाओं से अधिक, ग्रहण करने वाले की मानसिक स्थिति का महत्त्व रहता है।[283] रहस्यवाद में इसी ग्रहण करने की मानसिक स्थिति को भी महत्त्व दिया गया है। यूनान के प्राचीन दार्शनिक हिएक्लिप्स ने भी सम्भवतः ऐसी ही सत्ता को लोगस (Logos) का नाम दिया और उसके सम्बन्ध में कहा था, ''मुझसे नहीं, प्रत्युत 'लोगस' की ध्वनिग्रहण करके ही यह मान लेने में भलाई है कि सभी कुछ एक और अद्वैत रूप है।''[284] भारत में वेदान्त यद्यपि विश्व-सौन्दर्य को मिथ्या प्रपंच मानकर उसकी सत्ता का निषेध करता है, फिर भी यह सत्य है कि भारतीय सौन्दर्यशास्त्र की कतिपय महत्त्वपूर्ण अवधारणाओं पर उसका गहरा प्रभाव है। इसमें अद्वैतवाद के अनिर्वचनीयवाद का भारतीय सौन्दर्य पर प्रभाव पड़ा है।[285] भारतीय सौन्दर्यशास्त्र में अभिनवगुप्त, पंडित जगन्नाथ आदि ने कलाप्रतीति की इसी रूप में व्याख्या की है। आचार्य परशुराम चतुर्वेदी रहस्यवादी कलात्मक अभिव्यक्ति के विषय में लिखते हैं कि 'कला' हमारी अपनी अनुभूति की अभिव्यक्ति का सर्वप्रमुख साधन कहला सकती है और उसका महत्त्व उस दशा में और भी अधिक बढ़ जाया करता है, जब हमारे समक्ष किसी ऐसी वस्तु की अनुभूति का प्रश्न आ जाए, जिसका लगाव किसी व्यापक भाव उत्पन्न करने वाली वस्तु के साथ हो और यदि ऐसी वस्तु वह विश्वात्मक सत्ता की निर्विशेष एकता ही हो सके, जिसकी चर्चा अभी तक की जाती रही है तो उसका मूल्य और भी बढ़ जाता है।[286] कबीर ने ऐसी विश्वव्याप्त सत्ता के रहस्य का संकेत दिया है जो जीवन में व्याप्त रागात्मक भावना का प्रसार करती है–

'अवधू निरंजन जाल पसारा।
स्वर्ग-पाताल-जीव-मृत मंडल तीन लोक विस्तारा ।।'[287]

यहाँ वेदान्त की प्रातिभाषिक सत्ता अद्वैत और पारमार्थिक तत्त्व का संकेत दिया गया है। सगुण भक्ति आचार्यों ने भगवान की कल्पना ऐश्वर्य रूप और माधुर्य रूप में की है। इन्होंने ऐश्वर्य रूप में भगवान की अनन्त शक्ति और विभूतियों का वर्णन किया है और माधुर्य रूप में उसके अनुरंजक सौन्दर्य का। श्री रूपगोस्वामी ने भक्ति रसामृत सिन्धु में इसका वर्णन किया है, यह रस दुरुह और रहस्यमय भी है। यह बहुत विशाल और विततॉंग है।[288] भागवत् में भगवान के सौन्दर्य का अनेक रूपों में वर्णन किया गया है–

'त्रै लोक्य सौभग भिद च निरीक्ष्य रूपं।
यद् गो द्विज द्रुभ मृगाः पुलकान्य विभ्रन ॥'[289]

त्रैलोक्य के सौभाग्य रूप उस सौन्दर्य को देखकर गोवृन्द, पक्षिगण और मृग पुलकित हो उठे।

कबीर में यही भाव साधनात्मक रूप ग्रहण कर लेता है। वह तत्त्व-चिन्तन में उद्भासित होता है। वेद, उपनिषद् में ऐसे ही रहस्यात्मक सौन्दर्य का अमूर्त्त वर्णन है। वहाँ ईश्वर के स्वरूप को विश्व-सौन्दर्य का प्रतीक एवं मूल उद्गम माना गया है।[290] ऋग्वेद में प्रभु को सुन्दरता का स्रोत वर्णित किया गया है–

'त्वद् विश्वा सुभग सौभगान्यग्ने वियन्ति वनिनो न वयाः।
श्रुष्टी रचिर्वाजो वृत्र तूर्ये दिवोवृष्टि री यो रीतिरवाभ्र ॥'[291]

हे सुन्दरता के स्रोत! सौन्दर्य तथा सौभाग्य की धाराएँ आपसे निकल-निकल कर वैसे ही फैलती हैं, जैसे वृक्ष से शाखाएँ। आपके भक्त को धन, बल, दिव्यता तथा ज्योति शीघ्र ही प्राप्त हो जाती है।

ईश्वर साक्षी, चेता और निर्गुण है। प्रकाशपूर्ण प्रभु के प्रकाश की किरणें चारों ओर फैली हुई हैं–

'प्रयदग्ने सहस्वतो विश्वतो यन्ति मानवः।'[292]

किन्तु सारतत्त्व तो यही है, 'तस्यं भासासर्वमिदं। विभाति', 'लोक वत्तु लीला कैवल्यम्' वह सर्वत्र विभासित है और उसकी इस लीला का प्रयोजन वह स्वयं ही है। कबीर भी उसे 'अजंन सकल पसाए रे' कहते हैं–

'अजन अलप निरजन सार।
यहै चीन्हि नर करहु विचार ॥'[293]

इस अनन्त प्रसार के रहस्य को मनुष्य को पहचानना चाहिए। कबीर एक तत्त्वदर्शी सन्त थे। वे उस सर्वव्यापक अनन्त सत्ता को अपने अन्तःकरण की रागात्मक भावस्थिति के द्वारा नित्य नवीन रूप में देखते थे–

'मैं तैं तैं मैं ए द्वै नाहीं। आपैं अधर सकल घट मांही ॥'[294]

उसका सर्वत्र प्रसार बड़ा रहस्यमय, दिव्य और चमत्कृत करने वाला है–

'गगन-मंडल रवि ससि दोइ तारा। उलटी कूँची लागि किवारा।'[295]

इन पदों में जहाँ एक स्थान पर अद्वैतवादी भाव सौन्दर्य की अभिव्यक्ति हुई है तो दूसरे स्थान पर इस सृष्टि के सौन्दर्य-रहस्य का भाव अभिव्यक्त हुआ है।

अथर्ववेद में इसी भाव को इस प्रकार वर्णित किया गया है–

'सनातनमेन भाहुरुताद्य स्यात् पुनर्णवः।
अहो रात्रे प्र जाए ते अन्यो अन्यस्य रूपयोः ॥'[296]

वह परमतत्त्व सनातन कहा जाता है। पर वह तो आज भी नया है। जैसे दिन-रात बराबर नए-नए उत्पन्न होते हैं पर रूपों में एक-दूसरे के समान होते हैं।[297] रस्किन ने कहा है कि जो वस्तु इस प्रकार बहुरूपी विचारधारा उत्पन्न करती है, वही सुन्दर कहलाती है। वे आगे इस विषय में कहते हैं, "सामंजस्य (सिमेट्री) से प्रकट होने वाले सौन्दर्य से भी यही प्रकट होता है कि विचित्र गुणों के द्वन्द्वाकार में श्रीभगवान का समावेश है।" सौन्दर्यानुभूति में इसी नित्य-नूतनता की आवश्यकता होती है, जो प्रकाशवान और चिन्मय बनाती है। कला अपनी सृष्टि और रसास्वादन, दोनों ही स्थितियों में उदात्त जीवन की प्रतीक है।[298] कबीर ने परमसत्ता की नवीनता तथा उदात्त भावना का वर्णन इस प्रकार किया है–

'अमलिन मलिन घाम नहीं छांहाँ, दिवस न राति नहीं है ताहाँ।
तहाँ न उगै सूर न चन्द, आदि निरंजन करै अनन्द ॥'[299]

उस विभु का रहस्य गूढ़ से गूढ़तर होता जाता है। वह निर्मल, मलिन, धूप, छाया, दिन, रात, सूर्य, चन्द्र सभी से अलग आनन्द रूप में व्याप्त है। यह विरोधात्मक स्थिति भौतिक दृष्टि से बहुत ही गोपनीय, रहस्यमय बनती जाती है। वह गोचर होकर भी अगोचर है, कैसा विचित्र सौन्दर्य है–

'और अगय कन्हे व्योहारा, नहीं गयि सूझैवार न पारा।
लीला करि करि भेरव फिरावा, ओट बहुत कहु कहत न आवा।'[300]

कबीर उसे बाजीगर की उपमा देते हैं, जो नट की भाँति नित्य नवीन कला-कौशल का प्रदर्शन करता रहता है–

'नट बहु रूप खेलै सब जानैं, कला केर गुन ठाकुर माने ॥
ओ खेले सब ही घट मांही, दूसर कै लेखै कछु नाहीं ॥'[301]

यही कबीर की रहस्यभावना का सौन्दर्य है कि वह रहस्य का उद्घाटन करते हैं, फिर भी रहस्य, रहस्य ही बना रहता है, "रहस्यात्मक अनुभूति की अभिव्यक्ति और कलात्मक अभिव्यक्ति का स्तर वहाँ पर केवल एक-सा प्रतीत होने लगता है। जहाँ कला का सच्चा मूलतत्त्व वैसी एकता के मूलतत्त्व का पर्याय बन जाया करता है और जहाँ हमारे लिए यह कहना कठिन हो जाता है, कि इन दोनों में अमुक प्रकार का अन्तर होगा।"[302]

उपनिषद् इस रहस्य भावना के प्रमुख स्रोत हैं, उनमें ब्रह्म का विरोधाभासपूर्ण वर्णन मिलता है और विरोधाभास में एक सौन्दर्य और नवीनता निहित होती है। जड़ और चेतन का विचित्र व्यापार चलता है। निर्गुण सगुण का व्यापार भी रहस्यवाद में इसी प्रकार होता है–

'ईशानों भूतभव्यस्य स एवाद्यं स उ श्वः एत द्वैतत् ॥'[303]

जब चेतन की व्यापकता और जड़ की विविधता की अनुभूति, हमारा हृदय करता है तब वह रूपों ही के माध्यम से अरूप का परिचय देता है। इस क्रम से काव्य और कलाओं की सृष्टि स्वाभाविक है, क्योंकि वे सत् और व्यापक सत्य को सौन्दर्य की विभिन्नता में अनुवादित करने का लक्ष्य रखती हैं।[304]

कबीर के रहस्यवाद पर, परमसत्ता का चिन्तन करते हुए वेदान्त का गहरा प्रभाव पड़ा है। सम्भवतः ऐसा प्रतीत होता है वेद, उपनिषद, नाथ और सिद्ध साहित्य की भाँति उनके प्रेरणास्रोत रहे हैं। अथर्ववेद में शरीर को अष्टचक्र, नवद्वारों वाली इन्द्रियगणों की अजेयपुरी कहा गया है–

'अष्टाचक्र नव द्वारा देवानां पूरयौ द्वया ॥'[305]

कबीर ने लगभग इसी भाव की व्यंजना की है। शून्य के बीच में विमल बैठक में उस गैव, रहस्यमय का स्थान है। नवें स्थान पर पहुँच कर हंस, आत्मा ने अपना डेरा डाल दिया है। वहाँ से हँस युक्तिपूर्वक सुरति द्वारा आनन्दमय सतलोक में पहुँच गया–

'शून्य के बीच में विमल बैठक जहाँ सहज अस्थान है गैव केरा।
नवो मुक्काम यह हंस जब पहुँचिया, पलक विलम्ब ह्वां कियो डेरा।
तहाँ से डोरि क्रम तार ज्यों लागिया, ताहि चढ़ि हंस गौ दै दरेरा।
भए आनन्द से फन्द सब छोड़िया पहुँचिया जहाँ सतलोक मेरा ॥'[306]

कबीर ने सुरति शब्द-योग, ध्यान-योग, उन्मनी अवस्था, उलटी-ताड़ी की दृष्टि से इन अरूप अवस्थाओं का वर्णन किया है। इन्होंने ब्रह्म और जगत की सापेक्षता, आत्मा, परमात्मा की एकता, मानवीय वृत्तियों का उत्तरोत्तर उन्नयन और परिष्कार का वर्णन करने के लिए प्रतीकात्मक शैली का प्रयोग किया है। सूक्ष्मतत्त्व को प्रकट करने के लिए संकेतात्मक शैली, अन्तर्जगत में उद्भासित सत्य को स्पष्ट करने वाली रूपक योजना द्वारा शाश्वत जीवन से सम्बन्ध रखने वाले रहस्यों का सरल उपाख्यान करने का प्रयत्न किया है। कबीर इस प्रकार की रहस्यवादी व्यंजना शैली के सिद्धहस्त कवि हैं–

'चाँद नहीं सूरज नहीं, हता न वो ओंकार।
तहाँ कबीर रामजन, को जाने संसार ॥
धरती-गगन-पवनै नहीं, नहीं हौत तिथि बार।
तब हरि कैं हरिजन हुते, कहै कबीर बिचार ॥
जा दिन किरतय न हता, नहीं हाट नहीं बाट।
हता कबीर सन्त-जन, (जिन) देखो औघट घाट ॥
नहीं हाट नहीं बाँट है, नहिं धरती नहिं धीर।
असंख्य युग परले गया, तब ही कहै कबीर ॥
पवन नहीं पानी नहीं, नहिं धरती आकास।
एक निरंजन देव का, कविरा दास-खवास ॥'[307]

ऐसी उद्‌भट कल्पना नाथ और सिद्ध योगियों में ही मिल सकती है। सृष्टि के रहस्यमय लोकों का वर्णन परम्परागत प्रभाव है। यह सहज जीवन में अपरिचित तथ्य है। कबीर ने योगात्मक रहस्यवाद और साधनात्मक रहस्यवाद की भावना को, विचार को, सहजयानियों के द्वारा भी ग्रहण किया है। कबीर पद-पद पर क्षण-क्षण में भगवान के दर्शन करते हैं। उसका लोक विचित्र, अलौकिक रूप है। वहाँ की छटा ही निराली है। उस सौन्दर्य की शोभा शब्दों की सीमा से बाहर है। वह अनन्त, असीम है—

'मन के मोहन बिठुला, यह मन लागौ तोहिरे।
चरन कंवल मन मानियाँ, आर न भावै मोहिरे ॥
षट दल कंवल निवासिया, चहुँ कौं फेरि मिलाइ रे।
दहुँ के बीच समाधियाँ, तहाँ काल न पासै आइ रे ॥
अष्ट कंवल दल भीतरा, तहाँ श्रीण केलि कराइ रे।
सतगुर मिलै तो पाइए, नहिं तौ जन्म अक्यारथ जाइ रे ॥
कदली कुसुम दल भीतराँ, तहाँ दस आँगुल का बीच रे।
तहाँ दुवादस खोजि ले जनम होत नहीं मीच रे ॥
बक नालि के अन्तरै, पछिम दिसाँ की बाट रे।
नीझर झरै रस पीजिए, तहाँ भँवर गुफा के घाट रे ॥
त्रिवेणी मनाइन्हवाइए सुरति मिलै जो हाथि रे।
तहाँ न फिर मध जो इए सन कादिक मिलि है साथि रे ॥
गगन गरजि मध जोइए, तहाँ दीसै तार अनन्त रे।
बिजुर चमकि घन बरषि है, तहाँ भीजत हैं सब सन्त रे ॥
षोडस कंवल जब चेतिया, तब मिलि गये श्री वनवारि रे।
जुरामरण भ्रम भाजिया, पुनरपि जनम निवारि रे ॥
गुर गयि तैं पाइए झबि सरे जिनि कोइ रे।
तहीं कबीरा रमि रह्या सहज समाधी सोइ रे ॥'[308]

कबीर की यह रहस्यवादी अभिव्यंजना हमारे अन्तर्जगत में आनन्द और मुक्ति का एक ऐसा वातावरण बना देती है कि बाह्य जगत इन गुह्य-तत्त्वों को समाविष्ट करने में नितान्त असमर्थ प्रतीत होता है। मुखरित बाह्य जगत मूक बनकर अवाक् रह जाता है। रहस्यवादी कबीर का व्यक्तित्त्व अन्तर्जगत के सूक्ष्म-दर्शन, कल्पना की मधुरता, स्वप्न के मोह आदि से लेकर स्थूल जगत के व्यवहार कर्म तक सबसे संस्कार ग्रहण कर विकसित होता हुआ एक निश्चित स्थिरता प्राप्त कर लेता है। कबीर में यह सुरति की समाधि की, आत्मज्ञान की परमतत्त्व के अनुबूझ रहस्य को जान लेने की स्थिति है। रहस्यवाद का यही सम्मोहन है, जो उसके सौन्दर्य का विधान करता है। यह बिम्ब-योजना मनोरम समरस वातावरण का सृजन करती है। कबीर उस अनुपम की अनुभूति, नूतनता के दर्शन, आत्मिक आनन्द से अन्दर ही अन्दर मन ही मन निरन्तर मुस्कराते रहते हैं। वह नवीन भावों की सृष्टि करते ही रहते हैं–

'गगन गरजि अमृत चवै, कदली कवल प्रकास।
तहाँ कबीरा बन्दगी, कै कोई निज दास ॥'[309]

प्रकृति के रहस्यमय जगत में सौन्दर्य मुस्कराता हुआ दृष्टिगोचर होता है। जॉर्ज सांतायना आनन्द को सकारात्मक मूल्य बताते हैं,[310] वह सौन्दर्य-मूल्यों को 'आभ्यंतर आनन्द' की संज्ञा देते हैं।[311] उनकी दृष्टि में आनन्दरहित कला सुन्दर नहीं कहला सकती।[312] सौन्दर्यबोध के बिना सौन्दर्य-सृष्टि नहीं हो सकती। हम कलात्मक रूप का सृजन करते हैं। इस सृजन के जरिए अपने से बाहर की तमाम चीजों को सौन्दर्यपूर्ण ढंग से अभिव्यंजक बनाते हैं,[313] यही रहस्यवादी की सौन्दर्य सृजन की क्षमता है। मनुष्य का पहला साक्षात्कार स्वयं से होता है। यही आत्मदर्शन है। वह सप्राण अनुभूतियों से विकसित अन्तःसंसार वाला प्राणी है। उसके सामने समूचा ब्रह्मांड 'रहस्यात्मक किन्तु समर्थ शक्तियों वाले ब्रह्मांड' के रूप में प्रस्तुत होता है। इस रहस्यलोक को हम संवेदनों से ग्रहण करते हैं।

सौन्दर्यानुभूति चेतना का गुण है। चेतना ही सृष्टि का उत्स है। समूचा वस्तु जगत उसी परमचेतना का प्रतीयमान रूप है। सौन्दर्यानुभूति इसी परम चेतना से सम्बद्ध अद्वितीय-अलौकिक अनुभूति है। प्लेटो के सौन्दर्य-सम्बन्धी मत का उल्लेख करते हुए डॉ. नगेन्द्र ने लिखा है, "सौन्दर्य के चार स्तर हैं : शारीरिक सौन्दर्य, मानसिक सौन्दर्य, नैतिक सौन्दर्य और शुद्ध बुद्धि का सौन्दर्य या प्रज्ञात्मक सौन्दर्य। प्रज्ञात्मक सौन्दर्य ही निरपेक्ष और चरम सौन्दर्य है।...इस प्रज्ञात्मक सौन्दर्य को प्लेटो ने प्रकाश-रूप माना है, जो वस्तुतः आत्मचैतन्य का प्रतीक है।"[314] भाव सौन्दर्य की अभिव्यंजना की दृष्टि से जाक मारिता ने कलात्मक सौन्दर्य और लोकोत्तर सौन्दर्य को एक बिन्दु पर जोड़ने का प्रयत्न किया है।[315]

सामान्य जीवन में अनुभूति मनुष्य का सहज गुण है, परन्तु सौन्दर्यबोध के लिए स्वानुभूति संज्ञा में व्यक्ति विशेष, कवि की विशेष मानसिक स्थिति भी संकेतित है। कबीर की स्वानुभूति ऐसी ही है। उनकी रागात्मिका वृत्ति सक्रिय रहती है–इसलिए जिस प्रकार बाह्य शारीरिक पुष्टता मनुष्य के सौन्दर्य-बोध को कुंठित नहीं कर देती, प्रत्युत कभी-कभी और अधिक तीव्र कर देती है। उसी प्रकार उसके बाह्य या अन्तर्जगत की अपूर्णता उसे पूर्णता का सौन्दर्य देखने से नहीं रोकती।[316] अन्तर्जगत के मनोरम भाव को कबीर ने बड़े सुन्दर रूप में व्यक्त किया है–

'हम वासी उस देश के, जहाँ बारह मास विलास।
प्रेम झरै विकसै कंवल, तेज पुंज परकास ॥
हम वासी उस देश के, जहवाँ नहिं मास वसन्त।
नीझर झरै महा अमी, भीजत है सब सन्त ॥
हम वासी उस देश के, जहाँ जातिबरन कछु नाहिं।
शब्द मिलावा होय रहा, देह मिलावा नाहिं ॥
हम वासी उस देश के, जहाँ पारब्रह्म का खेल।
दीपक जरै अगम्य का, बिन बाती बिन तेल ॥'[317]

वह देश विचित्र है, रहस्यमय है जहाँ सदैव ही वसन्त की मादकता और सौन्दर्य की शोभा छायी रहती है। वहाँ प्रेम का निर्झर झरता रहता है। वहाँ आकाश और धरती का अन्तर नहीं है। वहाँ पारब्रह्म की आनन्द केलि निरन्तर चलती रहती है। वह देश अपूर्व है। कबीर उसी मधुर देश में रहते हैं। वह वहीं के वासी हैं। कबीर ने ऐसे ही सौन्दर्य से पूर्ण अपूर्व आनन्दलोक का वर्णन करके अपने अध्यात्म-जगत की सौन्दर्य चेतना का परिचय दिया है। उनका रहस्यवाद आत्मवादी सौन्दर्य-चिन्तन से सराबोर है। प्लॉटिनस के अनुसार, "जो हमारे अनुराग का विषय है, अन्ततः वही सुन्दर है। मानव आत्मा अपने मूल उद्गम–उस परमतत्त्व से मिलने के लिए व्यग्र रहती है जो शिव और सुन्दर का आधार-स्रोत है। उस परम सुन्दर के साथ तादात्म्य की यही अभिलाषा सौन्दर्य-चेतना का रहस्य है। अर्थात् सौन्दर्य की भावना मूलतः एक आध्यात्मिक अनुभूति या रहस्यानुभूति है।"[318] हेमन नामक सौन्दर्यशास्त्री रहस्यवादी थे। उनके अनुसार इन्द्रियों का प्रयोजन दैवी सौन्दर्य की अनुभूति करना है।[319] हर्डर ने अनुभूति की गहराई को ही काव्य का समूल मान लिया। हर्डर ने लोक गीतों और लोक-कल्पनाओं को सौन्दर्यबोध की दृष्टि से बहुत महत्त्व दिया। कबीर के रहस्यगीतों का मूलाधार आत्मानुभूति अखंड चेतना है, जिससे उनकी मार्मिक अनुभूतियों में अलौकिक स्थिति भी लोक सामान्य हो गई है। उसमें संवेदनीयता

व्यक्ति चेतना के स्तर से बढ़कर लोक चेतना बन गई है। कांट ने मनन द्वारा प्राप्त आनन्द को स्वतन्त्र आनन्द कहा है जो मन के विभिन्न ज्ञानात्मक विभागों की सामंजस्य युक्त क्रीड़ा से उत्पन्न होता है, यह आनन्द व्यक्तिगत होने के साथ-साथ सार्वभौमिक भी होता है।[320] कबीर के गीति-पदों का आनन्द स्वतन्त्र आनन्द है, जो व्यक्तिगत इच्छा, स्वार्थ एवं लाभ से मुक्त है। यह हमारी आत्मस्थिति में परिवर्तन लाता है। हमें हृदय की मुक्तावस्था प्रदान करता है। कांट ने सौन्दर्यबोध को सामान्य-बोध कहा है।

कबीर की आत्मचेतना ने बुद्धि और कल्पना द्वारा अनुभूत सत्यों का अनुगमन और साक्षात्कार किया है। उन्होंने पारिभाषिक शब्दावली द्वारा अनेक अनुभूति स्तरों का साँग चित्रण किया है, "कबीर ने मन से आध्यात्मिक साधना की वही विधि सर्वश्रेष्ठ मानी जा सकती है जो मन को प्रत्येक स्थिति में सन्तुलित रखने में समर्थ है।'[321] इन्होंने हर्ष-विषाद लाभ-हानित द्वन्द्वात्मक स्थितियों में मन को अप्रभावित और सन्तुलित रखा है। वस्तुतः जहाँ जगत् का स्थूल व्यापार नहीं है, वहीं तत्त्व-दर्शन सम्भव है और रहस्यवाद तत्त्वदर्शन की स्थिति है। इस सहज भाव-स्थिति का वर्णन करते हुए महादेवी वर्मा लिखती हैं, "भावों के अनन्त वैभव के साथ ज्ञान की अखंड व्यापकता की स्थिति वैसी ही है जैसी कहीं रंगीन, कहीं सितासित, कहीं सघन, कहीं हल्के, कहीं चाँदनी द्यौत और कहीं अश्रु स्नात बादलों से छाए आकाश की होती है। व्यक्ति अपनी दृष्टि को उस अनन्त रूपात्मकता के किसी भी खंड पर ठहरा कर आकाश पर भी ठहरा लेता है। अतः आनन्द और विषाद की मर्यादानुभूति के साथ-साथ उस एक अव्यक्त और व्यापक चेतन का स्पर्श भी मिलता रहता है।"[322]

इसीलिए कबीर का काव्य, उसकी सहज मार्मिकता, सौन्दर्यानुभूति की दृष्टि से पाठक के अन्तःस्तल को छू लेती है। उन्होंने अपने गतिमय आत्मानुभूत भावातिरेक को संयत रूप में प्रस्तुत करके उसको शाश्वतता प्रदान की है। कबीर को अपने अखंड आनन्द रस के सामने और सब-कुछ फीका लगता है–

'कहना था सो कह दिया, अब कछु कहना नाहिं।
एक रही दूजे गई, बैठा दरिया मांहि ॥
साखी-शब्दी जब कही, मौन रहे मन मांहि।
बिछुरा था कब ब्रह्म सों, कहिबे को कछु नाहिं ॥
साखी-शब्दी जब कही, तब कछु जाना नाहिं।
बिछुरा था तब ही मिला, अब कछु कहना नाहिं ॥
या देखा वा देखिया, या देखा वा थीर।
यह वह दोउ एकै भया, जब सतगुरु मिले कबीर ॥'[323]

गुरु ही रहस्य-चक्र का भेदन करने वाला है। अन्तर्ज्ञान से रहित व्यक्ति अन्तः प्रज्ञा शून्य है, वह असीम, अनन्त की प्रतीति कैसे कर सकता है। कबीर ने उस विराट, व्यापक तत्त्व का, सत्ता का अनुभव कर लिया है, अतः वह पाठक को बार-बार शब्दों की सीमा, संकीर्ण अर्थवत्ता की याद दिलाते रहते हैं। वस्तुतः सीम, असीम से अलग नहीं है। उसका विरोधी भी नहीं है, फिर भी उसको समझना सहज नहीं है। बेहद की कल्पना एकदम विचित्र है। प्लेटो का दिव्य आवेश है। प्लोटिनस का समस्त प्रकृति में उद्भासित परम सौन्दर्य है। कांट का प्रयोजन निरपेक्ष प्रज्ञात्मक सौन्दर्य है। शंकर सबरी की दैवीशक्ति की अभिव्यक्ति है, जिसे वह सौन्दर्य कहते हैं। बेहद्द का वर्णन करते हुए कबीर कहते हैं, वह सीम, असीम दोनों से परे, नितान्त भिन्न है, हद और गैर हद दोनों से ऊपर है–[324]

'हदे छाड़ि बेहदि गया, हुआ निरन्तर बास।
कवल ज फूल्या फूल बिन, कौं निरवै निज दास ॥'[325]

रहस्यवादी कबीर तो सीमातीत असीम का प्रेमी है, वह हद-बेहद दोनों को छोड़कर, अवर्ण तत्त्व पर न्यौछावर हो रहे हैं–

'हद-बेहद दोनों तजी, अवरन किया मिलान।
कहैं कबीर ता दास पर, वारौ सकल जहान ॥'[326]

कबीर निर्गुणोपासक, तत्त्वद्रष्टा मात्र ही नहीं हैं, वे तत्त्वरूप के अनुरागी भी हैं। इसीलिए उनके सौन्दर्य में तरलता, सौरभ तुल्य स्पर्श है, जो प्रत्येक का होकर भी किसी का नहीं है। कैरिट ने इसी सौन्दर्य-कल्पना के विषय में कहा है कि "किसी कवि का वास्तविक गुण दूसरे के, मस्तिष्क के अन्दर झाँकना और अपनी भावनाओं को प्रकृति में रूपायित करना है। सौन्दर्य किसी वस्तु का गुण नहीं है, न ही मस्तिष्क का, अपितु हमारे और व्यक्त तत्त्व में सम्बन्ध की भावना है।"[327]

कबीर ने सौन्दर्य की इस विशेषता को उस असीम, बेहद्द और रहस्यमय के वर्णन में चरितार्थ कर दिया है। हमारे मूर्त्त और अमूर्त्त जगत एक-दूसरे से इस प्रकार मिले हुए हैं कि एक का यथार्थदर्शी दूसरे का रहस्य द्रष्टा बनकर पूर्णता पाता है। इसीलिए रहस्यानुभूति अलौकिक होकर भी अभिव्यक्ति में लौकिक ही रहेगी। आत्मा और परमात्मा एक ही प्रेम सम्बन्ध में जुड़े हुए हैं–

'क्वत्याने नौ सख्या बभूव सयावहे यदवृकं पुराचित।'[328]

हे वरणीय स्वामी! हम दोनों का वह पूर्व का अविच्छिन्न सख्यभाव कहाँ गया, जिसे मैं व्यर्थ खोजता हूँ।

कितनी मार्मिक रागात्मक भावना की अभिव्यक्ति है। एक अपूर्व स्निग्धता

से परिपूर्ण, वास्तव में आत्मा और परमात्मा कभी अलग ही नहीं हुए, किन्तु भ्रान्ति के कारण हम द्वैत अवस्था का अनुभव करते हुए उस एकता को व्यर्थ में ही खोजते हैं–

'कथ्यौ न जाइ निचरे अरु दूरी, सकल अतीत रहया घट पूरी ॥
जहाँ देखौ तहाँ राम समानां, तुम्ह बिन ठौर और नहिं आंना ॥'[329]

इस प्रकार की गम्भीर उक्तियों के आधार पर अनेक पाठक रहस्यवाद को एक शुद्ध दार्शनिक विचार समझ लेते हैं, किन्तु कबीर के रहस्यवाद में वेद और उपनिषद् के तत्त्व होते हुए भारतीय भक्ति-मार्ग का प्रचुर प्रभाव मिलता है–

'भगति नारदी भगन सरीरा, इहि विधि भव तिरि कहै कबीरा ॥'[330]

कबीर का विश्वास था कि ब्रह्म का वर्णन करते-करते भी उसका अन्त नहीं मिला। उसका रहस्य रहस्य ही रहा। रामभक्ति के साधन से ही कबीर ने चंचल बुद्धि को त्याग कर उसका सत्य जान लिया–

'ब्रह्में कथि कथि अन्त न पाया। राम भगति बैठे घर आया।
कहु कबीर चंचल मति त्यागी। केवल राम भक्ति निज भागी ॥'[331]

भक्त, प्रधान रूप से भगवान के आधिदैविक स्वरूप सगुण रूप में विश्वास करता है। रहस्यवादी साधक की साधना ब्रह्म के आध्यात्मिक रूप से सम्बन्धित होती है। ब्रह्म के आध्यात्मिक रूप की प्रतिष्ठा दर्शन में भी है किन्तु रहस्यवाद का स्वरूप-दर्शन के समान तर्क-मूलक और बुद्धि प्रतिष्ठित न होकर भाव-विनिर्यित होता है।[332] अंडरहिल ने इसीलिए रहस्यवाद को, सत्य के प्रति भावात्मक प्रतिक्रिया कहा है।[333] कबीर की एस्कीन की भाँति में सौन्दर्य की भक्ति प्रसूत भावात्मकता मिलती है जिसमें परमतत्त्व की सहज-सत्ता का प्रसार अभिव्यक्त होता है–

'ऐसी आरती त्रिभुवन तारै,
तेज पुंज तहाँ प्राँन उतारै ॥
पाती पंच पहुप करि पूजा, देव निरंजन और न दूजा।
तन मन सीस समरपन कीन्हाँ, प्रकट ज्योति तहाँ आतम लीना।
दीपक ग्यान सबद धुनि घंटा, पर परि तहाँ देव अनन्ता।
परम प्रकाश सकल उजियारा, कहै कबीर मैं दास तुम्हारा ॥'[334]

कबीर की पूजा, अर्चना, आराधना, प्रार्थना, उपासना, सभी साधनों में रहस्यवादी प्रवृत्ति की झलक मिलती है। वह साकार सगुण रूप न होकर तीनों लोकों का स्वामी होकर भी तेजपुंज, निरंजन है। वही सर्वत्र व्याप्त है अन्य और कुछ भी नहीं

है। वास्तव में भाव-भक्ति, सहज भक्ति में यही भावना, भक्त के समर्पण भाव, गुण-कीर्तन की द्योतक है। कबीर उस प्रकट ज्योति में आत्मलीन हो जाते हैं। ज्ञान दीपक है, सबद की ध्वनिघटा है। उसके दिव्य प्रकाश से सफल ब्रह्मांड में उजियाला फैला हुआ है। इस वर्णन में योगपरक, साधनात्मक रहस्यवाद का स्पष्ट वर्णन है। परमज्योति के प्रकाश द्वारा सूफी रहस्यवाद के प्रति बिम्बवाद का भी संकेत मिलता है।

रहस्यवाद और साधना मार्ग में कबीर द्वारा वर्णित निरंजन शब्द निर्गुण ब्रह्म और विशेष रूप से शिव का बोधक है।[335] नाथ-पन्थ निरंजन पद को परम पद मानता है। जायसी ने पद्मावत में राजा रत्नसेन द्वारा शिव-आराधना का वर्णन किया है, अतः नाथपंथ और सूफियों में निरंजन का प्रभाव मिलता है। नाथ पन्थ में निरंजन की महिमा खूब गाई गई है। हठयोगी जब नामानुसन्धान का सफल अभ्यासी हो जाता है तो उसके समस्त पाप क्षीण हो जाते हैं।[336] एक विशेष पद तक पहुँचने पर निरंजन का साक्षात्कार होता है। ऐसे हालात में वह समस्त उपाधियों या विशेषताओं से हीन हो जाता है और तभी वह अपने को अखंड ज्ञान रूपी निरंजन कह सकता है।[337] कबीर ने जिस पाती पंच पहुप करि पूजा का उल्लेख किया है, वह बिन्दु-संयुक्त ओंकार है जिसके पाँच खंड होते हैं—1. तारक, 2. दंड, 3. कुंडली, 4. अर्द्धचन्द्र और 5. बिन्दु। बिन्दु में ही सदाशिव का वास है। इसके भी ऊपर निरंजन है, जो सृष्टि, स्थिति और प्रलय के कारण हैं। यही परमतत्त्व है और इसका साक्षात्कार परम-पद है।[338] कबीर पर निरंजनी कवियों का प्रभाव रहस्यवादी दृष्टि से पड़ा है। निरंजनी कवियों ने अपनी आध्यात्मिक अनुभूति को सरल और स्वाभाविक सौन्दर्य-मय गीतों में निकास दिया है।[339] कबीर में निरंजनी कवियों का उलटा मार्ग, प्रेम और भक्ति से अनुप्राणित साधना मार्ग समान ही है। निरंजनी कविता में प्रेम तत्त्व का महत्त्व योग-तत्त्व से किसी भी मात्रा में कम नहीं है। प्रेमातिरेक से विह्वल होकर जब जीव (पत्नी की भाँति) अपनी आत्मा को परमात्मा (अपने पति) के चरणों में निःस्वार्थ भाव से अर्पित कर देता है तभी प्रियतम (परमात्मा से) महामिलन होता है।

निरंजनियों में कबीर की भाँति अपरोक्षानुभूति का वर्णन है। सफल साधना-मार्ग के अन्त में साधक को अनन्त प्रकाशपुंज की बाढ़-सी आती दिखाई देती है, जो जरणाँ के द्वारा स्थिरता ग्रहण करने पर शीतल, झिलमिल ज्योति के रूप में स्थिर हो जाती है। इस सहजानुभूति के हो जाने पर सभी बाहरी विरोध मिट जाते हैं।[340] वास्तव में यही दिव्य-संयोग है। आत्मा उस दिव्य शक्ति से इस प्रकार मिल जाती है कि आत्मा में परमात्मा के गुणों का प्रदर्शन होने लगता है और परमात्मा में आत्मा के गुणों का प्रदर्शन।[341] कबीर ने सहज ज्ञान द्वारा प्राप्त आत्म सुरतिमय इस रहस्यमयी स्थिति का मधुर चित्रण किया है—

'रे मन बैठि कितै जिनि जासी।
हिरदै सरोवर है अविनासी।
काया मधे कोटि तीरथ
काया मधे कासी ॥
काया मधे कंवलापति
काया मधे बैकुंठवासी
उलटि पवन षट्चक्र निवासी
तीरथ राज गंग तट वासी
गगन मंडल रवि ससि दोई तारा।
उलटी कूँची लाग किवारा।
कहै कबीर भयो उजियारा
पंच मारि एक रह्या निनारा।'[342]

इस प्रकार की दशा में एक विचित्र रहस्यमय भाव और आनन्द का अनुभव होता है। साधक की आत्मा उस अनन्त ज्योति के प्रकाशपुंज में विलीन होकर सर्वत्र अपना ही रूप-प्रसार देखती है, "उस एकान्त सत्य से, उस दिव्य शक्ति से जीव का ऐसा प्रेम हो जाता है कि वह अपनी सत्ता परमात्मा की सत्ता में अन्तर्हित कर देता है।"[343]

कबीर तो रहस्यवादी क्षेत्र के निष्णात साधक और ज्ञान के धनी हैं। उनकी आस्था, विश्वास, प्रणयानुभूति, निष्काम भावना उन्हें अपने प्रियतम ब्रह्म से कभी भी अलग अनुभव होने ही नहीं देती। उनकी आत्मा की उज्ज्वलता और रागात्मक भावना उन्हें परम सत्ता से एकमेक किए रहती है–

'मन का भ्रम न ही भागा,
सहज रूप हरि खेलण लागा ॥
मैं तैं तैं मैं ए द्वै नाहीं, आपे सकल सकल घट मांही।
जब थैं इन मन उनमन जानाँ, तब रूप न रेष तहाँ ले बानाँ।
तन मन मन तन एक समांनाँ, इन अनमें भाहैं मन माँनाँ ॥
आतमलीन अंषडित रॉमाँ, कहें कबीर हरि माहिं समाँनाँ ॥'[344]

इस मानव काया में ही समस्त तीर्थ, कंवलापति, बैकुंठ, गंगा, रवि, ससि, विद्यमान हैं। केवल बाहर से उलट कर अन्तःलोक में झाँकने का प्रयत्न चाहिए। आत्माराम की यह स्थिति आध्यात्मिक भव्यता का उदात्त रूप है। असीम कैसे काया में समा गया। यह अनुभव कितना देदीप्यमान करने वाला होगा। इस ज्ञान-ज्योति से मन का भ्रम दूर हो जाने पर द्वैतावस्था समाप्त हो गई। समस्त ब्रह्मांड एकाकार हो गया। सकल सृष्टि इस घट में ही दिखाई दे गई। सभी

आकार-प्रकार का भेद समाप्त होकर आत्मराम हो गया। अखंड तत्त्व में आत्मलीन हो जाने का अनुभव कैसा आह्लादमय और भावोन्नयन का होगा, यह तो वही साधक जान सकता है जो इसका अनुभव कर रहा है। सौन्दर्य अपने अनुभव की वस्तु है। समस्त सौन्दर्य बाहर से सिमट कर उन्मन की स्थिति में अपने में ही समा गया।

इस भावदशा में जीव की सारी इन्द्रियों का एकीकरण हो जाता है, उनसे एक ही समवेत स्वर निकलता है और वे अपने आराध्य को पाने के लिए लालायित और उत्सुक हो उठती हैं। इन्द्रियों के सामान्य कार्य-कलाप में एक विचित्र संवेदन, परिवर्तन आ जाता है। रहस्यवादी रंगों को सुनने लगता है। ध्वनियों को देखने लगता है। कैसी असाधारण मनोदशा होती है। ईसाई सन्त सेंट मार्टिन ने इस स्थिति का अनुभव किया था, "मैंने उन फूलों को सुना जो शब्द करते थे और उन स्वरों को देखा जो जाज्वल्य मान थे।"[345] कबीर ने भी ऐसा ही अनुभव किया था, उस परम ज्योति का साक्षात्कार होने पर जीव अपनी इन्द्रियों से काम लेना भूल जाता है–

'जे थे सचल अचल है थाके, करते बाद बिबाद।
कहै कबीर मैं पूरा पाया, मय राम परसाद ॥'[346]

चंचल मन तथा अन्य इन्द्रियाँ अचल हो जाती हैं, साधक पूर्णता का अनुभव करता है और राम प्रसाद रूपी आनन्द में निमग्न हो जाता है। रहस्यानुभूति का विश्लेषण करने पर हमें अनेक गूढ़ रहस्यों और आश्चर्यजनक व्यापारों का पता चलता है। मानव चेतना की इस विचित्र प्रक्रिया के विषय में डॉ. प्रेम नारायण शुक्ल लिखते हैं–"मानव चेतना में उत्सुकता विस्मय और जिज्ञासा की प्रवृत्तियाँ सहज रूप में विद्यमान हैं। उनमें उसका हृदयस्थ राग भी क्रियाशील रहता है। रुचिकर पदार्थों के प्रति उसका राग जाग्रत होता है और अरुचिकर पदार्थों के प्रति विराग। यही राग जब लौकिकता से हटकर अलौकिकता की ओर उन्मुख होता है तब उस क्रिया की संज्ञा होती है अध्यात्म। इस अध्यात्म तत्त्व के अन्वेषण में ही नाना प्रकार के कुतूहल की सृष्टि हुई है। यह कुतूहल ही नई-नई पहेलियाँ, समस्याएँ उपस्थित करता है। इस प्रकार एक रहस्य–एक उलझन और उसको सुलझाने के लिए एक विशिष्ट मार्ग की प्रेरणा उत्पन्न होती है।[347] रुडोल्फ ने इसे अन्तर्दृष्टि की एकता की प्रक्रिया कहा है। साधक आत्मा को सर्वत्र उसी परम सत्ता की भव्यता, ऐश्वर्य का प्रसाद दिखाई देता है, उसका प्रकाश ही प्रतिभासित होता है–

"The world is charged with the grandeur of God,
It will flame out, like shining from shook foil."[348]

जब हम अपने विचारों और चेतना को अन्दर की ओर मोड़ लेते हैं तभी इस रहस्यमय भव्यता और ऐश्वर्य के दर्शन होते हैं। यह सहज-दृष्टि ही हमारे अन्दर छिपी दिव्यता को देख सकती है–

"I but open my eyes–and perfection, no more and no less, in the kind eye imagines full-fronts me, and God is seen God, in the star, in the stone, in the flesh, in the soul and the cloud."[349]

कबीर इस अन्तर्दृष्टि के लिए रहस्यवादी साधक को प्रेम और शुद्धचित्त की अवस्था प्राप्त करने के लिए कहते हैं–

'कहै कबीर हरि अकथ कथा है, बिरला कोई जानै।
प्रेम प्रीति बेधि अन्तरिगति, कहूँ काही को माना ॥'[350]

इसका अनुभव करके, साक्षात्कार करके भी इसे कोई बिरला ही जान सकता है क्योंकि प्रेम-प्रीति से हृदय को बेधकर देखना हर किसी के बस का नहीं है। रहस्यवादी मालावल (Malaval) ने लिखा है कि, "वह उसका सर्वत्र दर्शन करती है, किन्तु यह प्रेम का वह रहस्य है जिसे वही जानता है जिसने इसका अनुभव किया है। प्रेम की सहज दृष्टि जो आश्चर्यजनक रूप से अन्तर्मन को बेधती चली जाती है, वह बाह्य सीमा तक ही नहीं रुकती, वह उस दिव्यता तक पहुँच जाती है जो जीवात्मा के अन्दर छिपी हुई है।"[351]

कबीर कहते हैं कि वे लोग मूर्ख हैं फिर जिन्होंने उस परम सुन्दर प्रियतम को बाहर खोजने में जन्म गँवा दिया, उन्होंने तो अपने अन्दर झाँक कर देखा और उसे अपने घट के भीतर ही पा लिया। उस साक्षात्कार के दृश्य का कबीर ने अप्रतिम वर्णन किया है–

'हिंडोलनाँ तहाँ झूलैं आतम रामं।
प्रेम भगति हिंडोलनाँ, सब सन्तनि कौ विश्राम।
चन्द सूर दोइ खम्भवाँ, बँक नालि की डोरि।
झूले पंच विचारियाँ, तहाँ झूलै जीय मोर ॥
द्वादस गम के अन्तरा, तहाँ अमृत कौ ग्रास।
जिनि यह अमृत चाषिया, सो ठाकुर हम दास ॥
सहज सुनि कौ नेहरौं गगन मंडल सिरिमौर।
दोउ-कुल हम आगरी, जो हम झूलैं हिंडोल ॥
अरध उरघ की गंगा जमुना, भूल कवल कौ घाट।
षट चक्र की गागरी, त्रिवेणी संगम बाट ॥
नाँद क्यंद की नावरी रांम नाम कनिहार।
कहै कबीर गुंण गाइ ले, गुर गाँमि उतरौ पार ॥'[352]

इस योगपरक रहस्यवादी भावाभिव्यंजना में सांगरूपक द्वारा अन्तर्जगत के

अनुपम दृश्यों का चित्र अंकित किया गया है। शरीर के अन्दर प्रेम-भक्ति के झूले में आत्मारूपी राम पंथ प्राण के साथ आनन्द मना रहा है। सहस्रार से अमृत झर रहा है। गगन-मंडल में ब्रह्म रुद्र है, उसमें विद्यमान सहजशून्य ही मेरा नेहर है। इड़ापिंगल रूपी गंगा-जमुना नदियाँ हैं। मूलाधार चक्र ही घाट है। जहाँ से यह आध्यात्मिक यात्रा आरम्भ होती है। कुंडलिनी रूपी नौका द्वारा आज्ञा चक्ररूपी त्रिवेणी पर जीव पहुँचता है। गुरु द्वारा प्रदत्त रहस्यज्ञान से भवसागर से पार हो जाओ।

रहस्यवादी कवि में दुरूहता और सहजता दोनों ही होते हैं। उनमें एक आत्मिक-प्रकाश उत्पन्न हो जाता है। ऐसे साधकों को उस प्रियतम के लोक की मधुमती कल्पना विचित्र रूपों में होती है। इस रहस्य भाव दशा में जीव को, जो विभिन्न साधना-सोपानों को पार करता हुआ वहाँ तक पहुँचता है, विविध ध्वनियाँ सुनाई देती हैं। उसे रंग-बिरंगे दृश्य दिखाई देते हैं। जड़ पदार्थ चेतन और गतिमान दिखाई देते हैं। प्रकृति के विविध उपकरण अपने सचेतन रूप में अनुभव होते हैं। श्वेताश्वतर उपनिषद् में ब्रह्म साक्षात्कार की रहस्यमयी स्थिति का वर्णन इस प्रकार किया गया है, "जिस समय योगी दीपक के समान प्रकाश-स्वरूप आत्मभाव से ब्रह्म तत्त्व का साक्षात्कार करता है उस समय उस अजन्मा, निश्चल और समस्त तत्त्वों से विशुद्ध देव को जानकर वह सम्पूर्ण बन्धनों से मुक्त हो जाता है।"[353] यहीं ब्रह्म साक्षात्कार की स्थिति का वर्णन करते हुए पुनः कहा गया है, "ब्रह्म का स्वरूप नेत्रादि से ग्रहण करने योग्य नहीं है। उसे कोई भी नेत्र द्वारा नहीं देख सकता। जो इस हृदय-स्थित परमात्मा को शुद्ध-बुद्धि से इस प्रकार जान लेते हैं, वे अमर हो जाते हैं।"[354]

कबीर ने भी इस ब्रह्म को, परमतत्त्व को सामान्य नेत्रों की अपेक्षा आत्मा के नेत्रों द्वारा देखने के लिए कहा है–

'अलख निरंजन लखै न कोई, निरभै निराकार है सोई ॥
सुनि असथूल रूप नहीं रेखा, द्रिष्टि अद्रिष्टि छिप्यौ नहीं पेखा ॥
बरन अबरन कथ्यौ नहीं जाई, सकल अतीत घट रह्यो समाई ॥
आदि अन्त ताहि नहीं मधै, कथ्यौ न जाई आहि अकबे ॥
अपरम्पार उपजै नहीं बिनसे, जुगतिन जांनियै कथिए कैसे ॥
जस कथिए तत होत नहीं, जस है तैसा सोइ।
कहत सुनत सुख उपजै, अरु परमारथ होइ ॥'[355]

जिसकी कोई रूपरेखा, आकार-प्रकार, गुण-वर्ण आदि, मध्य, अन्त का पता न हो, होने न होने का ज्ञान न हो, उसके सम्बन्ध में क्या कहा जाए। जैसा उसको कहते हैं, वैसा वह नहीं है। जैसा है वैसा ही है। बस उसको कहने-सुनने से सुख

उत्पन्न होता है। वही पारमार्थिक सत्य है। आध्यात्मिक सौन्दर्यवादियों प्लेटो, आगस्टीन, ऐक्विनस कांट, हीगेल आदि ने परम सत्ता को ही सौन्दर्य का आधार माना है। डॉ. नगेन्द्र लिखते हैं, "मसीही सन्तों ने इस रहस्य भावना को और भी स्पष्ट कर दिया है। सन्त आगस्टीन और ऐक्विनस ने सौन्दर्य को ईश्वरीय तत्त्व माना है। उनका मत है कि ईश्वर शुद्ध और चरम सौन्दर्य का प्रतीक है। विश्व का सौन्दर्य उसी का आभास है : अतः सौन्दर्य मूलतः अपार्थिक ही होता है।"[356] आचार्य हजारी प्रसाद द्विवेदी ने परम सत्ता विषयक अनुभूति के भाव को स्पष्ट करते हुए लिखा है, "यह जो कुछ चर्म-चक्षुओं से दिख गया, वही चरम और परम नहीं है। इसके पीछे कुछ और है जो इसे तेज दे रहा है। नदी में जो प्रवाह-वेग है, वह वहीं तक सीमित नहीं है। इस प्रवाहवेग को वेगवती करने वाली कोई शक्ति है।...वह प्रकृति के तेजोतप्त रूप से उल्लसित होता है। अपने उल्लास को किसी प्रकार की पूर्व-निर्धारित कल्पना से बाधित नहीं होने देता।"[357]

रहस्यवाद परमात्मा और आत्मा के अन्तरंग और गहरे सम्बन्ध पर आधारित है। रहस्यवादी को परम सत्ता की अनुभूति प्रकृति के कण-कण में होती है। जगत् के अन्य सम्बन्ध उसे छलनामय और तुच्छ प्रतीत होते हैं। अव्यक्त के प्रति मनुष्य का आत्म-निवेदन, उसे पाने के लिए व्यग्रता मनुष्य की उस भावना पर आधारित है जिसे वह अनुभव करता है कि प्रत्यक्ष दीखने वाले जगत्-व्यापार से परे एक ऐसी शक्ति है जिससे दृश्यमान जगत् की सारी क्रियाएँ परिचालित होती हैं। ई. कैर्ड ने रहस्यवाद की परिभाषा करते हुए लिखा है कि, "मर्मी के लिए परमात्मा लगता है जैसे कुछ भी नहीं है और सब-कुछ है।"[358] रहस्यवादी साधक का विश्वास है कि परमात्मा को जाना जा सकता है कि आत्मा के लिए उसका दर्शन पाना सम्भव है और दिव्य दृष्टि द्वारा उसको देखा जा सकता है तथा उसका ज्ञान प्राप्त किया जा सकता है। अगर कोई उसे बुद्धि से जानने की चेष्टा करे तो वह व्यर्थ साबित होगी, क्योंकि वह बुद्धि से परे है। अतएव उस सर्वोच्च ज्ञान की उपलब्धि के लिए मनुष्य को बुद्धि और तर्क को छोड़ना पड़ेगा।[359]

सौन्दर्य-भावना की दृष्टि से विषयी, विषय और चित्त तत्त्व, सत् तत्त्व और विकसनशील चेतना (Being, Essence, Notion) से हीगेल ने आइडिया (Idea) की कल्पना की। यह आत्मप्रकाश करने वाली ज्ञानमय परमसत्ता की धारणा है। विशिष्ट सत्ता (Absolute Spirit) के सम्बन्ध में हमारे चित्त की वृत्ति ऐसी होती है कि जिस स्थान पर हमारा चित्त या चित्तस्वमत इस विषय में सजग हो जाता है, वहाँ चित्त-विरोधी या प्राकृत मालूम होने वाली सभी वस्तुएँ यथार्थतः चिन्मय और चित्त स्वभाव वाली प्रतीत होती हैं। यह परमलाभ है।[360] इस प्रकार ऐन्द्रिय धर्म के स्वरूप में अपना प्रकाश फैलाने वाले चित्तस्वभाव को सौन्दर्य कहते हैं। कबीर आत्मानुसन्धान करने वाले, नाद-बिन्दु का आनन्द लेने वाले, सुरतियोग में लीन,

आत्म-परिचय के लिए व्याकुल सच्चे साधक और रहस्यवादी थे, उनमें चित्तस्वभाव और आत्मसौन्दर्य मुखरित होकर अन्दर बाहर सर्वत्र फैल जाता है–

'इस घटि अन्तरि बाग बगीचे, इसी में सिरजन हारा।
इस घटि अन्तरि सात समुन्दर, इसी में नौ लख हारा ॥
इस घटि अन्तरि पारस मोती, इसी में परखन हारा।
इस घटि अन्तरि अनहद गरजे, इसी में उठत फुहारा ॥
कहत कबीर सुनो भाई साधो, इसी में साई हमारा ॥'[361]

कबीर इस आत्मदर्शन से आनन्दित हो उठते हैं, उनकी आत्मा शुद्ध-बुद्ध चैतन्य हो जाती है। वह एकत्व स्थिति प्राप्त कर लेते हैं–

'सो ब्रह्मडि पिंड सो जानु, मान सरोवर करि स्नानु ॥'[362]

देकार्थ बुद्धिवादी सौन्दर्य चिन्तक थे। फिर भी उन्होंने काव्य की चमत्कार युक्त कोमलता, वाणी के सौन्दर्य, कल्पना की शक्ति एवं आनन्दानुभूति प्रधान रूप से गौरव दिया है। इनके अनुसार सौन्दर्यानुभूति संवेदनाओं से आरम्भ होती है। संवेदनाएँ नाड़ी तन्त्रों में उत्तेजना उत्पन्न करती हैं और यह उत्तेजना एक निश्चित अनुपात से युक्त होकर सम्पूर्ण रूप में लाभदायक और आनन्दप्रद होती है। जब कोई भी चित्त प्रेरणा अपने को किसी रंग, वस्तु या कल्पना के माध्यम से, उसे आत्मसात् करती हुई, अपने से अभिन्न बना लेती है और इस प्रकार आत्मपरिचय प्राप्त करती है तभी कला और सौन्दर्य की सृष्टि होती है। इरविन एग्मैन के अनुसार, "कलाओं में केवल आवेशमय आग्रह के अधिक तीव्र क्षणों की ही अभिव्यक्ति नहीं होती। अनुभूति की सूक्ष्म भंगिमाएँ, विचार की वे बारीकियाँ, जिन्हें हम इस कारण अनुभव नहीं कर पाते कि व्यावहारिक अनुभव हमें अत्यधिक व्यस्तता एवं स्थूलता में खोया हुआ रखता है, शब्द जिनकी अभिव्यक्ति में अपने को असमर्थ पाते हैं और असंख्य स्थूल व्यापार कलाओं में अपने अस्तित्त्व के क्षण प्राप्त कर लेते हैं।"[363]

ईश्वरीय रहस्य की अभिव्यक्ति में कवि अपने को शब्द और भाषा के माध्यम से असमर्थ अनुभव करता है और तब वह आध्यात्मिक ज्ञान का सहारा लेता है। शेफ्ट्स बरी के अनुसार कलात्मक सौन्दर्य वही है, जो ईश्वर की अनुपातयुक्त, सामंजस्ययुक्त और एकतायुक्त प्रकृति की अनुकृति प्रस्तुत करे। वे कलाकार को सलाह देते हुए कहते हैं कि उस महान कलाकार की बारीकियों का अध्ययन करो, जिसने वस्तुओं की रचना की है, और प्रकृति को एक विशाल चित्र-कला के रूप में चित्रित किया है–उस विश्व और जगत का अध्ययन करो। कबीर ऐसे ही कलाकार हैं जिन्होंने उस महान चित्रकार की सृष्टि की रचना का

गूढ़ अध्ययन किया है। उसके कण-कण के प्रति जिज्ञासा अभिव्यक्त की है। वही सच्चा चित्रकार है–

'जिन चहु चित्र बनाइया सो साचा सतधार ॥
कहै कबीर ते जन भले, जे चित्रवत लेहि विचार ॥'[364]

कबीर जात रूप चित्र को छोड़कर चित्रकार का रहस्य जान लेना चाहते हैं। उसका परिचय प्राप्त कर लेना ही उनकी ज्ञान-साधना का ध्येय है–

'चच्चा रचित चित्र है भारी। तजि चित्रै चेतहु चितकारी।
चित्र विचित्र इहै अवझेरा। तजि चित्र चितु राखि चितेरा ॥'[365]

कबीर रहस्यवादी भावना-चित्रण के अत्यन्त समर्थ और सफल कलाकार हैं। उन्होंने चित्तप्रेरणा की कल्पनात्मक अनुभूति द्वारा अनेक प्रकार के मनोरम रहस्यवादी दृश्यों की सृष्टि की है। उन्होंने सम्भवतः अपने अनुभवों को प्रतीक, उलटवासी अथवा प्रहेलिका पूर्ण भाषा में इसीलिए अभिव्यक्त किया है कि इस विषय में सच्ची रुचि रखने वाले ही उसे समझ सकें। दूसरा कारण यह भी हो सकता है कि उन्हें उस रहस्य की अभिव्यक्ति में कठिनाई अनुभव हुई हो, यही विचार अधिक तर्कसंगत लगता है। कबीर से पूर्व वेदों, उपनिषदों, हठयोगियों, सिद्धों और नाथों में यह प्रणाली प्रचलित थी, सम्भवतः उन्होंने इस परम्परा का ही पालन किया हो। विश्व साहित्य में गुह्य-भावना के लिए सर्वत्र इसी प्रकार की रचना-प्रक्रिया का पालन होता रहा है। सूफी साधकों की गूढ़ भावाभिव्यक्ति ने कबीर को बहुत अधिक प्रभावित किया है, किन्तु कबीर ने आत्मा, परमात्मा की सहज एकता को निस्तर बनाए रखा है इसीलिए वे परम सौन्दर्यमय सत्ता के आह्लादकारी चित्रों की सृष्टि सफलतापूर्वक कर सके हैं–

'जहाँ चेत-अचेत स्वयं दोउ मन रच्या है हिंडोर।
तहं झूलै जीव जहान, जहं कतहुँ नहिं थिर ठौर ॥
और चन्द-सूर दोऊ झूले नाहीं पावै अन्त।
चौरासी लच्छहु जिव झूलै रवि-ससि धाय।
कोटिन कल्प जुग बीतिया, आने न कबहुँ हाथ।
धरनी अकासहु दोऊ झूलैं, झूलैं पवन हुँ नीर।
धरि देह हरि आपहुँ झूलैं जो लखही दास कबीर ॥'[366]

उस रहस्यमय चित्रकार ने, विचित्र शिल्पी ने यह अद्‌भुत सृष्टि बनाई है। समस्त जड़, चेतन-जीव, जहान उसके आनन्द से आलोड़ित हो रहे हैं। एक विराट चेतना का उद्‌भास हो रहा है। रवि, शशि, आज तक करोड़ों कल्प व्यतीत हो जाने

पर भी उस शक्ति के द्वारा झूल रहे हैं। धरती, आकाश, पवन, जल, समस्त पंचभूत की गतिमानता का स्रोत वही चित्तशक्ति है। देह धारण करके स्वयं सृष्टि करने वाला परम विभु भी झूल रहा है। उसको केवल कबीर ही देख सकते हैं। निर्मल, विमल, द्वन्द्व, बन्धन रहित, भेद-भाव, अन्तराओं से मुक्त साधक ही इस दृश्य का आनन्द ले सकता है। उसे सभी प्राणी समान प्रतीत होते हैं। वह जगत् के टुकड़े-टुकड़े करके नहीं देखता, बल्कि उसी परमसत्ता से व्याप्त वह सारी सृष्टि को एकसूत्र में बँधा हुआ देखता है। सौन्दर्य उस अखंड शक्ति का ही परिचायक है। सौन्दर्य के प्रति आकर्षण मनुष्य के हृदय की सहज वृत्ति है। अनन्त सौन्दर्य, अनन्त शक्ति के प्रति आकर्षण मानवीय चेतना है। रहस्यवादी साधक अपने ग्रहण किए हुए सत्यों के सहारे परम-सत्य को पाने की चेष्टा करता है।

प्रेम तत्त्व ही आसक्ति के बन्धनों से आबद्ध मानव को विराट 'एक' ज्योति से साक्षात्कार करा सकता है। कबीर प्रेम के हिंडोलने में झूलते हुए उस आनन्द रूप का दर्शन करते हैं। बाहर से भीतर को जाने वाला और भीतर से बाहर को आने वाला एक अखंड रस अखंड प्रेम है। सूफी कवि जामी ने कहा है, "मैं वही हूँ जिसे मैं प्यार करता हूँ और जिसे मैं प्यार करता हूँ वह मैं ही हूँ।"[367] परमात्मा प्रेम स्वरूप है। मंसूर बिन अल-हल्लाज ने इसी प्रेमरस में भीग कर कहा था, "हे खुदा, तुम्हारे प्रेम की उन्मत्त करने वाली श्वास और तुम्हारी मौजूदगी की सुगन्ध मेरे भीतर क्या कुछ कर जाती है।"[368]

कबीर ने इस मनःस्थिति का भाव-स्पर्शी वर्णन करते हुए बताया है कि वहाँ मदन-बन खिला हुआ है, सोह की सुगन्ध आ रही है। मन-भँवरा इसमें उलझ गया है। इसलिए अब किसी सुख की अभिलाषा नहीं है—

'हिआँ मदन-बन फूल रहे हैं, आवे सोह वास।
मन भौंरा जिहं अरुझ रहे हैं, सुख कीना अभिलास ॥'[369]

तत्त्व-साधना और सौन्दर्य-साधना कबीर की रहस्यवादी चेतना में मानो पर्याय बन गए हैं। सौन्दर्य की कलात्मक भंजना ने कबीर की आत्मा के स्वरों से मधुर संगीत को ऐसे झंकृत किया है कि 'अनहद तूर' बजता ही रहता है। जो सुनता है वही उसमें लीन होकर रह जाता है। ऐक्विनस ने सौन्दर्यबोध के दो मार्ग माने हैं—श्रवणेन्द्रिय और दृष्टि-इन्द्रिय। उनके अनुसार नेत्रेन्द्रिय और श्रवणेन्द्रिय बुद्धि की सेविकाएँ हैं। सुन्दर वस्तुएँ वही हैं जो मात्र ज्ञान क्रिया के बीच ही आनन्दित करती हैं। कांट ने कहा था कि सौन्दर्यानुभूति मस्तिष्क के ज्ञान विभागों की सामंजस्ययुक्त परस्पर एक-दूसरे के अनुरूप क्रिया करते हैं। यही सौन्दर्यमूलक पूर्णता कही जा सकती है। सुन्दरता वास्तव में निष्काम आनन्द है। राबर्ट लेचनर सौन्दर्य अनुभूति की श्रेष्ठता पर बल देते हैं। यह आत्मा में एक आनन्दात्मक भाव

दशा का उन्मेष करती है जिसकी तुलना किसी अन्य उपलब्धि से नहीं की जा सकती। यह मननात्मक आनन्द है। यह ध्यानपरक प्रेममय स्थिति है। इसीलिए यह श्रेष्ठ पवित्र और शान्त होता है।[370]

कबीर के रहस्यवादी सौन्दर्य के यही गुण हैं–इच्छारहित भाव, कमनीयता, श्रेष्ठता, पवित्रता, शान्ति, शुभ्रता। क्योंकि वह सत्ता अविगत, अनुपम, अकल है। आत्मा सदैव ही उस पवित्र शुभ्रता का रसपान करती रहती है। कबीर ने अपनी अभिव्यक्ति में शुष्क, नीरस चिन्तन को भी सरस-माधुर्य की अनुपम छटा प्रदान की है जो उनकी रहस्यवादी गहराई की परिचायक है–प्रकृति उसका एक सर्वोत्तम साधन है–

'काहे रे नलनी तूँ कुम्हिलानी।
तेरे ही नालि सरोवर पानी ॥
जल में उत्पति जल में बास, जल में नलनी तोर निवास ॥
ना तलि तपति न ऊपरि आगि, तोर हेतु कहु कासनि लागि ॥
कहे कबीर ने उदिक समान, ते नहीं भरा हमरे जान ॥'[371]

हे जीव तू उदास क्यों है। म्लान क्यों हो रहा है। तेरा मूल तो सच्चिदानन्द है। तू उस रसरूप से अलग होकर सांसारिक विषयों में अनुरक्त रहता है। यही तेरी म्लानता का कारण है। कबीर ने अपने सौन्दर्य-विधान के लिए प्रकृति का सहारा लिया। यह सृष्टि उस परमसत्ता के सौन्दर्य का प्रतिभास है। उसका दिव्य प्रतिबिम्ब है। सूफी सिद्धान्तों का इनकी इस अभिव्यक्ति शैली पर गहरा प्रभाव पड़ा है। प्रकृति के समस्त उपादान तत्त्व उस दिव्य शक्ति से परिपूर्ण हैं। हाइन्स ने सौन्दर्य को प्राकृतिक पूर्णता कहा है। कांट की दृष्टि से यह स्वतन्त्र सौन्दर्य है जो प्रयोजन निरपेक्ष है। गेटे ने कहा था कि सौन्दर्य प्रकृति की वस्तु है। इसको विवेक और तर्क से नहीं बल्कि अनुभूति और प्रेम से प्राप्त किया जा सकता है। कला की रचना प्रकृति से उत्तेजना पाकर होती है।

कबीर ने अपने उपरोक्त पद में जीवात्मा को प्रकृति के माध्यम से ही उपदेश दिया है। कुरान में कहा गया है कि "परमात्मा आकाश और पृथ्वी की ज्योति है। आले में रखे हुए दीपक की नाई उसका प्रकाश है। वह दीपक एक शीशे के भीतर है और वह शीशा मानो एक चमकता हुआ सितारा है।...परमात्मा जिसे चाहता है अपनी ज्योति की ओर अग्रसर करता है।"[372] वह अपने जैसा आप है और निर्वैयक्तिक है। यह सृष्टि गोचर होने से पहले उसी परमसत्य के सदृश थी और गोचर होने के बाद उस परमसत्य का इस सृष्टि के साथ सादृश्य है। वह परम कल्याण है, इसलिए सौन्दर्य है। सम्पूर्ण सृष्टि उसी के प्रकाश से प्रकाशित है।[373]

'अब मैं जाणी बौरे केवल राइ की कहानी।
मंझा जोति एक प्रकासै, गुर गयि वाणी ॥
तरवर एक अंनति मूरति, सुरता लेहु पिछाणी।
साखा पेड़ फूल फल नार्हीं, ताकी अमृत वाणी।
पुहूप वास भंवर एक राता, बारा ले उर धरिया।
सोलह मंझे पवन झकौरे, आकासे फल फलिया।
सहज समाधि बिरष यहु सींचा धरती जलहर सोष्या।
कहै कबीर दास में चेला जिनि यहु तरवर पेष्या ॥'[379]

कबीर ने आत्मा और परमात्मा का ऐक्य अद्वैतवाद की अपेक्षा रहस्यवाद से अधिक ग्रहण किया है। रहस्यवाद के अनुसार आत्मा में विश्वात्मा स्थित है। उसमें विश्वात्मा का मौन आस्वादन है। प्रेमाधार पर वह आत्मा और विश्वात्मा में ऐक्य स्थापित होता है। यह ऐक्य ही है, एकीकरण नहीं। एकीकरण की भावना अद्वैतवाद में है। ऐक्य की भावना रहस्यवाद में। अद्वैतवाद और रहस्यवाद में कुछ भिन्नता है। अद्वैतवाद में मिलाप की भावना का ज्ञान भी नहीं रहता। रहस्यवाद में यह मिलाप एक उल्लास की तरंग बनकर आत्मा में जाग्रत होता है। रहस्यवाद में मिलाप की स्थिति में यह भावना वर्तमान रहती है कि मैं मिल रहा हूँ।[380] रहस्यवाद के उन्माद में जीव इन्द्रिय-जगत से बहुत ऊपर उठकर विचार-शक्ति और भावनाओं का एकीकरण कर अनन्त प्रेम में मिल जाना चाहता है।[381] आत्मा उस प्रियतम से मिलने के लिए व्याकुल रहती है। वह सदैव उसकी प्रतीक्षा करती हुई विभिन्न प्रकार की मधुर कल्पनाओं में लीन रहकर उसमें विलीन हो जाना चाहती है–

'सो मेरा राम कवै घरि आवें।
ता देखें मेरा जिया सुख पावै ॥
बिरह अगिनि तन दिया जराई, बिन दरसन क्यूँ हाइ सराई।
निस बासुर मन रहै उदासा, जैसे चातिग नीर पियासा॥
कहै कबीर अती आतुर ताई, हम कौं बेगि मिलौराय राई ॥'[382]

इस प्रियतम को तो प्रेम और समर्पण द्वारा स्वयं ही प्राप्त करना पड़ता है। यह किसी से माँगने पर उधार नहीं मिलता। भौतिकता के परिवेश से वह दूर है। आत्मिक सान्निध्य द्वारा ही उसका आनन्द प्राप्त किया जा सकता है–

'परोसनि माँगे सन्त हमारा।
पीव क्यूँ बोरी मिलहि उधारा॥
मासा माँगै रती न देऊँ, धरे मेरा प्रेम तौ कासनि लेऊँ ॥
राखि परोसनि लरिका मोरा, जे कहु पाऊँसु आधा तोरा ॥

बन बन ढूँढ़ों नैन भरि जोऊँ, पीव न मिलै तो बिलखि कर रोऊँ॥
कहै कबीर यहु सहज हमारा बिरली सुहागिन कत पि...॥'

उस प्रियतम को प्राप्त करने वाला कोई बिरला ही होता है। उसको हर कोई प्राप्त नहीं कर सकता। सौन्दर्य अनुभूति व्यक्तिगत होती है। हर कोई उसका आस्वादन नहीं कर सकता। मैं, मेरा और मुझे का ऐक्य इस प्रेम भावना का आवश्यक तत्त्व है। जिस प्रकार सौन्दर्य में विषय, विषयी और चित्तस्वभाव की एकता होती है। वास्तविक सौन्दर्य के प्रकाशन के लिए वस्तु में व्यापकता और स्वतन्त्रता अवश्य होनी चाहिए, जिससे वह स्वयमेव ही आत्मप्रसार कर सके, उसे किसी बाह्य वस्तु पर निर्भर न रहना पड़े। उसी में उसका अनेकत्व और एकत्व दोनों प्रकट हों। यदि हमें परमतत्त्व का साक्षात्कार करना है तो हमें भौतिक स्तर से ऊपर उठना पड़ेगा। हमें अपने अन्दर ही उसका प्रसार और व्यापकता देखने के लिए शक्ति अर्जित करनी होगी।

कबीर इसी आत्मप्रसार में सौन्दर्य का अनुभव करते हैं। ऋग्वेद में कहा गया है, "रूपं रूपं प्रति रूपे वभूव। तस्य रुपम प्रतिचक्षणाय।" वह परमतत्त्व सौन्दर्य में ही उत्पन्न होता है, क्योंकि वह अपने सौन्दर्य को ग्राह्य बनाना चाहता था। सुन्दर अन्य वस्तुओं में अभिव्यक्त हुआ और उसने अपने सौन्दर्य का प्रसार किया।[383] सांतायना ने दिव्य सौन्दर्य की रहस्यात्मकता का वर्णन करते हुए लिखा है कि सौन्दर्य को दिव्य-चेतना कहने का हमारे पास कोई प्रमाण नहीं है। यदि होता भी तो हम यह नहीं बता सकते कि दिव्यता का प्रतीक हमें आनन्द क्यों देता है, किन्तु ध्यान के कुछ क्षण विशेष में जब हम भावविह्वल हो उठते हैं, तब हम प्रकृति और जीवन के सत्य को, रहस्य को समझने लगते हैं। किसी वस्तु विशेष से हम इसीलिए आह्लादित होते हैं कि वह सार्वभौमिक नियम की अभिव्यक्ति है। नीला आकाश सम्भवतः इसीलिए आह्लादकारक है, क्योंकि यह पवित्र चेतन अथवा सनातन प्रकृति का विकार-रहित रूप होता है। आकाश की गोचरता में संवेदना की विशेष गुणात्मकता हो सकती है जो इसे प्रत्येक हर्षमय और पवित्र वस्तु से परिपूर्ण कर देती है जिसमें ईश्वर के प्रति आस्था है, वही इस धारणा से युक्त होगा।[384]

रहस्यवाद में मानस-सौन्दर्य की प्रधानता होती है जिसमें हृदय की रागात्मक भावनाएँ समाहित हो जाती हैं। सेंट आगस्टाइन ने असीम शिवत्व, सत्यत्व एवं सौन्दर्य को ईश्वर के गुण स्वीकार किया और बताया कि ईश्वर ही यह गुण वस्तुओं को प्रदान करता है। लेविक ने सौन्दर्य को ईश्वर की अभिव्यक्ति माना है। यह वस्तुओं में एकत्व, वैचित्र्य, वर्ण एवं कोमलता आदि गुणों द्वारा प्रकट होता है। प्लोटिनस के अनुसार विश्व का 'मूलतत्त्व' शिवत्वमय 'एक' है, जिसमें प्रज्ञा अथवा बुद्धि (Objective Reason) का उदय होता है, यह आत्यन्तिक सौन्दर्य है,

जो भौतिक तत्त्वों को निज गति द्वारा आकृति प्रदान करके सौन्दर्य देता है। प्लेटो ये सब विचार पहले ही व्यक्त कर चुके थे। ईश्वर का सौन्दर्य प्रथम सौन्दर्य है। लार्ड शैफ्ट्सबरी इसे ही सौन्दर्य मानते हैं जिसके प्रतिबिम्बस्वरूप जगत के सारे सौन्दर्य प्रकाशित हैं। कबीर ने इस समस्त सृष्टि में उसी के सौन्दर्य को अनुभव किया है। वह आदि पुरुष ही अगाध, अनन्त सौन्दर्य का स्रोत है, समस्त सृष्टि उससे देदीप्यमान है। वही प्रथम सौन्दर्य है। उस वर्णरहित ज्योति से सर्वत्र प्रकाश फैला हुआ है–

'अबरन जोति सकल उजियारा, द्रिष्टि समान दास निस्तारा ॥'[385]

वह अनुपम तत्त्व, ज्योति स्वरूप है। उसमें कोई विकार नहीं है–

'ज्योति स्वरूप तत्त अनूप। अमल न मल न छाँह नहिं धूप ॥'[386]

वह पूर्णिमा के चन्द्रमा की भाँति शोभायमान है। उसकी कलाओं का प्रकाश कण-कण को ज्योतिर्मान किए हुए है–

'पून्यो पूरा चन्द्र अकास। पसरहि कला सहज परगास ॥'[387]

किथयोडर शिप के अनुसार प्रमाता ही अपने को प्रमेय के रूप में देखता है। शैलिंग प्रमाता एवं विश्व की एकता में विश्वास करता है। कबीर भी उस असीम को ही सौन्दर्य रूप मानते हैं। जीवात्मा को उस सौन्दर्य का आनन्द लेने के लिए उसके प्रति अनुराग रखना होता है–

'बेहद अगाध पीव है, ये सब हद के जीव।
जे नर राते हद्द सों, ते कदी न पावे पीव ॥'[388]

उस प्रियतम से अनुराग उत्पन्न होने पर साधक की विचित्र दशा हो जाती है। आकाश से अमृत की वर्षा होने लगती है। उस महारस का पान करके साधक निहाल हो जाता है।

'गगन रसाल चुए मेरी माठी। संचि महारस तन भया काठी ॥'[389]

वह रस का विचित्र स्रोत है। साधक की आनन्ददशा उस ज्योति से जगमगा उठती है। कैसी विचित्र अनुभूति है, कल्पना है, रसानन्द की भावस्थिति है। गगन गरज रहा है। अमृत की वर्षा हो रही है। गहन गम्भीर बादल छाए हुए हैं। चारों दिशाओं में बिजली चमक रही है। कबीर उस अमृत रस की वर्षा में भीग रहे हैं। गगन मंडल के बीच में नूर छलक रहा है। गुरु की कृपा के बिना इस आनन्द को कोई नहीं पा सकता–

'गगन गरजै बरषै अभी, बादल गहर गम्भीर।
चहुँ दिसि दमकै दामिनी, भीजै दास कबीर ॥
गगन मंडल के बीच में, तहवाँ छलकै नूर।
निगुए महल न पावई, पहुँचै ने गुरु पूर ॥'[390]

छलकै नूर में सौन्दर्य की कैसी उदात्त-व्यंजना है। कबीर उस नूर से भरे हुए दिखाई देते हैं। ऐसा सौन्दर्य-विधान बिना आत्मज्ञान, सृष्टि के कण-कण से एकमेक हुए बिना असम्भव है। कबीर ही वहाँ तक पहुँचने की सामर्थ्य रखते हैं। यह दूसरे किसी के बलबूते की बात नहीं है—

'गगन गरजि अमृत चवै, कदली-कंवल-प्रकास।
तहाँ कबीर-बन्दगी, कै कोई निज दास ॥'[391]

कबीर इस रहस्यमयी आनन्द रस की दशा में मग्न होकर भौतिक बन्धनों से परे होकर एक अनिर्वचनीय भाव स्फूर्ति का आनन्द लेते हैं। यही अरस्तू की चित्तस्फूर्ति है जिसे वह सौन्दर्य कहते हैं। उस परमसौन्दर्य के स्पर्श-मात्र से एक नूतन आह्लादकारी चित्तावस्था की सृष्टि होती है—

'हदै छांडि बेहद गया, हुआ निरन्तर बास।
कंवल जु फूल्या फूल बिन, कौ निरषै निज दास ॥'[392]

सौन्दर्य असीम, अनन्त का परिचायक है। वह सर्वबन्धन मुक्तावस्था है। कबीर भी अपनी ससीमता, शान्त दशा से मुक्त हो जाते हैं। सांसारिक बन्धनों से स्वतन्त्र हो जाते हैं। वह उस स्थान पर पहुँच जाते हैं जहाँ उन्होंने शून्य तत्त्व में स्नान किया है। उस स्थान तक मुनिजन भी नहीं पहुंच सकते। उस प्रेमलोक तक कबीर पहुँच गए हैं—

'हद्दं छांडि बेहद गया, किया सुन्नि असनान।
मुनिजन महल न पावई, तहाँ किया विश्राम ॥'[393]

शून्य में स्नान करने पर जीव पूर्णतया शुद्ध हो जाता है। कालुष्य दूर होकर वह निर्मल-ज्योति से भर उठता है। सभी संशय, विरोध नष्ट हो जाते हैं। समरसता का परिवेश छा जाता है। उस परम सुन्दर की एक झलकमात्र से प्राणी उससे संयुक्त होने के लिए आतुर हो उठता है। वह अपने को सम्भाल नहीं सकता। और जब पूर्ण मिलन हो जाता है, तब शरीर के रोम-रोम में परम सुन्दर का रूप रम जाता है। वह स्थिति ऐसी है कि संसार रहता है पर सांसारिकता व्याप्त नहीं होती। समस्त कार्य करते हुए भी उनके फल बाधित नहीं करते। मन रहता है, पर प्रियतम के रंग में रँगा हुआ, अर्थात् भागवती आभा से सर्वांग स्नान (Bathe in Divinity)—[394]

'असमान म्याने लहंग दरिआ गुसल करदन बूद।'[395]

कबीर उस पवित्र-ज्योति में स्नान करके उसके प्रति प्रेमविभोर हो उठते हैं। उस प्रेम दशा में उन्हें उस पल सुन्दर प्रियतम के सौन्दर्य से ओत-प्रोत संसार दिखाई देता है। शरीर प्रेम की ज्योति से जगमगाने लगता है। अहंभाव तिरोहित हो जाता है। सब-कुछ सुखमय हो जाता है। वह प्रियतम कन्त उन्हें मिल जाता है–

'पिंजर प्रेम प्रकासिया, जाग्या जोग अनन्त।
संसा खूय सुख भया, मिल्या पियारा कन्त ॥'[396]

इस प्रेम-मिलन का वातावरण अलौकिक होता है। हर दिशा स्वयंमेव ही ज्योत्स्ना स्नात अनुभव होने लगती है। अन्तः-बाह्य दिव्य आलोक से भर उठता है। जीवात्मा रूपी सुन्दरी समस्त कामनाओं को त्याग कर एक भावापन्न होकर अपने निर्गुण प्रियतम का दर्शन करती है। वह वाणी द्वारा काल सीमाओं से स्वतन्त्र है। इसलिए अनन्त है। समस्त देश से परे है इसलिए असीम है। उसका अनन्त प्रकाश अपरम्पार है। आत्मा रूपी सुन्दरी उस प्रियतम के अपूर्व और मधुर तेज को कुतूहल-विस्फारित नेत्रों से देखती है जिसके सम्मुख करोड़ों सूर्य और चन्द्र का प्रकाश भी तुच्छ प्रतीत होता है। वहाँ तो बिना सूर्य के तेज और चन्द्रमा की ज्योतसना के ही अनन्त प्रकाश फैला रहता है। वहाँ पाप, पुण्य, कर्म, आचार कुछ भी नहीं है, है तो केवल उस परम पुरुष की अपरिमेय ज्योति का प्रकाश, अगम, अगोचर के तेज की झिलमिल ज्योति। कबीर उन्मन से मिलकर बेहद हो जाते हैं। हम उस अनन्त तेजपुंज लोक का अनुमान भी भौतिक रूपात्मक कल्पनाओं के आधार पर नहीं कर सकते। इसलिए कबीर ने उस परम ज्योतिर्मय के दर्शन के लिए साधक को उद्‌बोधित किया है। उसे उस सर्वतोव्याप्त परम सौन्दर्य के दर्शन करने के लिए चित्त को दर्पण की भाँति निर्मल करना पड़ेगा, तभी उसका प्रतिबिम्ब उसकी आत्मा में झलकेगा। कबीर उस ज्योतिस्नात मनोदशा का वर्णन करते हुए कहते हैं–

'सन्तो सो अनभै पद गहिए।
कला अतीत आदि निधि निरमअ ताकूँ सदा बिचारत रहिए ॥
सो काजी जाकौं काल न व्यापै, सों पंडित पद-बूझै।
सो ब्रह्मा जो ब्रह्म बिचारै, सो जोगी जग सूझै ॥
उदै न अस्त सूर नहीं ससिहर, ताकौं भाव भजन करि लीजै।
काया थैं दूरि बिचारै, तास गुरु मन धीजै ॥
जार यों जरै न काटूयो सूकै, उतपति प्रलै न आवै।
निराकार अषंडे मंडल में, पाँचो तत समावै ॥

लोचन अछित सब अँधियारा, बिन लोचन जग सूझै।
पड़दा खोलि मिलै हरि ताकूँ, जो या अरथहि बूझै ॥
आदि अनन्त उभै परव निरमल, द्रिष्टि न देख्या जाई।
ज्वाला उठी अथास प्रजह्या, सीतल अधिक समाई ॥
एकनि गन्ध बासनां प्रगटै, जग थैं रहै अकेला।
प्राँन पुरिस काया थैं बिछुरे, राखिलेहु गुर चेला ॥
भागा भर्म भया मन अस्थिर, निद्रानेह नसानां।
घट की जोति जगत प्रकास्या, माया सोक बुझानां ॥
बँक नालि जै समि करि राखै, तो आवागमन न होई।
कहै कबीर धुनि लहरि प्रगटी, सहजि मिलैगा सोई ॥'[397]

कबीर पर योगियों का भी प्रभाव था। इसलिए कुछ रहस्यपूर्ण यौगिक वर्णनों को भी उन्होंने रहस्यवादी दिशा दी है। वैसे रहस्यवाद का क्षेत्र विस्तृत और व्यापक है। इसलिए उसके अन्तर्गत किसी भी प्रकार का साधनामूलक रहस्य वर्णन आ सकता है। सामान्य रूप से आध्यात्मिक अनुभूतियों की रसमयी अभिव्यक्ति का नाम रहस्यवाद है।[398] इस रसमयी अभिव्यक्ति में रहस्यवादी कवियों ने परमतत्त्व के दिव्य सौन्दर्य की अभिव्यक्ति की है। (Joyous Mysticism) में कहा गया है, "Love and thought these are the keys of mystic realm" जब बुद्धि मूलक तर्क हृदय मूलक अनुभूति का रूप ग्रहण कर लेता है, तब विचार और प्रेम सम्मिश्रित रहस्यवाद का मधुर रसायन बनता है। इस सार-तत्त्व को कबीर ने आत्म-तत्त्व से समझाया है–

'तुम्ह जिनि जानौ गीत है, यहु निज ब्रह्म विचार।
केवल कहि समझाइया, आतम साधन सार रे ॥'[399]

उनका यह काव्य उनकी आत्म-साधना का सार-तत्त्व है। यह उनका ब्रह्म-विचार है। यह कोई सामान्य काव्य नहीं है। उनकी मर्माभिव्यक्ति है। परमतत्त्व के दर्शन होते ही उसकी ज्योति पड़ते ही जीव मिथ्या भौतिक-बन्धनों से मुक्त हो जाता है। वह परम-चैतन्य में समा जाता है। काया कंचन बन जाती है–

'देखतं काँच यथा तन कंचन, बिना बानी मन भाँनाँ।
उड्या विहंगम खोज न पाया, ज्यूँ जल जलहि समाँनाँ ॥'[400]

जल की एक बूँद महासागर में मिलकर वही विराट-रूप धारण कर लेती है। यह अनुभव की रहस्यमय कथा बड़ी विचित्र है किससे कही जाय, कोई आत्मज्ञानी चतुर विवेकी ही इसको समझ सकता है। गुरु की कृपा से ही साधक इस परम रस का आस्वादन कर सकता है–

'नीझर झरै अम्भी रस निकसै, निहिं यदि रावल छाका।
कहैं कबीर यहु बास विकट अनि, ग्यानं गुरु ले बाँका ॥'[401]

इस रामरस की अद्भुत गति का विस्तार होता है–

'राम रसाइन रसिक है, अद्भुत गति विस्तार जी।'[402]

यह रसानुभूति एक विचित्र अनुभव की स्थिति है। इसका वर्णन किससे किया जाए, क्योंकि इसका रसास्वादन करने वाला परम ज्ञानवान ही हो सकता है–

'अनभै कथा कवन सो कहिए, है कोई चतुर विवेकी।
कहै कबीर गुरु दिया पलीता, सौझल थिरलै देखी ॥'[403]

कबीर इस सौन्दर्य का रसपान करने के लिए साधक को अपने अन्दर झाँकने के लिए कहते हैं–

'अष्ट कंवल दल भीतराँ, तहाँ श्रीरंग केलि कराई रे।
सतगुर मिलै तो पाइए, नहिं तौ जनम अकारथ जाइ रे ॥'[404]

यह महारस का आनन्द तो अपने आप ही आस्वादन करने पर प्राप्त हो सकता है–

'आप ही आप विचारिए तब केता होय अनन्द रे।'[405]

जब साधक-जीव इस रसमय भाव दशा को प्राप्त करता है तो आन्तरिक आनन्द की स्थिति की मस्ती से वह झूम उठता है–

''छाकी परयौ आतम मतिवारा। पीवत रामं-रस करत विचारा।
बहुत मोलि महँगे गुड पावा, लै कसाब रस राम चुवावा।
तन पाहन मैं कीन्ह पसारा, माँगि माँगि रसि पीवै विचारा।
कहै कबीर फाबी मतिवारी, पीवत राम रस लगी खुमारी ॥'[406]

कबीर की रहस्यवादी सौन्दर्य-भावना इस प्रकार की अनेक मधुर अभिव्यक्तियों से परिपूर्ण है जिसमें उनका सहज सरल व्यक्तित्त्व उद्भासित होकर पाठक के मस्तिष्क और हृदय पर छा जाता है।[407] डॉ. पीताम्बर दत्त बड़थ्वाल कबीर के रहस्यवादी व्यक्तित्त्व और गुह्य-भावना के विषय में लिखते हैं, ''वे एक रहस्यवादी सन्त थे, जिसने मिथ्या आडम्बर को छोड़ दिया था और आध्यात्मिक आँखों से अपने अन्दर झाँककर अपने आपको अन्दर विद्यमान ईश्वर के सामने खड़ा पाया था। अनन्त सूर्य के प्रकाशपुंज के समान इस आध्यात्मिक अनुभूति ने उनके अन्दर के अन्धकार को नष्ट कर दिया। अपने अनेक गीतों में उन्होंने इस अनुपम

की अभिव्यंजना की, जिन्होंने कई बार विरोधोक्ति अथवा उलटबाँसियों का रूप ग्रहण कर लिया। उन्होंने इस अनुभव को, 'सूर्य के बिना सूर्य के प्रकाश और चन्द्रमा के बिना ज्योत्स्ना' कहा है।[408] कबीर का कहना है कि अपनी इस अनुभूति में जीव बिना मुँह के खाता है। बिना पैरों के चलता है। बिना जिह्वा के प्रभु का गुणगान करता है और बिना निश्चित स्थान के चारों दिशाओं की परिक्रमा करता है। इस आनन्दातिरेक में वह प्रिय के आलिंगन में आबद्ध निष्ठावान और सच्ची प्रेयसी की भाँति अपने आपको तथा इर्द-गिर्द के जगत को भूल जाता है, और उस उन्माद में रहता है, जो सारी वास्तविक कलाओं का प्रेरक है। कबीर कहते हैं कि शतशः कलाओं के आनन्द में मेरा मन नृत्य करता है।"

साधक रहस्यवादी अनुभूति में विभिन्न अवस्थाओं और सोपानों को पार कर उस परम सुन्दर रसमय प्रियतम को प्राप्त करता था, इन प्रेम-साधना की अवस्थाओं का कुमारी अंडरहिल ने इस प्रकार उल्लेख किया है :

1. जागरण की अवस्था (State of Awakening)
2. परिष्कार की अवस्था (Purification)
3. अंशानुभूति की अवस्था (Illumination)
4. विघ्नों की अवस्था (Dark Night)
5. मिलन की अवस्था (Unitive State)

प्रायः रहस्यवाद के विद्वानों ने इन अवस्थाओं को स्वीकार किया है। डॉ. गोविन्द त्रिगुणायत ने आचार्य क्षितिमोहन सेन द्वारा उल्लखित एक छठी अवस्था 'पूर्ण एकाकार' का भी संकेत किया है तथा उन्होंने रहस्यवाद साधना की अवस्थाएँ इस प्रकार बताई हैं[409] :

1. सत्यानुभूति के लिए तीव्र औत्सुक्य।
2. गुरु की खोज, गुरु की प्राप्ति, गुरु का महत्त्व, गुरुमन्त्र आदि।
3. आध्यात्मिक जागरण की अवस्था।
4. विवेक और वैराग्य की अवस्था।
5. आत्मपरिष्करण की अवस्था।
6. भावातिरेकता की अवस्था।
7. आंशिक अनुभूति की अवस्था।
8. विघ्न और उनके युद्ध की अवस्था।
9. विरह की अवस्था।
10. आत्मसमर्पण की अवस्था।
11. मिलन की पूर्णावस्था।
12. मिलन की अवस्था।

13. पूर्ण आत्म समर्पण की अवस्था।

14. तादात्म्य की अवस्था।

रहस्यवाद में उपास्य का स्वरूप प्रेम करने योग्य होना चाहिए। वह अतुलनीय सौन्दर्य से पूरित होना चाहिए जिसको देखकर साधक जीवात्मा उस पर मुग्ध हो जाए। वह लौकिक स्वार्थादि तुच्छ बन्धनों से ऊपर उठकर मधुमयी साधना में लीन हो जाता है। रहस्यवादी साधक सौन्दर्य प्रेमी होता है। उसका भाव प्रवण और कोमल हृदय अपने प्रियतम के सौन्दर्य पर रीझ कर उसके अनन्य प्रेम में डूब जाता है। सूफी काव्य में यह प्रेम भावात्मक सौन्दर्य वृत्ति उसका मूल स्रोत है। इब्नेसिन सौन्दर्यवादी थे, तथा मंसूर हल्लाज सौन्दर्य के उपासक और प्रेमवादी थे। कबीर पर सूफियों की इस रहस्यवादी सौन्दर्य-भावना का गहरा प्रभाव पड़ा है। उनमें सौन्दर्य की मधुर प्रेममयी अभिव्यक्ति मिलती है। भारतीय योगमार्ग के प्रभाव से उनमें वह सरसता नहीं आ सकी, जो जायसी जैसे सूफी कवियों में मिलती है, किन्तु भक्तिभावना के प्रेमतत्त्व की सौन्दर्यभावना ने इस अभाव की पूर्ति कर दी है।

कबीर के रहस्यवादी सौन्दर्य में जितनी गहन संवेदनीयता मिलती है, वह भारतीय साधकों में दुर्लभ है। ब्रह्म की दिव्यता, आभापूरित कल्पना कबीर की सौन्दर्य-भावना का पर्याय बनकर उनके काव्य को सौन्दर्य के आलोक से भर देती है। वास्तव में अन्य निर्गुणीय सन्तों में रहस्यवादी भाव तत्त्व इतनी मात्रा में मिलता भी नहीं है जितना कबीर के काव्य में है। कबीर ने अपनी आत्मा के पट मुकुलित करके सौन्दर्य-दर्शन की मधुर और दुर्लभ प्रकाशभंगिमा अभिव्यंजित की है।

संदर्भ

1. डॉ. हरद्वारीलाल शर्मा–सुन्दरम्, पृ. 28।
2. आचार्य परशुराम चतुर्वेदी–कबीर साहित्य की परख, पृ. 189।
3. श्री परिपूर्णानन्द वर्मा–प्रतीकशास्त्र, पृ. 30।
4. "From the beginning to the end of our perception and imaginative activity, we are synthesizing the material of experience, into unities, the independents reality of which is beyond proof, may beyond the possibility of shadow of evidence."–George Santayana–The Sense of Beauty, p. 190.
5. इमैनुअल कांट–सौन्दर्य-मीमांसा, पृ. 10।
6. वही, पृ. 20।
7. क. ग्र.–पृ. 231।
8. वही, पृ. 248।
9. वही, पृ. 225।

10. डॉ. हरद्वारीलाल शर्मा—सुन्दरम्, पृ. 204।
11. Kenovitch–The Will to Beauty.
12. हजारी प्रसाद द्विवेदी—कबीर, पृ. 137 (शब्दा: पृ. 104)
13. हजारी प्रसाद द्विवेदी—मध्यकालीन धर्म-साधना, पृ. 240-41।
14. डॉ. श्यामसुन्दर दास—कबीर ग्रन्थावली, भूमिका।
15. "If not a Kavi in the traditional sense of the team Kabir was undoubtedly a great poet, one of the greatest in India. As a mystical poet, he has probably never been surpassed."–Ch. Vandeville–Kabir, p. 34.
16. डॉ. प्रतापसिंह चौहान—कबीर साधना और साहित्य, पृ. 185।
17. डॉ. हजारीप्रसाद द्विवेदी—हिन्दी साहित्य की भूमिका, पृ. 104।
18. "Mysticism is the intuitive experience of the Divine reality. The conceptional intellect can not comprehend or grasp the Infinite."–K. p. S. Chaudhry–Modern Indian Mysticism, p. 22.
19. "Your soul is a spiritual miror in which you may see the lightness of God. First, then, find your mission and kept it bright and clean from the corruption of the flesh and wordly vanity."–Walten Hilton–Happold's Mysticism, p. 288.
20. "Mystical Experience is ineffable."–K. p. S. Chaudhry–Modern Indian Mysticism, p. 24.
21. "The most beautiful and most profound emotion we can experience is the sensation of the mystical."–Barneth–The Universe and Dr. Earistein. p. 117.
22. "Lastly, mysticism is the intuitive perception of the essential unity of all things and being of the world."–K. p. S. Chaudhry–Modern Indian Mysticism, p. 34.
23. "One of the most convincing aspect of the mystic illumination is the apparent revelation of the oneness of all things, giving rise to pantheism in religious and to monism in philosophy."–Bertrand Russelll–Mysticism and Logic, p. 18.
24. "Mysticism consists in the spiritual realisation of a grander and a boundless unity, that humbles all self-assertion by dissolving it in a wider glory."–J. A. Picton–The Mystery of Matter, p. 356.
25. "Mysticism is described as a religious experience in which the felling of God is at its maximum of intensity. To it God Seems to be at once nothing and all things nothing because He transcends every definite form of reality,

and all things because nothing can be apart from Him."–E. Caird–The Evolution of Theology in the Greek Philosophy, II, p. 286.

26. "The source of mysticism is historically connected with the mystery cult of the Greeks. The mystic was one who had been initiated into the secret knowledge of Divine things and was under the obligation to keep silence concerning the knowledge which had been imparted to him."
–Dr. M. Smith–Studies in Early Mysticism in the Neon Middle East, p. 9.

27. "Mysticism necessarily implies 'Mystery' which is derived from the Greek verbe 'Muw' signifying to close the lips, eyes and ears; and to shut the doors of fleeting sense and passing passions."
–Nicholas Berdyaev–Freedom and the Spirit, p. 242.

28. डॉ. राममूर्ति त्रिपाठी–रहस्यवाद, पृ. 12।

२५. क. ग्र.–पदावली 30, पृ. 76।

30. राजेन्द्र प्रताप सिंह–सौन्दर्यशास्त्र की पाश्चात्य परम्परा, पृ. 57।

31. "Beauty, said Hegel, who, though he was no mystic; had a touch of that mystical intuition, which no philosopher can afford to be without, is merely the spiritual making known sensonsly."
–Hegel–Philosophy of Religion–Vol. II. p. 8.

32. राजेन्द्र प्रताप सिंह–सौन्दर्यशास्त्र की पाश्चात्य परम्परा, पृ. 139।

33. "In the good, the beautiful, the true, "says Rudolph Eucken". We see reality revealing its personal character. They are parts of a coherent and substantial world."–Der Sinn and Westdes Lebens, p. 148. (Quoted by Underhill in Mysticism.)

34. Evelyn Underhill–Mysticism, p. 21.

35. "If the mind penetrates deeply into the facts of aesthetics, it will find more and more, that these facts are based upon an ideal identity between the mind itself and things. At a certain point the harmony becomes so complete, and the finality so close, that it gives us actual emotion. The beautiful then becomes the sublime; brief apparition, by which the soul is caught up into the true mystic state, and touches the absolute. It is scarcely possible to persist in this aesthetic perception without feeling lifted up by it above things and above ourselves in an antological vision which closely resembles the Absolute of the Mystics."–Recejaic–Fondements de la Connaissance Mystique, p. 74. (Quoted in Evelyn Underhill–Mysticism, p. 21)

36. Aug. Cenf. Bk. X. Chap. XXVII (Evelyn Underhill–Mysticism).
37. आचार्य परशुराम चतुर्वेदी–रहस्यवाद, पृ. 25।
38. उपनिषद्
39. डॉ. सुरेन्द्रनाथ दास गुप्त–सौन्दर्य तत्त्व, पृ. 214।
40. वही।
41. "Now, it is essential privilege of beauty to synthesize and bring to a focus the various impulses of the self, so to suspend them to a single image, that a great peace falls upon that perturbed kingdom. In the experience of these momentary harmonies its mystical mean have the basis of enjoyment of beauty, and of all its mystical meaning."–George Santayana–The Sense of Beauty, p. 235.
42. "Yet these ideas of reason find beyond the limits of experience to a supersensible world which is the world with which the concept of freedom is concerned."–Kants Critics of Aesthetic Judgement, Int. p. XX.
43. ऋग्वेद–2। 39। 1।
44. डॉ. राममूर्ति त्रिपाठी–रहस्यवाद, पृ. 17।
45. श्रीमद्भगवद्गीता, 6-10।
46. आचार्य रामचन्द्र शुक्ल–
47. डॉ. रामकुमार वर्मा–कबीर का रहस्यवाद, पृ. 34।
48. डॉ. गोविन्द त्रिगुणायत–कबीर की विचारधारा, पृ. 236।
49. जयशंकर प्रसाद–काव्य और कला तथा अन्य निबन्ध, पृ. 46।
50. वही, पृ. 49।
51. वही, पृ. 56।
52. महादेवी वर्मा–
53. डॉ. रामकुमार वर्मा–कबीर का रहस्यवाद, पृ. 141।
54. A. Wait–Studies in Mysticism, p. 236.
55. आचार्य हजारी प्रसाद द्विवेदी ग्रन्थावली, भाग-7, पृ. 217।
56. डॉ. रामकुमार वर्मा, कबीर का रहस्यवाद, पृ. 52।
57. क. ग्र., पद, पृ. 203।
58. आचार्य परशुराम चतुर्वेदी–कबीर साहित्य की परख, पृ. 131।
59. श्वेताश्वतर उपनिषद्–प्रथम श्लोक।
60. छान्दोयोपनिषद, 3। 13। 8।
61. आराडूयोपनिषद्, 1। 2। 9।
62. "Beauty reveals itself to us in a series of steps, but at the last it remains a

mystery, and without mystery these would be no beauty."–W. Knight–The Philosophy of the Beautiful, p. 82.

63. James Sully–The Human Mind, Vol. II, p. 133.
64. K. S. Ramaswami–Indian Aesthetics, p. 20-21.
65. Freeda Fortham–An Introduction to Jung's Psychology, p. 21.
66. Otto Rudolph–Mysticism East and West, p. 139.
67. Otto Rudolph–Mysticism East and West, p. 70, 151.
68. Otto Rudolph–The Idea of the Holy.
69. A. R. Uren–Recent Religious Psychology, p. 212.
70. "Of Beauty, "says Plato in an immortal passage." I repeal again that we saw her there shining in company with the celestial forms; and coming to earth we find her here too, shining in cleanliness though the clearest aperture of sense. For sight is the most purcing of our bodily senses; though not by that is wisdom seen; her loveliness would have been transferring if there had been a visible image of her and the other ideas, if they had visible counter parts, would be equally lovely. But this is the privilege of Beauty, that being the love-best-she is also the most palpable to sight. Now he who is not newly initiated, or who has been corrupted, does not easily rise out of this world to the sight of true beauty in the other...But he whose initiation is recent, in the other world, in amazed when he sees any one having a godlike face or form, which is the expression of Divine Beauty; and at first a shudder sums through him, and again the old awe steals over him..."–Plato–Phaedrus, Jowetts Translation, p. 250.
71. "What is characterstic of the mystic is the claim which they make to an immediate contact with the transcendent, such contact typically assumes, the form of knowledge, often described in terms of vision, and of union." –Sidney Spencer–Mysticism in World Religion, p. 9.
72. W. R. Inge–Light, Life and Love, p. 12.
73. डॉ. ब्रजमोहन गुप्त–हिन्दी काव्य में रहस्यात्मक प्रवृत्तियाँ, पृ. 28।
74. Evelyn Underhill–Practical Mysticism, p. 3.
75. Dr. S. Radhakrishanan–Eastern Religion and Western Thought, p. 61.
76. "The most beautiful we an experience is the mysterious. It is the source of art and science."–हिन्दी साहित्य का बृहत् इतिहास, चतुर्थ भाग–सं. पं. परशुराम चतुर्वेदी, सं. 2025, पृ. 10।

77. Prof. R. D. Ranade–History of Indian Philosophy, p. 1.
78. Dr. S. N. Das Gupta–Hindu Mysticism, (Preface), p. 16.
79. Dr. M. N. Sircar–Life, Thought and Mysticism in India.
80. "The aesthetic intuition as well as the transcendent imply freedom from the ordinary laws of psychic relativity. The subject is released from the intense tension, the sense of activity and psychic sense in time and enjoys a momentary forgetfulness of the situation and the environment."–M. N. Sircar–Life Thought and Mysticism in India.
81. कुमार विमल–सौन्दर्यशास्त्र के तत्त्व, पृ. 120-121।
82. डॉ. राममूर्ति त्रिपाठी–रहस्यवाद।
83. R. N. Tagore–Sadhna, p. 97.
84. आचार्य हजारी प्रसाद द्विवेदी–साहित्य सहचर, पृ. 56।
85. वही।
86. T. M. Vat–The Intuition of God, p. 21.
87. गीता।
88. डॉ. गोविन्द त्रिगुणायत–कबीर की विचारधारा, पृ. 238।
89. वही, पृ. 227।
90. डॉ. रामजीलाल सहायक–कबीर दर्शन, पृ. 162।
91. क. ग्र.–पदावली 333, पृ. 150।
92. क. ग्र.–पदावली 220, पृ. 121।
93. इमैनुएल कांट–सौन्दर्य-मीमाँसा, पृ. 10।
94. वही, पृ. 54।
95. डॉ. ब्रजमोहन गुप्त–हिन्दी काव्य में रहस्यात्मक प्रवृत्तियाँ, पृ. 32।
96. डॉ. जयदेव सिंह–
97. क. ग्र.–रमैणी, पृ. 175।
98. वही।
99. डॉ. केदारनाथ द्विवेदी–कबीर और उनका पन्थ, पृ. 98।
100. क. ग्र.–पदावली 47।
101. वही, पदावली 72।
102. "Beauty is a value, that is not a perception of a matter of fact or of a relation : it is an emotion an affection of our venereal and appreciative nature."–George Santayana–The Sense of Beauty, p. 49.
103. डॉ. त्रिलोकीनारायण दीक्षित–मलूकदास चरणदास का दार्शनिक दृष्टिकोण, पृ. 404।
104. वही, पृ. 19।

105. आचार्य परशुराम चतुर्वेदी–रहस्वाद, पृ. 68।
106. क. ग्र.–साखी 10, भय विचौएण कौ अंग, पृ. 34।
107. पराचिखानि व्यतृपात्स्वयंभू
स्तस्भात्पराड्. पश्चति नान्तरात्मन्।
कश्चिद्धीरः प्रत्यगात्मनभैक्ष-
दावृत्त चक्षुरमृत्वमिच्छन् ॥ –कठो. 217।
108. सर्वभूतेषु येनैक भावभव्ययमीक्षते।
अविभक्तं विभक्तेषु तज्ज्ञानं विद्धि सात्त्विकम् ॥ गीता 18। 20।
109. क. ग्र.–पदावली 218।
110. डॉ. केदारनाथ द्विवेदी–कबीर और उनका पन्थ, पृ. 94।
111. डॉ. सुरेन्द्रनाथ दास गुप्ता–सौन्दर्य तत्त्व, पृ. 176।
112. डॉ. मुंशी राम शर्मा–भक्ति का विकास, पृ. 184।
113. आचार्य हजारी प्रसाद द्विवेदी–कबीर, पद 75।
114. बृहदारण्यक, 4। 3। 9।
115. तैत्तिरीयोपनिषद्, 2। 8।
116. क. ग्र.–पद 31 (परिशिष्ट), पृ. 207।
117. क. ग्र.–पद 31।
118. आचार्य परशुराम चतुर्वेदी–रहस्यवाद, पृ. 46।
119. वही, पृ. 60।
120. डॉ. रामकुमार वर्मा–कबीर का रहस्यवाद, पृ. 79।
121. आचार्य हजारी प्रसाद द्विवेदी–कबीर, पद 77।
122. नीलकान्त–सौन्दर्यशास्त्र की पाश्चात्य परम्परा, पृ. 47।
123. द्विवेदी–कबीर, पद 89।
124. श्यामसुन्दर दास–कबीर ग्रन्थावली (भूमिका), पृ. 30।
125. डॉ. राममूर्ति त्रिपाठी–रहस्यवाद, पृ. 43।
126. क. ग्र.–पदावली 6, पृ. 71।
127. "Man has a gross nature and with spiritual awakening the gross nature fight desperately to maintain its grounds and the seeking soul in such traits of life clings to God. Such a consciousness is a common place with the mystries."– M. N. Sarkar–Life Thought and Mysticism in India, p. 191.
128. डॉ. राममूर्ति त्रिपाठी–रहस्यवाद।
129. क. ग्र.–पदावली 17, पृ. 74।
130. डॉ. प्रतापसिंह चौहान–कबीर साधना और साहित्य, पृ. 213।
131. डॉ. रामकुमार वर्मा–कबीर का रहस्यवाद, पृ. 44।

132. राजेन्द्र प्रताप सिंह–सौन्दर्यशास्त्र की पाश्चात्य परम्परा, पृ. 75।
133. क. ग्र.–साखी 5, विर्कताई कौ अंग, पृ. 47।
134. गीता, 2। 56।
135. क. ग्र.–पदावली 154, पृ. 103।
136. अपर प्रत्यय शान्तं प्रपचरै प्रपचितम्।
निर्विकल्पननानार्थमतेतत्त्व स्थ लक्षणम् ॥' मध्यमक शास्त्र 18, 9।
137. क. ग्र.–पदावली 149, पृ. 102।
138. "Beauty enthrines itself"...In the experience of beauty, the soul finds joy in recognizing in the object an 'Affinity' to itself; for in this affinity it becomes aware of its own participation in ideal form and its divinity. Here is the historical source of mysticism and romaticism in aesthetics."–The Encyclopaedia of Philosophy–Vol. I, p. 22.
139. इरविन एडमैन–ललितकलाएँ और मनुष्य, पृ. 94।
140. "What had to be expressed we know only in its expression, and there in we know nothing else. It may turn out to be an emotion towards an absolute creative force or our individual love and terror; both, if really expressed, are alike art and beauty, and in the aesthetic sense, true."–E. F. Carritt–The Theory of Beauty, p. 145.
141. कबीर साहब–(सं.) विवेक दास, पृ. 242।
142. महादेवी वर्मा–उपरिवत, पृ. 20।
143. डॉ. सुरेन्द्रनाथ दास गुप्त–सौन्दर्य तत्त्व, पृ. 267।
144. क. ग्र.–साखी 10, मन कौ अंग, पृ. 22।
145. वही, पृ. 154।
146. वही, पृ. 174, रमैणी (बड़ी अष्टपदी रमैणी)।
147. वही।
148. वही, पृ. 172।
149. कबीर बीजक सा. 24, पृ. 310।
150. क. ग्र.–पदावली 362, पृ. 157।
151. डॉ. गोविन्द त्रिगुणायत–कबीर की विचारधारा, पृ. 168।
152. क. ग्र.–परचा कौ अंग, साखी 1।
153. डॉ. राममूर्ति त्रिपाठी–रहस्यवाद, पृ. 40।
154. ऋग्वेद, 10। 130। 3।
155. वही, 1। 170। 1।
156. क. ग्र.–रमैणी 1, पृ. 169।

157. डॉ. प्रेमनारायण शुक्ल–हिन्दी साहित्य में विविधवाद, पृ. 428।
158. मुंडक, 3। 2। 3।
159. आचार्य रामचन्द्र शुक्ल–जायसी-ग्रन्थावली, पृ. 159 (भूमिका)।
160. वही, पृ. 160 (भूमिका)।
161. क. ग्र.–पदावली 169, पृ. 108।
162. श्री शंकर शुक्ल–क्रोचे का कलादर्शन, पृ. 46।
163. क. ग्र.–लाँबि कौ अंग, साखी 3।
164. वही, रस कौ अंग, साखी 4।
165. वही, परचा कौ अंग, साखी 35।
166. वही, साखी 33।
167. कुमार विमल–सौन्दर्यशास्त्र के तत्त्व, पृ. 91।
168. डॉ. सुरेन्द्रनाथ दास गुप्ता–सौन्दर्य तत्त्व, पृ. 198।
169. क. ग्र.–पदावली, 171।
170. 'सरीर सरोवर भीतरै आछे कमल अनूप।
परस ज्योति पुरुषेत्तमो, जाकै रेख न रूप ॥'–क. ग्र. पद, 205 (परिशिष्ट)।
171. आचार्य हजारी प्रसाद द्विवेदी–मध्यकालीन धर्म-साधना, पृ. 235।
172. क. ग्र.–पदावली 158।
173. सबद, खंड, पदावली 25।
174. कुमार विमल–सौन्दर्यशास्त्र के तत्त्व, पृ. 92।
175. क. ग्र.–पदावली 382।
176. क. ग्र.–विचार कौ अंग, साखी 9।
177. क. ग्र.–परचा कौ अंग, साखी 6।
178. क. ग्र.–रमैणी, पृ. 179।
179. वही, पदावली 335, पृ. 151।
180. कबीर वचनावली, पृ. 203।
181. राजेन्द्रप्रताप सिंह–सौन्दर्यशास्त्र की पाश्चात्य परम्परा, पृ. 129।
182. ओंकारशरद (सं.)–महादेवी साहित्य, पृ. 237।
183. "Real beauty prevails them in the realm of forms in the casual world. These forms are concrete, they represent a harmony in the heart of existence."
M. N. Sicar–Life Thought and Mysticism in India, p. 137.
184. सबद, खंड 2, पद 2।
185. क. वच., पृ. 136-7।
186. आचार्य रामचन्द्र शुक्ल–जायसी ग्रन्थावली, पृ. 162 (भूमिका)।
187. श्री चन्द्रवली पांडे–तसव्वुफ अथवा सूफीमत, पृ. 96।

188. वही, पृ. 114।
189. डॉ. रामकुमार वर्मा–कबीर का रहस्यवाद, पृ. 128।
190. क. ग्र.–निंद्या कौ अंग, साखी 9, पृ. 65।
191. वही, साखी 186 (परिशिष्ट), पृ. 200।
192. वही, साखी 6, उपजणि कौ अंग, पृ. 62।
193. क. ग्र.–साखी 43, परचा कौ अंग, पृ. 12।
194. अजाय पुरुषः स्वयं ज्योतिः। बृहद. 4। 3। 9।
195. 'न तत्र सूर्यो भान्ति न चन्द्र तारक नेभा विभूतो भान्ति कुतो यमग्निः। तमेव भान्तभनु भाति सर्द तस्य भासा सर्वमिदं विभाति॥'–कठ. 2। 2। 15।
196. 'शुको सि भ्राजो सि स्वरसि ज्योति रसि।' अथर्ववेद।
197. क. ग्र.–पृ. 187।
198. वही, पद 67 (परिशिष्ट)।
199. वही, पृ. 110।
200. वही, पृ. 120।
201. 'अद्वैतत्सुकृत रसो वैसः। रस ह्येवायं लकवानन्दी भवति॥–तैत्ति 2। 7। 2।
202. डॉ. प्रेमनारायण शुक्ल–हिन्दी साहित्य में विविध वाद, पृ. 35।
203. क. ग्र.–पदावली 179, पृ. 111।
204. भुवनेश्वरनाथ मिश्र–माधव-सन्त-साहित्य, पृ. 114।
205. क. ग्र.–पदावली 244, पृ. 153।
206. वही 181, पृ. 111।
207. वही, पदावली 174, पृ. 109।
208. साहित्यिक निबन्धावली–(सं.) डॉ. धीरेन्द्र ब्रह्मचारी, पृ. 112।
209. क. ग्र.–पदावली 131, पृ. 97।
210. डॉ. हरद्वारीलाल शर्मा–सुन्दरम्, पृ. 62।
211. क. ग्र.–पदावली 263, पृ. 133।
212. वही, पदावली 262, पृ. 132।
213. "Mysticism is the study of everything, non-physical, including the other worlds and then archetypal governance, as well as our spiritual bodies, the fact and their relationship being known by the self-evidence or direct observation and not by reasoning or speculation." —J. H. M. Whiteman–The Mystical Life, p. 1.
214. डॉ. सुरेन्द्रनाथ दास गुप्त–सौन्दर्य तत्त्व, पृ. 115।
215. डॉ. प्रेमनारायण शुक्ल–हिन्दी साहित्य में विविधवाद, पृ. 428।
216. क. ग्र.–पदावली 226, पृ. 122।

217. "And Plotinus says that reasoning occurs only when the artist hesitates before some obstacle; and signifies, therefore, some defficiency in apprehension."

–J. H. M. Whiteman–The Mystical Life, p. 2.

218. सुरेन्द्रनाथ दास गुप्त–सौन्दर्य तत्त्व, पृ. 146-147।
219. वही, पृ. 256।
220. साहित्यिक निबन्धावली–(सं.) डॉ. धीरेन्द्र ब्रह्मचारी, पृ. 212।
221. क. ग्र.–पदावली 55, पृ. 82।
222. वही, पदावली 57, पृ. 82।
223. वही, पदावली 164, पृ. 107।
224. मुंडकोपनिषद्
225. डॉ. सुरेन्द्रनाथ दास गुप्त–सौन्दर्य तत्त्व, पृ. 201।
226. तैत्तिरीय उपनिषद्।
227. Ram Avatar Sharma–Vedantism, p. 14.
228. स. क. सा., पृ. 64-65।
229. डॉ. सुरेन्द्रनाथ दास गुप्त–सौन्दर्य तत्त्व, पृ. 151-152।
230. Immanuel Kant–A Treatise on Virtue and Happiness, p. 112.
231. महादेवी साहित्य (सं.) ओंकार शरद, पृ. 239।
232. क. ग्र.–पदावली 203, पृ. 117।
233. क. ग्र.–पदावली 267, पृ. 133।
234. वही, पदावली 162, पृ. 106।
235. वही, पदावली 166, पृ. 107।
236. डॉ. हरद्वारीलाल शर्मा–सुन्दरम्, पृ. 175।
237. महादेवी साहित्य–(सं.) ओंकार शरद, पृ. 240।
238. वही, पृ. 241।
239. हरिवंश शास्त्री–सौन्दर्य-विज्ञान, पृ. 56-118।
240. शब्दा शब्द, 30।
241. Shri Aurobindo–Heraclitus, p. 10.
242. क. ग्र.–पदावली 150, पृ. 102।
243. गीता-14, अध्याय 13।
244. 'सामान्यतस्तु दृष्टांत् अतीन्द्रियाणाम् प्रतीतिः अनुमानात् तस्मारवि चासिद्धम् परोज्ञय आप्ता भात् ॥' सांख्या कारिका, 61।
245. तत्र निरतिशयं सर्वज्ञ बीजम् ॥ या. यो. 1। 25।
246. एकरूपेण हि अवस्थितो योर्थः सः परमार्थः।–शांकर भाष्य-2। 1। 11।

इस आत्मपरिचय से ही सौन्दर्य की सृष्टि होती है और यही सत्य रहस्यवाद का वह मूलाधार है जिससे सत्य और सौन्दर्य की अभिन्नता प्रकट होती है। अवयव-अंश उसकी बाह्य दिशा है। अवयवी उसकी अन्तर्दिशा। अवयव-अवयवी के बीच से होने वाला उसका प्रकाश ही उसका स्वरूप है। उसके बहुत्व का उसके एकत्व के माध्यम से प्रकाश ही आइडिया है। इसी में उसका सत्य और सौन्दर्य है। एकत्व के माध्यम से जहाँ बहुत्व अभिन्न रूप से ग्रहण किए जाने पर जितना ही प्रकाशित होता है उतना ही वहाँ सौन्दर्य भी प्रकट होता है।[374]

कबीर ने इस एकत्व द्वारा ही रहस्य सत्ता के सौन्दर्य का प्रकाशन किया है। राम में ही राम का निवास है। इस सत्य को कहने के लिए ज्ञान चाहिए। एक और अनेक जब मिलकर एक हो जाते हैं तो वही परमसत्य बन जाता है–

'कबीर एक मैं एक कहु कहिवे माहि विवेक।
एक अनेक मिलि गया, एक समान एक ॥'[375]

कबीर उस परमतत्त्व के सौन्दर्य में मस्त होकर, उसके अतिरिक्त संसार में और कुछ भी नहीं देखते। उन्होंने अपने दोनों लोचनों से भली-भाँति देखा है, किन्तु उस प्रभु के अतिरिक्त और कुछ नहीं दिखाई देता–

'दुई दुई लोचन पेखा। हों हरि बिन और न देखा ॥
नैन रहे रंग लाई। अब बेगल कहन न जाई ॥'[376]

कबीर के गुरु स्वामी रामानन्द ने उस रहस्यमय परमतत्त्व के सौन्दर्य दर्शन की समस्या का बड़े सहज ढंग से समाधान किया है–

'दर्पण मध्ये दर्पण दीसै, नीरन्तर नीर कमाई।
आपा मध्ये आपा दीसै, बिन देख्या लख्या न जाई ॥
अम्भर बरषै धरती निपजै, अंद्रि बरष दाई।
गुरु हमारा बानी बरष चुनि-चुनि मानक लेई ॥'[377]

हमारी अन्तरात्मा में ही वह परमतत्त्व निवास करता है। सौन्दर्य भी हमारे अन्दर ही निवास करता है। हमें अपने अन्दर ही, आत्मारूपी दर्पण में ही उसके दर्शन हो सकते हैं। कबीर ने इस घट में ही उसका वास बताया है। द्विवेदी जी लिखते हैं, "वह परमसत्य यह है कि शरीर ही परमात्मा का आवास है। देवता कहीं बाहर नहीं है। विविध भाव से विषयभूत तत्त्वों का सामरस्य ही वह स्वसंवेदन रस है जिसके अनुभव से बढ़कर आनन्द दूसरा नहीं है। आत्मा इसी रस का अनुभव करके अपने परम-प्राप्तव्य को पा जाता है।"[378] कबीर उस रहस्यमय के अचिन्त्य सौन्दर्य का वर्णन बड़ी तन्मयता से करते हैं–

247. डॉ. नन्दकिशोर देवराज–भारतीय दर्शन, पृ. 566।

248. "...Vaishanavs synthetize the conception of beauty as transcendental with its sensous expression in the soul. It anticipates the Hegelian doctrine that Beauty is the idea as it reveals itself to the senses. Beauty is the shining of the idea through media."–M. N. Sircar–Life Thought and Mysticism in India, p. 127.

249. विष्णुपुराण, 6 । 5 । 79 ।

250. द्विवेदी–कबीर, पद 28 ।

251. वही, पद 26 ।

252. कुमार विमल–सौन्दर्यशास्त्र के तत्त्व, पृ. 134-135 ।

253. Bosanquet—Lectures on Aesthetics, p55

254 Ibid, p 55

254. Bosanquet–Lectures on Aesthetics, p. 55.

255. डॉ. सुरेन्द्रनाथ दास गुप्त–सौन्दर्य तत्त्व, पृ. 251 ।

256. द्विवेदी–कबीर, पद 40 ।

257. वही, पद 41 ।

258. डॉ. हरद्वारीलाल शर्मा–सुन्दरम्, पृ. 82 ।

259. क. ग्र.–पदावली 204 ।

260. डॉ. हरद्वारीलाल शर्मा–सुन्दरम्, पृ. 82-83 ।

261. डॉ. सुरेन्द्रनाथ दास गुप्त–सौन्दर्य तत्त्व, पृ. 253 ।

262. W. R. Inge–Christian Mysticism.

263. क. ग्र.–साखी 15, परचा कौ अंग, पृ. 10 ।

264. "If we see in mystics, as some have done, the sporadic beginning of a power, a higher consciousness, towards which the race slowly tends; then it seems likely enough that where it appears nerves and organs should suffer under a stress to which they have not yet become adapted, and that a spirit more highly organised than its bodily home should be able to impose strange conditions on the flesh."–Evelyn Underhill–Mysticism, p. 61.

265. Evelyn Underhill–Mysticism, p. 59.

266. "That alteration of conciousness which takes place in contemplation can only mean the emergence from this 'Fund or bottom of the soul' of some faculty which diurnal."–Ibid, p. 52.

267. "The heart has its reasons which the mind know not of."–Ibid, p. 48.

268. "If I gave myself to thee as often as thou wouldst have me, I should deprive

myself of the sweet shelter I have of thee in this world, for a thousand bodies could not protect a loving soul from her desire. Therefore, the higher the love the greater the pain."–Ibid, p. 61.

269. Cutten–Psychological Phenomena of Christinity, p. 18 (William James–Variety of Religious Experience, p. 155).
270. महादेवी का साहित्य–(सं.) ओंकार शरद, पृ. 241।
271. "Mysticism is in most danger when it is in most intellectual."–James Hastings–Encyclopaedia of Religion and Ethics; Macnicol–Article on Hindu Mysticism.
272. "Mystical States of mind in every degree are shown by History, usually though not always, to make for the monistic view."–William James–Pragmatism, p. 151.
273. क. ग्र.–पदावली 14, पृ. 73।
274. वही, पदावली 17, पृ. 73।
275. वही, पदावली 54, पृ. 82।
276. वही, पदावली 53, पृ. 82।
277. आचार्य परशुराम चतुर्वेदी–रहस्यवाद, पृ. 17।
278. "Mysticism is seen to be a highly specialised form of that search of reality for heightened and completed life, which we have found to be a constant characterstic of human consciousness."–Evelyn Underhill–Mysticism, p. 18.
279. क. ग्र.–पदावली 112, पृ. 95।
280. वही, पदावली 115, पृ. 95।
281. डॉ. सुरेन्द्रनाथ दास गुप्त–सौन्दर्य तत्त्व, पृ. 253।
282. डॉ. नगेन्द्र–भारतीय सौन्दर्यशास्त्र की भूमिका, पृ. 55।
283. महादेवी साहित्य–(सं.) ओंकार शरद, पृ. 340।
284. –Evelyn Underhill–Mysticism, p. 38.
285. डॉ. नगेन्द्र–भारतीय सौन्दर्यशास्त्र की भूमिका, पृ. 58।
286. आचार्य परशुराम चतुर्वेदी–रहस्यवाद, पृ. 67।
287. शब्दावली, पृ. 34।
288. आचार्य हजारी प्रसाद द्विवेदी–मध्यकालीन धर्म साधना, पृ. 259।
289. भागवत् (उत्तरार्द्ध)–10-26-40, पृ.
290. डॉ. नगेन्द्र–भारतीय सौन्दर्यशास्त्र की भूमिका, पृ. 62।
291. ऋग्वेद, 6-13-1।
292. वही, 1। 97। 5।

293. क. ग्र.–पदावली 337, पृ. 151।
294. वही, पदावली 203, पृ. 117।
295. वही, पदावली 171, पृ. 109।
296. अथर्ववेद–10-8-23।
297. डॉ. सुरेन्द्रनाथ दास गुप्त–सौन्दर्य तत्त्व, पृ. 181, 187।
298. इरविन एग्मैन–ललितकलाएँ और मनुष्य, पृ. 10।
299. क. ग्र.–पदावली 328, पृ. 149।
300. क. ग्र.–रमैणी, पृ. 174।
301. वही।
302. आचार्य परशुराम चतुर्वेदी–रहस्यवाद, पृ. 67।
303. का. उप.।
304. महादेवी साहित्य–(सं.) ओंकार शरद, पृ. 248।
305. अथर्ववेद।
306. द्विवेदी–कबीर, पृ. 65 (विश्व, पृ. 239-40, क. म., पृ. 576)।
307. सं. क. सा., पृ. 63-64।
308. क. ग्र.–पदावली 4, पृ. 69।
309. वही, साखी 40, परचा कौ अंग, पृ. 12।
310. George Santayana–The Sense of Beauty, p. 35.
311. Ibid, p. 169.
312. Ibid, p. 38.
313. अजय तिवारी–प्रगतिशील कविता के सौन्दर्य-मूल्य, पृ. 33।
314. डॉ. नगेन्द्र–भारतीय सौन्दर्यशास्त्र की भूमिका, पृ. 21।
315. Jacques Maritain–Creative Intuition in Art and Poetry, p. 126.
316. महादेवी साहित्य–(सं.) ओंकार शरद, पृ. 287-288.
317. सं. क. सा., पृ. 64-65।
318. डॉ. नगेन्द्र–भारतीय सौन्दर्यशास्त्र की भूमिका, पृ. 21।
319. नीलकान्त–सौन्दर्यशास्त्र की पाश्चात्य परम्परा, पृ. 90।
320. वही, पृ. 90।
321. डॉ. प्रतापसिंह चौहान–कबीर साधना और साहित्य, पृ. 359।
322. महादेवी साहित्य–(सं.) ओंकार शरद, पृ. 265।
323. सं. क. सा.–पृ. 68।
324. द्विवेदी–कबीर, पृ. 215।
325. क. ग्र.–साखी 5, परचा कौ अंग, पृ. 10।
326. वही।

327. "The poet's real gift is 'imaginative sympathy' in its true form of insight into others mind and the projection of our feeling into nature..." "Beauty is not a quality of things or of the mind, but a relation between us and an expressive object."–E. F. Carritt–An Introduction to Aesthetics, p. 102, p. 104.

328. ऋगवेद–7-88-5।

329. क. ग्र.–रमैणी, पृ. 179।

330. वही, पदावली 178, पृ. 136।

331. वही, पदावली 36, (परिशिष्ट), पृ. 208।

332. डॉ. गोविन्द त्रिगुणायत–कबीर और जायसी का रहस्यवाद तथा तुलनात्मक अध्ययन, पृ. 317।

333. "Tempramental reaction to the reality"–Evelyn Underhill, –Hundred Poems, Preface.

334. क. ग्र.–पदावली 403, पृ. 168।

335. द्विवेदी–कबीर, पृ. 52।

336. 'सदानादानुसन्धानात् क्षीयन्ते पाप संचय।
निरंजने विलीयेते निश्चित चित्त-भास्तौ ॥ 4-104

337. शिव.–2-48।

338. द्विवेदी–कबीर, पृ. 53।

339. डॉ. पीताम्बर दत्त बड़थ्वाल के श्रेष्ठ निबन्ध–(सं.) डॉ. गोविन्द चातक, पृ. 58।

340. वही, पृ. 59।

341. डॉ. रामकुमार वर्मा–कबीर का रहस्यवाद, पृ. 34।

342. वही, पृ. 174।

343. वही, पृ. 34।

344. क. ग्र.–पदावली 203, पृ. 217।

345. "I heard flowers that sounded and notes that shown."–Evelyn Underhill–Mysticism, p. 8.

346. क. ग्र.–पदावली 381, पृ. 137।

347. डॉ. प्रेमनारायण शुक्ल–हिन्दी साहित्य में विविधवाद, पृ. 441।

348. Evelyn Underhill–Mysticism, p. 254.

349. Ibid, p. 255.

350. क. ग्र.–पदावली 316, पृ. 146।

351. "From the moment in which the soul has received the impression of Deity in infused orison." Says Malaval, "She sees Him everywhere by one of

love's secret which is only known of those who have experienced it. The simple vision of pure love, which is marvellously penetrating, does not stop at the outer husk of creation; it penetrates the divinity which is hidden within."–Evelyn Underhill–Mysticism, p. 254.

352. क. ग्र.–पदावली 18, पृ. 70।
353. 'यदात्मत्वेन तु ब्रह्म तत्त्व दीपोपमेनेह युक्त प्रपश्चेता
अंज ध्रुव सर्वतत्त्वर्विशुद्धं ज्ञात्वा देवमुच्यते सर्वपाशैः ॥ –श्वेता. 2। 15।
354. 'न सदृशे तिष्ठति रूपमस्य न चक्षुषा पश्यति कुर चनैनन।
हृदाहृदिस्थ मनसा व एनमेव बिदुर मृतास्ते भवंति ॥ –वही, 4। 20
355. क. ग्र.–रमैणी, पृ. 175।
356. डॉ. नगेन्द्र–भारतीय सौन्दर्यशास्त्र की भूमिका, पृ. 21-22।
357. आचार्य हजारी प्रसाद द्विवेदी–मध्यकालीन धर्म-साधना, पृ. 65।
358. रामपूजन तिवारी–सूफीमत साधना और साहित्य, पृ. 6।
359. वही, पृ. 6।
360. डॉ. सुरेन्द्रनाथ दास गुप्त–सौन्दर्य तत्त्व, पृ. 267-268।
361. द्विवेदी–कबीर, पृ. 101।
362. क. ग्र.–पद 16 (परिशिष्ट), पृ. 204।
363. इरविन एग्मैन–ललितकलाएँ और मनुष्य, पृ. 10।
364. क. ग्र.–रमैणी 5, पृ. 183।
365. वही, पद 152 (परिशिष्ट), पृ. 237।
366. द्विवेदी–कबीर, पद 16।
367. रामपूजन निवासी–सूफीमत साधना और साहित्य, पृ. 6।
368. वही, पृ. 38।
369. द्विवेदी–कबीर, पद 12, पृ. 203।
370. Robert Lechner–The Aesthetics Experience, p. 34
371. क. ग्र.–पद 65, पृ. 84।
372. कुरान-सूरा 24 : 35।
373. रामपूजन तिवारी–सूफीमत साधना और साहित्य, पृ. 251।
374. डॉ. सुरेन्द्रनाथ दास गुप्त–सौन्दर्य तत्त्व, पृ. 268-269।
375. क. ग्र.–साखी 130 (परिशिष्ट), पृ. 196।
376. क. ग्र.–पदावली 116, पृ. 227।
377. स्वामी रामानन्द–डॉ. बड़थ्वाल द्वारा उद्धृत।
378. द्विवेदी–मध्यकालीन धर्म-साधना, पृ. 58।
379. डॉ. रामकुमार वर्मा–कबीर का रहस्यवाद, पृ. 185।

380. वही, पृ. 31।
381. वही, पृ. 36।
382. क. ग्र.–पदावली 225, पृ. 122।
383. "The existence of an emergence of known-soul can only be justified from the stand point of making cognisable the luminosity of soul. The Rg-Veda Writes.

The Beautful came to participate in beautiful things. It was to make intelligible His own beauty." "The Supreme Beings in order to make easily available His own Beautiful form to mortals, seeks the help of known-soul substances, and thus diversifies His own luminosity."–R. K. Sen–Aesthetics Enjoyment, p. 190.
384. George Santayana–The Sense of Beauty, p. 8.
385. क. ग्र.–रमैणी (अष्टपदी रमैणी), पृ. 181।
386. वही, पदावली 134, (परिशिष्ट), पृ. 232।
387. वही।
388. स. क. सा., पृ. 262।
389. क. ग्र.–पदावली 58, (परिशिष्ट), पृ. 214।
390. स. क. सा.–पृ. 62।
391. क. ग्र.–साखी 40, परचा कौ अंग, पृ. 12।
392. वही, साखी 5, परचा कौ अंग, पृ. 10।
393. वही, साखी 12, परचा कौ अंग, पृ. 10।
394. डॉ. प्रताप सिंह चौहान–कबीर साधना और साहित्य, पृ. 346।
395. क. ग्र.–पदावली 191 (परिशिष्ट), पृ. 247।
396. क. ग्र.–साखी 13, परचा कौ अंग, पृ. 10।
397. क. ग्र.–पदावली 157, पृ. 105।
398. डॉ. गोविन्द त्रिगुणायत–कबीर तथा जायसी का रहस्यवाद तथा तुलनात्मक अध्ययन, पृ. 60।
399. क. ग्र.–पदावली 5, पृ. 70।
400. वही, पदावली 6, पृ. 71।
401. वही, पदावली 115, पृ. 104।
402. वही, पदावली 73, पृ. 86।
403. वही, पदावली 30, पृ. 76।
404. वही, पदावली 8, पृ. 69।
405. वही, पदावली 4, पृ. 69।

406. वही, पदावली 5, पृ. 70।

407. वही, पदावली 73, पृ. 86।

408. डॉ. पीताम्बर दत्त बड़थ्वाल के श्रेष्ठ निबन्ध–(सं.) डॉ. गोविन्द चातक, पृ. 10।

409. डॉ. गोविन्द त्रिगुणायत–कबीर और जायसी का रहस्यवाद तथा तुलनात्मक अध्ययन, पृ. 85।

षष्ठ अध्याय

उपसंहार

कबीर ने अपने काव्य द्वारा, अपने युग को नवीन संस्कारबोध और लोकमंगल की शिव एवं शुभ समन्वित आत्मदृष्टि प्रदान की थी। यह उनके आत्म-संस्कार और युग चेतना का परिणाम था कि उन्होंने अम्लान के सौन्दर्य के उद्‌घाटन का प्रयास किया। कबीर का समय निराशा, हतोत्साहित राष्ट्र, कलान्त हिन्दू-जाति और कुंठित मानव का युग था जिसमें मानवीय और सामाजिक जीवन के सभी सम्बन्ध विशृंखलित होते जा रहे थे, इसलिए मुसलमानी राज्य से निराश होकर कवि अन्तर्मुखी और कल्पनाशील हो गए थे। पराजय, निराशा और कुंठा की यह अन्तर्द्वन्द्व से पीड़ित कल्पनाशीलता कवि की भावना से परिवर्तित होकर आशा, आस्था और सौन्दर्य की सृजक बन गई।

कबीर ने समस्त विश्व में एक सर्वव्यापी दिव्य चेतना के उद्‌भास का अनुभव किया था। यही उनकी सौन्दर्य-विषयक चित्तस्फूर्ति थी। यही दैवी प्रकाश और दिव्य-ज्योति थी। श्रीभगवान का अनुपम और अलौकिक सौन्दर्य कबीर के जिज्ञासा-तत्त्व का मूलाधार था। इसको जानने की लालसा में वे सदा तल्लीन रहे। इस अप्रत्यक्ष-बोध की जिज्ञासा ने एक मनोरम रूप धारण कर लिया जिसका लोकोत्तर आख्यान करते हुए भी उन्होंने उस दिव्य, दैवी-स्फुरणमय भावदशा के लिए लौकिक आधार-भूमि का प्रयोग किया है। कबीर के काव्य के सभी उपमान, रूपक, प्रतीक, बिम्ब, कल्पना के सृजक-तत्त्व हमारे लौकिक जीवन से ही ग्रहण किए गए हैं। हमारे व्यावहारिक जीवन की एक व्यापक छवि उनमें दृष्टिगोचर होती है, किन्तु कबीर ने उनको ऐन्द्रिय धरातल पर से ऊपर उठाकर प्रस्तुत किया है। उन्होंने संसार में किसी क्षणभंगुर सौन्दर्य-चेतना का अनुभव नहीं किया, अपितु एक शाश्वत प्रतीयमान सत्ता का ही दर्शन किया था।

कबीर की सौन्दर्य-भावना में अन्तश्चेतना और आध्यात्मिकता की ओर झुकाव मिलता है। लोकातिक्रान्त रूपमाधुर्य ही कवि के लिए सम्पूर्ण सृष्टि में

व्याप्त रहस्य मधुर सौन्दर्य बन गया है। वह है सृष्टि में व्याप्त श्री, शोभा कान्ति, रमणीयता, चमत्कृति, सत्वोद्रेक, रसानुभूति, आह्लाद और आनन्द। वास्तव में कबीर इस सौन्दर्य के भावक और स्रष्टा दोनों ही स्वयं थे। सुन्दर और सौन्दर्य उनके लिए एक ही है। सुन्दर वास्तव में सुन्दर की, सौन्दर्य की अनुभूति है। सुन्दर का सत्य अनुभूति है। अतः सुन्दर और अनुभूति एक ही है, वही सौन्दर्य है। कबीर में सौन्दर्य की अनुभूति अतीन्द्रिय, निराकार, निष्काम एवं निरुपाधिक रस के रूप में व्यंजित हुई है। उन्होंने सगुण सौन्दर्य को निर्गुण रूप में परिवर्तित कर दिया है। ससीम असीम हो गया है। सूक्ष्म देही तत्त्व कबीर में उपलब्ध होता है और इस प्रकार कबीर प्लेटो, प्लोटिनस, ऐक्वानिस, शेफ्ट्सबरी रस्किन की तरह उस सौन्दर्य का ससीम में असीम रूप को प्रतिबिम्ब देख सके। देह-छवि से अदेह-छवि का दर्शन कबीर की सौन्दर्य चेतना की महत्त्वपूर्ण विशेषता है, जिसमें अशरीरी भावना ही प्रमुख है। इनकी ब्रह्मानुभूति में सूक्ष्म और अगोचर शून्य और निराकार की अतुलनीय भव्यता, अनुपम अंग की महिमा, निर्मल सूर्य के उदय द्वारा आत्मा-कमल की मुखरता, अनहद तूर की ध्वनि का सौन्दर्य अनुभव व्याप्त है। उस परम सौन्दर्य के रूप-सौन्दर्य का उद्घाटन अन्तः-बाह्य सर्वत्र ही दृष्टिगोचर हो रहा है। उनकी निष्काम, निर्लिप्त प्रेमभावना उनके रहस्यवाद का माधुर्य है। वह आत्मा की परमतत्त्व के साथ मिलन की दिव्य अनुभूति की रसदशा है। रहस्यवाद का आत्मप्रकाश उसे निर्मल निर्भृत, आलोकमय और मुस्कान से भरता चला जाता है। प्रियतम के प्रति विरह-भावना में ऐन्द्रियता गौण होकर रह गई है। इसीलिए अपार्थिव और अतीन्द्रिय सौन्दर्य के संकेत उनके काव्य में प्रचुर मात्रा में मिलते हैं। प्रकृति की जड़ता वहाँ सजीव होकर रसमय बन जाती है। आत्मा अपना दर्शन करके स्वयं अपने पर ही विमुग्ध हो उठती है।

सौन्दर्य अपने आप में पूर्ण, शुभ, शिव, उदात्त और विराट होता है, वह इस सृष्टि की लयगति है। उसकी सुव्यवस्था और सन्तुलन है। हम अपनी इन्द्रियों के अतिरिक्त छठी इन्द्रिय मन द्वारा उसका दर्शन करते हैं, उसका आनन्द लेते हैं। ब्रह्म ही आनन्द कन्द है, सौन्दर्य की चरम सीमा है। आत्मा का लालित्य है। उसके साहचर्य बिना सुख या आनन्द की अनुभूति नहीं हो सकती। वैदिक ऋषि का असीम, निस्सीम परोक्ष सत्ता का अनुभव ही सौन्दर्यपरक भारतीय दृष्टिकोण है। रूप की विशालता, उदात्तता सौन्दर्य की अनुभूति का एक महत्त्वपूर्ण माध्यम है। वेदों में विश्वारूपाणि प्रतिभुयते कविः का भाव यही है, ऋग्वेद का यह भाव–

यूयम् गावो भेदयथा कृषंचिद्।
अशरीर कृणुथा सुप्रतीकम् ॥

उस कान्ति की रश्मि का ही परिचय देता है, जो रूपहीन को भी सुप्रतीक, सुन्दर बना देती है।

उपनिषद् आनन्द ब्रह्म का उल्लेख करते हैं। वह अनन्त आलोक से दीप्त और चरम आनन्द का स्रोत है। कठ और तैत्तिरीयोपनिषद् में इसी भाव का विशद् और सुन्दर विवेचन मिलता है। ब्रह्म ही आनन्द है, रमणीय शुभदर्शन, रुचिर, सुभग है। कबीर ने इस सौन्दर्य के अनुभव आनन्द को अभिव्यक्त करने का प्रयास किया है। वास्तव में सफल और पूर्ण अभिव्यक्ति ही सौन्दर्य है। क्रोचे की सौन्दर्य-विषयक इस मान्यता को कबीर ने ब्रह्म अनुभूति द्वारा स्पष्ट सिद्ध कर दिया है।

सौन्दर्य की एक निश्चित परिभाषा देना कठिन है। इसकी दार्शनिक, कलात्मक, मनोवैज्ञानिक, आध्यात्मिक, धार्मिक, नैतिक, प्रत्ययवादी, अनुभववादी, रोमांटिक, यथार्थवादी, आदर्शवादी, समाजवादी, मार्क्सवादी परिभाषा या विचार उपलब्ध होते हैं। आत्मवादी, देहवादी, वस्तुवादी, भाववादी व्याख्या मिलने के साथ ही यह प्रश्न भी सहज ही उत्पन्न होता है कि वह वस्तुनिष्ठ है अथवा व्यक्तिनिष्ठ। यहीं आकर सौन्दर्य की विवेचना में व्यष्टिगत तथा समष्टिगत समस्या तो उत्पन्न होती ही है, सुन्दर और सौन्दर्य के अन्तर का प्रश्न भी उठ खड़ा होता है। सौन्दर्य चेतन मन की क्रिया अथवा प्रतीति है। किसी दिव्य चेतना की अभिव्यक्ति या प्रतिबिम्ब है या हमारी रुचि की अनुकूलता, इच्छा अथवा रागात्मिका प्रवृत्ति है। वास्तव में सिद्धान्तवाद ने सौन्दर्य के विचार को जटिल ही नहीं किया, उसे संकीर्ण सीमाओं में बाँधने का प्रयत्न भी किया है। सौन्दर्य शास्त्र में इसी वस्तुस्थिति का अध्ययन किया जाता है। सम्भवतः भारतीय दृष्टिकोण के आध्यात्मिक होने के कारण ही यहाँ सौन्दर्यशास्त्र जैसे शास्त्र का आरम्भ या जन्म पश्चिम की भाँति नहीं हुआ। भारतीय कला, काव्य का मूल स्वर आध्यात्मिक ही है।

वास्ताव में सौन्दर्य की प्रकृति जटिल और सहज दोनों हैं। वह हमारे आन्तरिकबोध पर निर्भर करती है। सौन्दर्य की यदि कोई मूर्त्त सत्ता नहीं है तो निराकार सत्ता भी नहीं है, अन्यथा अनुभूति किसकी होगी। वह वस्तु का गुण है, न कि गुणों का अन्तः सम्बन्ध, न ही वह कोई परमसत्ता है, क्योंकि सौन्दर्य आदिमकाल से ही मनुष्य की सहज भावना है। सौन्दर्य का शिव और सत्य से ही सम्बन्ध मानना उचित नहीं है। प्लेटो ने सौन्दर्य और कला का परस्पर कोई सम्बन्ध नहीं माना। मार्क्सवादी सौन्दर्य को प्रत्यय नहीं मानते। यूनानी दार्शनिकों की दृष्टि से सौन्दर्य अंग-समन्वय में निहित है किन्तु यह दृष्टिकोण बदला, उसे निरवयव, अतीन्द्रिय, चिरन्तन, अद्वय, देशातीत, कालातीत और आदर्श जगत की सत्ता माना गया। किन्तु सौन्दर्य स्वयं को ऐन्द्रिय रूपों में व्यक्त करने की क्षमता

रखता है। शिव और सत्य में इस क्षमता का अभाव है। प्लोटिनस, बर्कले हीगेल जैसे सौन्दर्यशास्त्रियों ने उसका ज्ञान सिर्फ विवेक से ही सम्भव माना है।

रूपात्मक धारणा की दृष्टि से सौन्दर्य के प्रति विशेष आग्रह रहा है। वह सहज-ग्राह्य और तृप्त करने वाला माना गया है। सामंजस्य, सन्तुलन, अनुपात एवं समानुरूपता वस्तुओं में सुन्दरता को उत्पन्न करते हैं। कभी-कभी रूपात्मकता नीरस प्रतीत होती है और तब अनुभव होता है कि सौन्दर्य इससे परे की वस्तु है। कुछ लोग कलात्मक और प्राकृतिक सौन्दर्य में भेद करते हुए इनमें से एक को श्रेष्ठ सिद्ध करने का प्रयत्न करते हैं। हीगेल और क्रोचे का ऐसा ही विचार है, किन्तु कतिपय सौन्दर्य-रहस्य प्राकृतिक सौन्दर्य में ही छिपे पड़े हैं। कबीर ने ब्रह्म और रहस्यानुभूति में इस तथ्य को अनुभव किया है। उनका सौन्दर्य आत्म साधनसार है। प्रकृति की अनूठी चितवन में ही वह अपनी अनुपम भंगिमा का दर्शन देता है, जैसे–

तरवर तास बिलबिए, बारह मास फलत।
शीतल छाया गहर फल, पषीकेलि करत।[1]

सौन्दर्य-निहित मनोवेग, भावोद्रेक कबीर की सौन्दर्य-भावना का स्रोत है। कभी-कभी तो ऐसा प्रतीत होता है जैसे कल्पना अवरुद्ध हो गई हो। कांट ने प्राकृतिक वस्तुओं में प्रयोजन निरपेक्ष सौन्दर्य के दर्शन किए हैं। इनको देखते ही हमारे मन में एक रुचिकर एवं सामंजस्यपूर्ण रूपाकृति का बोध होता है, किन्तु वह वर्णन उद्दीप्त करने वाला नहीं है–

फूल जु फूले रुति बसन्त, जामैं मोहि रहे सब जीव जन्त ॥
फूलनि मैं जैसे रहें बास यूँ घटि घटि गोबिन्द है निवास ॥[2]

कबीर ने सौन्दर्य को सृष्टि की प्रेरक ऊर्जा माना है। प्रकृति में विशिष्ट कृतित्त्व का उदय होता है। वेदों में प्रकृति के सौन्दर्य का विराटता, उदात्तता के कारण स्तुति-गान किया गया है। प्रकृति अव्यक्त, रहस्यमय है, उसके सुकुमार स्पर्श में सृजन की अनन्त शक्ति निहित है। बर्क और रस्किन ने प्रकृति में एक महानता का अनुभव किया है जो सौन्दर्य की बोधक है। उसमें सम्पूर्णता, एकता, अखंडता होती है, जो सौन्दर्य के तत्त्व हैं।

ब्रह्म-जिज्ञासा में कबीर ने सृष्टि के माध्यम से ही अनेक जिज्ञासाओं का समाधान किया है। प्लोटिन की सौन्दर्य-अनुभूति का स्रोत तो प्रकृति ही है। रस्किन ने इसे 'वाइटल ब्यूटी' कहा है। यह जगत भगवान की सृष्टि के रूप में भगवान का प्रकाश है। सुन्दर छवि के दो रूप होते हैं। दृष्ट रूप तथा काल्पनिक रूप, हम दृष्ट रूप में नूतनता भरते चले जाते हैं। कबीर ने इस दृष्ट रूप द्वारा

अपनी कल्पना शक्ति का रहस्यवादी सौन्दर्य में भरपूर प्रयोग किया है–

अमलिन मलिन घाम नहीं छाँहाँ, दिवस न राति नहीं है ताहाँ ॥
तहाँ न ऊगै सूर न चन्द, आदि निरंजन करे अनन्द ॥"[3]

वास्तव में कवि अपनी कल्पना द्वारा सँवारकर ही प्रकृति को सुन्दर बनाता है, जैसे ब्राउनिंग कहते हैं–

> "I but open my eyes,—and perfection, no more and no less, In the kind of imagined full-fronts me, and God is seen God, in the star, in the stone, in the flesh, in the soul and the cloud."[4]

इन भावों में उदात्तता, रहस्य-भावना, आश्चर्य, चमत्कृति और रमणीयता के साथ समन्विति, सन्तुलन, सुव्यवस्था सभी गुण मिलते हैं जो सौन्दर्य के बोधक हैं। यद्यपि एडीसन, बर्क, कांट, लांजाइनस ने प्रकृति में सौन्दर्य को माना, किन्तु हीगेल, क्रोचे ने उसको महत्त्वहीन माना है। योरोपीय विद्वानों में प्रकृति को सुन्दर मानने, न मानने के सम्बन्ध में मतभेद हैं, किन्तु इतना अवश्य है कि प्रकृति और सौन्दर्य का भारतीय दृष्टि से, कालिदास और रामायण में वर्णन द्वारा अभिन्न सम्बन्ध स्थापित किया गया है। कैरिट ने कलागत तथा स्वाभाविक सौन्दर्य को पूर्णतः समान जातीय बताया है।

श्रेष्ठ काव्य में दो गुण होते हैं, हृदय की सत्यता और कल्पना। सौन्दर्यानुभूति के आनन्द का कुछ भाग हमारे परिचित जगत एवं हमारी प्रकृति की विशद् नवोन्मेषकारी प्रस्तुतिमात्र होता है। कबीर तो उस परब्रह्म के सौन्दर्य का उद्भास प्रकृति के कारण में अनुभव करते हैं–

कबीर कवल प्रकासिया, ऊग्या निर्मल सूर।
निस अँधियारी मिटि गई, बाजे अनहद तूर ॥[5]

यही अनुभूतियाँ कबीर की सौन्दर्य रचना बोध और दृष्टि की आधार हैं।

कबीर मुक्त हृदय की काव्यदशा के कवि थे, सभी प्रकार के पूर्वाग्रह, दुराग्रह से सर्वथा मुक्त, अन्तःप्रज्ञा प्रेरित एक क्रान्तदर्शी, मस्त-मौला सन्त थे, कबीर सन्त ही अधिक थे कवि नहीं, ऐसा कतिपय विद्वानों का विचार है जो उनके अन्तःस्तल में बहती रस रंगा में डुबकी लगाने के आनन्द से वंचित रहे किन्तु सौन्दर्य की कोमलता, मसृणता, विदग्धता, मुखरता, स्निग्धता, समष्टि का व्यक्तिनिष्ठ, किन्तु साक्षात्कार, सुकुमार भावनाओं द्वारा रहस्य-भेदन, गति-तीव्रता, ऊर्जा, संगति, मधुर (लय-बोध) सभी प्रेरणाएँ तो उनके काव्य में उपलब्ध हैं।

योगपरक, सैद्धान्तिक वर्णन सम्भवतः नीरसता का संकेत देता हो, किन्तु

'संन्तो सहज समाधि भली' के अवबोधन के कोमल-धरातल का स्पर्श कम ही लोग कर सकते हैं। शर्त है—सहृदय होना, वीक्षावृत्ति का गुण होना, तभी कबीर की वाणी की ताजगी, स्फूर्ति और नवीनता का स्पर्श हमें आनन्द दे सकता है। उसका आनन्ददायक होना एक बात है और उपयोगी होना दूसरी बात। उपयोगिता का दृष्टिकोण सौन्दर्य के क्षेत्र को, सीमा को संकुचित-सा कर देता है। हर चीज़ में नैतिकता को सौन्दर्य की दृष्टि से खोजना सहज आनन्द वृत्ति के साथ अन्याय करना है। सुकरात की भाँति आकृति और वर्ण का सौन्दर्य सदैव ही आनन्ददायक नहीं हो सकता, अव्यवस्था, कुरूपता में सौन्दर्य के दर्शन करने वाले भी हैं। पहाड़ों की भयानक आकृति और सागर का विकराल रूप हमारे स्नायु तन्त्र को प्रभावित करता है। भय और त्रास से एक वैचित्र्य का अनुभव होता है। यह औदात्य भी सौन्दर्य का स्रोत है। कबीर ने आकार और वर्ण के सौन्दर्य को त्याग कर निराकार और अवर्ण की सौन्दर्य अनुभूति का वर्णन किया है। किन्तु भावों का कभी-कभी इतना सशक्त आवेग होता है कि हमारी सहनशक्ति निर्बल पड़ जाती है। कबीर इस महाउद्वेग को सहज ही सहन करने वाले कवि थे—

'मन लागा उनमन सौं, गगन पहुँचा जाइ।
देख्या चन्द बिहूँणाँ, चाँदिणाँ, तहाँ अलख निरंजन राइ ॥'[6]

इसी प्रकार की एक अन्य अलौकिक भावदशा की प्रबल प्रभंजन के समान स्थिति का कबीर वर्णन करते हैं—

'इन्द्रलोक अचरिज भया, ब्रह्म पड्या विचार।
कबीर चाल्या राम पैं, कौतिगहार अपार।'[7]

यह वह मनोदशा है जो मनोलोक में अप्रकट रूप में घटित होती है। कबीर ने मन में इसका आस्वादन किया सुन्दर को साक्षात् देखा, तभी इसी भावदशा का आनन्द उनको मिला। यह सामान्य साधक की स्थिति नहीं है। यह असाधारण आवेग की मनःस्थिति है। मन बार-बार अन्तर्मुखी होकर अपने अन्तर में लहरें मारते चैतन्य को देखने का प्रयास करता है। मनोवैज्ञानिक दृष्टि से हमारे शरीर का तन्तु जाल रस में स्पन्दन करने लगता है। नाड़ियों, रुधिरचक्र, श्वास-प्रश्वास, पेशी-संस्थान में लय व्याप्त हो जाती है। हमारे अन्दर रस का तरल प्रवाह उमड़ उठता है। सुख-दुःख के द्वन्द्व से परे ऐसे अनुभूति के क्षण कबीर में काफी मात्रा में मिलते हैं। कबीर ने सहज अवस्था का उदात्त वर्णन किया है। जीवात्मा जब सभी प्रकार के मनोविकारों से युक्त होकर चेतन-चौकी और, जाग्रत-समाधि आदि की अवस्थाओं से पर्याप्त ऊपर उठ जाता है, तब उसके लिए सांसारिकता, रात-दिन, सूर्य-चन्द्र, जल, पावक, पवन का महत्त्व नहीं रहता। यह जीवात्मा के भूभा के

अतुल साम्राज्य में प्रवेश करने की स्थिति है। अनावृत्त रहस्यों का उद्घाटन होता है। यही पारमार्थिक सत्ता का बोध है–

'कहि कबीर हीरा अस देखिआ जग मह रहा समाई।
गुपता हीरा प्रगट भइओ जब गुरुगम दीआ दिखाई।'[8]

वास्तव में सांख्य दर्शन के अनुसार मूल में भूल के अभाव से मूल, भूल रहित है।[9] उभय पदार्थों के विलीन होने पर भी जिस सूर्य का अम्लान प्रकाश रहता है, वह आत्मा का भानु है। ब्रह्म की अनुभूति प्राप्त करने की स्थिति में वह अन्य सांसारिकों से भिन्न अवस्था में रहता है। कबीर इस सौन्दर्य का उद्घाटन करते समय यही बताना चाहते हैं कि जीवात्मा यथार्थतः चेतन है, फिर भी भ्रमवश अपने को मलिन समझता है। इसी विकार ग्रस्त दशा का प्रक्षालन कर कबीर सौन्दर्य के निर्मल प्रकाश को फैला हुआ देखते हैं–

'पारस रूपी जीव है, लोह रूप संसार।
पारस ते परसी भया, परसिभया टकसार।'[10]

कबीर ने सौन्दर्य अनुभूति और उसके प्रसार में प्रमुख रूप से आध्यात्मिक दृष्टिकोण को ही ध्यान में रखा है? ज्वाय फ्रे और रीड ने सौन्दर्य की आध्यात्मिक व्याख्या की है। ज्वाय फ्रे सौन्दर्य को किसी अदृश्य शक्ति की अभिव्यक्ति मानते हैं और रीड इसे वस्तुओं का गुण न मानकर ईश्वरीय शक्ति मानते हैं। सेंट आगस्टाइन ने असीम शिवत्व, सत्य तथा सौन्दर्य को ईश्वर का गुण माना हैं, जिन्हें ईश्वर इस संसार की वस्तुओं को प्रदान करता है। प्लेटो ने तो यहाँ तक कहा कि प्रत्येक सुन्दर वस्तु उसी आत्यन्तिक सौन्दर्य से ही सुन्दर है। प्लोटिनस ने इसे परमशक्ति का शिवरूप माना है। यही शेफ्ट्सबरी का प्रथम सौन्दर्य (Absolute Beauty) है जिसे अनेक भारतीय चिन्तक ज्योति, नूर कहते हैं। इनके अनुसार यह समस्त सृष्टि उसी परमसौन्दर्य का प्रतिबिम्ब है। कबीर इन मतों की पुष्टि अपने काव्य में करते हैं–

'एक नूर ते सब जग उपज्या...'[11]

सृष्टि का सौन्दर्य-विकास इस नूर से ही हुआ है। वही प्रकाश सर्वत्र फैला हुआ है। सूर्य और चन्द्र का प्रकाश भी उसी से निःसृत होता है–

'सूरज चन्द्र करहि उजियारा। सब महि पसरया ब्रह्म पसारया।'[12]

यही सौन्दर्य प्रथम सौन्दर्य होने से करोड़ों कामदेवों को भी लज्जित कर देता है। यह ज्योति अन्तरतम में प्रविष्ट हो जाती है–

'कंद्रप कोटि जाकै लवै न धरहि। अनतर-अन्तर मन साहरहि।'[13]

यह कल्पना-प्रसूत मानसिक सौन्दर्य का बिम्ब-विधान है। विक्टर कज़िन ने मानसिक सौन्दर्य को सर्वश्रेष्ठ मानकर उसे शुद्ध आत्यान्तिक बताते हुए कहा है कि यही ईश्वर है। कबीर ने इसे अन्तर चेतना स्फूर्त सौन्दर्य माना है। सम्भवतः बाह्य, रूपाकार युक्त सौन्दर्य का प्रभाव अस्थायी और क्षणिक होता है। परमविभु का सौन्दर्य चिरस्थायी और आत्म को आलोक प्रदान करने वाला होता है। इसीलिए अरस्तू ने सौन्दर्य को परमतत्त्व का आनन्द बताया है। हीगेल इस विचार को स्पष्ट करते हुए बताते हैं कि जहाँ एक ओर सौन्दर्य की बाह्य सत्ता है, वहाँ आन्तरचिद्भिव्यक्ति के साथ मेल हुए बिना कोई वस्तु सुन्दर नहीं हो सकती। कबीर ने बार-बार इसी आन्तरिक सौन्दर्य का आख्यान अपने काव्य में किया है। वह वस्तु, रूप का भौतिक सौन्दर्य नहीं है।

कबीर ने अपने आध्यात्मिक सौन्दर्य अनुभव द्वारा मानवीयता तथा सामाजिकता के सौन्दर्य का अनुभव भी किया है। हमारे नैतिक दृष्टिकोण, आत्मगरिमा, परहित भावना, लोकमंगल के अनुभव में यह सौन्दर्यानुभूति मुखरित हुई है। सार्वभौमिक एकता, समानता, स्नेह, सद्भाव, पारस्परिकता की अनुभूति, मैत्री-भावना, उसके वह आयाम हैं जिनमें कबीर ने एक यथार्थवादी दृष्टिकोण से सौन्दर्य का अनुभव किया है। साम्यवादी विचार कि 'सौन्दर्य जीवन है', कबीर के प्रतिपादन की एक दिशा है। जहाँ कबीर ने मानवीय जीवन में व्याप्त विकारों, कुत्सा, संकीर्णता, वैमनस्य, भेदभाव को दूर करने का प्रयत्न करते हुए आन्तरिक निर्मलता, शुभ्रता, शुभ और शिव के दृष्टिकोण को प्रस्तुत किया है। इसीलिए कबीर बार-बार ब्रह्म की सर्वव्यापकता, रहस्यवाद के सर्वात्मवाद रूप का वर्णन करते हैं। मानव जीवन की पूर्णता, सार्थकता ही सौन्दर्य है–

'जैतै औरत मरदा साजै ये सब रूप तुम्हारे ॥'[14]

मन का मैल दूर करने पर ही सच्ची निर्मलता प्राप्त होती है–

'अन्तरि मैल जे तीरथन्हावै तिस् बैकुंठ न जाना।'[15]

यहाँ टॉलस्टाय का प्रभाव मिलता है, जहाँ वह कला का नैतिक उद्देश्य मानते हुए उसे सामाजिक हित के लिए लोककल्याण के लिए उपयोगी मानते हैं। उत्कृष्टतम भाव का तात्पर्य हमारे चित्त की उच्चतम वृत्ति होती है। कबीर का मत भी यही था, उनके काव्य का लक्ष्य इसी लोककल्याण भावना से समन्वित था। जो मनुष्य को माया-जनित लोभ, मोह, लिप्सा, शोषण, स्वार्थवृत्ति से मुक्त करना चाहती है। यह जीव-मुक्त भावना एक श्रेष्ठ सौन्दर्य-भावना है, वही आत्मलाभ है, सौन्दर्य हमारे अन्तर के किसी अज्ञात आदर्श को पूर्ण करता है, कुछ चिन्तक इस

मत से सहमत नहीं हैं। चित्त की निर्मलता का सम्पादन उसका गौण फलमात्र है, किन्तु चिन्तक दर्शन के अनुसार सत्वोद्रेक से पूर्णवत्ता, पवित्रता और शुचिता उत्पन्न होती है जो आदर्श मानव, आदर्श समाज के लिए आवश्यक है। समस्त नीतिशास्त्र की प्रेरणा का मूलमन्त्र मनुष्य के साथ मैत्री द्वारा ऐक्य स्थापित करना है। इसके लिए अनेक विधान हैं। कोई एक नियम नहीं है। किन्तु काव्य उसमें कोमलता उत्पन्न कर, औदात्य का स्फुरण कर, चित्त वैशिद्य द्वारा, विचारों की महानता द्वारा ऐसा कर सकता है। यह सभी पक्ष किसी-न-किसी दृष्टि से सौन्दर्य-भावना से सम्बद्ध हैं। जीवन में नैतिकता, आचार-विचार की निर्मलता हमारे मार्ग को ज्योतिर्मय बनाती है।

कबीर तत्कालीन समाज में, जन-जीवन में बौद्धिक क्रान्ति का, आत्मचेतना का मन्त्र स्फुरित करने वाले व्यक्ति थे। जिन्होंने धर्म, दर्शन के खोखलेपन और कुरूपता को दूर किया तथा सामाजिक अन्याय, अत्याचार, स्वार्थपरता, दुराचार, शोषण-वृत्ति पर प्रहार कर उसकी मलिनता और आडम्बर को दूर करने का प्रयत्न किया। आत्मा को निर्मल, ज्योतिपूर्ण बनाना, इन्सान की दुर्बलता, निर्बलता, बेबसी, हीनभावना को दूर कर उसे आस्थावान, आशामय बनाया। उसके कालुष्य, मलिनता को दूर कर उसे दिव्यता, सौन्दर्य प्रदान किया। उच्चतर मूल्यों को समाज में प्रतिष्ठित की, अलौकिक सौन्दर्य का वर्णन करने के साथ, यथार्थता, संस्कारों की उच्यता, व्यावहारिकता, जीवन की पूर्णता का भी ध्यान रखा है। जीवन का सन्तुलन, समन्वय, सुव्यवस्था उनकी सौन्दर्य-दृष्टि का, सौन्दर्य-मूल्य का आधार थे। कबीर मानव-चेतना के प्रेरक थे। उनमें लोक हितैषणा का मधुर-रस भरा हुआ था। प्रेमरस की मस्ती में वे डूबे रहते थे।

मध्यकाल में पूँजीवाद और जनवाद का संघर्ष था। धार्मिक आडम्बर और सत्य भावना का टकराव था। एकता और अनेकता का युद्ध था। वह न्याय और अधिकार को माँगने वाले सन्त सूरमा के संग्राम का युग था। मानसिक विकृति का बहिष्कार ही सौन्दर्य की रम्यता को जन्म देता है। उस समय उदारता, त्याग भावना का अभाव था। जीवन की संकीर्णता, सामाजिक सौन्दर्य को तमावृत्त किए हुए थी। कबीर ने वही मलावरण हटाया और सच्चे एवं स्वस्थ जीवन के दर्शन कराने का प्रयास किया। कबीर की दृष्टि एक सृजक की, रचनाकार की दृष्टि थी। वह समाज को ध्वंस करने वाले विनाशक तत्त्वों से उसकी रक्षा करना चाहते थे। सोऽहं की अनुभूति उनके हृदय को विशाल बनाए हुए थी। यही उनकी रचना की समग्रता थी। इस समग्रता को गोल्डमान ने 'टोटैलिटी' कहा है। यदि रचना अपनी सांस्कृतिक जिम्मेदारी का उचित निर्वाह कर सकने में सफल रही है तो उसमें ऐसे मानवीय-तन्तु होंगे जो उसे कालजयी बनाने में सहायक होंगे। मुक्तिबोध कहते हैं कि रचनाकार के सौन्दर्यानुभव के तत्त्व जीवन द्वारा, जीवनानुभव द्वारा प्रदत्त होते

हैं। उसे अभिव्यक्ति का संघर्ष करना पड़ता है। कलात्मक चेतना को संवेदनात्मक उद्देश्यों के साथ रमने, निजबद्धता को दूर करने का, जीवन की बुनियादी समस्याओं को समझने का प्रयत्न करना पड़ता है। कबीर ने अपने युग के मानव और समाज की पीड़ा का जितना अनुभव किया, जितनी गहराई से देखने-परखने, उसके अन्तस्तल को छूने का प्रयत्न किया, सम्भवतः इतनी गहरी पकड़ किसी अन्य कलाकार में नहीं मिल पाएगी। सभी दृष्टियों से आन्तरिक जीवन की सत्यता का उद्घाटन करना, बाह्य मिथ्याभाव को दूर करना, कबीर की सौन्दर्य-भावना का मूल आधार था। वास्तव में कबीर की कविता किस भावभूमि पर पनपी, फली-फूली, उसमें कितनी यथार्थता है, यहीं पर समाजशास्त्र का सौन्दर्यशास्त्र उपयोग में आता है। कबीर ने सिद्ध किया कि कोई भी कृति वैयक्तिक प्रयत्न होते हुए भी सामूहिक अभिव्यक्ति होती है। उनके काव्य में व्यक्ति चेतना, समष्टि-चेतना बनकर ही उनकी सौन्दर्यानुभूति की मार्मिक व्यंजना बनी है।

भावों का स्वच्छन्द प्रवाह ही मानव का यथार्थ व्यक्तितत्त्व है। कबीर इस धारणा के श्रेष्ठतम उदाहरण हैं। उनका सौन्दर्य प्रवाह स्वच्छन्द है। उनका आधार सौन्दर्यशास्त्र के नियमों और सिद्धान्तों से सर्वथा युक्त है। वह परातत्त्व का, शाश्वत सौन्दर्य का उन्मीलन तो करता ही है, हमारी आत्मा के सहज भावोद्रेक का परिचय भी देता है। कबीर मानव जीवन में आध्यात्मिकता का एक ऐसा सूर्य उदय करना चाहते थे जो आत्मज्ञान की मधुर रश्मियों से उसे आनन्द स्नात कर दे, जिससे समस्त म्लानता और विषाद तिरोहित हो जाए। उनकी कविता के शब्द जागरूक आत्माओं से कुछ कहते हैं। सुषुप्त को तुरीयावस्था में पहुँचा देते हैं। यही उन्मनी दशा उनके सौन्दर्य का भाव संसार है। कवि वस्तुतः ध्वनियों के तरल सौन्दर्य के माध्यम से, पद्य के प्रभाव के द्वारा और शब्दों के भाव-व्यंजक प्रयोग द्वारा प्रसुप्त कल्पना शक्ति को जगाने में संलग्न रहता है। कबीर की सशक्त वाणी इस कर्त्तव्य का भाली भाँति निर्वाह करती है। वे उत्तेजक विशेषणों के चयन द्वारा वस्तु का दीप्तिमान रूप हमें दिखाना चाहते हैं। वह अपने संवेदनों को प्रत्यक्ष रूप से हमें प्राप्त कराना चाहते हैं। हमारी रुचि की अनुकूलता के साथ-साथ उसका परिष्कार भी करते हैं। वास्तव में रुचि सामाजिक परिस्थितियों का परिणाम है। इसकी प्रकृति व्यक्तिगत अनुभव द्वारा भी निर्धारित होती है। कबीर का सौन्दर्यबोध आध्यात्मिक दृष्टि से व्यक्ति का सौन्दर्यबोध है, किन्तु लोक दृष्टि से वह सामूहिक सौन्दर्यबोध का परिचय भी देता है।

कबीर एक जीवन्त कलाकार थे। उन्होंने काव्यशिल्प को लेकर अपनी रचना नहीं की है, बल्कि समसामयिक जीवन को लेकर रूपान्तर की नई चेतना, तत्कालीन सौन्दर्यबोध के अनुसार अपना काव्य-सृजन किया था। परम्परागत और

रूढ़ सौन्दर्य-भावना को उन्होंने स्थूल, अस्थायी, प्रभावहीन और अनुपयुक्त मानकर उसे अस्वीकृत कर दिया था। आत्मावेग, आत्मदीप्ति का वह कवि अप्रत्याशित और चमत्कृत कर देने वाले साहचर्यों के वर्णन द्वारा चौंका कर, आश्चर्याभिभूत कर हमें काव्य के एक नए रूप को, एक आत्मविमुग्ध करने वाली सौन्दर्यानुभूति को पहचानने के लिए विवश कर देता है। उसका अतिक्रान्त रूप ही उसकी उदात्तता और गहन भावानुभूति का परिचय देता है। उनकी सौन्दर्य-भावना मुक्त हृदय, आत्मज्ञान सम्पन्न विवेकशील कवि की सौन्दर्यानुभूति का परिचय देती है। ब्रह्म की अखंडता, अभिन्नता ही उनके सौन्दर्य का निर्मल प्रकाश है। कबीर परमानन्द सुधा का रसपान करना ही जीवन का ईप्सिततम ध्येय मानते थे। उनकी आत्मा कमल की भाँति खिलकर, कान्तिमान होकर उस रस में सराबोर हो जाती है, यही उनके अपार्थिव सौन्दर्य का मंजुल विलास है।

संदर्भ

1. क. ग्र.—उपवाणी कौ अंग, साखी 4, पृ. 62।
2. वही, पदावली 382, पृ. 162।
3. क. ग्र.—पदावली 328, पृ. 149।
4. Soul, XVII (Underhill-Mysticism, p. 255)
5. क. ग्र.—परचा कौ अंग, साखी 43, पृ. 12।
6. वही, साखी 15, पृ. 10।
7. क. ग्र.—उपवाणी कौ अंग, साखी 3, पृ. 62।
8. रामकुमार वर्मा—सन्त कबीर, पद 31, पृ. 121।
9. मूले मूलाभावाद मूलं मूलम्। —सौ. द. 1। 33।
10. क. बी. सा. 301, पृ. 333।
11. क. ग्र.—परिशिष्ट, पदावली 12, पृ. 203।
12. वही, पदावली 35, पृ. 208।
13. वही, पदावली 48, पृ. 212।
14. क. ग्र.—पदावली 9, पृ. 203।
15. वही, पदावली 1, पृ. 200।

संदर्भ ग्रन्थ-सूची

हिन्दी

1. डॉ. सुरेन्द्रनाथ दास गुप्त--सौन्दर्य-तत्त्व।
2. डॉ. नगेन्द्र–भारतीय सौन्दर्यशास्त्र की भूमिका।
3. डॉ. नगेन्द्र–काव्य में उदात्त तत्त्व।
4. डॉ. निर्मला जैन–रस-सिद्धान्त और सौन्दर्यशास्त्र।
5. डॉ. निर्मला जैन–उदात्त के विषय में।
6. कुमार विमल–सौन्दर्यशास्त्र के तत्त्व।
7. डॉ. फतहसिंह–भारतीय सौन्दर्यशास्त्र की भूमिका।
8. डॉ. सुरेन्द्र बारलिंग–सौन्दर्य-तत्त्व और काव्य-सिद्धान्त।
9. डॉ. हरद्वारीलाल शर्मा–सौन्दर्यशास्त्र।
10. डॉ. हरद्वारीलाल शर्मा–सुन्दरम्।
11. श्री शंकर शुक्ल–क्रोचे का कला दर्शन।
12. डॉ. रामकीर्ति शुक्ल–सौन्दर्य का तात्पर्य।
13. गजानन माधव मुक्तिबोध–नए साहित्य का सौन्दर्यशास्त्र।
14. डॉ. रामलखन शुक्ल–भारतीय सौन्दर्यशास्त्र का तात्विक विवचेन एवं ललितकलाएँ।
15. डॉ. रमेश कुन्तल मेघ–अथातो सौन्दर्य जिज्ञासा।
16. डॉ. कान्तिचन्द्र पांडेय–स्वतन्त्र कलाशास्त्र।
17. डॉ. रामविलास शर्मा–आस्था और सौन्दर्य।
18. इमैनुएल कांट–सौन्दर्य मीमांसा।
19. डॉ. रामअवध द्विवेदी–साहित्य सिद्धान्त।
20. डॉ. शिवबालक राय–काव्य में सौन्दर्य और उदात्त तत्त्व।
21. आर. जी. कालिंगवुड–कला के सिद्धान्त।
22. इरविन एडेमेन–ललितकलाएँ और मनुष्य।
23. हरिवंश शास्त्री–सौन्दर्य-विज्ञान।

24. डॉ. एस. टी. नरसिंहचारी–सौन्दर्य-तत्त्व निरूपण।
25. राजमल बोरा–संवेदना और सौन्दर्य।
26. नीलकांत–सौन्दर्यशास्त्र की पाश्चात्य परम्परा।
27. राजेन्द्र प्रताप सिंह–सौन्दर्यशास्त्र की पाश्चात्य परम्परा।
28. अजय तिवारी–प्रगतिशील कविता में सौन्दर्य-तत्त्व।
29. डॉ. जयदेव सिंह–भारतीय संस्कृति में कला का महत्त्व।
30. डॉ. ओम-अवस्थी–रचनाप्रक्रिया।
31. श्यामसुन्दर दास–कबीर ग्रन्थावली।
32. पारसनाथ तिवारी–कबीर ग्रन्थावली।
33. बिचारदास–बीजक।
34. डॉ. जयदेव सिंह, डॉ. वासुदेव सिंह (सं.)–कबीर वाङ्मय, भाग-1, 2, 3।
35. डॉ. जयदेव सिंह, डॉ. वासुदेव सिंह (सं.)–कबीर वाणी पीयूष।
36. शब्दावली।
37. कबीर मंसूर।
38. आचार्य हजारी प्रसाद द्विवेदी–कबीर।
39. आचार्य हजारी प्रसाद द्विवेदी–मध्यकालीन धर्म-साधना।
40. आचार्य हजारी प्रसाद द्विवेदी–हिन्दी साहित्य की भूमिका।
41. आचार्य हजारी प्रसाद द्विवेदी–साहित्य सहचर।
42. आचार्य हजारी प्रसाद द्विवेदी–ग्रन्थावली (भाग-1, 7)
43. आचार्य परशुराम चतुर्वेदी–कबीर साहित्य की परख।
44. आचार्य परशुराम चतुर्वेदी–सन्त काव्य संग्रह।
45. आचार्य परशुराम चतुर्वेदी–हिन्दी काव्यधारा में प्रेम प्रवाह।
46. आचार्य परशुराम चतुर्वेदी–रहस्यवाद।
47. आचार्य परशुराम चतुर्वेदी–सन्त-साहित्य की परख।
48. आचार्य परशुराम चतुर्वेदी–मध्यकालीन प्रेम-साधना।
49. आचार्य परशुराम चतुर्वेदी–(सं.) हिन्दी साहित्य का वृहत् इतिहास (चतुर्थभाग)।
50. डॉ. गोविन्द त्रिगुणायत–कबीर की विचारधारा।
51. डॉ. गोविन्द त्रिगुणायत–कबीर और जायसी का रहस्यवाद तथा तुलनात्मक अध्ययन।
52. डॉ. रामकुमार वर्मा–सन्त कबीर।
53. डॉ. रामकुमार वर्मा–कबीर का रहस्यवाद।
54. भुवनेश्वरनाथ मिश्र माधव–सन्त साहित्य।
55. भुवनेश्वरनाथ मिश्र माधव–वैष्णव साधना और सिद्धान्तः हिन्दी साहित्य पर

उसका प्रभाव।
56. विवेक दास–(सं.) साहित्य की प्रासंगिकता।
57. कबीर साहब।
58. डॉ. रामजीलाल सहायक–कबीर दर्शन।
59. डॉ. केदारनाथ द्विवेदी–कबीर और कबीर पन्थ।
60. डॉ. प्रतापसिंह चौहान–कबीर साधना और साहित्य।
61. डॉ. पीताम्बर दत्त बड़थ्वाल–निर्गुण काव्यधारा।
62. डॉ. गोविन्द चातक–(सं.) डॉ. पीताम्बर दत्त बड़थ्वाल के श्रेष्ठ निबन्ध।
63. डॉ. कानन झिंगन–निर्गुण सन्त काव्य में शान्त रस।
64. डॉ. मुंशीराम शर्मा–भक्ति का विकास।
65. डॉ. रामनारायण पांडेय–भक्ति में रहस्यवाद।
66. डॉ. आशा गुप्ता–भक्ति सिद्धान्त।
67. कबीर वचनावली।
68. डॉ. रामनिवास चंडक–कबीर जीवन और दर्शन।
69. डॉ. ओमप्रकाश शर्मा–सन्त साहित्य की लौकिक पृष्ठभूमि।
70. डॉ. बेशनीप्रसाद चौरसिया–मध्यकालीन हिन्दी सन्त विचार और साधना।
71. डॉ. प्रेमस्वरूप–वैष्णव साहित्य में रस परिकल्पना।
72. आचार्य रामचन्द्र शुक्ल–जायसी ग्रन्थावली।
73. आचार्य रामचन्द्र शुक्ल–चिन्तामणि (भाग, 2)।
74. डॉ. ब्रजमोहन गुप्त–हिन्दी काव्य में रहस्यात्मक प्रवृत्तियाँ।
75. श्री चन्द्रबली पांडेय–तसव्वुफ अथवा सूफीमत।
76. श्री रामपूजन तिवारी–सूफीमत साधना और साहित्य।
77. डॉ राममूर्ति त्रिपाठी–रहस्यवाद।
78. डॉ. राममूर्ति त्रिपाठी–काव्य-तत्त्व विमर्श।
79. डॉ. विद्यानिवास मिश्र–साहित्य का प्रयोजन।
80. डॉ. सुरेशचन्द्र त्यागी–छायावादी काव्य में सौन्दर्य-दर्शन।
81. जयशंकर प्रसाद–काव्य-कला तथा अन्य निबन्ध।
82. परिपूर्णानन्द वर्मा–प्रतीकशास्त्र।
83. डॉ. पद्मा अग्रवाल–प्रतीकवाद।
84. गजानन माधव मुक्तिबोध–नई कविता का आत्मसंघर्ष तथा अन्य निबन्ध।
85. डॉ. शिवकुमार मिश्र–साहित्य का सामाजिक संदर्भ।
86. डॉ. शिवकुमार मिश्र–मार्क्सवादी साहित्य चिन्तन।
87. ओंकार शरद–(सं.) महादेवी साहित्य।
88. डॉ. परेश–सूरदास की लालित्य चेतना।

89. डॉ. प्रेमनारायण शुक्ल—हिन्दी साहित्य में विविधवाद।
90. डॉ. धर्मेन्द्र ब्रह्मचारी शास्त्री—साहित्यिक निबन्धावली।
91. म. म. गोपीनाथ कविराज—भारतीय संस्कृति और साधना।
92. वेंकेटेश्वर शर्मा—अध्यात्मयोग और चित्त विकलन।
93. डॉ. आर. जी. भंडारकर—वैष्णव, शैव और अन्य धार्मिक मत।
94. डॉ. ब्रह्ममित्र अवस्थी—पातंजल योग दर्शन।
95. डॉ. देवराज—संस्कृति का दार्शनिक विवेचन।
96. राहुल सांकृत्यायन—दर्शन-दिग्दर्शन।
97. डॉ. दीवानचन्द्र—पश्चिमी दर्शन।
98. डॉ. शिवनारायण लाल श्रीवास्तव—दर्शन के मूल प्रश्न।

संस्कृत

1. ऋग्वेद।
2. अथर्ववेद।
3. आनन्दवर्धन—ध्वन्यालोक लोचन।
4. छान्दोग्योपनिषद्।
5. मुंडकोपनिषद्।
6. वृहदारण्यकोपनिषद्।
7. कठोपनिषद्।
8. तैत्तिरीयोपनिषद्।
9. श्रीमद्भागवत्।
10. श्रीमद्गीता।
11. कालिदास—अभिज्ञान शाकुन्तलम्।
12. कालिदास—कुमारसम्भव।
13. आदर्श हिन्दी संस्कृत कोश।
14. वाचस्पत्य कोश।

English Book

1. Benedetto Croce — Aesthetics.
2. Bernard Bosanquet — A History of Aesthetics.
3. Earl of Listowel — Modern Aesthetics : A Historical Introduction.

4. Dr. K. C. Pandey — Western Aesthetics.
5. Berel Lang and Forrest Williams (Ed.) — Marxism and Art.
6. Yuri Borev — Aesthetics.
7. R. K. Sen — Aesthetics Enjoyment.
8. K. S. Ramaswamy — Indian Aesthetics.
9. Immanuel Kant — Critique of Pure Judgement.
10. J. P. Sartre — Essays in Aesthetics.
11. S. H. Butcher — Aristotles theory of Poetry — and fine art.
12. Ingram Bywater (Tr.) — Aristotle on the Art of Poetry.
13. Herbert Read — The Meaning of Art.
14. George Santayana — The Sense of Beauty.
15. E. F. Carritt — The Theory of Beauty.
16. Robert Lechnen — The Aesthetic Experience.
17. Raphel Demos (Ed.) — Jowetts Translation--Plato Dialogues.
18. H.D. Lewis — Morals & Revelation.
19. Louis Arnaud Reid — Meaning in the Art.
20. James L. Jarret — The Quest for Beauty.
21. Jacques Maritain — Creative Intuition in Art and Poetry.
22. Christopher Coudwel — Illusion and Reality.
23. Leo Tolstoy — What is Art ?
24. John Ruskin — Modern Painters.
25. G. W. F. Hegel — The Philosophy of Fine Art.
26. G. W. F. Hegel — Mystical Element in Religion.
27. Bertrand Russell — Mysticism and Logic.
28. Dr. M. Smith — Studies in Early Mysticism in the Near Middle East.
29. Otto Rudolph — Mysticism East and West.
30. Sidney Spencer — Mysticism in World Religion.
31. M. N. Sircar — Life Thought and Mysticism in India.
32. K. P. S. Choudhry — Mysticism in India.

33. Evelyn Underhill — Mysticism.
34. R. N. Tagore — Sadhna.
35. R. N. Tagore — Creative Unity.
36. Clive Bell — Art.
37. S. K. Saxena — Aesthetical Essays.
38. J. H. M. Whitehead — The Mystical Life.
39. Sri Aurobindo — The Life Divine.
40. A. C. Bradley — Oxford Lectures on Poetry.

Encyclopaedia and Dictionary

1. Paul Edwards (Ed.) — Encyclopaedia of Philosophy, Vol. I.
2. Encyclopaedia Britannica — Vol. I.
3. James Hastings (Ed.) — Encyclopaedia of Religion and Ethics Vol. I.
4. A Dictionary of Psychology
5. The Oxford English Dictionary.
6. Joseph T. Shipley — Dictionary of World Literature.

Journal

1. Aesthetics — Winter 1985, Vol. XL IV No. 2.

❑❑❑